학예사를 위한

민속학입문

예문사

학예사를 위한 민속학입문

머리말

흔히들 민속학이라고 하면, 특정 지역이나 민족의 전통적인 문화를 다룬다는 사실 때문에 과거에 속한 학문이라고 생각하기 쉽습니다. 그러나 민속학은 현재 진행형 학문입니다. 과거로부터 민간에 전해져 내려오는 풍속, 관습, 신앙 등 역사적인 자료들을 꾸준히 발굴하고 그것을 현재의 삶 속에서 새롭게 재현함으로써 그 의미를 확보하는 학문이기 때문입니다. 즉, 현대의 민속학은 보다 실험적이며 활발하게 그 개념이 확장되어가고 있습니다.

이러한 민속학의 발전은 그동안의 수많은 연구와 노력의 성과가 있었기에 가능한 것입니다. 『한국 민속학 개설』, 『한국민속학 새로 읽기』, 『민속학이란 무엇인가』, 『상장례 민속학』, 『한국역사민속학 강의 1, 2』, 『한국민속학 재고』, 『우리 민속학의 이해』, 『도시민속학』, 『한국 민속학의 기억과 기록』 등과 같은 훌륭한 서적들은 민속학에 대한 일반인의 이해를 높이고, 우리 민속의 과거와 현재, 미래를 연결함으로써 그 지평을 넓혀 주었습니다.

이 책은 이러한 선배들의 성과의 토양 위에서 필자 개인의 학문적 관심과 연구들을 바탕으로 우리 민족의 세시풍속, 일생의례, 민간신앙, 민속예술, 구비문학, 마을, 친족 등 민속학에서 다루어야 할 기본적인 내용을 정리한 것입니다. 따라서 민속학을 공부하는 대학생과 일반인은 물론 최근 많은 관심을 받는 준학예사 자격시험의 선택과목인 '민속학'을 준비하는 수험생들이 요긴하게 활용할 수 있을 것입니다.

필자가 지난 10년간 '학예사를 위한' 시리즈라는 이름으로 출간했던 전시기획입문, 박물관학, 문화예술, 박물관 관계법규, 문화복지서비스, 우리 전통문화의 이해, 소통하는 박물관 등과 함께 관심 있는 분들에게 좋은 자료가 되기를 바라며, 계속해서 박물관학도나 준학예사 자격시험 수험생, 박물관 업무 담당자들이 활용할 수 있는 좋은 책들의 출간을 위해 노력하겠습니다.

윤 병 화

차례

01 민속학
1_ 민속학의 개념과 유형 ·· 3
2_ 민속학의 방향 ·· 7
3_ 민속학의 연구사 ·· 13
4_ 민속조사 연구방법 ··· 18

02 세시풍속
1_ 세시풍속의 의미 ·· 21
2_ 봄철 세시풍속 ·· 30
3_ 여름철 세시풍속 ·· 41
4_ 가을철 세시풍속 ·· 46
5_ 겨울철 세시풍속 ·· 50

03 일생의례
1_ 출생의례 ·· 55
2_ 성년식 ·· 61
3_ 혼례 ·· 64
4_ 상례 ·· 72
5_ 제례 ·· 82

04 민간신앙
1_ 민간신앙의 의미 ·· 91
2_ 무속신앙 ·· 99
3_ 가신신앙 ·· 105
4_ 마을신앙 ·· 109
5_ 점복신앙 ·· 115
6_ 풍수신앙 ·· 118

05 민속예술

1_ 음악 ··· 123
2_ 무용 ··· 127
3_ 공예 ··· 136
4_ 축제 ··· 157
5_ 놀이 ··· 161
6_ 민속극 ··· 164
7_ 인형극 ··· 166

06 구비문학

1_ 구비문학의 의미 ··· 173
2_ 민요 ··· 174
3_ 설화 ··· 179
4_ 무가 ··· 192
5_ 판소리 ··· 196
6_ 속담 ··· 199
7_ 수수께끼 ··· 203

07 마을 및 친족

1_ 마을생활 ··· 209
2_ 가족과 친족 ··· 215

부록

준학예사 민속학 기출문제 풀이 ································· 225

학예사를 위한 민속학입문

CHAPTER **1** 민속학

01 민속학의 개념과 유형
02 민속학의 방향
03 민속학의 연구사
04 민속조사 연구방법

01 민속학의 개념과 유형

01 민속학의 개념

민속은 민족과 문화를 연구하는 인류학 계열의 한 분과로 동일 문화권의 다수가 향유하는 전통적이고 보편적인 문화이다. 이런 민속문화는 정신문화와 물질문화로 나뉜다. 정신문화에는 사상, 철학, 종교, 예술, 풍속, 놀이, 축제 등이 있고, 물질문화에는 문화재, 생산도구, 경제체계 등이 있다.

특히, 민속학은 예로부터 내려온 생활방식의 변천과정을 밝히는 행위로 방대한 민속자료를 수집, 비교, 연구하여 민족의 생성과 전승에 관한 원류를 살펴보는 학문이다.

또한, 민속학은 생활양식을 통시적·공시적으로 연구하여 문화의 총체적 이해를 추구하며, 세계 문화 속에서 그 문화의 특성을 정립시키고자 하는 학문으로 과거학이며 동시에 현재학이라는 학문적 관점을 지니고 있다.

02 민속학의 유형

민속학은 과거와 현재, 시골과 도시, 일상생활과 종교, 예술과 사상 등 인간 삶의 전체를 연구하고 있다. 그렇기 때문에 민속학은 풀뿌리문화이며, 전승과학으로 전승권과 전승담당자 모두를 연구하는 역사성을 지니고 있다. 그동안 민속학은 과거의 자료를 수집하여 정리하는 데 중점을 두었다면 이제부터는 미래지향적인 관점에서 현재의 모든 풍속을 포괄한 현재학으로써 현대의 도시문화까지 그 연구대상을 확장시켜 현실적 전승권에 관한 연구를 진행해야 한다.

1) 영국의 번(Burne)
   ① 신앙과 행위 : 하늘과 땅, 식물계, 동물계, 인간, 이승과 저승, 주술기법
   ② 관습 : 사회제도, 정치제도, 개인생활에서의 의식, 생업과 공업, 축제, 놀이
   ③ 설화와 민요, 기타 구비전승 : 설화, 민요, 속담 및 수수께끼

2) 독일의 프로이덴탈(H. Freudenthal)
   ① 독일의 민족성 기초 : 민족의 토지, 민족의 발전, 민족의 형성
   ② 민족의 표현 수단 : 민간언어, 음악, 공작, 몸짓
   ③ 민족의 신앙, 세계관, 민간의 예의 : 민간신앙, 민족의 지식, 민족의 관습
   ④ 민족의 성격(본성)
   ⑤ 민족의 집단구조 : 혈연, 연령, 거주, 노동, 신분, 종교

3) 일본의 야나기타 구니오(柳田國男)
   ① 유형문화 : 의식주, 교통, 노동, 사회조직, 혼인, 탄생, 죽음 행사
   ② 언어예술 : 민담, 전설, 민요, 수수께끼, 속담
   ③ 심의(心意)현상 : 지식, 생활기술, 생활목적

4) 우리나라의 조지훈[1]
   ① 구비전승 : 설화(신화, 전설, 민담, 동화, 야담, 소화), 민요, 판소리, 무가, 속담, 수수께끼, 방언, 은어 및 민속극의 대사
   ② 신앙전승 : 예조(豫兆), 점복, 금기, 주부(呪符), 자연숭배, 동물숭배, 이인숭배(異人崇拜), 가택신, 마을신, 무속
   ③ 의식·행사전승 : 산속(産俗), 혼속(婚俗), 상장(喪葬), 제례·연중행사
   ④ 기예전승 : 음식, 의복, 주거, 민속유희, 민속경기, 민속무용, 민속음악, 민속극, 인형극, 민간의료
   ⑤ 공동생활구조전승 : 가족제도, 사회구조, 경제조직, 생업기술(농촌, 어촌, 산촌)

---

[1] 조지훈은 국문학자겸 민속학자이다. 1941년 혜화전문학교 문과를 졸업하고 오대산 월정사에서 불교전문강원 강사로 활동하며 1942년 조선어학회「큰사전」편찬위원을, 1946년 전국문필가협회와 청년문학가협회에 가입하여 회원으로 활동하였다. 1947년부터 고려대학교 교수로 재직하였고, 만년에는 시작(詩作)보다는 고려대학교 민족문화연구소 초대 소장으로「한국문화사대계(韓國文化史大系)」를 기획 및 추진하였다.(네이버 백과사전 http://terms.naver.com/entry.nhn?docId=549327&cid=46645&categoryId=46645)

5) 「한국민속학개설」(1975년)

① 마을과 가족생활
② 의식주
③ 민간신앙
④ 세시풍속
⑤ 민속예술
⑥ 구비문학

6) 「한국민속대관」(1980~1982년)

① 사회구조·관혼상제편
② 일상생활·의식주편
③ 민간신앙·종교편
④ 세시풍속·전승놀이편
⑤ 민속예술·생업기술편
⑥ 구비전승·기타편

7) 「한국민속종합조사보고서」(1969~1981년)

① 사회
② 민간신앙
③ 산업기술
④ 의식주
⑤ 민속예술
⑥ 세시풍속과 오락
⑦ 구비전승

8) 「한국민속학의 과제와 방법」(1986년)

① 민속문학
② 민속사회
③ 민속종교
④ 민속예술
⑤ 민속물질

9) 「한국 민속학의 체계적 접근」(2000년)
 ① 사회 민속
 ② 경제 민속
 ③ 의료 민속
 ④ 의사소통 민속
 ⑤ 의례 민속
 ⑥ 연회 민속
 ⑦ 신앙 민속
 ⑧ 예술 민속

02 민속학의 방향

민속학은 사라져 가는 전통 민속자료를 꾸준히 발굴하고 보존하며 여기에 새로운 민속자료를 연계하여 늘 창조적인 민속문화를 연구하고 있다. 현대의 민속에 관한 개념은 실험적이며 활발하게 응용학문으로 발전하고 있다.

시대별 민속 비교[2]		
구분	근대 민속	현대 민속
시기	개항기~1980년대	1990년대~최근
민속의 개념	개항기 이래 사회적 변동에 의해 반상의 민속이 혼합되어 나타난 민속현상	일상생활사와 도시민속
민속 연구의 관점	• 소멸하고 있기 때문에 시급히 그 원형을 보호하고 복원해야 하는 대상 • 전문적인 조사와 연구가 필요	• 일반 시민이 경험한 근현대의 일상사와 풍속을 시간에 따라 유동적으로 분류 • 민속의 잠재적 이용을 위해 근현대 민속의 풍부한 기록화 작업이 필요

민속학 연구의 시작은 전국에 산재되어 있는 민속자료의 수집이다. 우리가 살아온 과거와 현재의 모든 일상생활을 파악할 수 있고, 의식주, 경제, 종교, 예술, 축제, 놀이 등에 관한 다양한 지식을 얻을 수 있다.

특히, 과거와 현재의 문화를 비교하면서 문화의 발전상을 바로 알 수 있으며 오늘과 내일의 계획을 세울 수 있다. 그렇기 때문에 민속학을 통해 수많은 유·무형의 문화재를 정리할 수 있고 결국 그 보존책도 강구할 수 있다. 보다 구체적으로는 민속계 박물관을 개관하여 운영한다면 민속을 체계화할 수 있다.

---

[2] 홍연주, 「한국 민속의 새로운 의미와 민속 기록의 성격 변화」, 서울대학교 석사학위논문, 2013, 23쪽.

우리나라의 민속계 박물관 현황은 다음과 같다.

| 민속계 박물관 현황 |

소재지		구분		기관명	주소	개관일	자료유형	입장료 (원)
시·도	시·군·구	국립/공립/사립/대학	1종/2종					
서울시	종로구	국립	1종	국립 민속박물관	서울특별시 종로구 삼청로 37	1946.4.25.	민속자료 등	무료
	송파구	사립	1종	롯데월드 민속박물관	서울특별시 송파구 올림픽로 240	1989.1.14.	고고자료, 민속품 등	5,000
부산	부산진구	사립	1종	부산포 민속박물관	부산광역시 부산진구 중앙대로 702번길 21 (부전동)	2006.5.2.	민속품	무료
	강서구	사립	1종	록봉 민속교육 박물관	부산광역시 강서구 가덕해안로 741	2011.11.26.	민속자료	5,000
광주	북구	공립	1종	광주시립 민속박물관	광주광역시 북구 서하로 48-25	1987.11.1.	고문서, 민속품 등	500
대전	동구	사립	1종	옛터 민속박물관	대전광역시 동구 산내로 321-35 (하소동)	2001.3.1.	민속품, 도자 등	무료
울산	울주군	공립	1종	울주 민속박물관	울산광역시 울주군 온양읍 외고산1길 4-19	2013.5.2.	민속생활품	무료
세종시	-	공립	-	세종시립 민속박물관	세종특별자치시 전의면 금사길 75	2012.10.23.	고고자료, 민속품 등	무료

소재지		구분		기관명	주소	개관일	자료 유형	입장료 (원)
시·도	시·군·구	국립/공립/사립/대학	1종/2종					
경기	안산시	공립	1종	안산 어촌 민속박물관	경기도 안산시 단원구 선감동 대부황금로7	2006.3.10.	고고자료, 민속품 등	2,000
	용인시	사립	1종	한국 민속촌 박물관	경기도 용인시 기흥구 민속촌로90	1996.12.16.	민속품	15,000
	고양시	사립	1종	배다골 민속박물관	경기도 고양시 덕양구 화정동 7-7	2011.5.3.	민속품, 도자기 등	6,000
	파주시	사립	1종	세계 민속악기 박물관	경기도 파주시 탄현면 헤이리마을길 60-26	2003.9.27.	민속악기 및 민속품	5,000
강원	삼척시	공립	-	어촌 민속전시관 (해신당공원)	강원도 삼척시 원덕읍 삼척로 1852-6	2002.7.10.	-	3,000
	화천군	공립	-	화천 민속박물관	강원도 화천군 하남면 춘화로 3337	2006.3.28.	고고자료, 민속품 등	무료
	양구군	공립	-	양구 팔랑민속관	강원도 동면 바랑길 158번길5	1998.10.20.	민속자료 등	무료
	인제군	공립	1종	인제 산촌 민속박물관	강원도 인제군 인제읍 인제로 156번길 50	2003.10.8.	민속류	무료
	영월군	사립	1종	세계 민속악기 박물관	강원도 영월군 남면 연당로 123	2009.5.12.	악기, 민속품 등	5,000

소재지		구분		기관명	주소	개관일	자료 유형	입장료 (원)
시·도	시·군·구	국립/공립/사립/대학	1종/2종					
충북	보은군	공립	-	보은 향토민속 자료전시관	충청북도 보은군 보은읍 군청길 38(이평리 45)	1995.7.21.	고고자료, 민속품 등	무료
	영동군	공립	-	영동 향토민속 자료전시관	충청북도 영동군 영동읍 성안길11	1994.6.18.	민속품 등	무료
	증평군	공립	1종	증평 민속체험 박물관	충청북도 증평군 증평읍 둔덕길 89	2010.6.12.	고고자료, 민속품 등	-
	괴산군	공립	-	괴산 향토민속 자료전시관	충청북도 괴산군 괴산읍 읍내로 258	1994.7.18.	민속품	-
	음성군	공립	-	향토 민속자료 전시관	충청북도 음성군 음성읍 설성공원길 10-7	1994.4.20.	민속품 등	무료
충남	금산군	공립	-	금산 지구촌 생활민속 박물관	충청남도 금산군 금산읍 금산로 1543	2006.9.22.	민속품	무료
	아산시	공립	-	외암 민속관	충청남도 아산시 송악면 외암민속길 5	2004.10.22.	민속품	2,000
	당진시	공립	1종	합덕수리 민속박물관	충청남도 당진시 합덕읍 덕평로 379-9	2005.10.26.	농기구, 민속품 등	무료
	공주시	사립	1종	공주 민속극 박물관	충청남도 공주시 의당면 돌모루2길17-11	1996.10.04.	민속품	3,000
	아산시	사립	1종	온양 민속박물관	충청남도 아산시 충무로 123	1978.10.25.	고고자료, 민속품	5,000
	금산군	사립	1종	태영 민속박물관	충청남도 금산군 남이면 하금평촌길 26	2000.10.23.	고고자료, 민속품 등	무료

소재지		구 분		기관명	주소	개관일	자료 유형	입장료 (원)
시·도	시·군·구	국립/공립/사립/대학	1종/2종					
전북	정읍시	공립	-	고부 민속유물 전시관	전라북도 정읍시 고부면 영주로 교동3길	2005.12.31.	고고자료, 민속품 등	무료
전남	순천시	공립	-	낙안읍성 민속자료관	전라남도 순천시 낙악면 충민길 86	2011.11.21.	서화 및 도자기류 등	-
경북	포항시	공립	1종	영일 민속박물관	경상북도 포항시 북구 흥해읍 한동로 51	1983.10.29.	고고, 민속품 등	무료
	안동시	공립	1종	안동 민속박물관	경상북도 안동시 민속촌길13	1992.6.26.	고고, 민속품 등	1,000
	구미시	공립	-	구미 시립민속관	경상북도 구미시 산책길 51	1994.2.17.	고문서, 민속품 등	무료
	영천시	공립	-	영천 민속관	경상북도 영천시 운동장로 54	1991.11.12.	생활민속품	무료
	청송군	공립	1종	청송 민속박물관	경상북도 청송읍 주왕산로 222	1999.6.21.	민속품	무료
	구미시	사립	1종	금오 민속박물관	경상북도 구미시 무을면 상무로 1227-8	2003.5.03.	민속품, 곤충표본, 근현대자료	5,000
경남	창원시	공립	1종	창원 역사민속관	경상남도 창원시 의창구 창이대로 397번길25	2012.8.24.	고고, 민속품 등	무료
	김해시	공립	-	김해 민속박물관	경상남도 김해시 분성로 261번길 35	2005.10.01.	고고, 민속품 등	무료

소재지		구분		기관명	주소	개관일	자료 유형	입장료 (원)
시·도	시·군·구	국립/공립/사립/대학	1종/2종					
경남	거제시	공립	1종	거제 어촌민속 전시관	경상남도 거제시 일운면 지세포 해안로 41	2003.10.15.	민속품, 패류, 박제 등	3,000
	밀양시	사립	1종	미리벌 민속박물관	경상남도 밀양시 초동면 초동중앙로 439	1998.5.20.	민속품, 서지류	4,000
	김해시	사립	–	한림 민속박물관	경상남도 김해시 김해대로 1029-10 (한림면)	2006.3.25.	고고자료, 민속품 등	무료
제주	제주시	공립	1종	민속자연사 박물관	제주특별자치도 제주시 삼성로 40	1984.5.24.	고고민속 및 자연사자료	1,100
	서귀포시	사립	1종	제주 민속촌박물관	제주특별자치도 서귀포시 표선면 민속해안로 631-34	1987.2.20.	민속품 등	9,000
	서귀포시	사립	1종	중문 민속박물관	제주특별자치도 서귀포시 중문동 2563-1	–	휴관	–

03 민속학의 연구사

본격적인 민속학 연구는 19세기부터 진행되었다. 독일에서는 그림(Jacob and Wilhelm Grimm) 형제가 1816년 「독일 전설집」을 출간했고, 영국에서는 톰스(Thoms, W.J.)가 「아세늄」이라는 주간지에 1846년 민속학(folklore)이라는 용어를 처음으로 사용했다.

보다 구체적인 연구과정을 보면 영국의 경우에는 민속학이 주로 일반서민에게 전래된 전통적인 설화·가요·속담·신앙·습관 등을 연구의 대상으로 삼았고, 독일의 경우에는 민족의 단합이나 통일을 중시하여 생활·제도·풍속·신앙 등의 민족정신을 나타내는 분야를 연구대상으로 삼았다. 용어에 있어서도 영국은 포크로어(folklore), 독일은 폴크스쿤데(Volkskunde)라는 용어를 사용하였다.[3] 한편, 미국은 포크로어(folklore)라 하여 초기에는 민속학으로 민간문예, 인디언, 남부의 흑인 및 유럽인들의 민담과 민간 전승물을 주로 다루었으나, 이후 미국 역사 전반으로 연구영역이 확장되었다.

동양에서는 일본의 야나기타 구니오(柳田國男)가 1913년에 민속학을 향토연구라는 개념으로 사용하다가 1929년 민속학회를 창립하면서 민속학 연구의 기틀을 마련하였다.

한편, 우리나라에서 민속학이 하나의 인문과학으로 자리매김하게 된 것은 일제강점기였다.

---

[3] 포크(folk)는 민간, 서민이고 로어(lore)는 전승, 지식으로 이를 민간전승이라 할 수 있다. 반면 폴크스쿤데(Volkskunde)는 민속학 전반을 의미한다.

그러나 우리의 민속학 연구도 그 이전부터 나름의 성과를 내고 있었다.[4] 고려시대 김부식[5]의「삼국사기」[6], 일연[7]의「삼국유사」[8]에는 고대 설화, 가요, 점복, 풍수, 무속 등의 기록이 남아 있다. 이 밖에 국가기록물인「고려사」와 이규보의「동국이상국집」[9], 이색의「목은집」[10], 서긍의「고려도경」[11] 등의 개인 문집에도 고려시대 민속에 관한 기록이 남아 있다.

---

[4] 우리나라는 중국의 영향을 받았지만 나름 민속학의 시초라 할 수 있는 독자적 문화가 존재하고 있었다.

[5] 김부식(1075~1151년)은 신라왕실의 후손으로 1096년 과거에 급제한 후 사록참군사, 중서사인, 어사대부, 호부상서 한림학사승지 등을 거쳐 1132년 수사공 중서시랑 동중서문하평장사에 올랐으며 이자겸의 난과 묘청의 난 당시 반란군을 진압한 공로로 수충정난정국공신에 책록된 정치가이다. 이후 관직에서 물러나 왕명에 따라「삼국사기」의 체제를 작성하고 사론을 직접 썼다.

[6]「삼국사기」는 1145년 김부식이 주체가 되어 최산보, 이온문, 허홍재, 서안정, 박동계, 이황중, 최우보, 김영온 등의 참고(參考)와 김충효, 정습명 등의 관구(管句) 등 총 11명의 편사관이 인종의 명을 받아 편찬한 삼국시대의 정사(正史)이다. 중국과 우리나라의 각종 고서가 거칠고 조렬한 필체와 소략된 부분이 많아 우리만의 시각으로 재편집하여 정리하였다. 고대 역사서에서 등장하는 비현실적인 내용은 철저하게 배제하였고 유교적 입장에서 합리성과 객관성을 바탕으로 권장 및 징계할 부분을 사실(史實) 위주로 서술하였다.
「삼국사기」는 본기(本紀), 지(志), 표(表), 열전(列傳)으로 구성되어 있다. 본기는 신라 12권, 고구려 10권, 백제 6권으로 구분하여 정치, 전쟁, 외교, 천재지변 등을 기록하였고, 지는 제사(祭祀)·악(樂)·색복(色服)·거기(車騎)·기용(器用)·옥사(屋舍)·지리(地理)·직관(職官) 등을 기록하였다. 표는 기원전 57년부터 기원후 935년까지 연표로 간략하게 정리하였다. 열전은 70여 명의 인물을 위국충절의 입장에서 정리하였다.

[7] 일연(1206~1289년)은 경북 경산 출신의 승려로 1219년 전라도 광주 무량사에서 승려가 되었고, 1227년 승과에 급제한 후 삼중대사, 선사, 대선사가 되었다. 이후 선월사 주지를 지냈고, 대장경 낙성회(大藏經落成會)를 조직하여 맹주가 되었다. 1277년 운문사 주지가 되었고, 1284년 경상북도 인각사를 중건하였으며, 궁궐에서는 구산문도회를 여는 한편 국존으로 추대되었고 1289년 다시 귀향하여 수도에 정진하다 열반하였다. 일연은 주체적인 역사의식을 가지고 고려 후기 이민족의 침략과 무신정변 등으로 혼란스러웠던 시기에 민족의 자주의식을 고취시키기 위하여「삼국유사」뿐만 아니라「어록」,「계승잡저」,「조도」등 100여 권의 서적을 저술하였다.

[8]「삼국유사」는 1281년 일연이 불교사관에 입각하여 편찬한 삼국시대 야사(野史)이다.「삼국사기」에서 지나치게 합리성을 강조하여 소홀하게 다룬 자료에 주목하여 단군조선, 삼국, 가야, 이서국 등의 신화, 전설, 신앙과 불교 설화 및 향가 등을 기술하였다.
「삼국유사」는 5권에 9개의 편목으로 구성되어 있다. 1~2권에는 왕력(王曆)과 건국 및 왕의 사적을 다룬 기이(紀異)를 기록하였고, 3권에는 흥법(興法), 탑상(塔像) 등 불교 승려의 사적과 불상 등의 일화를 기록하였다. 4권에는 의해(義解)인 고승들의 학업과 공적을 다루었고, 5권에는 신주(神呪), 감통(感通), 피은(避隱), 효선(孝善) 등으로 정리하였다.

[9]「동국이상국집」은 1241년 이규보가 지은 문집이다. 전집은 시·부(賦)·전(傳)을 비롯한 각종의 문학적인 글들이 25권을 이루고, 나머지는 서(書)·장(狀)·표(表) 등 개인적인 편지 및 관원으로서 나라에 바친 글들, 교서·비답·조서 등 임금을 대신해 작성한 글들, 비명·뇌문(誄文)·제축(祭祝) 등 장례나 제사, 불교행사에 쓰인 글들이 담겨 있다.
(한국민족문화대백과, http://terms.naver.com/entry.nhn?docId=1083969&cid=40942&categoryId=32868)

[10]「목은집」은 1404년에 간행된 이색의 문집으로 13년간 세상에 유포되었지만, 1417년 음양참위서(陰陽讖緯書)를 금하는 율령이 내려지자 수거되기 시작하였다. 이색의 시문은 문학 작품으로서 높은 가치를 지니고 있을 뿐만 아니라, 여말의 지식인 사회와 정치 상황을 알아보는 사료로서도 귀중하다. 또한, 당시 이색이 교류한 지식인과 정치 담당자들의 전기적 자료가 대부분이다. 즉, 정치·사회에 관한 원천적 사료라 할 수 있다.
(한국민족문화대백과, 한국학중앙연구원, http://terms.naver.com/entry.nhn?docId=546181&cid=46649&categoryId=46649)

이후 조선시대에는「조선왕조실록」,「증보문헌비고」,「신증동국여지승람」등의 국가 기록물과 각종 개인문집에 민속 기록이 남아 있다. 그 개인문집의 현황은 다음과 같다.

성현(1439~1504)의「용재총화」(수필집으로 문화, 서화, 인물평), 유몽인(1559~1623)의「어우야담」(설화집), 이수광(1563~1628)의「지봉유설」(설화, 민담, 민속유희, 세시 및 풍속일반, 속담, 제도), 이중환(1690~?)의「택리지」(지리, 풍속일반, 신앙), 홍만선(1643~1715)의「산림경제」(주거, 음식, 풍속일반, 생활기술, 민간의료), 이익(1681~1763)의「성호사설」(풍속일반, 제도), 안정복(1712~1791)의「잡동산이」(풍속일반, 제도, 신앙), 박지원(1737~1805)의「열하일기」(민담, 속담), 이긍익(1736~1806)의「연려실기술」(풍속일반), 정약용(1762~1836)의「여유당전서」(민요, 속담), 이규경(1788~?)의「오주연문장전산고」(무속, 민간신앙, 풍속일반, 수수께끼), 이덕무(1741~1793)의「열상방언」(속담), 서유구(1764~1845)의「임원십육지」(주거, 음식, 의복, 민구, 관혼상제, 민간의료), 홍만종(1643~1725)의「순오지」(전설, 민담, 속담), 정동유(1744~1808)의「주영편」(혼속, 장속, 세시풍속, 풍속일반), 유득공(1749~?)의「경도잡지」(세시풍속, 풍속일반, 민간유희, 경기, 예조, 점복, 금기, 가택신), 김매순(1776~1840)의「열양세시기」(세시풍속, 풍속일반), 홍석모(18세기초)의「동국세시기」(세시풍속, 풍속일반) 등이 있다.

이처럼 근대 이전 시기 민속 기록물들은 대부분 백과사전식 기록들로, 비로소 근대과학으로 민속학을 정리하기 시작한 것은 일제강점기였다. 1920년대 최남선은「삼국유사 해제」,「살만교차기」[12] 등의 서적과「불함문화론」[13],「동물고향설화」등의 논문을 발표하며 신화, 설화, 풍속, 무속 등에 관한 연구를 진행하였다. 이능화는「조선불교통사」,「조선신교원류고」,「조선해어화사」,「조선유교 및 유교사상사」,「조선무속고」,「조선여속고」[14],「조선상제례속사」등을 통해 종교와 여속

---

11)「고려도경」은 1123년 고려 중기 송나라의 사신인 서긍이 지은 책으로「선화봉사고려도경(宣和奉使高麗圖經)」이 원제목이다. 당시 고려의 여러 가지 실정을 그림과 글로 설명한 책으로 모두 28문(門)으로 나누었고, 다시 300여 항으로 세분하였다. 형상을 그릴 수 있는 것은 먼저 글로써 설명하고 그림을 덧붙이는 형식을 취하였다.
(한국민족문화대백과, 한국학중앙연구원, http://terms.naver.com/entry.nhn?docId=567329&cid=46621&categoryId=46621)

12) 살만교는 원시적인 다신교로 살만교의 성직자들을 살만이라고 불렀다.(명평싱,「중국을 말한다 14」, 신원문화사, 2008, 35쪽.) 이러한 무속신앙에 대한 정리로 '살만교차기'라는 서적을 최남선이 출간하였다. 이 책은 '샤만교란 무엇인가', '샤만의 교화권', '샤만이란 무엇인가', '샤만의 삼직능', '샤만의 이종별', '샤만의 사자관계', '샤만과 남녀성', '샤만의 성적변환', '샤만의 사회 지위', '샤만의 흑백양파', '백샤만의 원위', '샤만의 분화종목', '샤만의 수행기' 등으로 이루어져 있다.

13) 불함문화론(不咸文化論)은 일본 관학자들의 단군말살론(檀君抹殺論)과 일본인과 조선인은 뿌리가 같다는 일선동조론(日鮮同祖論), 한민족의 문화적 독창성 결여론 등의 식민사관에 맞서 단군신화의 주무대인 백두산에서 비롯된 한족이 문화의 중심을 이룬 동방문화가 고대 문화의 원류라고 주장하는 학설이다.
즉, 백(白)은 신·하늘·해를 뜻하는 '박(Park)'을 대신하는 고어로, 동방문화의 원류를 '박(Park) 사상'으로 파악했다. 동이족이 생활하던 여러 지명에는 소백산·태백산과 같이 '백'자가 들어가는 곳이 많이 나오는데, '백산(白山)'은 태양신에게 제사를 지내는 장소를 지칭한다. 이 중에서 태백산, 즉 백두산이 그 중심이 되어 백(不咸)을 숭상하는 불함문화권이 고대 문화의 원류를 형성했으며, 조선은 이 문화권의 중심이라는 설명이다.

(女俗) 등을 연구하였다. 이 밖에 대표적인 민속학자인 김소운[15], 손진태[16], 송석하[17] 등과 역사학자인 이병도(신앙), 백남운(신화), 양주동(지명) 등이 민속연구를 활발하게 진행하였다. 또한, 일본인 학자들도 조선의 계(契), 조선의 귀신, 조선의 풍수, 조선의 무속, 조선의 점복과 예언, 조선의 유사종교, 조선의 향토신사, 부락제, 석전, 기우, 안택, 향토오락 등을 연구하였다.

1930~1940년대 민속학자들은 현장 답사를 통해 민속자료를 조사·정리하였다. 손진태는 「조선민간설화의 연구」, 「조선민담집」, 「조선시가유편」, 「조선민족설화의 연구」, 「조선민족문화의 연구」 등 민간신앙과 구비전승에 관한 연구를 진행하였고, 송석하는 조선민속극, 오광대소고, 처용무, 나례, 산대극 등 민간 연희에 관한 고찰을 하였다. 이외에 김재철은 가면극과 인형극을, 김소운과 방종현은 민요를, 임석재·정인섭·최상수는 설화를 연구했다. 또한, 1932년 4월 송석하, 손진태, 정인섭, 아키바 다카시, 이마무라 도모 등은 '조선민속학회'를 창설하고 1933년 민속학회지인 「조선민속」을 창간했다.

광복 이후에는 일제강점기의 모든 학문적 금기가 자유롭게 변화하면서 민족문화를 되찾겠다는 일념하에 민속학 연구가 활발하게 진행되었다. 1946년 '전설학회(54년 한국민속학회)'와 '대한인류학회'가 창설되었고, 1946년 국립민족박물관이 개관하였다.

---

14) 「조선여속고」는 1927년 동양서원에서 발행한 책이다. 미국인 임락의 「오주여속통고(五州女俗通考)」에 따르면 "조선의 여인들은 어린아이가 울면 고양이가 온다고 어른다(兒啼脅文曰猫來云)."는 것 외에는 아무것도 적혀 있지 않았다. 이에 임락의 무식을 탓하기 전에 우리나라의 여속 문헌이 없는 탓이라 하여, 그러한 문헌을 작성하기 위하여 이 책을 쓴다고 서문에서 밝히고 있다. 이능화는 우리나라 여속을 고루 다루려 하였음에도 불구하고 여성의 사적 전개이며 여성문화의 맥락을 체계 있게 다루지 못한 한계도 있다. 이 책은 여러 가지 아쉬움을 지니고 있지만 여성을 종합적으로 구명하려는 저술로서는 최초의 책이다.

15) 김소운은 1920년 일본의 동경 가이세이중학교 야간부에 입학하였다가 관동대지진으로 중퇴하였다. 이후 1929년 매일신보 학예부원으로 근무했으며, 1931년 일본으로 가 아동교육기관을 경영하여 청소년 교육에 힘썼다. 1952년 베네치아 국제예술가회의에 한국 대표로 참석하였고, 이후 일본에 체류하는 동안 1956년 「코리안 라이브러리」를 발행하기도 했다.

16) 손진태는 민간신앙과 구비전승을 연구하고, 역사학도 입장에서 문헌학적인 연구와 현지조사를 꾸준히 진행한 인물이다. 광복 전에는 「조선신가유편」, 「조선민담집」을, 광복 후에는 「조선민족설화 연구」, 「조선민족문화의 연구」 등을 편찬하였다. 당시 한국 민속학 연구 영역과 방법을 고고학, 인류학, 민속학, 사회학, 문화사로 심화시켰다. 하지만 1950년 납북되어 생사를 알 수 없다.

17) 송석하는 고종의 시종부경(侍從副卿)을 지낸 송태관의 장남으로 1922년 부산 제2상업학교를 졸업하고 일본 동경상과대학에 유학하였다가, 1923년 관동대지진으로 귀국하였다. 이후 민속에 관심을 두고 1932년에는 손진태·정인섭 등과 함께 조선민속학회를 창립하여 민속학의 동인연구지 「조선민속」을 발행하였다. 또한 1934년 이병도·김두헌·손진태·이병기·조윤제 등과 함께 진단학회 창설의 발기인으로 참여하여 이 학회의 발전에 공헌하였다. 광복 이후에는 한미문화협력에 참여하는 한편, 미군정청의 문정관으로 와 있던 인류학자 크네즈(Knez, E.I.)의 도움을 얻고 자신이 수집한 많은 민속자료를 토대로 하여 국립민족박물관을 1946년에 개관하였다. 더불어 서울대에 인류학과를 설치하고 강의를 담당하며 민속학을 인류학으로 전환시켜 나아가고자 노력하였다. 하지만 지병으로 1948년 별세하였다.

1950년~1960년대에는 민속학의 학문적 지위가 올라가면서 그 기반을 다지는 작업들이 적극적으로 이루어졌다. 1954년 '한국민속학회', 1957년 '국어국문학회 민속학연구분과'와 '한국가면극연구회', 1958년 '한국문화인류학회', 1969년 '민속학회' 등이 차례로 창설되었고, 1961년 서울대학교 고고인류학과가 개설되었다. 학문적으로도 상당한 성과가 있었다. 1958년 최상수의 「한국민간전설집」, 1959년 최상수의 「하회가면극 연구」, 1960년 장주근의 「한국의 신화」, 1961년 임동권의 「한국 민요집」, 1964년 임동권의 「한국민요사」, 1974년 임동권의 「한국민요연구」, 1961년 최상수의 「한국인형극의 연구」, 1963년 김택규의 「동족부락의 생활구조 연구」, 1965년 김영돈의 「제주도 민요연구」, 1965년 유동식의 「한국종교와 기독교」, 1966년 김태곤의 「황천무가연구」, 「한국신당연구」, 「무속상으로 본 단군신화」, 1967년 최상수의 「해서가면극연구」, 1969년 이두현의 「한국가면극」, 1979년 이두현의 「한국의 가면극」, 1969년 김광언의 「한국의 농기구」, 1973년 장주근의 「한국의 민간신앙」, 1975년 장주근의 「한국의 향토신앙」 등의 연구가 이루어졌다.

1970년대 이후부터 현재에 이르기까지 우리나라 민속학은 도약기이다. 더욱 다양한 민속 관련 단체가 생겨났고, 연구를 통한 민속학의 성과가 꾸준히 이루어졌다. 1970년 '한국민속학회', 1971년 '원광대학교 민속학연구소', 1985년 '비교민속학회', 1990년 '한국역사민속학회' 등이 창설되었다. 1970년 장병길의 「한국고유신앙연구」, 1970년 조동일의 「서사민요연구」, 1970년 장덕순의 「한국설화문학연구」, 1971년 유증선의 「영남의 전설」, 1971년 김열규의 「한국민속과 문학연구」, 1977년 김열규의 「한국신화와 무속연구」, 1971년 임석재의 「옛날이야기선집」, 「한국구전설화」, 1971~1980년 김태곤의 「한국무가집」, 1981년 김태곤의 「한국무속연구」, 1973년 이두현, 이광규의 「한국생활사」, 1978년 최길성의 「한국 무속의 연구」, 1979년 성기열의 「한일민담의 비교연구」, 1980년 서대식의 「한국 무가의 연구」, 1981년 최길성의 「한국의 무용」, 「한국무속연구」, 1981년 이두현의 「한국의 탈춤」, 1981년 최래옥의 「한국구비전설의 연구」, 1981년 장덕순 외 3인의 「구비문학개설」, 1982년 김태곤의 「한국무속도록」, 1983년 김태곤의 「한국민간신앙연구」, 1988년 김광언의 「한국의 주거민속지」, 1997년 이두현의 「한국가면극선」 등의 연구가 이루어졌다. 여기에 1972년 영남대학교 문화인류학과, 1975년 서울대학교 인류학과 개편, 1978년 안동대학교 민속학과, 1980년 경북대학교 고고인류학과, 1983년 한양대학교 문화인류학과, 1988년 전북대학교 고고인류학과, 1988년 목포대학교 고고인류학과, 1992년 전남대학교 인류학과, 1999년 강원대학교 인류학과 등의 학과 개편을 통해 연구인력을 배출하였다.

04 민속조사 연구방법

민속자료는 문헌자료와 현지자료로 구분한다. 문헌자료는 기존 문헌으로 나온 자료로 읍지류, 문집류 등 다양한 기록물을 일괄적으로 의미하고, 현지자료는 민속현장에서 연구자가 직접 조사한 자료이다.

특히, 현지자료는 조사자가 직접 조사하는 방법과 설문지로 간접 조사하는 방법이 있다. 직접 조사방법은 자료의 신빙성이 높다는 강점이 있지만 시간, 노력, 경비 등이 많이 소요된다. 간접 조사방법은 노력과 경비를 절약할 수 있지만 자료의 신빙성은 상대적으로 약하다.

조사할 현장과 목적이 결정되면 그에 해당하는 자료를 충분히 섭렵하여 현지 조사의 시기와 기간에 대해 미리 계획을 수립해야 한다. 이때 생활 현장에서 조사가 이루어지기 때문에 조사자는 현지 주민을 불편하게 해서는 안 된다. 또한 현장조사는 조사 당사자만의 일회성 조사로 끝나는 것이 아니라 현지 주민들의 삶을 우선적으로 생각하여 장기적으로 이루어질 수 있도록 해야 한다. 이때 수집된 자료는 체계적으로 분류하여 정리한다. 조사한 내용을 기술하다보면 미흡한 부분이 발견되기 때문에 보충 조사가 반드시 필요하다. 조사된 자료를 오래 두었다가 정리하다보면 자세한 내용을 잊을 수 있다. 따라서 조사를 마치면 빨리 조사내용을 정리해야 조사자의 자의적인 판단을 최소화할 수 있다. 이를 위해 조사는 구술녹음, 사진, 동영상 촬영 등으로 기록한다.

┃ 수집 및 생산되는 민속기록[18] ┃

수집 및 생산 시기	기록의 생산 주체	기록의 종류
현지 조사 진행 중	제보자가 생산하거나 보관	편지, 도면, 사진
	조사자	수합된 질문지, 조사 노트, 그림, 사진, 동영상, 녹음테이프
현지 조사 종료 후	조사자	조사보고서, 민속지, 사진집, 자료집

---

[18] 홍연주,「한국 민속의 새로운 의미와 민속 기록의 성격 변화」, 서울대학교 석사학위논문, 2013, 10쪽.

학예사를 위한 **민속학입문**

CHAPTER **2** 세시풍속

01 세시풍속의 의미
02 봄철 세시풍속
03 여름철 세시풍속
04 가을철 세시풍속
05 겨울철 세시풍속

01 세시풍속의 의미

세시풍속은 한 해의 절기, 계절에 따른 때를 지칭하는 세시(歲時)와 옛날부터 전해져 내려오는 습관을 지칭하는 풍속(風俗)의 합성어이다. 세시의 이칭은 세시(歲時), 세사(歲事), 월령(月令), 시령(時令) 등으로 표현하는데, 이는 해, 달, 계절 등의 뜻을 내포하고 있다. 이처럼 세시풍속은 1년 12달 동안 일정한 시기에 같은 주기로 반복하여 관습적으로 되풀이되는 특수한 생활양식이라 할 수 있다.

농경사회인 우리나라는 예로부터 달의 운행주기를 기준으로 농사의 개시, 파종, 제초, 수확, 저장 등의 생활주기를 가지고 있었다. 그렇기 때문에 명절과 절기마다 농업과 관련된 다양한 풍습을 만들어냈다. 즉, 봄이 되면 그해 풍년을 기원하고 가을에는 감사하는 행사를 통해 농업 기술력을 유지할 수 있는 주술적인 의례를 행하였다. 결국 세시풍속을 통해 긴장되었던 삶을 이완시켜 생활의 마디마다 재충전의 기회를 제공하였다.

또한, 세시풍속에는 민간신앙, 민속놀이, 구비전승, 의식행사, 의식주생활 등 광범위한 민속적 요소가 내포되어 있기 때문에 모든 민속의 핵심이라 할 수 있다.

세시풍속은 오랜 세월 대대로 전수되어 왔으므로 우리 민족 스스로 공감성과 문화성을 지니고 있다. 하지만 인간 기술이 고도로 발달됨에 따라 자연력에 대한 의존도가 약화되고 교육 보급과 달력 사용 등으로 세시풍속의 전승도 점차 희미해지고 있다.

하지만 세시풍속은 우리 선조들의 역사적 경험의 지혜이며, 그 지혜를 통해 우리 민족의 공감대를 형성하게 되었으므로, 이런 아름다운 전통문화를 번거롭거나 불필요하다는 이유로 소홀히 하지 말아야 한다.

01 세시풍속의 특징

1) 대신사상(對神思想)

대신사상은 체험과 지혜의 소산으로 필요한 신을 설정하여 초신(招神), 오신(娛神), 수퇴(遂退)로 신을 받아들이는 과정이다.

① 산신 : 마을의 수호신으로 제반사를 담당하며 매우 친밀하고 강한 신으로 마을의 숭상 대상이다.
② 수신 : 하천신, 용왕신으로 적절한 수량을 보증하여 풍농과 풍어를 기원한다.
③ 서낭신 : 마을로 들어오는 악귀의 출입을 통제하여 악을 막는다는 의미를 지니고 있다.
④ 목신 : 동네 거목을 신수(神樹)로 인정하여 주기적으로 신앙 표시를 하고 이곳을 신격화하여 함부로 변화 주는 것을 불가하도록 한다.
⑤ 조상신 : 조상의 은혜에 보답하고자 설날과 추석에 차례와 성묘를 지냈으며, 이것을 자손의 큰 미덕으로 여겼다.

2) 점복사상

미래의 일에 대한 궁금증을 해결하기 위하여 점복을 본다. 종류로는 연사(年事)의 풍흉을 점치는 농점(農占), 사람의 길흉화복과 관련된 신수점(身數占), 질병점(疾病占) 등이 있다.

3) 조상숭배사상

조상숭배를 위해 차례, 성묘, 벌초 등을 행한다. 이 사상은 사람의 도리를 인정하는 행위이며, 추원보본(追遠報本)[1]사상이라 할 수 있다.

4) 농경과 협동

농자천하지대본(農者天下之大本)을 내세운 조선은 농경생활 위주의 삶을 살아왔다. 계절에 맞춰 경작하고 곡식을 적기에 심어야 수확할 수 있었다. 인간 생존을 위해 협동이 필요했고, 전통적인 협동체계는 세시풍속 전반에 잘 나타나 있었다.

5) 예능

우리나라의 초기 국가시대에서는 영고, 동맹, 무천, 수릿날, 계절제 등의 제천의식을 행하며 풍작에 대한 기원과 감사의 제의를 하늘에 올렸다. 연중행사인 제천의식은 세시풍속으로 발전하였고 여기에는 노래, 춤, 놀이 등이 진행되었다. 특히, 널뛰기, 윷놀이, 연날리기, 줄다리기, 고싸움, 그네, 씨름, 강강술래, 소놀이 등의 민속놀이가 대표적인 예능이다.

---

[1] 조상의 덕을 생각하여 제사에 정성을 다하고 자기가 태어난 근본을 잊지 않고 은혜를 갚다.

6) 윤리의식

집안 단위의 차례와 세배를 비롯하여 문중 단위의 시제, 마을 단위의 동제를 통해 조상숭배 등의 사고방식을 습득하게 하여 윤리의식을 고취시킬 수 있었다.

7) 공동체 의식

전통 마을 단위의 세시풍속은 고유의 집단성을 지니고 있었다. 즉, 마을의 일원으로서 세시풍속을 통해 소속감을 강화시켜 공동체 의식을 길러주었다. 마을제사인 동제를 통해 공동으로 추렴하고 소망을 기원함으로써 공동체 의식을 기를 수 있었다.

8) 정서함양

민간에서 전통적으로 전승되어 온 예술인 민속극, 민속음악, 민속춤, 민속놀이 등은 일정한 역사적 배경과 과정 속에서 형성되어 발전해왔다. 즉, 정월대보름과 추석 등의 명절에는 마을의 풍요와 안위를 기원하기 위하여 풍물패들이 지신밟기를 하며 춤과 노래를 곁들어 행사를 진행했다. 이처럼 일정한 행위를 통해 정서함양이 이루어졌다.

9) 생산적 의의

세시풍속은 긴장과 이완이라는 순환적인 리듬을 통해 재충전의 기회를 갖는 속성을 지니고 있다. 농경을 주 생업으로 하던 전통사회에서 세시풍속은 농한기인 정월에 집중되며, 2월, 5월, 6월에도 크고 작은 세시풍속이 이어졌다. 규모와 내용의 차이는 있지만 정월부터 섣달까지 계속 행사가 있었다. 연속적인 세시풍속을 통해 생활의 리듬을 찾을 수 있었고 바쁜 농사철 일손을 놓고 그동안의 긴장을 이완시켰다. 이와 같은 세시풍속은 단순한 즐거움을 위한 것이 아니라 긴장과 이완의 주기적 리듬을 이용한 농업의 연장선이었다.

10) 좋은 만남

설날이나 추석을 맞아 가족과 친척이 차례를 올리고 성묘를 지내는 등 세시풍속은 만남의 자리를 마련해주는 가정교육의 장이다.

11) 전승과 보존

세시풍속은 삶의 방식 중 하나이기 때문에 시대에 따라 생성, 변형, 소멸되기도 한다. 따라서 과거에 단순하게 머무르는 문화현상이 아니라 현재로 진행되며 이를 통해 미래를 예측하는 근간이 되기도 한다. 결국 문화의 생성과 소멸을 통해 문화의 전승과 보존이 원활하게 진행될 수 있으며, 미래의 우리 모습에 대한 예측도 가능한 것이 바로 세시풍속이다.[2]

---

[2] 김유선, 「세시풍속을 활용한 박물관 가족교육프로그램 발전 방안 연구」, 중앙대학교 석사학위논문, 2014, 18쪽.

12) 자아 정체성

세시풍속은 과거부터 축적되어 온 우리 민속 문화이다. 이러한 민속 문화에 대한 교육은 자신의 문화 정체성을 확립하고, 문화를 온전하게 해석하여 창조적으로 계승하는 방안을 찾는 일련의 과정이다. 세시풍속에 대한 학습을 통해 가족, 마을, 나라 사람들이 공통의 생활양식을 이해하고, 서로 문화를 공유하면서 자아정체성을 확립할 수 있다.[3]

02 세시풍속의 역사

1) 초기국가시대

「삼국지」, 「위지 동이전(魏志東夷傳)」에는 부여의 정월 영고, 고구려의 10월 동맹, 동예의 무천, 삼한의 5월 수릿날과 10월 계절제, 백제의 솟대, 신라의 한가위 등에 관한 기록이 있다.

2) 삼국시대

「삼국사기」의 기록에 따르면 추석, 수리(단오), 유두가, 「삼국유사」의 기록에 따르면 정월대보름 등이 세시풍속의 원형으로 남아 있다.

3) 고려시대

고려시대에는 통일신라시대의 세시풍속이 대체로 전승되었고, 연등회와 팔관회와 같은 불교 행사도 세시풍속으로 진행되었다. 고려시대 9대 명절로는 설날, 정월대보름, 삼짇날, 팔관회, 한식, 단오, 추석, 중구, 동지 등이 있었다.

---

[3] 최종호, 「박물관학에서 바라보는 문화교육」, 문화예술교육연구, 2006, 60쪽.

4) 조선시대

오늘날의 세시풍속은 조선시대의 풍속이 전승된 것이다. 조선시대 세시풍속의 기록은 다음과 같다.

민주면4)의 「동경잡지」(1669년)는 경주의 역사, 문화, 행정, 군사, 경제, 자연환경, 인물관계 등을 다룬 읍지이다. 「풍속조」에는 신라 이래 풍속이, 「제영조」에는 신라의 가곡이, 「이문조」에는 신라의 설화, 전설, 기담 등이 기록되어 있다.

유득공5)의 「경도잡지」(1800년) 2권 「세시편」에는 입춘, 상원, 초하루, 한식, 삼진날, 초파일, 단오, 보름, 복, 중원, 중추, 중구, 오일, 동지, 납평, 제식 등 한양의 세시를 19개 항목으로 분류하여 정리하였다.

김매순6)의 「열양세시기」(1819년)에는 입춘, 원일, 인일, 상신일, 상해일, 보름날, 초하루, 상정, 춘분, 청명, 한식, 삼진날, 곡우, 초파일, 단오, 보름, 복날, 중원, 추분, 중추, 중양일, 초하루, 오일, 동지, 납일, 섣달그믐날 등 한양의 행사와 풍속을 1~12월까지 21개 항목으로 분류하여 기록하였다.

---

4) 민주면은 조선시대 중기 문인으로 1648년 진사가 되고 1653년 알성문과에 장원하고, 성균관전적, 공조·예조·병조의 좌랑, 춘추관기사·황해도사·병조정랑·성균관직강·장흥현감·충청도도사·시강원사서·사간원정언·사헌부지평 등을 역임하였다. 1660년 인천부사로 임명되면서 그곳에 있는 자연도(紫燕島)에 대한 국방시설을 엄중히 하여 후환이 없게 하였다. 이후 길주목사를 거쳐 광주부윤으로 초수(超授)되었으며, 내직에 들어와서는 승정원동부승지·장례원판결사·승정원승지를 역임하였다. 1669년 경주부윤으로 임명되면서 궁핍한 부민에 대한 시혜가 돈독하여 부민으로부터 칭송이 자자하였다.(한국민족문화대백과, 한국학중앙연구원)
5) 유득공은 조선 정조 때의 북학파 학자이자 규장각 4검서(檢書) 중 한 사람이다. 역사 방면에 뛰어난 저술을 남겼으며, 문학에도 뛰어나 한시사가(漢詩四家)의 한 사람으로 꼽힌다. 저술 가운데 「발해고」를 통해 발해의 역사적 중요성을 강조하며 '남북국시대론'의 효시를 이루었다.(네이버 지식백과)
6) 김매순은 1795년 정시문과에 병과로 급제하여 검열·사인을 거쳐 초계문신(抄啓文臣)이 되었고, 이후 예조참판을 거쳐 1821년(순조 21) 강화부유수를 역임하였다. 그는 당대의 문장가로 홍석주 등과 함께 명성이 높았으며, 고종 때 판서에 추증되었고, 시호는 문청(文淸)이다. 저서로는 「대산집」·「대산공이점록(臺山公移占錄)」·「주자대전차문목표보(朱子大全箚問目標補)」·「궐여산필(闕餘散筆)」·「열양세시기(洌陽歲時記)」 등이 있다.(한국민족문화대백과, 한국학중앙연구원)

홍석모[7]의 「동국세시기」[8](1840년)에는 원일, 입춘, 상해일, 상자일, 묘일, 사일, 보름날, 초하루, 삼진날, 청명, 한식, 초파일, 단오, 유두, 삼복, 칠석, 중원, 추석, 중양절, 오일, 동지, 납일 등을 기록하였다.

한편, 조선시대 4대 명절은 설날, 추석, 단오, 한식이다.[9]

5) 현대

현대에 이르러 농업의 비중이 많이 줄어들면서 계절에 따른 농업활동과 관련된 명절과 절기도 점점 사라지거나 변화하고 있다. 그러나 아직 고유 명절과 절기는 여전히 우리 사회의 중요한 가치관으로 사회 구성원의 공동체의식을 재확인시켜 주는 기회가 되고 있다.[10]

---

7) 홍석모는 순조 때 음사(蔭仕)로 남원부사(南原府使)에 이르렀고, 뚜렷한 관계 진출은 보이지 않는다. 말년에 자신의 시문집을 정리·편찬하고 풍속에도 관심을 가져 「동국세시기」 등을 저술하기도 하였다. 그는 9~70세에 이르기까지 연월(年月)의 순서에 따라 총 21책으로 정리된 시집을 남겼다. 청나라에 여러 해 사신을 다녔던 사실, 「풍악록(楓岳錄)」과 기행시, 「연날리기(紙鳶)」·「널뛰기(跳板)」·「윷놀이(擲柶)」·「봉화(烽火)」·「담배(南草)」·「안경(眼鏡)」·「자명종(自鳴鐘)」 등의 풍물시 등이 주목된다.(한국민족문화대백과, 한국학중앙연구원)

8) 민속 해설서로 우리나라의 연중행사 및 풍습을 설명한 책으로 1~12월까지 1년간의 행사와 풍속을 23항목으로 분류, 설명하고 어느 날의 것인지 분명하지 않은 것은 월내(月內)라 하여 그 달 안의 끝에 몰아서 설명했으며, 윤달(閏月)에 관계되는 것도 실었다.
민속을 해설한 책 중에서 가장 상세하고 세밀하나 너무 광범위하게 취급하려는 데서 온 과오로 이미 없어진 민속도 실었다. 많은 문헌을 이용하여 고증하고 시원(始原)과 유래까지 밝히고 있어 고대 풍속 연구의 좋은 자료가 되고 있다. 1911년 광문회에서 김매순의 「열양세시기(洌陽歲時記)」, 유득공의 「경도잡지(京都雜誌)」와 합본하여 활자본으로 간행했다.(국어국문학자료사전, 1998, 한국사전연구사)

9) 4대 명절은 모두 제의적인 성격을 가지고 있으며, 실제로 제의를 치르기도 하지만 기본적인 제의성 위에 놀이적이거나 유희적 기능도 함께 갖고 있다. 설날과 단오는 중국의 풍습을 그대로 수용하거나 우리의 것으로 변형한 복합적인 수용형태를 보이며, 한식은 중국의 것을 단순 수용하였고, 추석은 중국의 풍습과는 매우 다른 명칭만 수용하였다.(박선영, 「세시복식(歲時服飾)의 의미와 상징에 관한 연구」, 중앙대학교 박사학위논문, 2012, 19쪽.)

세시풍속 명칭	계절	수용성격	풍속 기능
설날	겨울	복합적 수용	제의적, 연희적
한식	봄	단순 수용	제의적
단오	여름	복합적 수용	유희적, 놀이적
추석	가을	명칭 수용	제의적, 유희적

10) 이진하, 「세시풍속과 연계한 유아국악교육의 지도방안 연구」, 중앙대학교 석사학위논문, 2011, 13쪽.

03 우리나라의 세시풍속[11]

구분	월별		행사
봄	1	설날(1일)	설빔, 차례, 세배, 덕담, 복조리, 청참, 윷놀이, 널뛰기, 떡국 등
		정월대보름(15일)	오곡밥, 묵은 나물, 보름밥, 복토 훔치기, 용알뜨기, 과일나무 시집보내기, 달집 태우기 등
		귀신날(16일)	야광귀
	2	중화절(1일), 머슴날(1일)	나이떡 먹기, 들돌 들기
	3	삼짇날(3일)	꽃놀이, 풀피리, 풀싸움, 풀각시 놀이, 화전놀이
여름	4	부처님오신날(8일)	탑돌이, 연등행사
	5	단오(5일)	단오빔, 창포비녀, 궁궁이풀비녀, 수리취떡, 단오부적, 단오부채, 대추나무 시집보내기, 그네뛰기, 씨름
	6	유두(15일)	유두연, 유두천신
가을	7	칠석(7일)	칠석고사, 우물고사, 걸교
		백중(15일)	들돌 들기, 씨름
	8	추석(15일)	차례, 성묘, 추석빔, 줄다리기, 지신밟기, 소놀이, 강강술래
	9	중양절(9일)	단풍놀이, 국화전
겨울	10	상달고사(길일) 시제(1일, 3일)	고사
	12	섣날(제석)(30일)	묵은 세배, 수세

04 우리나라 절기[12]

24절기는 봄, 여름, 가을, 겨울로 나뉘며, 각 절기는 기후와 밀접한 관련이 있으며, 농사철을 알려주는 중요한 역할을 함으로써 우리의 생활과 깊은 관련을 맺고 있다.

1) 봄

① 입춘(立春)(2월 4일경)은 봄이 시작되는 날이다. 가정에서는 대문이나 집안 기둥에 입춘대길과 같은 글귀를 써 붙이고 마을에서는 공동으로 입춘 굿을 한다.
② 우수(雨水)(2월 19일경)는 눈이 비로 변하고 얼음이 녹아 물이 된다는 뜻이다. 대동강 물이 풀리고 물고기가 올라오며 기러기는 다시 추운 지방으로 떠난다.

---

11) 국립민속박물관, 「한국세시풍속사전」, 정월~겨울 5권, 국립민속박물관, 2005
12) 이진하, 「세시풍속과 연계한 유아국악교육의 지도방안 연구」, 중앙대학교 석사학위논문, 2011, 19쪽.

③ 경칩(驚蟄)(3월 6일경)은 겨울잠을 자던 동물들이 깨어나기 시작하는 시기이다. 옛날에는 건강에 좋다하여 개구리 알을 먹었고, 빈대를 잡기 위해 흙담을 쌓았다.
④ 춘분(春分)(3월 21일경)은 낮과 밤의 시간이 같아지고 바람이 강해 꽃샘추위가 찾아온다. 농촌에서는 흙을 일구고 씨 뿌릴 준비를 한다.
⑤ 청명(淸明)(4월 6일경)은 나무와 씨앗을 심기에 적당한 시기로 한식일과 겹치기도 한다. 농사를 준비하기 위해 논둑과 밭둑을 손질하고 못자리판을 만들기도 한다.
⑥ 곡우(穀雨)(4월 20일경)는 곡식에 필요한 비가 내리고 나무에 물이 가장 많이 오르는 시기이므로 사람들은 나무에 홈을 파고 통을 매달아 곡우 물을 먹는다.

2) 여름

① 입하(立夏)(5월 5일경)는 여름이 시작되는 날이다. 농작물이 자라기 시작하며 해충과 잡초가 많아져 농가 일손이 바빠진다.
② 소만(小滿)(5월 21일경)은 햇볕이 충만하고 만물이 자라서 가득 차게 된다는 뜻으로 초여름 모내기가 시작된다.
③ 망종(芒種)(6월 6일경)은 보리 등 까끄라기가 있는 곡식의 씨를 뿌리는 시기이며 보리를 베어 먹는다. 논에서는 모내기가 한창이므로 농사일이 가장 바쁜 시기이다.
④ 하지(夏至)(6월 21일경)는 북반구에서 낮 시간이 1년 중 가장 길고, 일사량과 일사시간도 가장 많다. 하지가 지날 때까지 비가 오지 않으면 마을마다 기우제를 올린다.
⑤ 소서(小暑)(7월 7일경)에는 차츰 더워지고, 장마전선이 걸쳐 있어 습도가 높고, 비가 많이 온다. 농사에 쓸 퇴비를 준비하고 논두렁에서 잡초를 뽑는다.
⑥ 대서(大暑)(7월 23일경)에는 더위가 극도에 달하고 1년 중 가장 더운 시기인 중복이 겹치며 장마로 비가 자주 온다.

3) 가을

① 입추(立秋)(8월 7일경)는 가을이 시작되는 날로 서늘한 바람이 분다. 농촌에서는 다소 한가하며 김장용 무와 배추를 심는다.
② 처서(處暑)(8월 23일경)는 더위가 멈춘다는 뜻으로 선선해지기 시작하고 처서가 지나면 아침과 저녁으로 서늘해 일교차가 심해진다. 논에서는 벼가 익어간다.
③ 백로(白露)(9월 8일경)는 이슬 맺힌 것이 하얗게 보인다는 뜻이다. 장마가 끝나고 쾌청한 날씨가 계속되나 때로는 늦은 태풍과 해일의 피해를 입기도 한다.
④ 추분(秋分)(9월 23일경)은 낮과 밤의 길이가 같아지고 추분이 지나면 점차 밤의 길이가 길어진다. 농촌에서는 논밭의 곡식을 거두어들이기 시작한다.
⑤ 한로(寒露)(10월 8일경)는 찬 이슬이 맺히기 시작하여 농촌에서는 추수로 바쁜 시기이다. 이때를 전후해 국화전을 지져 먹고 국화주를 담갔다.

⑥ 상강(霜降)(10월 23일경)에는 쾌청한 날씨가 계속되나 밤 기온은 서리가 내릴 정도로 매우 낮아져서 춥다. 추수가 거의 끝나고 동물들은 겨울잠에 들어간다.

4) 겨울

① 입동(立冬)(11월 7일경)은 겨울이 시작되는 날이다. 햇곡식으로 시루떡을 만들어 1년을 마무리하는 제사를 올리고, 김장준비를 한다.
② 소설(小雪)(11월 23일경)에는 땅이 얼고 차차 눈이 내리기 시작한다. 가끔은 햇볕이 따뜻해 소춘이라고도 하나 바람이 불어 어촌에서는 뱃길을 금했다.
③ 대설(大雪)(12월 7일경)은 눈이 많이 내리는 시기이다. 예전부터 이날 눈이 많이 내리면 다음 해에는 풍년이 든다고 하였다.
④ 동지(冬至)(12월 22일경)는 1년 중 밤이 가장 길고 낮이 가장 짧은 날이다. 팥죽에 새알심을 넣어 먹고, 악귀들이 붉은색을 싫어한다고 하여 대문 앞에 팥죽을 뿌렸다.[13]
⑤ 소한(小寒)(1월 5일경)은 대한이 소한 집에 놀러 갔다가 얼어 죽었다는 옛말이 있듯이 우리나라에서 가장 추운 시기이다.
⑥ 대한(大寒)(1월 20일경)은 겨울의 매듭을 짓는 절기로 추위의 절정기이나, 소한에 얼었던 얼음이 대한에 녹을 정도로 소한보다 따뜻하기도 하다.

---

13) 동지는 아세(亞歲), 작은설, 태양의 부활, 호랑이 장가 가는 날이라 불렀다. 동지 때 행하던 풍습은 다음과 같다. 첫 번째, 회례연이다. 궁중에서는 원단(元旦)과 동지를 가장 으뜸되는 축일로 생각하여 동짓날 군신(君臣)과 왕세자(王世子)가 모여 잔치를 하였고, 해마다 중국에 예물을 갖추어 동지사(冬至使)를 파견하여 이날을 축하하였고, 지방의 관원(官員)들은 임금에게 전문(箋文)을 올려 진하(陳賀)하였다. 두 번째, 달력이다. 「동국세시기(東國歲時記)」에 "관상감(觀象監)에서는 새해의 달력을 만들어 궁에 바친다. 나라에서는 이 책에 동문지보(同文之寶)라는 어새를 찍어 백관에게 나누어 주었다."라는 기록이 있다. 조선시대에는 농경 본위의 사회였던 만큼 24절기 등 때에 맞추어 농사를 짓기 위해서는 달력이 요긴하였다. 세 번째, 팥죽이다. 팥죽을 쑤어먹지 않으면 쉬이 늙고 잔병이 생기며 잡귀가 성행한다는 속설이 있었다. 팥을 고아 죽을 만들고 여기에 찹쌀로 단자를 만들어 넣어 끓이는데, 단자는 새알만한 크기로 하기 때문에 새알심이라 부른다. 네 번째, 동지고사이다. 팥죽을 다 만들면 먼저 사당에 올려 동지고사(冬至告祀)를 지내고, 각 방과 장독, 헛간 같은 집안의 여러 곳에 놓아두었다가 식은 다음에 식구들이 모여서 먹었다. 사당에 놓는 것은 천신의 뜻이고 집안 곳곳에 놓는 것은 축귀의 뜻이어서 이로써 집안에 있는 악귀를 모조리 쫓아낸다고 믿었다. 이것은 팥의 붉은색이 양색(陽色)이므로 음귀를 쫓는 데 효과가 있다고 믿었기 때문이다.

02 봄철 세시풍속

01　1월 1일

1) 이칭

설날은 원일(元日), 원단(元旦), 원조(元朝), 원정(元正), 상원(上元), 신일(愼日), 달도(怛忉) 등 부르는 이름이 매우 다양하다. 원(元)과 상(上)은 으뜸, 조(朝)와 단(旦)은 아침인 처음 날, 정(正)은 정월을 뜻하기에 모두 정월 1일이라는 뜻을 내포하고 있다. 더불어 삼간다는 뜻의 신(愼)과 근신하고 조심한다는 뜻의 달도(怛忉) 등을 사용하여 평소 일손을 놓고 근신하고 금기하며 신성한 자세로 한 해를 시작하라는 뜻을 담고 있다.[14]

2) 역사

① 「삼국지」, 「위지 동이전」
- 부여 사람들은 역법을 사용했다.[15]
- 각종 제천의식인 부여의 영고, 고구려의 동맹, 동예의 무천, 삼한의 수릿날, 계절제 등이 존재한 것으로 보아 당시 설날이라는 풍습이 있었던 것으로 보인다.

② 「수서」와 「당서」
신라에서는 매년 정월 초하루 아침에 서로 경하하며, 왕이 연회를 베풀고 여러 손님과 관원들이 모여 일월신(日月神)에게 배례하였다.

③ 「수서」와 「북사」
고구려에서는 정초에 패수(浿水)에서 물과 돌을 서로 끼얹고 던지고 소리 지르며 놀았다.

---

14) 동연, 「한국의 설날과 중국의 춘절 풍속 비교 연구」, 부산외국어대학교 석사학위논문, 2009, 19쪽.
15) 설날이라는 명절을 삼기 위해서는 역법(曆法)이 필요한데 당시 부여에서 역법을 사용하여 설날을 명절로 삼았을 것으로 보인다.

④ 「고려사」

왕은 정월에 천지신과 조상신에게 제사를 지냈다. 정월 초하루 원정을 전후하여 관리들에게 7일간의 휴가를 주었고, 관리들은 왕에게 신년을 축하하는 예를 올렸으며 왕은 관리들을 위해 잔치를 베풀었다.

⑤ 「동문선」, 「동국이상국집」, 「양촌집」, 「가정선생문집」, 「도은선생문집」

고려시대 문집에는 정월 초하루에 집집마다 다니면서 나누는 새해 인사, 연하장 보내기, 악귀를 쫓기 위해 문에 부적 붙이기, 장수를 기원하는 뜻에서 세화 보내기 등의 여러 가지 행사를 진행했다고 기록되어 있다.

⑥ 「경도잡지」, 「열양세시기」, 「동국세시기」, 「추재집」, 「면암집」, 「지봉유설」, 「농가십이월속시」, 「농가월령」, 「해동죽지」

조선시대 문집에는 설날이 4대 명절로 기록되어 있다. 이처럼 설날은 삼국시대부터 시작된 풍속으로 고려시대에 다양화되었고, 조선시대로 이어져 오늘날에 정착되었다.

3) 행사

① 차례 : 조상숭배사상의 표현으로 새벽이나 아침 일찍 차례를 지냈다. 지역적으로 경기는 떡국과 만둣국을, 강원은 떡국, 만둣국, 밥을, 충청·경남·전남은 떡국을, 전북·경북은 밥을 상에 올렸다. 설날 아침 차례를 지내며 먼저 간 조상과 자손이 함께 하는 아주 신성한 시간을 가졌던 것이다.

② 세배 : 생존한 어른에게 세배를 올렸다. 보통 차례가 끝나면 나이 많은 어른에게 순서대로 절을 하고 새해 첫 인사를 드린다. 집안에서 세배가 끝나면 이웃 어른들을 찾아서 세배를 드린다. 세배를 받는 편에서는 어른에게 술과 음식을, 아이에게 과자나 새뱃돈을 주고 받는다.

③ 설빔 : 새해 설빔을 입는다. 설날부터 새해가 시작되기 때문에 묵은 것을 다 떨구어 버리고 새 출발을 한다는 의미를 담고 있으며, 새로운 계절의 마디인 봄을 준비하는 옷이기도 하다. 또한 설날 아침 차례를 지내기 위해 설빔으로 갈아 입는다.

④ 세찬(歲饌) : 조상에게 차례를 지내고 이웃과 어울려 먹기 위하여 설날에는 일상적인 음식이 아닌 비일상적인 음식 나아가 특별한 음식이며 신성한 음식으로 세찬을 차렸다.[16] 세찬으로는 떡국, 식혜, 수정과, 약식, 편육, 빈대떡, 만두, 세주(歲酒) 등을 만들며, 이웃과는 생닭, 생전복, 대구, 어란, 육포, 건어물, 귤, 곶감 등을 주고 받기도 하였다.

---

16) 중국과 우리나라 북부에서는 각각 만두와 만둣국을, 중부와 남부에서는 떡국을 먹는다. 또한 술은 세주(歲酒)로 데우지 않고 찬술을 그대로 마신다. 「경도잡지」, 「원일조(元日條)」에 따르면 "세주불온 우영춘지의(歲酒不溫寓迎春之意)"라는 기록이 있어 세주는 봄을 맞는다는 뜻을 포함하고 있다. 세주로 마신 술은 초백주(椒柏酒)와 도소주(屠蘇酒)가 있었으며, 이들은 중국에서 유래한 것이다.

4) 금기

① **여성들의 출입 금지** : 정초에 여성들이 출입하면 한 해 동안 재수가 없고, 부정을 탄다고 믿었기 때문에 이를 금하였다.
② **바느질 금지** : 손에 가시가 들거나 다칠 수가 있다고 하여 바느질을 금하였다.
③ **문 바르기 금지** : 문을 바르면 재수 구멍인 돈 구멍을 막을 수 있다 하여 문 바르는 것을 금하였다.
④ **재 치우는 행위 금지** : 부엌의 재를 치우면 복이 나갈 수 있다고 하여 재 치우는 것을 금하였다.
⑤ **곡식을 밖으로 내는 행위 금지** : 곡식을 밖으로 내면 그해 수확량이 줄어들 수 있다고 하여 곡식을 내는 행위를 금하였다.

5) 기타 풍속

① **점복** : 첫 번째는 토정비결이다. 생년월일시로 점괘 숫자를 산출하여 1년과 달별로 개인의 운수를 점치는 행위이다. 두 번째는 청참(聽讖)으로 처음 듣는 동물 소리로 일년 운수를 점쳤다. 예를 들어 까마귀는 흉조, 까치는 길조, 소는 풍년, 참새는 흉년으로 여겼다.

② **정초십이지일**
- 첫 쥐날인 상자일(上子日)은 일을 하면 쥐가 곡식을 축낸다고 하여 모든 일을 금하였고, 바느질을 하지 않았다.
- 첫 소날인 상축일(上丑日)은 소에게 좋지 않다고 하여 도마질을 하지 않고, 연장도 다루지 않았다.
- 첫 호랑이날인 상인일(上寅日)은 일을 하면 호랑이가 나타난다고 하여 놀았으며 외출을 금하였다.
- 첫 토끼날인 상묘일(上卯日)은 여자가 남의 집에 일찍 출입하면 재수가 없다고 하여 이를 금하였다.
- 첫 용날인 상진일(上辰日)은 칼질을 금하였다.
- 첫 뱀날인 상사일(上巳日)은 머리를 빗거나 이발을 하면 뱀이 나타난다 하여 이를 금하였다.
- 첫 말날인 상오일(上午日)은 고사를 지내거나 장을 담갔다.
- 첫 양날인 상미일(上未日)은 어촌에서는 출어를 삼갔다.
- 첫 원숭이날인 상신일(上申日)은 부엌에 귀신이 나온다고 하여 남자가 여자보다 일찍 일어나서 비를 들고 부엌의 네 귀퉁이를 쓸었다.
- 첫 닭날인 상유일(上酉日)은 바느질을 하면 손이 닭발처럼 된다고 하여 이를 금하고 빨래 너는 일도 금하였다.
- 첫 개날인 상술일(上戌日)은 일을 하면 개가 텃밭을 해친다고 하여 이를 금하였다.
- 첫 돼지날인 상해일(上亥日)은 콩가루로 세수를 하면 얼굴이 희어진다고 하였다.

③ 제액행위

- 세화(歲畵)는 길상벽사(吉祥辟邪)로 새해에 집안으로 들어오는 나쁜 액을 막고 한 해의 안녕을 비는 뜻으로 닭, 호랑이, 까치 등의 동물을 그려 문에 붙여 놓았다.
- 머리카락 태우기를 통해 액을 태워 병을 물리치며, 그 냄새로 악귀를 쫓았다.
- 야광귀는 귀신이 찾아와 신발을 신어보고 맞으면 신고 간다 하여 신발을 감춰놓는 행위이다.
- 복조리는 복을 긁어 모아 건진다는 의미로 문에 달아 놓았다.

「동국세시기」에 따르면 "설날에 도화서에서 도교풍 신상(神像)을 그려 임금에게 바치고 사대부 간 선물로 보냈던 풍속이 세화(歲畵)로 발전하여 민간에서 설날에 방액을 목적으로 그리게 되었다."라고 기록되어 있다. 세화에 나타나는 문양은 다음과 같다. 크게 동물형과 식물형으로 구분할 수 있다.

동물형	• 용(龍) : 용은 상상의 동물로 사영(四靈) 중에 으뜸이다. 전설 속에서 용은 구름에서 학과 연애하여 봉황을 낳았고 땅에서는 빈마(牝馬)와 결합하여 기린을 낳았으며 사자는 용의 자식이라고 할 정도로 천변만화(千變萬化)가 무궁하다고 여겼다. 용은 풍요와 안전을 기원하며 권위를 상징한다. 민간에서는 대문에 붙여놓고 액을 막도록 하였다. • 학(鶴) : 십장생의 하나인 학은 천년 장수하는 서조(瑞鳥), 선학(仙鶴)으로 우아하고 청초하여 장수문(長壽紋)으로 여겼다. 학은 중국의 길상과 신성사상에서 비롯되었으며, 사각형과 원형에 주로 쌍학(雙鶴)을 도안화하였다. 특히 문관의 흉배와 궁중 의복에 많이 사용되었다. • 박쥐(蝙蝠) : 박쥐는 한자 표기 편복(蝙蝠)의 복(蝠)이 복(福)과 같은 소리를 낸다고 하여 복을 상징한다. 박쥐 두 마리를 쌍으로 배치한 무늬는 쌍복(雙福)을 의미하여 복이 겹쳐서 들어오는 염원을 담고 있고, 박쥐 네 마리의 중간에 목숨 '수(壽)'를 배치하여 오복을 기원한다. 뿐만 아니라 강한 번식력을 가진 박쥐는 다남과 장수를 뜻한다. • 어문(魚, 잉어·붕어) : 물고기 형상은 신석기 시대부터 발견되는 문양이다. 이는 당시 어렵생활과 관련되어 풍어를 기원하는 주술적인 의미를 지니고 있었기 때문이다. 이러한 물고기는 눈을 감지 않는다고 하여 재물을 감시하는 수호의 역할을 담당하였다. 또한 "어약용문(魚躍龍門)"이라 하여 등용과 출세를 의미하였으며, 알을 많이 낳아 다산의 표상으로도 여겼다. • 호랑이(虎) : 호랑이(虎)는 재앙을 몰고 오는 맹수로 경계의 대상이 되기도 하지만 대부분은 인간의 편에 서서 잡귀를 물리치는 영물이었다. 따라서 토속신앙에서 호랑이는 뱀·두꺼비·도마뱀·지네 등의 오독(五毒)을 물리치는 산신의 사자이다. 그렇기에 조선시대에는 매년 정초가 되면 민가에서 호랑이문(虎紋)을 그려 용문(龍紋)과 함께 대문이나 중문에 붙여 잡귀를 쫓는 풍습이 있었는데, 이때 호랑이는 벽사의 주재자로서의 의미를 지닌다. • 사슴(鹿) : 심산(深山)에 거처하는 동물로서 약초(藥草)를 먹기 때문에 불로장생(不老長生)한다는 영수(靈獸)로 알려져 있다. 도교의 성립으로 십장생(十長生) 중의 하나가 되었다. • 닭(鷄) : 닭은 밝음을 예고하는 새로 시간을 알리는 신조(神鳥)이며 마귀를 쫓는 길조(吉鳥)이다. 또한 문(文), 무(武), 용(勇), 인(仁), 신(信)의 오덕(五德)을 갖춘 영물로 공명과 용맹한 기상을 상징한다.
식물형	• 석류(石榴) : 석류의 열매는 붉은 주머니 속에 빛나는 씨앗들이 들어 있어 다남자(多男子)를 연상시킨다. 석류를 불로초와 그리면 백자장생(百子長生)의 뜻을, 황조(黃鳥)와 함께 그리면 금의백자(金衣百子)의 의미를 담게 된다. • 천도(天桃) : 전설의 곤륜산에 살고 있는 신선 서왕모(西王母)가 가꾸었다는 천도는 3천년 만에 한 번 꽃이 피고 열매가 열린다고 한다. 이를 먹고 삼천갑자(三千甲子)를 장수했다는 전설로 인하여 장수를 상징한다.

식물형	• 연화(蓮花) : 연화는 삼국시대부터 불교에서 이야기하는 창생(蒼生)과 수복멸죄(修福滅罪)를 기원하는 문양으로 사용되었다. 그러나 조선시대 숭유억불정책으로 연화는 도리어 유교에서 많이 쓰이게 된다. 연꽃이 진흙 속에서도 밝고 깨끗하게 피어나는 생태적 습성을 지니고 있어 강직한 선비의 기품과 깊은 관련이 있었기 때문이다. 그렇지만 일반적으로 연꽃은 꽃과 열매가 함께 나란히 생겨나기 때문에 자손을 얻는다는 의미를 가지고 있다. 또한 연꽃은 뿌리가 사방으로 널리 퍼져 같은 뿌리의 마디마다 잎과 꽃이 자라는 생태적 특징을 지니고 있다. 이는 사람들이 근본을 같이 한다는 의미로 '교련합우(巧蓮合藕)'라는 말을 쓰기도 한다. 연꽃과 함께 원앙을 등장시켜 부부화목을 상징하기도 한다. 물고기와 그려지는 경우 '연년유여(延年有餘)'의 의미로 재물이 풍부하여 모자람이 없고 정신적 여유가 항상 유지되기를 기도하였다. 그리고 연실(蓮實)을 쪼는 새를 표현한 문양은 득남의 기원을 담고 있으며, 연밭에서 동자들이 놀고 있거나 동자가 연꽃을 들고 있는 것은 연생귀자(蓮生貴子)를 의미한다. 연당 주변의 풍경과 함께 그려진 경우 인간사의 즐거움과 부부의 금실이 좋기를 바라는 마음을 담은 것이다. • 모란(牧丹) : 모란은 색채와 크기가 화려하기 때문에 화중왕(花中王)으로 일컬어진다. 이러한 모란은 당대(唐代)에 전래된 것으로 번영, 창성의 꽃으로 행복을 상징하며 부귀영화나 길상의 문양으로 널리 사용되었다. 모란문의 풍만한 화변(花辯)을 전 계층이 두루 애용하는 이유이다. 문양은 장미와 함께 배치하면 부귀장춘(富貴長春)을, 수선화와 같이 그리면 신선부귀(神仙富貴)를 의미한다. 수석이나 복숭아와 더불어 나타내면 장명부귀(長命富貴)의 뜻을 담아낸다. • 대나무(竹) : 대나무는 속이 비어 있으면서도 강하고 유연한 성질과 사계절에도 색이 변치 않는 특성을 가지고 있다. 따라서 군자의 품격과 절개의 상징으로 애호되었던 식물이다. 노리개에서 대나무는 주로 길고 가느다란 대나무의 잎만을 표현한 것이 대부분이고 투호, 방아다리 등에서 부가문양으로 많이 쓰인다. 그러나 생활문양에서의 대나무는 세속적인 의미를 담고 있는 경우가 많다. 예컨대 수(壽)를 상징하는 바위와 함께 등장시켜 축수(祝壽)의 의미를 나타낸다. 「담문록(談聞錄)」에 나타난 설화와 관련하여 벽사의 의미를 지니기도 한다. 이는 대나무가 타면서 터지는 소리에 귀신이 달아난다는 속설에 의한 것으로 세시에 폭죽을 터뜨리게 되는 연원이다. • 소나무(松) : 소나무는 유교적 절의와 지조의 상징으로 추운 겨울에도 그 빛을 잃지 않는 데서 조선시대 애용했던 문양이다. 탈속과 풍류의 상징이며 장수를 기원하는 의미를 담고 있다.

④ 놀이

- 윷놀이는 척사(擲柶), 사희(柶戲)라 부르며, 남녀노소 구별 없이 모든 사람이 어울려 노는 정초의 가장 보편적인 놀이이다. 29개의 윷판을 놓고, 말 4개를 돌아오게 하는 것이다. 도가 나오면 한 칸, 개가 나오면 두 칸, 걸이 나오면 세 칸, 윷이 나오면 네 칸, 모가 나오면 다섯 칸을 이동한다. 윷과 모가 나오면 윷가락을 한 번 더 던질 수 있다. 윷은 장작, 가락, 밤, 은행, 살구, 콩, 팥, 주사위 등 재료가 다양하며,[17] 윷놀이를 통해 그해 운수를 점쳐 보기도 하는데, 윷놀이와 윷점에 대해서는 「경도잡지」에 소상하게 기록되어 있다.

---

[17] 장작윷은 주로 중부지방에서 널리 분포된 것으로 박달나무, 통싸리나무, 밤나무를 길이로 반쪽을 내어 4가락으로 만들어 사용한 것이다. 가락윷은 엿가락처럼 생겼다고 붙여진 이름으로 엄지손가락 굵기에 길이가 한 뼘 정도로 가장 일반적인 윷이다. 밤윷은 주로 남부지방에서 유래된 것으로 밤알처럼 작아서 붙여진 이름이다. 은행윷 및 살구윷은 윷가락 대신 은행알, 살구씨의 한쪽을 색칠해 윷으로 사용하였다. 콩 및 팥윷은 밤윷의 변형으로 북부지방에서 콩이나 팥 두 알을 가지고 그 절반을 쪼개어 종지에 넣고 흔들어 땅바닥에 던져 놀았는데 사용하는 재료에 따라 콩이면 콩윷, 팥이면 팥윷이라 한다. 주사위는 각 면에 도, 개, 걸, 윷, 모, 영(꽝)에 해당하는 윷가락 그림을 그려 넣은 것과 주사위의 각 면에 점의 수로 표시한 주사위 윷이 제시되어 있다.(현희선, 「윷놀이와 고누놀이 관련 확장활동이 유아의 수학능력에 미치는 영향」, 한국교원대학교 석사학위논문, 2010, 8~9쪽.)

- 널뛰기는 길다란 널판 가운데 짚단이나 가마니를 고이고 양쪽에 한 사람씩 올라가서 번갈아 구르며 공중으로 올라갔다 내려오는 놀이이다.[18]
- 연날리기는 액막이 민속과 관련이 있어 액연을 만들어 날려 보냈다. 연은 한자로 솔개 연(鳶)자를 쓴다. 솔개는 매과에 속하는 용맹한 새로서 이 새는 공중에서 날개를 활짝 편채로 빙빙 돌며 유영을 하다가 사냥을 하는 것이 특징이다. 또한, 연의 옛 이름은 풍쟁(風箏), 쟁(錚), 궤 등이 있었으나 「삼국사기」에 풍연(風鳶), 「고려사」와 조선시대 기록물에는 지연(紙鳶)이라고 나와 있다.[19]
- 승경도는 승정도(陞政圖), 종경도(從卿圖), 종정도(從政圖) 등으로 부르며, 주로 양반 가문의 젊은이들 즐겨 놀던 실내놀이이다. 관직이나 학업의 등급을 차례로 기입하고 주사위를 던져서 나온 끗수대로 승진하거나 후퇴하는 방식이다.[20] 이 놀이를 통해 관직의 종류와 기능을 익힐 수 있었으며, 과거시험에 대한 향학열을 고취시키는 데 기여하였다.
- 돈치기는 일정한 거리에서 동전을 던져 맞혀서 따 먹는 놀이이다. 「동국세시기」, 「정월대보름」편에 따르면 "땅에 구멍을 파 동전을 넣어두고 어른이나 아이들이 갈라서서 다른 동전을 던지되, 맞힌 사람은 그 돈을 먹는다. 잘못 던지거나 맞히지 못하면 진다. 이것은 주로 정월대보름에 벌인다. 어린이들은 돈 대신 사금파리(사기그릇의 깨진 작은 조각)를 던지기도 한다."라고 나와 있다.

---

18) 널뛰기의 유래를 보면 첫 번째, 부녀자들의 외출이 자유롭지 못했던 때에 담장 밖의 세상 풍경과 거리의 남자를 몰래 보기 위해서 널을 뛰었다는 것이다. 두 번째, 옥에 갇힌 남편을 보기 위해 부인들이 도모하여 널을 뛰면서 담장너머로 옥 속에 있는 남편들의 얼굴을 번갈아 가며 엿보았다는 것이다. 세 번째, 처녀 시절에 널을 뛰지 않으면 시집을 가서 아기를 낳지 못한다는 것이다. 네 번째, 널뛰기를 하면 1년 내내 가시에 찔리지 않는다고 하였다.(우배식, 「널뛰기 운동이 초등학교 학습자의 체력 향상에 미치는 영향」, 한국교원대학교 석사학위논문, 1999, 19쪽)

19) 연에 관한 최초의 기록은 「삼국사기」 41권 「열전」 김유신조에서 찾을 수 있다. 김유신 장군이 비담의 난 당시 반란군을 평정하기 위하여 처음 연을 만들어 전략적으로 사용했다는 것이다. 이는 삼국시대 때 공중에 띄우는 연을 처음 사용했다고 볼 수 있는 대목이다. 이후 「동국세시기」에 따르면 고려시대 최영 장군이 탐라의 목호 반란을 평정할 때 연을 이용한 기록이 있었으며, 조선시대 남이 장군도 강화도에서 연을 즐겨 날렸다는 기록과 이순신 장군은 섬과 육지의 연락수단으로 연을 이용했다는 기록이 있다. 특히, 조선시대 영조는 연날리기를 좋아하여 연을 구경하고 장려하여 1725~1776년 무렵에는 연날리기가 널리 민중에 보급되었다. 광복 이후에는 정부정책에 따라 1954년 문화공보부차원에서 연날리기 대회를 개최하였고, 1956년 한국일사 주최 전국연날리기 대회를 열어 연의 보급을 장려했다.(이태백, 「한국 전통연의 역사적 연구」, 한양대학교 석사학위논문, 2011, 21~23쪽.) 즉, 우리나라 연은 원래 군사적 목적으로 사용하였으나 점차 연날리기를 놀이로 삼게 되었고, 민속과 결합되어 조선시대에 들어와 연을 날리는 시기가 섣달부터 정월대보름으로 고정되었다.

20) 승경도는 성불도에서 비롯되었다. 불교의 성불도(成佛道)는 지옥으로부터 불교의 진리에 대한 각오를 지칭하는 대각(大覺)에 이르기까지 그 사이 모든 천상계인 제천제계(諸天諸界)를 윤목 육면(六面)에 나무아미타불 여섯 자를 써서 던짐을 따라 옮기며 올라가고 내려와서 승부를 정하는 놀이이다. 이를 조선시대 하륜이 조선의 관직체계를 반영하여 승경도로 만들었다.

- 지신밟기는 해가 바뀌는 새해의 들머리에 집단구성원 또는 초청된 예인이 주축이 되어 풍물패를 꾸리고 한 해 동안 마을과 가정의 안녕을 빌며 지신을 달래고 벽사와 축원을 동시에 진행하는 제의이자 놀이이다.[21] 지신밟기는 계절적인 통과의례로서 공동체 내의 낡은 것과 묵은 것을 털어버리고 새로운 빛과 보람을 차지하려는 공동행위이다. 지신밟기를 위해서는 생산과 삶의 터전을 같이 살아가고 있는 사람들 간의 합의가 먼저 있어야 한다.

02 1월 15일

1) 음식

① 오곡밥과 묵은 나물 : 1월 14일 저녁 쌀, 콩, 팥, 보리, 조, 밤, 대추 등을 섞은 오곡밥을 짓거나 찹쌀, 대추, 밤, 기름, 꿀, 간장, 잣 등을 넣은 약밥을 만든다.[22] 반찬은 더위를 타지 않기 위해 취나물, 무고지, 말린가지, 시래기, 콩나물, 호박고지 등을 준비한다.

② 부럼 : 밤, 호두, 잣, 무 등을 깨물며 부스럼이나 종기가 나지 않도록 빌고 "내 부럼"하고 외친다.

③ 귀밝이술 : 정월 대보름 아침 찬술을 마시면 귀가 밝아지고 그해 좋은 소식만 듣는다고 한다.

2) 기풍 및 기복

① 보름밥 훔쳐먹기 : 백가반(百家飯)이라 하여 14일 저녁 집집마다 다니면서 오곡밥을 훔쳐먹는 풍습이다. 훔친 밥을 가지고 마을의 일정한 장소에 모여 함께 나누어 먹으며 즐겁게 시간을 보낸다.

② 복토 훔치기 : 「동국세시기(東國歲時記)」에 따르면 "꼭두새벽에 종각 네 거리의 흙을 파다가 집 네 귀퉁이에 뿌리거나 부뚜막에 바르는데 이는 재산이 모이길 바라는 행위이다."라는 기록이 있다. 즉, 흙은 지모신의 상징으로 풍요를 의미한다. 지방에서는 부잣집의 흙을 훔쳐다가 집에 바르는 경우도 있다.

③ 용알뜨기 : 1월 15일 새벽 닭 울기를 기다렸다가 가장 먼저 우물에 가서 물을 뜨는 행위이다. 이때 뜬 물이 용의 신력이 있다고 여겼다.

---

21) 보통 마을의 농악대가 가가호호(家家戶戶)를 돌며, 풍물을 쳐주는 것으로 쌀과 돈을 거두어 공동으로 사업비를 충당한다. 농악은 생산활동과 밀접한 연관이 있고, 주력으로서 신앙의 힘에 뒷받침이 된다. 즉, 사람에게 공감을 주는 오락의 기능도 가지고 있어 향토 예능으로 큰 몫을 차지하고 있다.

22) 「삼국유사」 사금갑조(射琴匣條)에 "보름에는 찰밥을 지어 제사를 지냈다."라는 기록이 있다. 여기에서 찰밥을 까마귀밥이라고도 한다. 실제로 제주, 전북, 충북에서는 밖에 약밥을 내놓고 까마귀 밥으로 준다.

④ 볏가릿대 : 「동국세시기(東國歲時記)」에 따르면 "농가에서 대보름 전날 짚을 묶어서 기 모양을 만들고 그 안에 벼, 기장, 조의 이삭을 넣어서 싸고 목화도 같이 장대 끝에 매단다."라는 볏가릿대 관련 기록이 있다. 이는 농사를 가장한 가농작으로 화간(禾竿), 화적(禾積)이라 부르며, 풍년을 기원하는 의례이다.

⑤ 과일나무 시집보내기 : 대추나무, 배나무, 감나무 등의 가지에 돌을 끼워 넣고 일종의 모의 성행위를 묘사하여 열매의 풍년을 기원하였다.

3) 점복[23]

① 달불이 : 달불이는 달불음, 월자, 윤월이라 부르며, 14일에 콩 12개로 12개월을 표시하여 수수깡 속에 넣고 이를 우물 속에 집어넣은 다음 15일에 꺼내어 콩의 모양에 따라 매달 강수량을 예측하였다.

② 집불이 : 달불이와 마찬가지로 집불이도 콩알에 마을 주민들의 이름을 기입하여 짚으로 묶어 우물 속에 넣고, 각 집의 운수를 점쳤다.

③ 사발점 : 1월 14일에 사발에 재와 여러 가지 곡식의 씨를 넣고, 사발을 지붕 위에 올려놓았다가 15일에 다시 가지고 내려와 날아간 곡식의 양에 따라 농사의 풍흉을 점쳤다.

④ 소밥주기 : 밥과 나물을 키에 담아 소에게 주면 소가 먼저 먹는 음식에 따라 한 해의 풍년을 점쳤다.

⑤ 닭울음점 : 15일 새벽에 닭이 우는 횟수에 따라 많이 울면 울수록 풍년이라 점쳤다.

⑥ 달맞이 : 달을 보며 소원을 빌었다.

⑦ 달점 : 달빛이 붉으면 가뭄, 희면 장마, 윤곽과 사방이 짙으면 풍년, 엷으면 흉년의 징조로 보았다.

4) 액막이

① 더위팔기 : 정월대보름 아침에 사람들에게 "내 더위 사가라" 하며 여름을 이겨내고자 노력하였다.

② 제웅직성 : 사람의 나이 따라 운명을 맡은 9개의 별이 9년에 한 번씩 돌아오는데 흉한 지성인 제웅직성이 남자는 10세, 여자는 11세에 들기 때문에 이때 액풀이가 필요했다. 제웅이라는 짚 인형을 만들어 그 뱃속에 삼재 든 사람의 생년월일시를 적은 종이와 동전을 넣고 삼거리에 버리면 액을 물리칠 수 있다고 여겼다.

③ 달집태우기 : 짚, 솔잎, 나무 등을 모아 언덕 위에 쌓고 오두막이나 다락처럼 만들어 달집을 제작한다. 달이 뜨면 불을 붙여 환호하며 그 안에 대나무를 넣어 악귀를 쫓았다.

④ 방생(放生) : 14일 밤 붕어, 자라를 사서 강에 놓아주고 소지(燒紙) 축원을 올렸다.

---

[23] 정초의 토정비결은 개인의 운수점이고, 대보름은 농사점이다.

⑤ 동제 : 정월대보름의 대표적인 행사로 설날에는 개인적인 의례가 많지만 정월대보름에는 공동의례가 많다. 동제는 마을의 평안과 풍요를 위하여 마을에서 섬기는 수호신에게 합동으로 올리는 공동의 제의로, 마을신앙의 행위적 표현이다. 섬기는 마을신은 지역에 따라 산신, 용신, 서낭신 등으로 다양하다.

5) 놀이

① 망우리 돌리기 : 깡통에 불을 담아 돌리는 놀이로 멀리서 보면 밝은 달의 모습을 하고 있다.
② 쥐불놀이 : 논두렁의 잡초와 병충해를 제거하고 재가 거름이 되도록 둑에 불을 놓는 것이다. 결국 논두렁이 여물어지면서 농사가 잘 되게 하기 위한 행위이다. 이때 "쥐불이야"를 외치며 쥐불놀이를 하는데 다른 동네 청년들을 만나면 횃불싸움으로 이어졌다.
③ 줄다리기

- 줄다리기는 마을의 풍년을 기원하고 승부의 결과로 한 해의 길흉을 점치는 행사이다. 줄을 당기는 날은 연령과 사회적 직위 등에 상관없이 여러 사람을 두 편으로 나눠 줄을 잡아당겨 공동체의 신명을 즐겼다. 줄다리기는 원래 동남아시아의 농경과 어로를 생업으로 하는 생활권의 나라에서 주로 행해졌던 놀이로, 우리나라에서는 주로 중부 이남지방에서 진행했다.
- 줄다리기를 인색(引索)이라 했으며 정월에 볏짚과 칡으로 줄을 만들고 줄에는 많은 작은 줄을 매어 용을 상징했다.[24] 마을을 둘로 나눠서 줄다리기를 하여 승부를 결정하는데 이기는 마을에 풍년이 온다고 믿었다. 일반적으로 동쪽의 주민은 숫줄을 만들고, 서쪽의 주민은 암줄을 꼬아 만든다. 암줄과 숫줄은 남녀의 생산적인 힘을 신성하다고 알리는 절차로 두 밧줄을 봉으로 결합하여 성교, 다산, 풍요의 연상을 이입하는 모의 성행위의 뜻을 지니고 있다.

---

24) 줄다리기의 줄은 용사(龍蛇)의 상징물로 인식되며 용은 물을 지배하는 수신 내지는 농신으로서 믿어져 왔다. 용 모양의 줄을 당기면 비가 흡족하게 내린다고 믿었고, 농사에 결정적 영향을 미치는 용을 섬기고 자극함으로써 풍요와 다산을 보장받을 수 있다는 믿음이 깔려 있으며 결국 치수(治水)의 뜻을 가지고 있었다.(미야기 케이아, 「전통축제의 속성이 방문객의 만족과 재방문 및 추천의사에 미치는 영향 연구」, 동아대학교 석사학위논문, 2005, 30쪽.)

03 1월 16일

1) 이칭

귀신날은 귀신닭(당)날, 달귀귀신날, 귀신단지날, 귀신다래는날, 귀신달구는날, 귀신달군날, 귀신당기날, 귀신단오날, 고마이날 등으로 불렀다.

2) 역사

「동국세시기(東國歲時記)」「정월 월내조」에 따르면 "16일은 시골 풍속에 대체로 활동하지 아니하고 나무로 만든 물건을 받아들이지 않는 기일(忌日, 꺼리는 날)로 여긴다. 이것도 경주의 유풍(遺風)을 답습한 것이다."라는 기록이 있다. 즉, 신라시대부터 1월 16일을 귀신날로 여긴 것이다.

3) 풍습

귀신이 범접하지 못하도록 대문에 체를 걸어 놓거나 문 밖에서 목화씨와 고추씨 등을 태운다. 낮에는 금기를 지키며 집안에서 조신하게 보내지만 저녁 무렵이면 귀신의 범접을 막기 위한 적극적 행위를 한다.

04 2월 1일 [25]

1) 머슴날

농가에서 머슴들의 수고를 위로하기 위해 음식을 대접하며 놀도록 한 날이다. 2월은 서서히 농사를 준비하는 시기로 고된 일이 시작되기 전에 머슴들을 하루 쉬게 하여 한 해 농사에 전념하도록 당부하는 날이다. 특히, 「동국세시기(東國歲時記)」에 따르면 이날은 정월 대보름에 세웠던 볏가릿대를 내려서 그 속에 넣었던 곡식을 떡으로 만들어 머슴들에게 대접했다.

① **노래기 부적** : 백족충(百足蟲), 마현(馬蚿), 마륙(馬陸), 환충(環蟲)이라 부르는 구렁방아벌레의 애벌레인 노래기를 쫓기 위하여 향낭각씨속거천리(香娘閣氏速去千里)라는 글씨를 집안의 기둥, 벽, 서까래에 거꾸로 붙이는 풍습이다. 이런 행위는 결국 노래기를 없애는 방술이다.

② **콩볶이** : 콩을 볶아 먹으면 새와 쥐가 없어져서 곡식을 축내는 일이 없어지고 액을 물리칠 수 있다고 여겼다.

---

[25] 지역에 따라 2월 1일을 머슴날, 중화절이라 한다.

③ **볏가리점** : 정월대보름에 세워놓았던 볏가릿대의 곡물주머니를 보고 농사의 풍흉을 점쳤다.

2) 중화절

궁중에서는 이날 정치의 척도를 계량한다는 뜻으로 중화척(中和尺)이라는 자를 재상과 시종에게 나눠주었는데 이는 농사의 치적을 척도로 계산한다는 뜻을 내포하고 있다.

05 3월 3일

1) 이칭

삼짇날은 삼질, 삼잿날, 여자의 날, 강남갔던 제비오는날, 상사(上巳), 원사(元巳), 중삼(重三), 상제(上除), 답청절(踏靑節) 등으로 불렸다.

2) 역사

① 「삼국사기」권 32 잡지 제1제사조 : 고구려에서는 항상 3월 3일에 낙랑의 언덕에 모여 사냥을 하여 잡은 돼지와 사슴으로 하늘에 제사를 지냈다.
② 「동국세시기」: 진달래꽃을 따다가 찹쌀가루나 녹두가루로 반죽하여 둥근 떡을 만들었는데 이를 화전(花煎)이라 한다. 혹은 녹두가루에 붉은색 물을 들여 그것을 꿀물에 띄운 것을 수면(水麵)이라고 한다. 이것들은 시절음식으로 제상에 올렸다.

3) 풍습

삼짇날에는 진달래화전을 해먹고 풀피리를 불며, 풀싸움과 풀각시놀이 등을 통해 봄놀이를 즐겼다.

03 여름철 세시풍속

01 양력 4월 5일경

1) 역사

「동국세시기」「삼월조」에 따르면 "산소에 올라가서 제사를 올리는 풍속은 설날, 한식, 단오, 추석이 있다. 술, 과일, 식혜, 떡, 국수, 탕, 적 등의 음식으로 제사를 드리는데 이것을 명절 하례 혹은 절사(節祀)라 한다. 선대부터 내려오는 풍속을 쫓는 가풍에 따라 다소 차이는 있지만 한식과 추석이 성행한다. 까닭에 사방 교외에는 사대부 여인들까지 줄을 지어 끊이지 않았다. 상고하면 당나라 정정칙(鄭正則)의 사향의(祠享儀)의 글에 이르기를 옛날에는 산소에서 지내는 제사에 관한 기록은 없다. 그런데 공자가 묘를 바라보며 때에 따라 제사 지내는 것을 채택했으므로 이른바 묘제는 이때 나온 것이다."라고 하였다.

2) 풍습

한식은 청명 바로 다음 날이거나 같은 날로 양력 4월 5일~6일쯤이다. 고려시대에는 금화(禁火), 성묘, 투란 등의 풍습이 있었고, 조선시대에는 금화(禁火)와 개화(改火) 등의 풍습이 있었다.[26] 더불어 종묘제향을 행하고, 성묘를 하는 한편, 밭에 파종을 하였다. 현대에는 손 없는 날 또는 귀신이 꼼짝없는 날로 여겨 산소에 잔디를 새로 입히거나 비석과 상석을 세웠다.

3) 유래

① 고대 개화(改火)의례설 : 오래된 불은 생명력이 없을 뿐만 아니라 인간에게 나쁜 영향을 미친다. 그래서 고대부터 종교적 의미로 매년 봄에 묵은 불(舊火)을 끄고 새로운 불(新火)을 만들어 사용한 개화의례가 있었다.

---

26) 조선시대 내병조(內兵曹)에서는 버드나무 팔에 구멍을 뚫고 느릅나무를 구멍에 끼워 마찰을 일으켜 불을 만든 후 왕에게 올리면 왕은 그 불씨를 궁전 안에 있는 모든 관청과 대신들 집에 나누어주었다. 한식 무렵부터 농가에서는 채소씨를 뿌리는 등 본격적인 농사철로 접어든다. 흔히, 이날 천둥이 치면 흉년이 들 뿐만 아니라 국가에 불상사가 일어난다고 믿었다.

② 개자추(介子推) 전설 : 중국 진나라 문공(文公)을 살린 충신 개자추에게 벼슬을 주려 하자 개자추는 벼슬을 마다하고 면산(綿山)에 숨었다. 아무리 청하여도 나오지 않자 개자추를 나오게 할 목적으로 면산에 불을 질렀는데 끝까지 나오지 않아 개자추가 불에 타서 죽었다. 그 뒤 그를 애도하기 위하여 불을 금하고 찬 음식을 먹는 풍습이 생겼다고 한다.

02 4월 8일

1) 이칭

부처님오신날은 석가모니 탄생일, 사월 초파일, 부처님 불탄일(佛誕日), 욕불일(浴佛日)[27], 석탄일(釋誕日) 등으로 불렀다. 불교에서는 2월 8일 석가출가일[28], 2월 15일 열반일[29], 12월 8일 성도일[30]과 더불어 4대 명절로 칭하였다.

2) 역사

① 고려시대 활발하게 거행된 연등회[31]와 팔관회[32] 등 국가적 규모의 축제와 수많은 불교의식이 사라지고 조선시대에는 불교와 연관된 절기로 부처님오신날만 남게 되었다.
그리고 이 부처님오신날은 연등회와 마찬가지로 석가탄신일을 경축하는 의미보다 모내기

---

27) 부처를 목욕시키는 날이라는 뜻이다.
28) 석가출가일은 음력 2월 8일로 싯다르타가 부귀영화를 버리고 왕궁을 떠나 출가한 날이다. 부처가 되기 전 싯다르타라는 왕자로서 젊은 시절 유복하게 왕손으로 살았으나, 어느 날 성의 동문에서 백발 노인을, 남문에서 고통에 신음하는 병자를, 서문에서 상여행렬을, 북문에서 세상 모든 형식에서 벗어난 출가 수행자를 목도하게 되었다. 이때 고민을 해결할 희망을 찾게 되었다는 것을 느끼고 밤중에 성문을 넘어 출가하게 되었다.
29) 석가열반일은 음력 2월 15일로 일체의 번뇌를 끊어 열반에 든 날이다. 깨달음을 얻어 인간의 육체를 지니고 중생을 교화하던 시기에서 벗어나 깨달음이 큰 완성으로 이룩된 날이다. 부처는 깨달음을 얻어 바로 열반에 도달하려 했으나, 제석천(帝釋天, 하늘의 신)이 권청하여 깨달음을 얻은 이후 40년간을 중생교화를 위하여 노력하다가 80세의 나이에 육체를 버리게 되었다.
30) 성도일은 음력 12월 8일로 깨달음을 성취한 날이다. 부처의 깨달음은 명상과 수행의 결과가 아니라 내면적인 갈등을 극복한 것으로 죽음의 공포를 극복하고 욕망을 단절하여 정신의 자유를 얻은 것으로 진정한 부처가 된 의미의 날이다.
31) 연등행사 또는 연등축제로 펼쳐지는 불교의 명절인 초파일이 민속명절로 전승된 것은 재래로 전승되어 온 연등행사와 불교의 연등공양(燃燈供養)이 습합(習合)된 데 연유한다. 연등회는 삼국시대 551년에 팔관회의 개설과 함께 국가적 행사로 시행되었다. 즉, 불전에 등(燈)을 밝히는 등공양(燈供養)으로 자신의 마음을 밝고 바르게 하여 불덕(佛德)을 찬양하고, 대자대비(大慈大悲)한 부처님께 귀의하여 구제를 받으려는 의미를 담고 있다.「삼국사기」「신라본기」에 따르면 "관등행사가 매년 정월 15일에 있었다."라고 기록되어 있었고, 고려시대 태조의 훈요십조에서도 연등회를 널리 장려하도록 하였는데 모두 1월 15일 성대하게 진행되었다. 오늘날 민속적 연등행사와 불교적 연등행사가 습합되어 4월 8일 연등축제로 이어졌다.
32) 팔관회는 국가적 정기 행사로 8가지 계율을 하루 낮, 하루 밤 동안에 한하여 엄격히 지키게 하는 불교의식이다.

를 끝내고 쉴 수 있는 놀이가 중심인 축제였다는 의견도 있다.

② 광복 이후 부처님오신날은 1968년 조계종 총무원 공식회의를 통해 공식적 불교행사로 결정되었으며, 1975년 정부 국무회의를 거쳐 국가 공휴일로 확대·지정되었다.

3) 행사

① **연등행사** : 민속적 취향에 따라 수박등, 거북등, 오리등, 일월등, 학등, 배등, 연화등, 잉어등, 항아리등, 누각등, 가마등, 마늘등, 화분등, 방울등, 만세등, 태평등, 병등, 수복등 등의 다양한 형태를 만들었다.

② **탑돌이** : 「우요불탑공덕경」에 따르면 "불탑을 오른쪽으로 도는 자는 모든 천신과 귀신들이 공양을 바치고, 태어나는 곳마다 8난(難)이 없는 무난처(無難處)이며, 생각과 지혜를 항상 잃지 않고, 복과 명이 길어서 장수하며, 부귀를 얻고 재보가 늘어난다."라고 하였다. 이에 인도에서는 예로부터 스승이나 신 또는 존경하는 사람의 오른쪽으로 세 번 도는 인사법이 있었다. 그 인사법이 우리나라에서는 부처님을 생각하며 탑을 돌며 갖가지 공덕을 비는 의식의 하나로 정착되었다.[33]

03 5월 5일

1) 개념

① 단오의 이칭은 수릿날, 천중절(天中節), 중오절(重午節), 중오절(重五節), 단양(端陽) 등이다. 수리는 고(高), 상(上), 신(神) 등을 의미하는 고유어로 신의 날, 최고의 날을 의미한다. 또한 단(端)은 시작이나 끝을 뜻하고, 다섯 오(五)와 일곱째 지지 오(午)와 같은 발음이기 때문에 초오(初五)라는 뜻을 가지고 있다.[34]

② 「삼국지」에 따르면 "오월에 씨뿌리기를 마치면 귀신에게 제사를 지낸다. 무리가 모여서 가무와 음주로 밤낮을 쉬지 않았다."라는 기록이 있다. 「삼국유사」에 의하면 "매년 5월 3일과 5일, 7일, 8월 5일과 15일에 가락국의 수로왕을 위해 성대한 제례를 행하였다."라는 기록이 있다. 이처럼 5월 5일 단오는 삼국시대부터 존재한 풍습이라는 것을 알 수 있다.

③ 예로부터 농경 문화권에 있어서 중요한 것은 병충해 및 질병 방지를 기원하는 신앙의례이다. 5월 파종이 끝나면 오곡 풍요를 기원하여 제신(諸神)에게 제사를 지낸 것이 단오로 정착되었다.

---

33) 남소은, 「사찰음식 활성화를 위한 사찰의 세시풍속 연구」, 동국대학교 석사학위논문, 2015, 52쪽.
34) 진로, 「한·중 단오 풍속 비교 연구」, 세명대학교 석사학위논문, 2012, 35쪽.

2) 행사

① 단오빔 : 유만공의 「세시풍요」에는 "단오 옷은 젊은 낭자에게 꼭 맞으니, 가는 모시베로 만든 홑치마에 잇빛이 선명하다. 꽃다운 나무 아래서 그네를 다 파하고 창포 뿌리 비녀가 떨어지니 작은 머리털이 비녀에 두루 있다. 단오옷을 술의라고 한다."라는 기록이 있다. 이때 술의는 신의(神衣)로 곧 태양신을 상징하기 때문에 단오빔은 여름옷을 의미한다.
② 단오고사 : 단오에는 편안과 오곡의 풍년 그리고 자손의 번창을 비는 고사를 지낸다.
③ 머리감기와 비녀 : 단오에는 창포를 넣어 삶은 물로 머리를 감고, 액을 물리치기 위해 궁궁이(미나리과 풀)를 머리에 꽂았다. 또한 창포비녀에 수복(壽福)이라는 글자를 새겨 패용하면 벽사의 기능을 가진다고 여겼다.
④ 익모초와 쑥 : 익모초와 쑥을 뜯어 말려 뜸을 뜨거나 먹으면 액을 물리칠 수 있다고 여겼다.
⑤ 대추나무 시집보내기 : 대추나무 가지 사이에 돌을 끼워놓고 열매가 열리기를 바라는 행위를 한 것이다.
⑥ 그네뛰기 : 그네는 군디, 군데, 군의로 부르며 느티나무, 버드나무, 대추나무에 줄을 매어 외그네뛰기, 쌍그네뛰기, 맞그네뛰기 등으로 논다.
⑦ 씨름 : 고구려 고분벽화 등장한 씨름은 왼씨름, 오른씨름, 띠씨름 등으로 논다.

04 6월 15일

1) 이칭

유두는 동쪽으로 흐르는 물에 머리를 감고 목욕하면 부정한 것이 물러간다는 뜻으로 소두, 수두 등으로 불렀다.

2) 역사

① 고려시대 김극기의 「김거사집」 : 경주 풍속에 따르면 6월 보름에 동쪽으로 흐르는 물에 머리를 감으면 불길한 것을 씻을 수 있다. 그리고 술을 마시고 놀면서 유두연을 한다.
② 「고려사」 : 6월 병인에 시어사 두 사람이 환관 최동수와 더불어 광진사에 모여 유두연을 베풀었다.

③ 정학유의 「농가월령가」

> 삼복은 속절이요 유두는 가일이라
> 원두밭에 참외 따고 밀 갈아 국수하여
> 가묘에 천신하고 한때 음식 즐겨 보세
> 부녀는 허피 마라 밀기울 한데 모아
> 누룩을 디디어라 유두곡을 혀느니라
> 호박나물 가지김치 풋고추 양념하고
> 옥수수 새 맛으로 일 없는 이 먹어 보소
> 장독을 살펴보아 제 맛을 잃지 마소
> 맑은 장 따로 모아 익는 쪽쪽 떠 내어라
> 비 오면 덮것인즉 독정을 정히 하소

3) 행사

유두는 물과 관련 깊은 명절로 물은 부정을 씻는 의미를 담고 있다. 특히, 유두에는 탁족놀이를 즐기는데 이 역시 단순하게 발을 씻는다는 것이 아니라 몸과 마음을 정화한다는 의미를 지니고 있다.

① **유두제사** : 참외와 수박 같은 햇과일과 함께 밭작물인 밀로 만든 국수와 전병을 조상에게 올려 제사를 지낸다.
② **농신제, 밭제** : 논과 밭에서 풍농을 위한 농신제로 팥죽을 끓여 먹는 집안이 많았다.

04 가을철 세시풍속

01 7월 7일

1) 설화

견우와 직녀가 만나는 날인 칠석은 중국에서 유입된 설화이다.

"옥황상제가 다스리는 하늘나라 궁전의 은하수 건너에 부지런한 목동인 견우가 살았고, 베를 잘 짜고 착한 손녀 직녀가 살았다. 옥황상제가 둘을 결혼시키자 둘은 모든 일을 게을리하였고 천계가 혼란에 빠져 기근으로 고통을 받자 옥황상제는 두 사람을 은하수 양쪽에 각각 떨어져 살게 하였다. 이러한 부부의 안타까운 사연을 알게 된 까마귀와 까치가 칠석이면 오작교를 만들어 일 년에 한 번씩 회포를 풀 수 있도록 해주었다."

이 설화는 사실 독수리별자리의 알타이르별과 거문고별자리의 베가별이 은하수 동쪽과 서쪽에 위치하고 있다가 태양 운행상 1년에 한 번씩 만나는 것처럼 보이자 칠석과 관련된 설화로 만들어진 것이다.

2) 행사

① 걸교(乞巧) : 칠석 새벽에 부녀자들이 참외와 오이 등의 과일을 상에 올려놓고 절을 하며 바느질 솜씨가 늘기를 빌었다.
② 칠석제 : 집안의 사당에서 밀국수, 밀전병, 호박도래전 등의 시절 음식을 차려놓고 제를 올렸다.
③ 논에 일찍 나가지 않는 풍습 : 칠석에는 신이 논에 내려와 곡식의 생산량을 정해주기 때문에 사람이 나와서 돌아다니면 신이 수확량을 감한다하여 논밭에 나가지 않았다.

02 7월 15일

1) 이칭

백중은 백종, 백종절, 중원일, 망혼일, 호미걸이, 호미씻이, 술멕이, 풋굿, 질먹기, 진서턱, 파접, 파결이, 써레씻이, 호미씨시, 호미씻기연, 농현, 풋굿이, 세사연, 꼰비기먹인다, 괭이발이, 써리씻금, 호맹이씻기, 세서연 등으로 불렀다.

2) 풍습

일꾼들이 먹고 마시며 하루를 보내는 농촌축제이다.

① 백중빔 : 머슴들에게 새옷을 장만해 주고 휴가를 즐기도록 했다.
② 호미 씻는 날 : 7월 백중을 전후하여 농촌에서는 논밭의 김매기가 끝나고 비교적 한가한 시기이다. 이날은 술과 떡 등의 음식을 장만하여 마을과 계곡에서 풍물을 치고 춤추며 하루를 즐겁게 놀고 호미를 씻어 치워둔다. 백중은 일종의 농사 피로연으로 더위와 피곤을 풀고 서로를 위로하는 공동체적 마을축제이다.

03 8월 15일

1) 이칭

추석은 한가위, 가배, 중추절, 중추라고 불렀다. 한가위의 한은 '하다(正大)'의 관형사로 '크다'의 의미이고, 가위는 '가운데'라는 뜻의 가배(嘉俳)를 의미한다. 즉, 한가위는 정가운데 날을 의미한다. 중추절(仲秋節)은 가을의 한가운뎃날이라는 의미이다.[35]

2) 역사

신라시대부터 시행된 추석은 고려와 조선시대를 겪으면서 큰 명절로 자리잡았다.

① 「수서」「동이전」 : 신라에서는 8월 15일이면 왕이 풍류를 베풀고 관리들을 시켜 활을 쏘게 하여 잘 쏜 자에게는 상으로 말이나 포목을 준다.
② 「구당서」「동이전」 신라조 : 신라인들은 산신(山神)에게 제사 지내기를 좋아하며 8월 보름날이면 크게 잔치를 베풀고 관리들이 모여서 활을 쏜다.
③ 「삼국사기」 권1 「신라본기」 1 유리이사금 9년조 : 왕이 육부(六部)를 정한 후 이를 두 패로 나누어 왕녀 두 사람으로 하여금 각각 부내(部內)의 여자들을 거느리게 하여 편을 짜고, 7월 16일부터 날마다 육부의 마당에 모여 길쌈을 했는데 밤늦게야 일을 파하게 하고 8월 보

---

35) 뇌뇌, 「한국 추석문화 교육방법 연구」, 부산외국어대학교 석사학위논문, 2011, 10~11쪽.

름에 이르러 그 공(功)의 다소를 살펴 지는 편은 음식을 장만하여 이긴 편에 사례하고 모두 노래와 춤 등의 온갖 놀이를 하였으니 이를 가배라 한다. 이때 진 편의 여자들이 일어나 춤추며 탄식하기를, '회소회소(會蘇會蘇)'하였는데 그 소리가 구슬프면서 아름다웠으므로 뒷사람들이 그 소리를 인연으로 노래를 지어 회소곡(會蘇曲)이라 하였다.

3) 풍습

오곡이 익는 계절인 만큼 모든 것이 풍성하고 즐거운 놀이로 밤낮을 지내기에 이때처럼 잘 먹고 살았으면 하는 바램이 간절하였다.

① **추석빔** : 앞으로 다가올 겨울 옷을 장만하여 입었다.
② **추석** : 추석 전에는 조상의 산소를 찾아 미리 벌초를 하여 여름 동안 묘소에 무성하게 자란 잡초를 베어준다. 추석날 아침에는 햇곡으로 빚은 송편과 각종 음식을 장만하여 조상 차례를 지내고 성묘를 한다.
③ **강강술래** : 강강술래는 풍요를 상징하는 보름달의 형태로 여성들이 원을 그리며 노는 놀이이다. 농경사회에서 보름달은 풍요를 상징하며 이는 생산의 주체인 여성 자체를 의미한다. 즉, 여성들이 보름달 아래에서 노는 강강술래는 풍요의 극치이다. 선소리(선창)를 하면 다른 사람들이 뒷소리(합창)로 받는데 이때 가사는 시집살이, 베틀가 등의 전래 민요와 즉흥적인 내용이며 후렴으로 강강술래를 합창한다.
④ **소놀이와 거북놀이**
- 소는 농사일을 하는 존재로서 생구(生口)라 할 정도로 가족의 일원으로 여겼고 거북은 십장생의 영물로서 수신(水神)과 농경신이었다. 이 둘을 주제로 한 놀이는 결국 풍년을 기원하는 농경의례라 할 수 있다.
- 놀이방법은 다음과 같다. 두 사람이 서로 궁둥이를 맞대고 엎드린 후 그 위에 멍석을 씌운다. 앞 사람은 멍석 밑에서 잘 깎은 막대기 두 개를 내밀어 마치 뿔처럼 보이게 하고 뒷사람은 동아줄을 한 가닥 늘어뜨려 마치 소(거북)꼬리처럼 보이게 한다. 이때 농부 한 사람이 앞에서 소(거북)의 고삐를 잡고 끌고 가고 소(거북) 뒤에는 풍물패가 따른다. 이후 소(거북)를 앞세운 일행은 부잣집을 찾아간다. 대문 앞에서 소(거북) 고삐를 잡은 사람이 "소(거북)가 배가 고파서 왔습니다. 여물과 뜨물을 주시오."라고 소리치면 주인은 음식을 차려 대접한다. 이렇게 여러 집을 찾아다니며 마을 사람 모두가 즐겁게 시간을 보낸다.

4) 음식

① **송편** : 송편은 쌀가루를 익반죽하여 햇녹두, 청태콩, 깨, 밤, 대추, 고구마, 곶감, 계피가루 같은 것을 소로 넣어 둥글게 빚는다.

② **토란국·화양적·누름적** : 토란국은 다시마와 쇠고기를 섞어서 끓인다. 화양적은 햇버섯, 도라지, 쇠고기에 갖은 양념을 하여 볶아 꼬챙이에 끼운 음식이다. 누름적은 화양적과 같은 방법으로 하되 밀가루나 달걀을 묻혀 지진 음식이다.
③ **닭찜** : 닭이 살이 올라 가장 맛있는 계절이므로 추석의 절식으로 닭찜을 한다.
④ **율단자** : 찹쌀가루를 쪄서 계란같이 둥근 떡을 만들고 삶은 밤을 꿀에 개어 붙이는 율단자도 추석 음식이다.
⑤ **묵은 나물** : 다가올 겨울의 저장용 반찬거리를 마련할 시기이기 때문에 박고지, 호박고지, 호박순, 고구마순 등을 산채(山菜)로 준비한다.

04 9월 9일

1) 개념

중양절은 강남에서 온 제비가 돌아간다는 날로, 같은 홀수가 겹치는 날이다.

2) 풍습

① **제사** : 추석에 햇곡식으로 제사를 지내기 때문에 추수가 마무리되는 중양절에 왕실과 민간에서는 중구차례를 지내면서 논농사의 발전에 대한 감사의 인사를 전한다.
② **등고(登高)** : 「열양세시기」 9월조에 "단풍과 국화의 계절에 남녀가 놀고 즐기는 것이 봄에 꽃과 버들을 즐기는 것과 같다. 그러나 사대부로서 옛것을 사랑하는 자는 중양절에 등고하여 시를 짓는다."라는 기록이 있다. 이처럼 중양절에는 음식을 준비하여 산에 올라가 단풍을 즐기는 풍속으로 오늘날 가을소풍과 같다.
③ **추수** : 논농사에 대한 결산인 추수를 하고 밭농사인 마늘을 심었다.

3) 음식

① **국화주** : 국화꽃을 따서 술 한 말에 꽃 두 되 꿀로 베주머니에 넣어 술독에 담아 뚜껑을 덮어둔다. 약주에 국화꽃을 띄워 국화주를 즐길 수도 있다. 화전, 화채, 술에 모두 쓰이는 국화는 재래종인 감국(甘菊)이어야 향기도 좋고 오랫동안 싱싱하다.
② **국화전** : 노란 국화꽃 잎을 따서 국화 찹쌀떡을 만드는데, 그 방법은 삼월 삼짇날의 진달래떡을 만드는 방법과 같으며, 이름도 화전(花煎)이라고 한다.

05 겨울철 세시풍속

01. 10월[36]

1) 이칭

시제는 시사(時祀), 시향(時享), 묘사(墓祀), 묘전제사(墓前祭祀), 세일제(歲一祭), 세일사(歲一祀) 등으로 불렀다. 시제는 5대조 이상의 조상을 위해 묘소에서 지내는 제사이다.

2) 시제의 절차[37]

① **시제 준비** : 하루 전날 주인이 여러 집사자들을 거느리고 재실로 나아가 몸과 마음을 깨끗이하고 부정한 일을 멀리한다. 각 묘소와 토지신에게 바칠 제물도 준비한다. 주인은 심의(深衣)를 입고 집사자를 데리고 묘소에 가서 재배하고 묘소 안팎을 돌며 슬프게 살피기를 세 번 한다. 그리고 묘소와 그 주변을 청소한다. 저녁에는 재실에서 주인이 중심이 되어 시도기(時到記) 또는 시도록(時到錄)을 가지고 각 묘소마다 헌관 및 축관, 집례, 집사자를 정한다.

② **진설(陳設)** : 깨끗한 자리를 묘소 앞에 깔고 제물을 차려놓는다. 석상이 있을 경우에는 그 위에 제물을 차린다. 기제에는 과일과 나물 등을 진설하고, 강신한 후에 떡과 국수, 적과 탕, 밥과 국 등을 진찬(進饌)하지만 시제에는 진찬의 절차가 없다. 따라서 시제에서는 진설 때 모든 제사 음식을 올린다.

③ **참신(參神)** : 참사자 모두 참신 재배를 한다.

④ **강신(降神)** : 주인이 분향하고 잔에 술을 따라 모사기에 붓거나 석상 아래 땅에 붓고서 강신 재배를 한다.

---

36) 「사례집의」에 따르면 "10월 1일, 상정(上丁 ; 음력으로 매달 첫 번째 정일(丁日 ; 넷째 천간 4일)) 혹은 편한 날 일년에 한 번 산에 가서 제를 지낸다."라고 기록되어 있다. 이처럼 시제는 보통 음력 10월 4일쯤에 지냈다.

37) 한국세시풍속사전, 국립민속박물관(http://terms.naver.com/entry.nhn?docId=1012376&cid=50221&categoryId=50233)

⑤ **초헌(初獻)** : 주인이 첫 번째 잔을 올린다. 기제와 같이 주인이 침주(斟酒), 전작(奠爵), 좨주(祭酒)를 한다. 이때 육적을 올리고, 메의 뚜껑을 열며, 숟가락을 밥에 꽂고 젓가락을 바로 놓는다. 대축이 주인의 왼쪽에서 축문을 읽으며, 독축이 끝나면 주인이 재배를 한다. 집사자 한 사람이 술을 거두어 퇴주기에 붓는다.

⑥ **아헌(亞獻)** : 두 번째 잔을 올리고 재배를 한다. 아헌과 종헌은 모두 아들 또는 동생이나 친한 벗이 한다. 자제들이 없으면 주인이 스스로 삼헌을 한다.

⑦ **종헌(終獻)** : 세 번째 잔을 올리고 재배를 한다.

⑧ **유식(侑食)과 합문(闔門)** : 「주자가례」 및 「사례편람」에는 시제에 유식과 합문의 절차가 없다. 다만 「사례집의」에는 "첨주는 없다. 엄숙하게 한 번 밥 먹을 시간을 기다린다."라고 하였다. 이에 집안마다 첨주를 하기도 하며 집사자가 밥에 숟가락을 꽂고 숟가락을 접시 위에 가지런히 놓는 삽시정저(揷匙正箸)를 하고, 합문의 의미로 참사자 모두 부복(俯伏)하거나 국궁(鞠躬)을 하며 뒤돌아 서 있기도 한다.38)

⑨ **계문(啓門)과 진다(進茶)** : 「주자가례」와 「사례편람」에는 묘제에 계문과 진다의 절차가 없다. 다만 「사례집의」에는 "주인이 올라가 국을 물리고 숭늉을 올려 차를 대신하며 내려가 제자리로 돌아간다. 수조(受胙)하지 않고, 서서 조금 기다린다. 집사자 한 사람이 올라가 수저를 접시 안에 내리고 밥뚜껑을 닫고 내려와 제자리로 돌아간다."라고 하였다. 합문 후에 대축이 헛기침을 세 번 하면 계문하듯이, 참사자 모두 몸을 펴거나 일어서며, 집사자가 국을 물리고 숭늉을 올리면 국궁을 한다. 곧 기제와 같이 밥과 국을 올렸을 경우에는 숭늉을 드린다. 하지만 메와 갱을 올리지 않은 때에는 합문 및 진다가 생략되고 바로 사신 재배를 한다. 시제에는 기제와 달리 음복수조하는 예도 있다. 주인이 신위전에 나아가 북향하여 무릎을 꿇으면 축관이 신위전의 술을 내려 주인에게 주고 주인은 술을 조금 마신다. 이어 축관이 신위전의 밥이나 포 등을 내려 주인에게 주면 주인은 이를 맛본다. 그리고 축관이 서쪽 계단 위에 서서 동쪽을 향하여 "이성(利成)"39)이라고 외친다.

⑩ **사신(辭神)** : 국궁 후에 집사자가 숟가락과 젓가락을 접시 안에 내리고, 밥뚜껑을 닫고 내려오면 참사자 모두 사신 재배를 한다.

⑪ **분축** : 대축이 축문을 불사른다. 집사자가 제상의 음식을 물린다.

⑫ **산신제** : 여러 묘에서 제사를 마치고 가장 높은 묘소 위 왼쪽에서 산신제를 지낸다. 시제를 지내기 전에 산신제를 먼저 지내기도 한다.

---

38) 부복(俯伏)은 꿇어앉아 허리를 굽히고 고개를 숙여 경의를 표하는 자세이다. 국궁(鞠躬)은 허리를 굽혀 공경을 표하는 자세이다.
39) 이성(利成)은 신위전에 음식을 올리는 일이 끝났음을 말하는 것이다.

02 10월 말날, 길일(吉日)

1) 개념

상달고사 음력 10월에 가정에서 말날이나 길일(吉日)을 택해서 가택신에게 고사를 지낸다. 성주를 비롯해 조상, 조왕, 삼신과 같은 모든 가택신에게 제사를 지낸다.

2) 역사

「삼국지」「위지 동이전」에서는 "예부터 10월에는 하늘에 제사를 지냈으니 고구려에서는 사당을 세워 귀신(鬼神), 사직(社稷), 영성(靈星)에 제사 지내는 제천의례가 있었는데 그것을 동맹이라 했다. 동예의 무천을 비롯하여 마한에서도 농공이 끝난 후인 10월에 제천의례를 올렸다."라는 기록이 있다. 이와 같은 고대 제천의례의 유습으로 진행된 상달고사는 고려와 조선시대를 거쳐 오늘날까지 이어지고 있다.

3) 풍습

팥시루떡을 하여 성주를 비롯한 집안의 신들에 올려 가내의 평안, 건강, 풍요를 빌었다. 또한 무당을 불러 굿을 하기도 하는데 이를 지방에 따라 성주굿, 성주받이굿, 안택굿이라 한다.

03 12월 30일

1) 이칭

섣달그믐은 세밑, 눈썹 세는 날, 제석(除夕), 제야(除夜), 제일(除日), 세제(歲除), 세진(歲盡) 등으로 불렀다. 음력으로 한 해의 마지막이므로 새벽녘에 닭이 울 때까지 잠을 자지 않고 새해를 맞이한다.

2) 풍습

섣달그믐에는 묵은세배, 수세, 만두차례, 나례(儺禮), 약태우기, 연말대청소, 이갈이예방, 학질예방 등의 풍습을 진행했다.

학예사를 위한 민속학입문

CHAPTER **3** 일생의례

01 출생의례
02 성년식
03 혼례
04 상례
05 제례

01

출생의례

01 기자

기자(祈子)는 결혼한 부부가 아이를 낳기 위하여 자연 및 우상 신에게 치성을 드리는 행위이다. 기자는 주술기자(呪術祈子)와 치성기자(致誠祈子)로 나뉜다. 주술기자는 아이 출산의 주력을 얻는다고 믿는 의례이며, 치성기자는 신을 감동시켜 아이를 출산하기 바라는 의례이다.

1) 주술기자

주술기자는 사물을 소지하거나 음식물을 섭취함으로써 그 주술적인 힘을 빌려 아이를 얻으려는 행위이다.

① 행위
- 아이 많은 집의 금줄 훔치기
- 아들 많이 낳은 여인의 진자리옷[1] 가져다 입기
- 아들 많은 여인의 생리대 훔쳐다 차기
- 은, 쇠, 나무 등으로 만든 도끼를 속옷 끈에 차기
- 고추를 주머니에 넣어 차기

기자도끼(사진 : 국립민속박물관)

② 음식
- 아들 많이 낳은 여인에게 쌀과 미역을 가져다가 첫국밥을 해주고 그 집의 쌀과 미역을 가져다가 먹기
- 금줄에 끼워 둔 미역 먹기
- 석불이나 돌미륵의 코를 문질러서 그 가루 먹기

---

[1] 진자리는 아이를 갓 낳은 자리이며 이때 입은 옷이 진자리옷이다.

- 혼례 때 용떡2) 몰래 훔쳐 먹기
- 세종대왕 능 타기

2) 치성기자3)

신이나 특정한 자연물을 대상으로 기자를 하는 행위이다. 특이성과 영속성을 지닌 대상물이라 할 수 있는 바위, 샘, 나무 등에서 치성을 드린다. 즉, 대상물의 신성성으로 감응되어 임신이 되길 간절히 바랐다.4)

① 산 치성 : 큰바위, 옹달샘, 큰나무 등에 치성을 드리는 행위
② 바다 치성 : 해안, 어촌에서 용왕에게 치성을 드리는 행위
③ 절 치성 : 산신각, 칠성각의 현판을 단 사당에서 100일 기도 형태로 치성을 드리는 행위
④ 집안 치성 : 집에서 칠성, 조왕, 산신에게 비는 행위
⑤ 무공 치성 : 무당에게 의뢰하여 무당이 큰 굿을 하며 임신을 바라는 행위

02 임신5)

임신부는 말과 행동을 삼가고 마음가짐을 바르게 해야 태아에게 절로 좋은 감화를 주어 훌륭한 아이로 자랄 수 있다고 믿었다. 이로써 태아에게 교육적 태내환경을 조성하여 양친이 행하는 첫 교육적 노력이라 할 수 있다. 즉, 태중금기라 하여 잉태한 아이를 완전하고 건강한 아이로 낳기 바라며, 동시에 출산 후 아이의 정신적·신체적 불운을 예방하기 위하여 일정한 음식과 행위를 가렸다.

---

2) 용모양과 비슷하게 만든 가래떡이다. 용떡을 먹으면 아들을 낳는다고 하여 경남의 함양지방에서는 혼례 때 용떡을 만들어 교배상에 올려 놓았다.
3) 치성기자 시 금기할 사항은 다음과 같다.
  ㉠ 부부관계를 삼간다.   ㉡ 잡인과 가까이 하지 않는다.
  ㉢ 궂은 일을 보지 않는다.   ㉣ 초상집이나 환자가 있는 집을 다녀오지 않는다.
  ㉤ 타인과 시비하지 않는다.   ㉥ 채식만 한다.
  ㉦ 개고기, 돼지고기를 먹어서는 안 된다.(오출세,「고전소설의 출생의례 考」,「한국문학연구」13, 동국대학교 한국문학연구소, 1990)
4) 「삼국유사」에는 "북부여의 왕인 해부루가 늙도록 아들이 없으므로 산천에 나아가 대를 이을 아들 낳기를 빌어 금와(金蛙)를 얻었다."라는 기록이 있다. 이처럼 특정 대상인 산천에서 치성을 드리는 행위는 오래 전부터 있었던 풍습이다.
5) 임신하기 전후에 산모, 남편, 양가 부모, 평소에 인연이 깊은 사람들이 임신의 가능성, 태어날 아이의 성별, 아이의 운명까지도 꿈으로 예측한다. 아들의 태몽은 용맹한 동물, 크고 단단한 열매로 남성성을 상징하며, 딸의 태몽은 작은 짐승, 물고기, 예쁜 과일 등으로 여성성을 상징한다.(추은혜,「출생 의례복식에 관한 연구」, 전남대학교 석사학위논문, 2000, 5쪽.)

1) 음식

① 오징어, 문어, 가오리를 먹으면 뼈 없는 아이를 낳는다.
② 임신 중에 오리고기, 닭고기를 먹으면 아기의 발가락이 붙는다.
③ 메밀묵이나 도토리묵을 먹으면 유산한다.
④ 산모가 밀가루 음식을 먹으면 유도(乳道)가 막혀 젖이 안 나온다.
⑤ 두부, 호박을 먹으면 산모의 이가 상한다.
⑥ 미역국 외에 김치 같은 딱딱한 것을 먹으면 이가 상한다.
⑦ 비린내 나는 음식, 상갓집 음식, 자극성 있는 음식, 단단한 음식, 무른 음식을 가린다.
⑧ 동냥도 주지 말고 남의 음식을 얻어먹지도 말아야 한다.
⑨ 간장을 나누어 먹으면 젖이 마른다.

2) 행위[6]

① 말고삐나 소고삐를 넘으면 안 된다.
② 불을 넘으면 안 된다.
③ 담을 넘으면 안 된다.
④ 빗자루를 깔고 앉으면 안 된다.
⑤ 음식을 바가지에 담으면 안 된다.
⑥ 발꿈치를 디디면 안 된다.
⑦ 부엌이나 굴뚝을 고치면 안 된다.
⑧ 이장(移葬)을 하면 안 된다.
⑨ 구부러진 길을 가면 안 된다.
⑩ 자루를 깁지 않는다.
⑪ 앉고, 듣고, 보는 것을 좋은 것으로 한다.
⑫ 체를 넘으면 12개월 만에 출산한다.

---

[6] 오출세,「고전소설의 출생의례 考」,「한국문학연구」13, 동국대학교 한국문학연구소, 1990.

03 출산[7]

1) 분만[8]

분만할 때에는 산실[9]의 윗목에 삼신상을 차려놓고, 산모는 아랫목에 누워서 분만을 기다린다. 전통적인 자세는 무릎을 꿇고 엎드려서 출산한다. 아기를 분만한 뒤에 자른 태는 짚이나 종이에 싸서 놓았다가 처리하는데 처리하는 방법에는 태를 작은 단지에 넣고 뚜껑을 덮은 뒤 땅에 묻는 법, 물에 띄우는 법, 불에 태우는 법 등이 있다.[10]

삼신상(사진 : 국립민속박물관)

2) 출산 이후

대문에 금줄을 쳐서 외인을 금하고, 산모에게 삼신상에 올렸던 쌀과 미역으로 국밥을 해준다. 이때 금줄은 짚으로 새끼를 꼬아 아이의 성별에 따라 다르게 걸었다. 짚은 토지를 의미하며, 청정의 식물이고 생명을 존속시키는 다산의 의미로 보았다. 또한 보통 새끼는 오른쪽으로 꼬지만 금줄은 왼쪽으로 꼬아 비일상적이며 거룩하고 신성한 의미를 상징하였다.

금줄(사진 : 국립민속박물관)

---

7) 출산을 위한 준비로는 새로 태어날 아이를 위한 준비, 산모를 위한 준비, 출산을 위한 준비가 있다. 태어날 아이를 위해서는 배냇저고리, 포단, 베개, 기저귀 등을 준비하는데 이것은 시어머니와 산모가 맡았다. 산모를 위해서는 쌀, 미역을 준비한다. 출산을 위해서는 가위, 실, 포대기, 걸레, 피옷(산모가 출산할 때 입는 옷으로 검은 치마나 무명치마) 등을 준비한다.

8) 난산을 극복하기 위하여 산모에게 어떤 물건을 부착하거나, 산모에게 무엇을 먹이거나, 산모의 자리를 옮기거나, 가족들이 특정한 행위를 한다. 예를 들어 단골무당에게 삼신치성을 드리거나, 순산한 부인의 치마, 허리띠, 남편의 허리띠 등을 산모에게 부착한다. 혹은 남편의 이름을 발바닥에 써 놓거나 남편이 우물물을 떠다가 산모에게 먹인다.

9) 산실은 산모의 건강과 새로 태어날 아이의 원만한 성장과 운명에 영향을 미친다고 생각하여 외부인의 출입을 금하였다.

10) 우리나라에서는 태 처리가 다음 아이를 잉태하는 데 결정적인 영향을 준다고 믿었다. 태의 처리에 따라 아이의 생명과 길흉화복이 결정된다고 생각하여 태는 매우 신중히 처리했다.

태항아리(사진 : 국립민속박물관)

① 아들 : 생솔가지(벽사를 위한 것), 숯(정화의 의미), 고추(불의 색, 귀신이 싫어하는 무서운 색)
② 딸 : 생솔가지(벽사를 위한 것), 숯(정화의 의미), 백지(신성)

04 산후

산전과 마찬가지로 산후에도 산모와 신생아를 위한 금기사항이 있다. 산모가 건강 회복을 빠르게 하고 충분하고 질 좋은 모유를 얻기 위해서 매운 음식, 짠 음식, 단단하고 찬 음식 등을 섭취하지 않았고, 초상집도 방문하지 않았다.

1) 삼일

우리나라에서는 '3'이라는 숫자를 가장 작은 완전수로 여겨 산후 3일째가 되어서야 비로소 여러 가지 아이를 위한 행위를 진행하였다. 아이가 출생하면 즉시 따뜻한 물로 온몸을 닦아주었고, 쌀깃에 싸서 눕히고 부정한 물건이 피부에 닿지 않게 유의하였다. 산모는 쑥물로 몸을 씻고 아기도 목욕을 시키는데 첫날은 위로부터 아래로, 그 다음 날은 아래로부터 위로 씻기면 발육이 고르다고 믿었다. 3일째 되는 날 새벽에는 삼신[11]에게 밥을 지어드리고 산모의 무병과 아이의 장수를 비손했다.

2) 삼칠일[12]

① 아기가 태어난 후 한 이레(7일)에는 쌀깃(갓난아이의 배냇저고리 아래에 옷 대신 둘러싸는 헝겊 조각)을 벗기고 깃 없는 옷을 입히며 동여맸던 팔 하나를 풀어놓는다. 이때 미역국을 끓이고 밥을 하여 삼신상에 올려놓고 명 길고 복 있게 해달라고 치성을 드리고 산모는 미역국에 쌀밥을 먹었다.

---

11) 삼신이란 아기의 점지와 출산을 관장하며 보호하는 신령이다. 우리 한민족의 시조인 환인, 환웅, 단군 등도 삼신으로 생명의 신을 의미한다. 삼신을 산신(産神)이라고도 하는데 이 뜻은 산(産)을 주간한다는 뜻이다. (유문희, 「출생의례의 문화콘텐츠화 방안 연구」, 원광대학교 석사학위논문, 2014, 19쪽.)

12) 삼칠일과 관련된 의례의 흔적은 「삼국유사」와 「순조실록」 등을 통해 알 수 있다. 즉, 「삼국유사」에 따르면 "그들은 항상 신웅에게 빌어 사람이 되기를 원했다. 이때 신웅이 신령스러운 쑥 한줌과 마늘 20개를 주면서 말하기를, 너희들이 이것을 먹고 백일 동안 일광을 보지 않으면 곧 사람이 될 것이다. 곧 곰과 범이 이것을 받아서 먹고 삼칠일(21) 동안 금하니 곰은 여자의 몸으로 변했다."라는 것이다. 삼칠일 금기가 여기에서 나온 것으로 추측해 볼 수 있다. 또한 「순조실록」에 따르면 "원손 탄생한 삼일만에 종묘에 고하고, 칠일만에 하례를 드리라고 명하였다."라는 것이다. 여기에서 삼일과 칠일 의례가 있음을 알 수 있다. 즉, 삼칠일 금기와 관련된 사항은 이렇게 오랜 전통을 갖고 있음을 알 수 있다.(추은혜, 「출생 의례복식에 관한 연구」, 전남대학교 석사학위논문, 2000, 8쪽.)

② 두 이레(14일)에는 깃 있는 옷에 두렁이(어린아이의 배와 아랫도리를 둘러주기 위하여 치마같이 만든 옷)를 입히고, 나머지 팔 하나를 마저 풀어놓는다. 한 이레처럼 새벽에 삼신에게 밥과 무역국을 올려 삼신상을 차린 후 이를 산모가 먹었다. 지역에 따라 두 이레에 삼신상을 차리지 않는 곳도 있다.

③ 세 이레(21일)에는 위아래 옷을 제대로 입히고, 산실을 개방하여 금줄을 거두고 모든 금기를 해제한다. 이웃과 친척들이 출산을 축하하기 위하여 선물을 가지고 방문하면 아기 낳은 집에서는 미역국과 밥을 대접한다.

3) 백일

삼칠일까지의 모든 의식이 아이를 보호하고 산모의 건강회복을 위한 의례라면 백일은 아이만을 위한 첫 경축의례이다. 백일은 아이의 경축일로 삼신상을 차리고 아이를 위한 백일상도 차렸다. 떡은 백설기(장수, 신성), 수수팥떡(기복(祈福))을 준비한다. 백일떡을 받은 사람은 답례로 쌀, 실, 돈을 보내어 아이의 수복을 기원했다. 한편, 백은 성숙된 수, 완전한 수의 의미를 지니고 있어 온전한 사람이 되었음을 의미한다.

4) 돌

돌은 아이가 출생하여 1년이 되는 날로 각종 음식을 장만하여 돌상을 차리고 이웃사람과 친척을 초대한다. 이 날도 역시 삼신상을 차려놓고 삼신에게 아이의 장래를 위해서 빈다. 주로 떡과 과일로 돌상을 차린다. 떡은 백설기, 오색송편, 수수팥떡을 해서 이웃에게 돌리고, 이웃은 그릇 안에 돈과 실타래 등을 넣어 보냈다.[13] 이는 아이가 오래 살고 부자가 되라는 의미이다. 돌상에는 쌀, 돈, 활, 종이, 먹 등을 차려 놓고 돌잡이를 한다. 여아일 때에는 바늘, 가위를 더 올려놓는다. 이때 돌잡이 물품을 통해 앞날을 점치기도 했다.

① 돈과 쌀 : 부자
② 실과 국수 : 장수
③ 책, 먹, 붓, 두루마리 : 학문에 힘써 과거에 등과하여 벼슬을 할 것
④ 활, 화살, 총, 장도 : 무관
⑤ 바늘, 가위, 자, 인두 : 바느질에 능하고 손재주가 뛰어난 사람

돌상(사진 : 국립민속박물관)

---

13) 백설기는 신성함, 정결함, 장수 등의 의미를 내포하고 있다. 수수경단(수수팥단지)은 덕을 쌓으라는 뜻이며 귀신이 싫어하는 붉은색이기 때문에 귀신을 퇴치하고 병을 막을 수 있다고 믿었다. 또한 무병을 기원하는 의미로 수수경단에 쓰이는 붉은 팥은 통팥을 쓴다. 인절미나 찰떡은 끈기 있고 마음을 단단히 하라는 뜻이 있다. 오색떡은 아기의 무궁무진한 꿈이 무지개처럼 오색찬란하길 기원하는 의미이다. 송편 중 속이 빈 것은 깊은 마음과 넓은 아량을, 속이 찬 것은 영리하라는 뜻을 지니고 있다.(유문희, 「출생의례의 문화콘텐츠화 방안 연구」, 원광대학교 석사학위논문, 2014, 60쪽.)

02 성년식

01 개념

성년식은 어린이로부터 어른의 세계로 이행 시 그 경계에 마련된 문화적 규범이다. 무책임과 무지의 어린이시대를 버리고 보다 높은 존재로 거듭나길 바라는 과정이다.

02 역사

삼한시대 마한에서는 소년들이 등에 상처를 내어 줄을 꿰고 통나무를 끌면서 집을 지었다는 성년식에 관한 기록이 있고, 신라시대에는 중국의 제도를 본받아 관복을 입었다는 기록이 있으나, 문헌상 확실히 나타난 것은 고려시대 광종 16년에 태자에게 원복(元服)을 입혔다는 데서 비롯되었다.[14] 고려시대부터 행해져온 성년식은 성년이 되는 것에 큰 의미를 부여했다. 이후 조선시대에는 유교사상을 바탕으로 예학을 중시 여기면서 송나라 주자가 편찬한 「주자가례」로 관혼상제를 시행했다. 이때 남자는 20세에 관례를 행하며, 여자는 15세에 계례를 행하였고, 그에 따른 절차로 3종류의 모자를 씌워주는 삼가례를 거행하며, 이때 성인으로서 책임을 질 수 있도록 자(字)를 지어주었다.[15]

---

[14] 「고려사」「세가」 2 광종편에 다음과 같은 기사가 나온다. "을축 16년 봄 2월에 아들 왕주(王伷)에게 관(冠)을 씌우고 그를 왕태자 내사 제군사 내의령 정윤으로 책봉하고 여러 신하들을 위하여 장생전(長生殿)에서 연회를 베풀었다."라는 것이다. 고려시대 965년 광종이 아들 왕주에게 행한 관례에 관한 기록이다. 여기 원문에 나오는 원복(元服)이라는 표현이 바로 관례를 시행했다는 의미이다. 즉, 원자(元子)가 성인이 되면 관례를 거행하게 되는데, 원(元)은 머리, 복(服)은 착용하다의 뜻으로 머리에 관을 쓴다는 것이다.(김은희,「한국 전통성년례에 관한 연구」, 원광대학교 박사학위논문, 2015, 16쪽.)

[15] 김은희,「한국 전통성년례에 관한 연구」, 원광대학교 박사학위논문, 2015, 21쪽.

이처럼 고려시대 말엽 전래된 「주자가례」를 중심으로 시행된 성년식은 18세기부터 잘 시행되지 않았다. 의례 시 복식과 연찬 비용의 문제와 개화사상의 영향으로 그 의미가 점차 퇴색되어 갔기 때문이다. 하지만 가장 중요한 것은 양반을 중심으로 한 의례였기 때문에 일반 서민의 생활에 깊숙이 파고들지 못했고, 관례가 독립적인 의미를 지니기보다는 혼례 전 상투를 틀거나 쪽을 찌는 등 혼례에 포함된 형식으로 바뀌면서 사라지게 되었다. 여기에 1894년 갑오개혁 이후 단발령에 의해 상투를 자르게 되면서 의례로서의 의미가 없어지게 되었으나 이후 1973년 3월 30일에는 법정기념일로 '성년의 날'을 제정하여 국가적 관례로서 다시 시행하게 되었다. 1984년 5월 세 번째 주 월요일이 기념일로 변경되면서 다양한 기관에서 현대적 성년식으로서 만 20세가 되는 젊은이들이 성년으로 자부심과 책임감을 가지고 살아갈 수 있도록 '성년의 날' 행사를 진행하고 있다.16)

03 풍습

성년식은 미성년에서 성년으로 진화하는 과정이다. 「주자가례」의 기록에 따르면 관례가 예정된 날짜보다 3일 전에 사당에 고하고, 집안 어른의 친구 중에서 예(禮)를 잘 아는 사람을 빈(賓, 주례자)으로 청하여 관례 전날부터 유숙시키고 성년식을 거행했다.

성년식(사진 : 국립민속박물관)

심의와 흑립(사진 : 국립민속박물관)

---

16) 영월군청, 「내가 찾는 행복 과거로 미래로 "어른이 되는 나" 전통 성년례」, 한국문화유산연구센터, 2016.

1) 남자

- ① **시가(始加)** : 관례자의 머리를 올려 상투를 틀고[17] 쪽을 찌고, 머리에 망건 관을 씌우며, 성인의 평상복인 심의(深衣)를 입혀 어린 마음을 버리고 어른스러워질 것을 당부하는 축사를 한다.
- ② **재가(再加)** : 관례자가 정한 자리에 나오면 빈객이 축사를 읽고 시가(始加)에서 쓴 관건(冠巾)을 벗기어 사모(紗帽)를 씌우고, 심의 대신 성인의 출입복인 조삼(皁衫)에 가죽띠를 매고 계혜(繫鞋)를 신는다. 이때 모든 언동을 어른답게 할 것을 당부하는 축사를 한다.
- ③ **삼가(三加)** : 관례자가 정한 자리에 나오면 빈객이 축사를 읽고 빈객이 사모를 벗기고 복두(幞頭)를 씌우며 성인의 예복인 난삼에 대를 두르고 화(靴)를 신고 나온다. 이때에도 어른으로서의 책무를 다할 것을 당부하는 축사를 한다.

이후 술을 내려 천지신명께 어른으로서의 서약을 하게 하고 술을 마시는 예절을 가르치는 초례(醮禮)를 올린다. 자(字)를 수여하고 사당에 고한 뒤에 참석자들에게 절을 한다.[18]

하지만 이상과 같은 관례는 의식 절차가 복잡하여 조선시대 말기에는 약식으로 행하는 경우도 있었다.

2) 여자

- ① 여자의 관례는 계례(筓禮)라 하며 보통 15~16세가 되면 머리를 올리고 비녀를 꽂는다. 계례는 혼인이 정해지면 진행하였으나, 15세가 지나도록 혼인을 하지 못할 경우에는 15세에 계례를 행하였다.
- ② 계례에는 어머니가 중심이 되어 친척 중에서 어질고 예법을 아는 부인을 빈으로 삼아 사흘 전에 청한다. 당일이 되면 날이 밝는 대로 의복을 준비하고 차례대로 서서 기다리고 있다가, 빈이 도착하면 주부가 나아가 맞아들인다. 빈이 계례자에게 비녀를 꽂아 주면 방으로 가서 배자를 입는다. 이어 간단한 예를 올리고, 빈이 계례자에게 당호를 지어준다.[19] 주인은 계례자를 데리고 사당에 가서 조상에게 고한 다음 손님을 대접하는 잔치를 베푼다.[20]

---

17) 상투는 효와 성인 남성, 신분 등을 상징한다. 미성년자와 성년자를 구분 짓는 가장 큰 외형적인 특징이 바로 두발의 형태이다. 미성년자는 대개 땋은 머리형을 하고 있는데 관례를 올린 후에는 머리카락을 정수리 위로 올려 묶어 외상투를 튼다.

18) 자(字)는 윗 사람이 불러주는 이름이고, 호(號)는 자기 스스로 혹은 남이 붙여주거나 자유롭게 사용하는 이름이다.

19) 당호는 규방여인의 호(號)와 같은 것이다.

20) 안민정, 「조선시대 여성윤리교육 연구」, 부산대학교 석사학위논문, 2008, 55쪽.

03 혼례

혼인(婚姻)은 남녀가 만나 부부가 되는 것으로 혼(婚)은 남자가 장가가고, 인(姻)은 여자가 시집 간다는 뜻을 지니고 있다. 남녀가 예를 갖추어 부부가 되어 평생을 함께 하며 살아가는 것이 일생 의례 중 가장 중요한 절차이다.[21]

혼인은 예의 근원이며, 생성과 융성의 근본으로 여겨 인륜지대사(人倫之大事)로 인식되었다. 그래서 혼인할 두 사람이 하늘에서 정한 인연인지 여부를 알아보기 위해 궁합을 통해 잘 살기를 열망했다. 또한 두 사람과 가문의 결합이기 때문에 개인의 사회적 지위와 인간관계의 변화를 가져다주었다. 결국 가문 대 가문의 결합으로 혼반(婚班)을 형성하여 정치·사회적 이익 집단이 되기도 하였다.

01 혼례의 역사[22]

고대 혼인은 주로 생존을 위한 사회구조와 연관이 있었다. 옥저에서 행해지던 매매혼(賣買婚) 형태의 예부혼(預婦婚)은 여자가 10살이 되면 남자의 집으로 데려갔다가 혼인 연령이 되면 여자 집에 돌려보낸 후 남자가 돈을 주고 다시 데리고 왔다. 옥저가 고구려에 처녀를 공물로 바쳤다는 기록으로 보아 여자 집에서 처녀를 공출당하지 않으려고 남자 집에 어린여자를 미리 보내고, 남자 집에서는 노동력을 미리 차출하는 민며느리 형태가 함의되어 예부혼(預婦婚)이 형성되었을 것으로 보인다. 부여의 형사취수혼(兄死取嫂婚)은 공동생활에서 오는 소유개념과 초기농경사회의 여성노동력, 자녀에 대한 모성의 발로 등에서 기인하였다. 동예는 동성불혼(同姓不婚)을 통해 다른 집단과 혼인하여 연맹을 맺었고, 이는 완전한 예제가 확립되기 이전의 생존 수단이라 볼 수 있었다.

---

21) 우리나라 헌법 제36조에서도 혼인과 가족생활은 개인의 존엄과 양성의 평등을 기초로 성립되고 유지되어야 하며, 국가는 이를 보장해야 한다고 명시하고 있다.
22) 이정숙, 「조선후기 의례서에 나타난 혼례 연구」, 원광대학교 석사학위논문, 2010, 6~26쪽.

이후 삼국시대 고구려에는 남자가 여자 집으로 장가가는 서유부가혼(壻留婦家婚) 형태가 있었다. 또한 당시 처를 구하는 데 재물이 필요했기 때문에 상대적으로 그러지 못한 남자는 배우자를 구하는 문제가 있어 약탈혼도 성행하였다. 백제는 다처사회(多妻社會)였으며 간통한 여자는 남자 집의 계집종으로 삼았고 처의 서열과 그 소생에게 차별이 없었다. 신라도 다처사회(多妻社會)로 처첩의 차별이 없었다. 혼인할 때 빈부에 관계없이 손님을 접대하여 두 남녀가 혼인하였음을 주변에 알리고, 혼인한 날 저녁에 먼저 시부모에게 절하고 혼인의 예를 갖추었다.

고려시대 전기에는 왕실을 제외한 일반인들은 일부일처제(一夫一妻制)를 시행하고 있었다. 혼인하면 남자는 여자 집으로 가서 살다가 아이가 장성하면 일가를 이루어 본가로 가거나 벼슬을 하면 여자의 집을 떠났다. 이를 남귀여가혼(男歸女家婚) 혹은 서유부가혼(壻留婦家婚)이라 하고, 여자의 부모가 사위를 거느린다 하여 솔서제(率壻制)라 하였다. 한편 고려시대 후기에는 충렬왕 때부터 원나라에서 사신으로 와서 귀화한 자들의 영향으로 취첩이 성행하였고, 박유의 처첩제 도입으로 일부일처제가 무너졌던 것으로 보인다.

조선시대에는 「국조오례의」와 「주자가례」가 반영되면서 친영제(親迎制)[23]가 도입되었다. 그러나 친영제가 정착되지 못한 배경에는 남자가 여자 집에 장가가는 처가살이가 관행으로 굳어진 점도 있지만 중기까지의 상속제도와 봉사제도에 기인하였다고 보여진다. 중기에는 친영제의 변형인 반친영제가 시행되기 시작하였고 조선시대 말기에는 반친영제[24]의 혼인형태가 일반화되었다.

∥ 시대별 혼인 형태 ∥

혼인형태	시대구분	내용
형사취수혼	부여	• 남녀 간에 음란한 일을 하면 모두 죽이고 질투하는 여자는 시체를 산위에 갖다버린다. • 형이 죽으면 형수를 아내로 맞이한다.
예부혼	옥저	• 여자가 10세가 되면 혼인을 허락한다. • 사위 되는 집에서 맞이하여 다 자라면 여자 집으로 돌아간다. • 여자 집에 전폐를 주고 아내로 삼는다.
동성불혼	예	• 같은 성씨끼리는 혼인하지 않는다.
일부다처제	백제	• 간통한 여자는 남자 집의 계집종으로 삼는다.
형사취수혼 · 서유부가혼	고구려	• 남녀가 사랑하면 곧 혼인한다. • 혼인하면 여가에서 살다가 아이를 낳아 장성하면 남자 집으로 가거나 여가 근처에서 산다.
일부다처제	신라	• 술과 음식으로 대접한다. • 혼인날 저녁에 신부는 먼저 시부모에게 절하고, 대형과 신랑에게 절한다.

---

23) 여자가 혼인한 후 남자의 집에 가서 사는 시집살이이다.
24) 처가에서 혼인하고 3일 만에 시댁으로 돌아가는 것이다.

혼인형태	시대구분	내용
솔서제 · 서유부가혼	고려	• 고려의 혼인 풍속은 처가살이
다처사회	고려 공양왕	• 남편 사후에 개가한 자는 봉작을 회수하고, 30세 전에 과부되어 60세까지 수절한 자는 절문을 세우고 면세한다.
솔서제 · 유부가혼	조선 초기	• 왕실 : 「국조오례의」 제정 • 민간 : 「주자가례」 채택
반친영제 · 친영제	조선 숙종~영조	• 사족가에서 저녁 무렵에 「가례」 대로 행하는 것을 친친영제, 저녁에 여가에서 교배합 근하고 그 다음 날 시가에서 현구고하는 것을 반친영제라 한다.

02 혼례의 절차

중국에서는 주나라 이후 납채(納采), 문명(問名)[25], 납길(納吉), 납징(納徵), 청기(請期), 친영(親迎)의 육례(六禮)로 혼례가 진행되었다. 송나라의 주자는 육례를 의혼(議婚), 납채(納采), 납폐(納幣), 친영(親迎)의 사례(四禮)로 간소화하였다.

우리나라에서는 고려시대에 중국 송나라 주자의 「가례」를 받아들인 후 혼례를 비롯한 관례, 상례, 제례의 절차를 이에 따라 운영하였다. 하지만 「가례」는 우리의 실정에 맞지 않는 것이 많아 이를 우리 실정에 맞게 조선시대 헌종 10년(1844년)에 이재가 「사례편람」을 편찬하며, 이때 혼례의 절차를 의혼(議婚), 납채(納采), 납폐(納幣), 친영(親迎) 등으로 규정했다.

이에 필자는 여기에서 혼인하는 것을 육례(六禮)로 보고, 1) 의혼(議婚), 2) 납채(納采), 3) 연길(涓吉), 4) 납폐(納幣), 5) 대례(大禮), 6) 우귀(于歸) 순으로 정리하였다.[26]

1) 의혼(議婚)

중매인에게 혼처를 부탁하고, 양가에서 부모의 성명, 가정의 품의(品儀), 생년월일, 처가의 가품(家品) 등을 알려준다. 남성의 경우 가문의 인품, 행실, 인물, 건강성에 대하여 살피고 여성은 길쌈, 바느질, 시부모 공경에 대하여 살펴본다.

---

[25] 혼인을 정한 신부의 어머니 이름을 묻는 절차로 신부의 운세를 알아보기 위해 신부어머니의 이름을 여쭈어 보는 절차이다.

[26] 혼인은 삼서정신(三誓精神)과 평등정신에 기반을 두고 있다. 삼서정신은 서부모(誓父母), 서천지(誓天地), 서배우(誓配偶)라 하여 부모, 천지신명, 배우자에게 맹세하는 것이며, 평등정신은 남녀가 부부가 되면 신분이나 나이에 차별이 있더라도 평등하게 서로 존댓말을 사용하는 것이다.

2) 납채(納采)

① 양가에서 혼인하기로 합의가 된 뒤에는 정혼(定婚, 약혼(約婚))을 하는데, 남자 측의 어른(아버지)이 여자 측의 어른에게 혼인하기를 청하는 청혼서(請婚書)와 신랑될 사람의 생년월일시를 적은 사주(四柱)단자를 여자 측에 보낸다. 이때 청색과 홍색의 옷감을 보내는데, 납채한다는 취지의 서신인 납채서(納采書)를 함께 보내기도 한다. 납채는 정혼의 절차이므로, 양가의 가족이 모인 자리에서 주고받기도 한다.

② 네 기둥이란 뜻의 사주(四柱)는 ⓐ 연주(年柱), ⓑ 월주(月柱), ⓒ 일주(日柱), ⓓ 시주(時柱)를 말한다.

이를 식물과 사람에 비유하면,
ⓐ 뿌리, 조상
ⓑ 싹, 부모
ⓒ 꽃, 나
ⓓ 열매, 자녀에 해당한다.

사주를 육십갑자로 적으면 각각 두 자씩 8자가 되므로, 사주팔자(四柱八字)라고 한다.

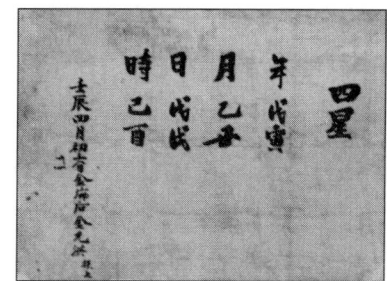
사주단자(사진 : 국립민속박물관)

③ 남자와 여자의 사주를 가지고 궁합을 보기도 했다. 궁합은 남녀의 사주를 오행으로 풀어 상극(相剋), 상생(相生), 상비(相比)를 따져 말하는 것이다. 그러므로 궁합은 두 사람의 사주팔자를 모두 알아야만 제대로 볼 수 있다.

3) 연길(涓吉)

여자 측에서 혼인 날짜를 정하여 남자 측에 알리는 절차로 택일(擇日), 납길(納吉), 날받이라고도 한다. 여자 측에서는 남자 측으로 연길단자를 보내어 택일 결과를 알린다. 이처럼 혼인 날짜를 정하는 택일은 혼인 준비의 복잡성과 생리현상 때문에 여자 측에서 정한다. 보통 시기를 양가에서 합의한 뒤에 여자 측에서 택일한다.

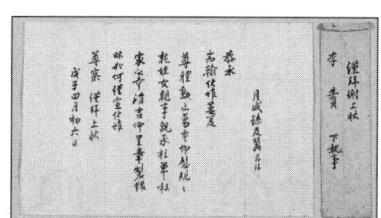
연길(사진 : 국립민속박물관)

4) 납폐(納幣)27)

혼인 날짜를 정하면 남자 집에서 여자 집으로 납폐를 보낸다. 납폐는 혼인이 성립된 데에 대한 감사의 표시로 예물을 보내는 예이다. 삼국시대에는 자신이 소중히 여기는 물품을 가지고 혼인을 약속하는 풍습이 있었는데 납폐는 이 풍습의 변형이라 할 수 있다. 납폐는 돈, 이부자리,

---

27) 「예서」에 따르면 "선비는 예가 아니면 움직이지 않는다. 여자선비인 규수를 움직이게 하려면 예물을 올려야 한다."라고 기록되어 있다.

솜 등을 보내는데 보통 신부의 혼례복을 만들 청색과 홍색의 비단을 보낸다. 청색은 음을, 홍색은 양을 상징하여 음양법에 의해 포장한다. 포장은 청단을 홍색 종이로, 홍단을 청색 종이로 싸서 청·홍실 나비매듭으로 포장한다. 납폐함 안에는 흰 종이를 깔고 장수의 뜻을 갖고 있는 청실·홍실을 깐 후 그 위에 종이를 덮고 납폐의 종류와 수량을 적은 몰목기(物目記)와 납폐서(納幣書)를 넣는다. 납폐 의식은 다음과 같다.

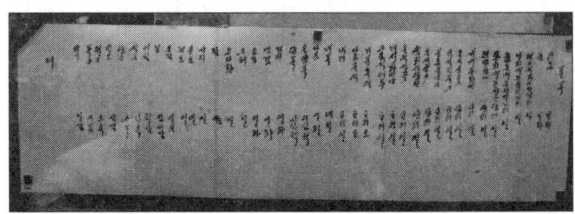

몰목기(사진 : 국립민속박물관)

① 신랑 친척 중 집사(執事)는 납폐서를 들고, 다른 이는 함부(函夫)가 되어 함을 맨다.28)
② 신랑 측 어른에게 의식 교훈을 받고 절하고 떠난다.
③ 신부 측 집사가 대문을 열고 동쪽에서 기다린다. 이후 집으로 들어가 신랑 측 집사가 서쪽에서 동쪽의 신부 측 집사에게 납폐서를 전달한다.29)
④ 신부 측 집사가 함을 열고 납폐서를 신부 측 어른에게 올린다.
⑤ 신부 측 어른이 납폐서를 읽고 집사를 주면 다시 싸고 신부 측 어른이 "어서 와라", "수고했다.", "납폐를 받겠다."라고 한다.
⑥ 두 집안의 집사가 협력해 봉채 떡시루 위에 함을 올려놓고 신부 측 어른이 절을 두 번 한다.
⑦ 신부 측에서는 함부와 집사를 대접하고 이후 함을 사당으로 옮겨 조상에게 아뢴 후 안방으로 옮겨 어머니가 함을 열고 청단·홍단을 꺼내고 신랑 측 함부와 집사에게 사례한다.30)

5) 대례(大禮)

혼인 예식은 대개 신랑이 신부집에 가서 하였으므로, 장가간다고 하였다. 대례는 집례(사회자)가 홀기(笏記, 의식의 순서)를 읽는 대로 진행하며 전안례, 교배례, 합근례로 이루어져있다.

---

28) 요즘에는 함부를 신랑의 친구 중 첫 아들을 낳은 기혼자가 하는 것이 보통이다. 신부 집에서는 함부에게 술과 음식을 대접하고 수고비를 준다. 예전에는 함을 혼인 예식을 하는 날 예식을 하기 전에 가지고 가는 것이 보통이었으나, 요즘에는 결혼식 전날 밤 또는 1~2주 전 토요일 밤에 친구들이 지고 간다.
29) 납폐서는 혼인의 유일한 증거로 두 사람이 야합(野合)한 것이 아니라는 증거가 되며, 여성으로써 한 남편만을 섬기며 살겠다는 절개의 상징으로 여성이 죽을 때 관속에 넣었다.
30) 신부의 어머니(또는 오복을 두루 갖춘 여인)가 함을 내려놓고, 뚜껑 밑으로 손을 넣어 납폐서를 꺼낸 다음, 천을 잡아 꺼내는데 홍단이 잡히면 첫 아이로 아들을 낳고, 청단이 잡히면 딸을 낳는다고 한다. 그 뒤에는 받은 예물을 여러 사람들에게 보여준다.

① 전안례(奠雁禮) : 신랑이 신부의 집에 가서 신부의 주혼자에게 기러기를 드리는 예식이다. 목안(기러기)을 들고 온 사람이 신랑에게 목안을 주면 신랑은 공손히 이를 받아든다. 이후 신랑은 교배상 옆에 따로 마련한 전안상 앞에 무릎을 꿇고 북쪽을 향하여 앉아 상 위에 청홍 보자기로 싼 목안을 올려 놓고 재배하고 나면 신부의 어머니가 이를 치마폭에 싸 가지고 신부 앞에 가볍게 던진다. 이때, 목안이 바로 서면 첫 아이로 아들을 낳고, 누우면 딸을 낳는다고 한다. 이것을 소례(小禮)라고도 한다. 목안인 기러기는 새끼를 많이 낳고, 차례를 잘 지키며, 한 번 짝을 정하면 그 짝을 잃더라도 다시 짝을 구하지 않고 혼자 살다가 죽는 속성을 지닌 새이기 때문에 신랑과 신부가 기러기처럼 살 것을 다짐하는 의미이다.

기러기(사진 : 국립민속박물관)

② 교배례(交拜禮)

- 교배례는 신랑, 신부가 맞절을 하는 절차이다. 교배상 앞으로 나온 신랑, 신부는 집례의 말에 따라 교배상에 동서로 마주 서서 각각 준비된 대야의 물에 손을 씻은 다음, 신부가 재배하면 신랑이 답으로 한 번 절하는 것을 두 번 되풀이한다. 신부가 두 번 절하면, 신랑이 한 번 절하는 것은 음양으로 보아 여성은 음이므로 음의 수인 짝수로 절하고, 남성은 양이므로 양의 수인 홀수로 절하는 것이다.
- 지방에 따라 다르나 교배상에는 대개 촛대, 소나무·대나무·사철나무를 꽂은 화병, 밤, 대추, 쌀, 보자기에 싼 암탉·수탉[31] 등을 올려놓는다. 교배상 위에 올려놓았던 닭은 대례가 끝나고 나면 날려보낸다.

③ 합근례(合巹禮)

- 교배례를 마친 신랑, 신부가 그 자리에 무릎을 꿇고 앉으면 신랑, 신부의 옆에서 도와주는 시자(侍者)는 각각 교배상의 술잔과 과일 접시를 작은 상으로 내려 놓은 다음, 술잔에 술을 채운다. 신랑, 신부는 이 잔을 빈 그릇에 세 번에 나누어 따르고, 과일 안주를 집어 상 위에 놓는다. 이것은 천지신명에 드리는 것이다. 시자가 다시 빈 잔에 술을 채우면 신랑과 신부는 그 잔을 각각 다른 시자에게 준다. 그 잔을 신랑 측 시자는 신부에게, 신부 측

---

31) 수탉은 처자를 보호하며 먹이를 구해 주고, 생활권(生活圈)과 가족을 지키기 위해 이웃집 수탉과 용감히 싸우며, 때를 알아 울어 준다. 그렇기 때문에 신랑은 수탉의 이러한 점을 본받아 처자식을 잘 보호하고 먹여 살리며, 생활권과 명예를 지키기 위해서는 용감히 싸울 줄 알고, 세상의 흐름을 잘 알아 바르게 판단하고 행동하라는 뜻이 있다. 암탉은 수탉의 보호를 받으며 병아리를 잘 기르는데, 신부는 암탉의 이러한 점을 본받아 살림을 잘 하고, 자녀를 잘 기르라는 뜻이 있다.

시자는 신랑에게 가져다준다. 신랑이 함께 들자는 뜻으로 신부를 향하여 읍하고, 잔을 들어 마시면 신부도 따라 마신다. 셋째 잔은 표주박잔을 사용한다. 양측의 시자가 준비된 표주박잔에 술을 따르면, 신랑과 신부는 각각 자기 잔에 손을 대었다가 시자에게 준다. 그러면 그 잔을 둘째 잔과 마찬가지로 신랑 측 시자는 신부에게, 신부 측 시자는 신랑에게 준다. 신랑이 신부를 향하여 읍하고 표주박 잔을 들어 마시면, 신부도 따라 마신다. 이것이 합근례인데, 이로써 혼인례는 모두 끝난다.

- 합근례에서 쓰는 표주박잔은 한 쌍으로, 조롱박을 반으로 쪼개서 만든 것이다. 박은 다산(多産)의 식물로 대지의 생산력(生産力)을 상징하며, 새의 알과 함께 생명의 근원으로 여겨 신성시하였다. 특히, 신라의 시조 박혁거세가 알에서 나왔다 하여 박과 음이 같은 박(朴)을 성으로 한 것은 그만큼 박의 중요성을 이야기하는 부분이다. 또한, 하나의 박을 쪼개서 만든 한 쌍의 표주박 잔은 그 짝이 하나밖에 없기 때문에 세상에서 하나밖에 없는 배우자를 아끼고 사랑하며 살라는 뜻이 담겨 있다. 신랑, 신부가 마시는 술은 민간신앙에서 정화수와 같은 의미를 갖는다. 물은 생명의 근원이 되고, 파괴와 정화의 큰 힘을 지니고 있으므로 신성시된다.
- 교배례와 합근례를 합하여 초례(醮禮)라고도 한다. 초례가 끝나면 신랑, 신부는 각각의 처소로 들어가 신랑은 신부집에서 마련해 준 옷으로 갈아입고, 신부는 신랑집에서 마련해 준 옷으로 갈아입는데, 이 옷을 관디벗김이라 한다.
- 초례를 마친 신랑, 신부는 한 방에서 몸을 합치는 합궁례(合宮禮)를 치르게 되는데 이를 신방(新房) 또는 첫날밤이라고 한다. 신랑, 신부는 합궁례를 치름으로써 비로소 부부가 된다. 이것은 신부를 사모하는 남자 또는 사귀(邪鬼)의 해를 입지 않도록 지킨다는 의미를 지니고 있다. 이튿날 신부는 죽과 떡국을 신랑에게 대접한다. 식사 후 동상례(東床禮)라 하여 신부집에서 신랑 다루기를 행한다.[32]

6) 우귀(于歸)

중국에서는 신랑의 집에서 혼인예식을 치르기 때문에 중국에는 없는 우리만의 의례이다. 우귀는 신부가 신랑을 따라 시댁으로 가서 며느리로서 치르는 절차이다. 신부가 대례를 지낸 그 날로 가는 경우도 있고, 사흘동안 신부집에서 신방을 치르고 가는 경우도 있었는데, 앞의 것을 당일 우귀(當日于歸)라 하고, 뒤의 것을 삼일 우귀(三日于歸)라 한다. 지방에 따라서 1주일 우귀, 1개월 우귀, 3개월 우귀, 1년 우귀, 3년 우귀가 있었으나, 삼일 우귀가 가장 많았다. 시댁으로 간 신부는 준비해 간 폐백(幣帛)을 드리고, 새며느리로서 처음 시부모님을 뵙는 현구고례(見舅姑禮)를 드린 다음, 시부모 외의 다른 가족, 친족과 상면하는 절차를 가졌다.

---

[32] 고려시대 말기 이후 신랑이 신부집에서 친척이나 친구들에게 술과 음식을 대접하는 남침연(覽寢宴)에서 유래했다. 특히 조선시대에는 혼례가 끝난 뒤에 신부집에서 친척이나 친구들이 신랑의 다리를 묶어 거꾸로 매고 몽둥이로 발바닥을 때리면서 신랑을 희롱하고, 마침내 술과 음식을 받아내는 풍속으로 정착했다.

사당을 모신 집에서는 사당 참례를 하기도 한다. 요즘에는 혼인 예식을 마친 신랑, 신부가 예식장에서 폐백을 드리고, 신혼여행을 떠나는 경우가 많다.

폐백(幣帛)은 새 며느리가 시부모를 처음 뵙는 현구고례 때 올리는 예물을 뜻하는 말인데, 요즘에는 현구고례를 폐백이라고 하기도 한다. 신부는 준비해 간 대추·밤·안주를 상 위에 올려놓고, 시부모가 상 앞에 남향하여 나란히 앉으면, 술을 따라 올린 뒤에 큰절을 한다. 새 며느리에게 절을 받은 시부모는 치마에 대추를 던져 주면서 부귀다남(富貴多男)하라고 당부한다. 시조부모가 계신 경우, 시조부모께 먼저 절을 올리기도 하고, 혼주(婚主)인 시부모께 먼저 절한 뒤에 시조부모께 절하기도 한다. 시부모께 절한 뒤에는 위 세대 어른께 큰절을 한다. 같은 세대의 아랫사람에게는 평절로 맞절을 한다.

폐백으로 드리는 대추는 붉은색으로 동쪽, 자손 창성의 뜻을 지닌다. 밤은 서(西)와 나무(木)가 합해진 글자로, 서쪽·어두움·두려움을 뜻한다. 따라서 새 며느리가 현구고례에서 대추와 밤을 드리는 것은 아침부터 저녁까지 정중하게 부모님을 공경하고 대를 잇겠다는 다짐을 나타낸 것이다.

04 상례

인간은 유한한 존재이기에 죽음은 불가피하며, 누구도 대신할 수 없는 지극히 개인적인 현상으로 한 번 죽으면 다시 살아올 수 없다. 그래서 인간은 죽는 당사자의 공포나 슬픔을 위로하는 동시에 산자가 느끼는 슬픔을 극복하기 위하여 예(禮) 의식을 행한다.

우리나라는 일찍부터 중국의 영향으로 유교적 생활풍습인 관혼상제(冠婚喪祭)의 통과의례를 다양한 예법(禮法)으로 정성껏 행하였다. 그중 상례(喪禮)는 죽은 자를 위한 예이며 본인뿐만 아니라 자손 대대로 복을 가져다주는 효의 기본이라 여겼다.

01 역사

선사시대 굴장(屈葬), 이중장(二重葬), 석곽묘(石槨墓), 석관묘(石棺墓), 옹관묘(甕棺墓) 등의 묘제(墓制)의 특징은 동침신전앙와장(東枕伸展仰臥葬)으로 시신의 머리를 동쪽에 두고 서쪽에는 발을 두었다. 이는 죽음에 대한 영생불사(永生不死)의 염원을 담아 이승과 저승에 대한 관념을 표출한 것이다.

부여의 기록에 따르면 "사자(死者)는 생자(生者)와 함께 묻으며, 곽을 사용하고 관을 사용하지 않는다. 남녀 모두 흰색을 입으며 부인은 포면의(布面衣)를 입고 패옥을 착용하지 않는다."[33] 라고 하였다. 이미 거상(居喪)의 풍습이 원삼국시대부터 시작되었음을 알 수 있는 대목이다. 이후 삼국시대의 유교식 상례문화를 중국으로부터 수용하면서 일정한 상례풍습을 유지했다. 고구려에서는 "사자의 관을 삼 년 동안 실내에 안치하고 길일을 택해 상례를 치른다. 초종(初終)에 곡읍(哭泣)을 하다가 상례에는 고무(鼓舞)와 음악을 연주하고 망자를 보내는 매장을 마친다.

---

[33] 「진서」 권96 열전 부여 "死者以生人殉葬有棺無槨墓居喪男女皆純白婦人着布面衣去玉佩"

사자의 옷과 노리개를 수레와 말에 취하여 묘 곁에 두면 상례에 모인 사람들이 가져갔다."34)라고 기록되어 있다. 백제에서는 "부모와 남편이 죽으면 삼 년 동안 상복을 입고 나머지 친족들은 상례가 끝나면 복(服)을 벗는다."35)라고 기록되어 있으며, 신라에서는 "사람이 죽으면 염습을 해서 관에 넣어 장사를 지내고 봉분을 만든다. 왕과 부모, 처자의 상에는 1년간 복을 입는다."36)라고 기록되어 있다.

한편, 불교의 수용과 더불어 통일신라시대에서는 화장(火葬)이 오랜 기간 지속되었고,37) 화장은 고려시대를 거쳐 조선시대 초기까지 이어져 전통적인 장법(葬法)으로 자리를 잡았다. 다만 고려시대 지배층은 정치권력의 권위와 명분을 내세우기 위해 유교적 통치이념을 바탕으로 공후(公侯) 이하는 사망 후 3일에 상례를 지내고, 13개월에 소상(小祥), 25개월에 대상(大祥), 27개월에 담제를38) 지내도록 하였다.39) 이처럼 고려시대만 하더라도 유교와 불교식 상례문화가 공존하고 있었음을 알 수 있다. 조선시대에는 성리학을 바탕으로 한 새로운 사회질서를 확립하기 위해 「주자가례」를 실천 윤리로 삼았고, 예학에 관한 연구와 논의가 활발하게 진행됐다. 결국, 시신의 화장(火葬)은 매장(埋葬)으로, 형식적이고 법제적인 오복제(五服制)는 실제 준행할 수 있는 오복제로, 불사에서 불교 의식으로 진행한 상제례(喪祭禮)는 가묘(家廟)에서 진행하도록 부단히 노력하였다. 또한, 「상례비요」, 「상례고증」, 「초종례요람」, 「상변통고」 등의 예서를 편찬하면서 유교식 상례를 보다 완벽하게 실천하기 위해 의례 절목을 구비하였다. 예학 전통의 심화는 유교식 상례문화의 자생적 번성의 기틀을 마련하였다.

이러한 예학을 기반으로 더욱 세분화된 상례문화는 18세기 실학자들이 「주자가례」 혹은 그에 기반을 둔 성리학자들의 예설을 비판하면서 개정의 대상이 된다.

특히, 실학자 이익은 「전후상위일록」, 「예설류편」, 「가례질서」 등의 저술을 통해 당시의 사례(四禮)는 번문욕례(繁文縟禮)에 빠져 생활의 발전을 저해하고, 허례허식(虛禮虛飾)에 치우쳐 경제적 파탄을 가져와 생활기반을 흔든다고 지적하였다. 학문적으로는 고식적 사설(師說)을 집수(執守)하여 시의에 맞는 의례를 모색하지 못한다고 하였으며, 내용면으로도 검소한 의례를 거행해야 하며, 복제의 재해석과 실천방식의 재정립, 상례절차의 간소화 등이 필요하다고 주장하였다.

---

34) 「수서」 고려 "死者殯於屋內經三年擇吉日而葬…初終哭泣葬則鼓舞作樂以送之埋訖悉取死者生時 服翫車馬 置於墓側會葬者爭取而去"
35) 「북사」 백제 "父母及夫死者三年治服餘親則葬訖除之"
36) 이민수, 「조선전」, 탐구당, 1995, 81쪽.
37) 「삼국사기」 왕력 효성왕조 부분에 "…散骨…"라고 기록하고 있다. 이후 선덕왕, 진성왕, 경명왕도 산골을 실시하며, 「동경잡기」 능묘조에서도 많은 왕이 "水葬…火葬"을 했다고 서술하고 있다. 그만큼 통일신라시대에는 불교문화의 색채가 강했다.(박태호, 「장례의 역사」, 서해문집, 2006, 75쪽.)
38) 「고려사」 권64 志18 "禮六 凶禮 五服制度"
39) 고려시대 지배층의 권장사항 대신 실제로는 상례가 백일상(百日喪)으로 행해졌다.(최재석, 「한국고대사회사연구」, 일지사, 1987)

예의 본질을 흐리지 않는 범위 내에서 상례의 간소화 요구는 일제강점기라는 특수한 상황과 맞물려 많은 변화를 겪는다. 일제강점기에 화장장과 공동묘지가 도입되면서 상례 기간과 절차가 축소됐으며 죽은 자를 향한 효와 슬픔의 극복이라는 본질은 점차 퇴색됐다. 결국 광복과 현대화 과정을 겪으면서 상례는 허례허식의 표본으로 인식됐다.

현재 우리나라에서는 유교식 상례에 불교와 기독교의식이 병행되고 있다. 지난 2000년간 이어온 우리의 상례문화는 우리네 사회질서이며, 효의 근본이다.

02 절차

우리나라 상례(喪禮)의 절차는 다음과 같다. 임종(臨終), 속광(屬纊), 수시(收屍), 고복(皐復), 발상(發喪), 부고(訃告), 염습(殮襲), 문상(問喪), 발인(發靷), 노제(路祭), 하관(下棺), 반곡(反哭), 우제(虞祭), 소상(小祥), 대상(大祥), 길제(吉祭) 등으로 이어진다.[40]

① **임종(臨終)**[41] : 망자(亡者)가 돌아가시기 전에 동쪽으로 머리를 향하게 하고 손발을 주무르며 숨이 끊어지는 것을 지켜보는 것을 임종이라고 한다.
② **속광(屬纊)** : 손과 발을 잡고 마지막 숨을 거두는 것을 알기 위해 햇솜을 망자의 인중에 대 놓고 죽음을 확인하는 것으로 조용하고 경건하게 진행한다.
③ **수시(收屍)** : 망자의 시체가 경직되기 전 펴서 반듯하게 눕혀 놓고 묶는 것이다. 문을 닫고 바닥에 짚을 깔고 어깨와 팔, 다리를 묶고 입, 코, 귀를 막는다. 이후 홑이불로 시체를 덮고 병풍으로 가린 다음 문 앞에 사잣밥[42]을 차려 놓는다.
④ **고복(皐復)** : 망자를 칠성판(七星板)[43]에 눕혀 놓고 지붕 위로 올라가 혼을 부르는데 망자의 성별에 따라 같은 성의 사람이 올라간다. 지붕의 동쪽 끝부터 중앙으로 올라가 왼손으로 옷깃을 잡고 오른손으로 옷허리를 잡은 후 북쪽을 향해 흔들면서 큰 소리로 망자의 이름과 주소 혹은 관직명을 외치면 "복·복·복"을 부르며 다시 내려와 옷으로 시신을 덮는다. 망자가 되살아나라는 재생의 뜻과 상례기간 동안 집에 머무르라는 뜻을 담고 있다.

---

40) 「상례비요」, 「상제례초」, 「상제유초」, 「사례편람」 등의 조선시대 예서를 통해 일반적인 절차를 정리하였다.
41) 「사례편람」에 따르면 "임종 시 남자는 남자의 손을, 여자는 여자의 손을 잡고 운명한다."라고 기록되어 있다.
42) 사잣밥은 대광주리, 함지박, 키, 멍석, 소반 등에 밥 3그릇, 짚신 3켤레, 술 3잔, 북어 3마리 등을 대문 밖에 차려놓고 저승사자가 저승까지 가는 동안 이 음식으로 배를 채우고 여비로 사용하라는 일종의 뇌물이다. 각 지방마다 조금씩 다르지만 모두 3세트를 마련하는 것은 저승사자가 3명이기 때문이다.
43) 「사례편람」 卷之三喪七 "七星板, 用松板一片, 長廣準棺內, 厚五分, 板面穿七孔, 如非斗狀"
칠성판은 시신의 크기와 같은 송판으로 관의 바닥에 들어가는데 길이와 넓이는 관의 안치수에 따르고 두께는 5푼이며 널판에 북두칠성 모양으로 7개의 구멍을 뚫는다. 이는 영혼의 고향인 북두칠성으로 돌아가라는 염원에서 비롯된 것이다.

⑤ 발상(發喪), 부고(訃告) : 고복 후 남자는 머리를 풀고 심의(深衣)를 입고 섶을 여미지 않으며 여자는 나무비녀를 꽂고 흰옷으로 갈아입고 맨발로 신을 신지 않는다. 이때 역복불식(易服不食)이라 하여 복(服)을 입고 음식을 먹지 않는다. 발상(發喪)임을 알리기 위해 상주(喪主 ; 맏아들, 맏손자), 주부(主婦 ; 아내, 맏며느리), 호상(護喪 ; 상례를 주관하는 담당자), 사서(司書 ; 모든 문서를 관리하는 담당자), 사화(司貨 ; 물품, 출납관리 담당자) 등을 세운다. 이후 부고를 띄우는데 부고는 호상의 이름으로 망자의 죽음을 알리는 장치로서 전인부고(專人訃告)를 행한다.

⑥ 염습(殮襲)

- 습은 시신을 목욕시켜 드리는 것으로 향수(향나무 끓인 물, 향료, 방부제 섞은 물, 쌀뜨물)로 머리부터 감기고 솜으로 시신을 닦는다.[44] 이때 머리카락과 조금씩 깎아낸 손톱·발톱은 준비한 조발낭(爪髮囊)에 담아 시신과 함께 넣어주는데 이는 저승에서 염라대왕에게 바치기 위함이다. 목욕 후 수의를 입혀 드리고 반함(飯含)[45]을 진행한다. 이후 충이(充耳), 악수(握手), 멱목(幎目)이라 하여 얼굴 전체를 덮는다. 겉옷을 입히고 대대(大帶)로 몸을 일곱 마디로 묶는데 이는 북두칠성의 칠을 의미하여 길(吉)한 징조를 뜻한다. 습을 마치고 전(奠)을 올려 정해진 자리에서 부복(俯伏)하고 명정(銘旌)을 세운다.

- 염은 '거둔다', '감춘다'라는 뜻으로 소렴과 대렴으로 나뉜다. 소렴은 시신을 옷, 홑이불, 교포(絞布) 등으로 묶고 전(奠)을 올리고 곡을 하는 것으로 둘째 날 행한다. 대렴은 베로 된 천을 관 바닥에 깔고 그 위에 칠성판을 놓고 시신을 눕힌 후 다시 베천을 덮고 관의 뚜껑을 닫아 봉하는 것으로 셋째 날 행한다.

- 염습을 하고 입관을 하면 집안의 공터에 임시로 묘를 쓰는데 이때 이불로 덮고 이엉을 얹어 놓는다.

⑦ 문상(問喪) : 넷째 날 상주의 상제가 성복이 끝나면 성복제(成服祭)라 하여 관 앞에 병풍을 치고 전(奠)을 올리고 문상을 받는다. 이때 묘터도 잡고 묘역을 조성하며 상여, 명기, 신주를 제작한다.

⑧ 발인(發靷) : 가묘를 헐어 관을 꺼내 사당에 고한 후 마당으로 나와 발인제를 지내고 상여에 얹어 장지로 이동한다. 관을 상여에 얹으면 출발 전 집에 두 번 절하고 상제들은 곡을 하며 두 번 맞절한다. 이때 절은 조상과 집의 가솔에게 마지막 인사를 하라는 의미이다.

산청 전주최씨 고령댁 상여(사진 : 국립민속박물관)

---

44) 염습은 양쪽 세 사람씩 6명이 참여하고, 시체의 알몸이 드러나지 않도록 홑이불로 가리고 작업을 진행한다.
45) 버드나무 숟가락으로 망자의 입에 쌀 몇 낟알과 조가비, 엽전, 옥을 오른편·왼편·한가운데에 차례로 물리는 의식으로 부유하게 저승에서 살길 바라는 마음을 담고 있다.

⑨ 노제(路祭) : 장지(葬地)에 반쯤 갔을 때 노제를 지낸다. 상여를 내려놓고 앞에 돗자리를 깔고 뒤에는 병풍을 친 후 제물을 차려놓고 술잔을 올려 두 번 절하고 곡을 하는데 이때 망자의 우인(友人)이 많은 경우 노제를 여러 번 지내기도 한다. 이는 마지막 하직인사가 섭섭하기 때문에 행하는 제이다. 장지에 도착하면 상여를 내려놓고 영좌를 설치한다.

⑩ 하관(下棺) : 산역꾼과 지관이 산신제(山神祭)와 개토제(開土祭)를 지내고 흙을 파면 상제가 베끈으로 관을 운반하여 하관한다. 하관 시 곡은 하지 않고 복토와 봉분을 한 후 평토제(平土祭)를 지낸다.

⑪ 반곡(反哭) : 상주는 요여에 혼백을 모시고 장지에서 집으로 돌아와 신주를 영좌에 모시고 반혼제를 지내며 상주 이하 모두 곡을 한다.

⑫ 우제(虞祭) : 시신을 매장한 후 혼이 방황하는 것을 염려하여 지내는 위령제로서 초우제(初虞祭), 재우제(再虞祭), 삼우제(三虞祭)로 지낸다. 초우는 상례가 끝난 당일에 지내는 것으로 반혼제와 같으나, 상

요여(사진 : 국립민속박물관)

제는 목욕을 할 수 있고 빗질은 하지 않는다. 재우는 초우 후 처음 맞는 유일(柔日)[46]에 지내고, 삼우는 재우 후 강일(剛日)[47]에 지낸다. 삼우제 후 상주는 장지에 봉분한 묘를 살피고 묘역을 정리한다.

⑬ 졸곡(卒哭), 부제(祔祭) : 삼우제를 지내고 3개월 이후 졸곡제를 지낸다. 졸곡 후에는 슬프면 무시로 곡하던 것을 애지즉곡(哀至則哭)이라 하여 조석에만 곡을 하고 빈소에서는 하지 않는다. 부제는 졸곡제 다음 날 동이 트면 망자의 4대 조고비(祖考妣) 신위(神位) 곁에 망자 신위를 좌정하고 지내는 제사이다.

⑭ 소상(小祥) : 소상은 운명한 후 13개월 되는 기일에 지내는 제이다. 소상제일(小喪祭日) 며칠 전부터 상제들은 진혼곡을 하며 소상전일은 조문을 맞이하고 저녁에는 친척과 친지들이 제문(추도문)을 읽으며 제를 올린다. 당일 새벽에는 영좌에서 분향곡(焚香哭)을 한 후 밖으로 나와서 연복(練服)으로 강복(降服)하고 제사를 지낸다.

⑮ 대상(大祥) : 대상제는 운명한 후 25개월 되는 기일에 지내는 제이다. 새벽에 영좌(靈座)에서 곡(哭)하고 나와 상복(喪服)을 벗고 백립(白笠)과 길복을 한다. 대상 전일 조문은 소상 때와 같고 상복은 소각하고 영좌를 철거한다.

⑯ 담제(禫祭), 길제(吉祭) : 담제는 운명한지 27개월 되는 달의 정혹해일(丁或亥日)에 신위를 정침에 모시고 지내는 제이다. 담제를 생략하고 바로 탈상하고 상기를 끝내는 경우도 있다. 길제는 담제 후 한 달 안에 정혹해일(丁或亥日)에 시제의(時祭儀)에 따라 정침에 지내는 것이다.

---

46) 을(乙), 정(丁), 기(己), 신(辛), 계(癸)에 해당하는 날로 초우제를 지낸 1~2일 후 조석에 지낸다.
47) 갑(甲), 병(丙),무(戊), 경(庚), 임(壬)에 해당하는 날로 재우제 다음 날 조석에 지낸다.

이처럼 상례를 치르면서 2년 동안 망자를 지성으로 모신다. 망자를 묻고 추모와 애도의 뜻으로 2년간 매일 상례가 이어지고 대상까지 끝내야 탈상을 한다. 만 2년 동안 상청에서 신주를 모셔놓고 조석곡을 하며 상을 차리는 것이 1,400여 번이며, 48번은 삭망제를 지내고 설날, 대보름, 삼짇날, 단오, 유두, 칠석, 음력 9월 9일, 동지 등은 삭망제처럼 8번 차례를 지내야 한다. 온통 생업이나 사람을 위한 일은 하지 못한다.[48]

03 현대적 의미[49]

상례는 유교적 통과의례인 관혼상제의 예 중에서도 인간적인 정이 가장 큰 의례이다. 그것은 생자와 망자의 영원한 결별을 동반하는 슬픔의 마지막 의례이기 때문이다. 그리하여 상례는 자고로 효자의 성효 의례로 인식되었고, 따라서 풍속을 교화하는 핵심적인 의례로서 중시되어 왔다.

그러나 이러한 전통 상례는 현대사회에 있어서는 그 형식이나 내용의 면에서 급격히 변화되어 있다. 그럼에도 불구하고 우리가 전통 상례를 주목하고 이로부터 현대적 의미를 찾으려고 하는 것은 위기의 상황 속에 인간성에 대한 새로운 접근을 위한 방안을 제시할 수 있기 때문이다. 전통 상례가 현대사회에 전하는 의미는 다음과 같다.

첫째, 전통 상례는 우리의 비인간화의 측면을 반성케 하는 거울이다. 상례의 의미를 하나씩 검토해 보면 상례의 절차 하나하나에는 참다운 인간적인 정과 그 슬픔의 정을 다 하면서도 생을 중시하는 불상생(不傷生)의 절제가 깃들어 있음을 알게 된다. 오늘날은 전통 상례에 담긴 그러한 돈독한 인정도, 그러한 합리적인 절제도 없다. 우리의 비인간화를 진정한 인간화로 변화시킬 수 있는 기저를 전통 상례에서 찾을 수 있다고 본다.

둘째, 전통 상례의 검토를 통하여 현대적 가치가 조화를 이루는 표장(表章)으로써 새로운 예제를 정비해야 한다는 점이다. 초종으로부터 시작하여 상기·상복의 문제, 치장의 문제 이후의 우제·상제·담제·길제의 문제에 이르기까지 옛 정신을 살리면서 현실 및 정서에 조화를 이루는 새로운 예제의 정비가 요청된다는 것이다. 그러나 그 시작은 역시 전통 상례에 대한 체계적이고 종합적인 이해에서 출발하여야 한다. 또한 그것은 상례에 조예가 깊은 전문 학자들의 공동연구와 전통 상례가 존중되고 있는 문중들의 실제 경험, 그리고 국민들의 중론에 바탕한 것이라야 할 것이다.

셋째, 우리의 전통 상례가 지니고 있는 고도의 인정(人情)과 절제(節制)의 표장(表章)원리를 재구성하여 이것을 21세기적 상례문화로 세계화해 보자는 것이다.

---

48) 박의서, 「한국의 전통장례」, 재원, 2002, 154쪽.
49) 한기범, 「전통 상례(喪禮)의 의미와 실제」, 「조선시대 상례문화의 새로운 조명」, 쉼박물관, 2008.

우리의 전통 상례는 오늘날 인류의 극단적인 개인주의와 물질만능주의에 경종을 울리고, 인간적 가치를 회복케 하는 데 하나의 지표가 될 수 있을 것으로 기대되기 때문이다. 그것은 또한 한국학의 세계화 작업의 일환일 수도 있다.

04 상여

1) 상여의 역사

상여는 기원이나 발생에 대한 역사적 기록이 분명하지 않다. 다만, 선사시대부터 매장풍습이 나타나면서 시신을 운반하는 간단한 들것 형태의 도구가 있었음을 짐작할 뿐이다.

중국의 예서인 「예기」, 「가례」 등을 보면 구차(柩車), 상차(喪車), 대여(大輿), 소여(小輿), 유거(柳車) 등으로 시신을 운반한다고 설명하고 있다. 일례로, 「가례」에 의하면 "옛날의 유거를 만드는 제도가 아주 자세히 남아 있으나 지금은 쉽게 그와 같이 만들 수 없으니 단지 지금의 풍습에 따라 유거의 단단하고 편리한 점을 살린 대여를 사용해도 된다."고 하였다. 「가례」가 편찬된 12세기 전에 이미 시신을 운반하는 유거가 사용되었고, 이후 실용적인 대여가 널리 쓰였다는 것이다.[50] 이처럼 중국에서 오래전부터 시신을 운반하는 도구가 있었음을 알 수 있다.

우리나라에서는 「후한서」, 「수서」, 「삼국사기」 등의 역사서를 통해 삼국시대에 유교적인 상례문화인 염습과 복의 기간이 있었음을 알 수 있고, 장지까지 일정한 거리를 이동한다는 사실을 통해 시신을 운반하는 도구가 있었음을 알 수 있다.

상여와 같은 도구의 기록은 고려시대 역사서를 통해 확인할 수 있다. 「고려사」 기록을 보면 "명종 13년 윤달 갑인일 순릉(純陵)에서 장사지낼 때 왕이 이거(輀車)를 인도하여 의창궁(義昌宮)에서 미륵사(彌勒寺)까지 걸어갔다. 그리고 장사를 지낸 후 상복을 벗었다."[51]라고 하였다. 고려시대 이거(輀車)라는 상여가 국상(國喪)에 쓰였음을 알 수 있는 대목이다.

상여의 구체적인 언급은 조선시대 「국조오례의」, 「상례비요」, 「간례휘찬」 등의 예서에서 찾을 수 있다. 「읍혈록」에서는 상여의 형태와 흡사한 방산(方山)과 견여(肩輿)에 대한 설명이 상세하게 나온다. 특히, 「사례편람」의 경우 "대여를 사용하면 정말로 좋으나 가난한 사람은 쉽게 구비할 수 없는 점이 있으니 일반적으로 사용하는 상여를 사용해도 무방하다."[52]라고 하였다. 이전부터 널리 민간에서 상여를 사용하였고 지배층에서는 큰 상여인 대여(大輿)를 사용한 것으로 보인다.

이와 같은 상여는 상례문화의 변화와 맞물려 점차 사라지게 되었고, 현재에는 영구차가 그 자

---

50) 국립민속박물관, 「산청 전주최씨 고령댁 상여 실측조사 보고서」, 1998, 20~21쪽.
51) 「고려사」 권 64 "閏月甲寅葬于純陵王導輀車自義倉宮步至彌勒寺釋服"
52) 「사례편람」 "大輿之制固好而有貧家所能辦者從用喪輿無妨"

리를 대신하고 있다.

상여는 이승에서 저승으로 가는 중에 거치는 임시거처로서 당시 최고의 가옥형태를 띠고 있는데 이는 생의 마지막 순간을 호화롭게 보내라는 효의 상징이다. 상여의 장식은 길동무로서 단순한 장식이 아니라 민중의 소박한 염원과 사회상을 반영한 것이다. 방상시, 삽 등의 부속물을 동원하여 고인의 저승길을 안전하게 인도하며, 저승에서도 부귀영화를 누리길 바라는 내세관과 효심이 담겨 있다.

특이한 점은 지친 상주를 위로하기 위하여 출상 전 미리 상여꾼들이 빈상여로 상여놀이를 펼치는데 이는 우리의 정(情)에서 유래한 것이다. 상여가 나아가는 순서는 방상(方相), 명기(明器), 명정(銘旌), 요여(腰輿), 공포(功布), 상여(喪輿), 복인(服人), 빈객(賓客) 순이다.

2) 상여의 구성

상여는 덮개, 앙장(仰帳), 몸틀의 개유(蓋帷)와 장강(長杠), 단강(短杠)의 하장(下裝)으로 나눠지며 시대에 따라 다양한 장식물을 부착한다.

① 개유(蓋帷)와 하장(下裝)
- 덮개(蓋)는 몸틀 위에 올려놓는 뚜껑으로 유개(油蓋), 보개(寶蓋), 내앙장(內仰帳), 별갑(鱉甲) 등으로 부른다. 연봉(連峰)[53]과 십자용(十字龍)의 조각을 꽂은 형태, 기와지붕 형태, 천으로 덮고 용마루를 얹은 형태가 있다.
- 앙장(仰帳)은 상여의 몸체를 가리는 차양으로 사각 바탕에 흰색 천을 사용하며 앙장대는 장강틀에 X자로 묶거나 끼워 고정한다. 앙장대 끝부분의 네 귀에는 얇은 비단인 사(紗)로 겉을 하고 속은 초를 켜게 하는 자루형태의 사롱(紗籠)을 달아 상여의 길을 밝혀주는 상징적 역할을 한다.
- 몸틀은 장강 위에 직접 놓는 부분으로 관을 덮는 역할을 한다. 육송 각목으로 제작하며 장방형 틀의 하부구조 위에 기둥을 세우고 기둥의 상부에 다시 장방형의 틀을 짠 형태이다.[54] 기둥의 양쪽 끝은 촉으로 몸틀의 상부와 하부에 꽂게 되어 있다. 이렇게 마련된 몸틀의 위에는 덮개를 얹고 기둥 촉에는 봉두(鳳頭)를 꽂는다. 기본적인 몸틀이 완성되면 휘장을 둘러 안쪽이 보이지 않게 하며 그 외부에는 수식(垂飾)을 단다.
- 운각(雲閣)은 장방형의 윗난간이다. 운각은 상하 2개의 판으로 구성하는데 윗판은 외반하고 아래판은 직립하여 경첩으로 연결한다. 운각은 단청으로 연화(蓮花), 구름, 신선, 학 등을 표현하며 몸틀과 고정할 수 있도록 병아리나사를 홈에 질러 넣는다.

---

53) 지역에 따라 연봉을 장식하거나 혹은 여의주를 장식한다.
54) 김무찬, 「한국상여의 변천사에 관한 연구」, 동국대학교 석사학위논문, 2004, 27쪽.

- 난간(欄干)은 보통 계자각 난간(鷄子脚欄干)[55]으로 난간 사이에는 궁판을 끼우고 궁판에는 풍혈(風穴), 용, 구름 등의 장식을 그려 넣는다. 난간의 맨 윗부분은 원형의 돌란대를 댄다.
- 장강(長杠), 단강(短杠), 횡강(橫杠) 등은 상여를 받치는 부재들이다. 장강은 상여의 밑바탕으로 2개의 긴원통나무이며 양쪽 끝은 단강의 가로대로 고정한다. 장강의 앞뒤를 고정하는 단강은 구멍을 내어 장강을 끼우는 장부이음방식의 부재(部材)이다. 횡강은 장강의 밑을 가로로 대는 나무이며 멜방망이 역할을 하거나 장강을 받쳐주는 받침목 역할을 한다.

② 상여장식
- 용수판(龍首板)은 상여 덮개 앞뒤에 부착하는 반월형의 판으로 귀면(鬼面), 용수판(龍首板), 용면판(龍面板) 등으로 불린다. 잡신을 물리치고 혼령을 지키는 벽사(辟邪)의 의미를 담고 있는 용뿐 아니라 도깨비, 뱀, 인면 등의 다양한 형태로 만든다.
- 용마루는 상여 덮개 상부에 위치한 조각으로 두 마리의 용(靑龍, 黃龍)이 서로 반대 방향으로 꼬아 길게 일자형을 이루고 있다. 용 위에는 동방삭(東方朔), 저승사자의 조각을 부착하며 용마루 앞뒤에는 용두(龍頭), 봉두(鳳頭) 등을 꽂는다. 용의 비늘은 점묘법(點描法)을 쓰거나 일일이 그려 넣으며 보통 용은 여의주를 물고 있다.
- 정자용(丁字龍)은 상여 앞뒤의 장강 위에 가로대를 대고 세워 표현한 용이다. 두 마리의 용은 머리가 양끝으로 향하도록 하며 몸은 중앙에서 서로 꼬여 있는 모습이 丁자와 같다 하여 정자용으로 지칭한다.
- 병아리나사는 운각판을 몸틀에 고정시키는 데 쓰이며, 예전에는 봉황으로 만들던 것이 닭, 병아리로 변하였다.
- 유소(流蘇)는 봉술과 딸기술로 병아리나사에 다는 장식이며, 수식(垂飾)은 휘장의 바깥부분을 장식한 아래가 뾰족한 사각 형태의 술로서 붉은색, 파란색, 노란색을 사용한다.

---

55) 계자각 난간은 일반적인 평난간에 대한 말로, 누마루의 가장자리에 설치한 것이다. 건물을 아름답게 꾸미거나 좁은 내부의 공간을 좀 더 넓게 쓰기 위해 바깥으로 약간 튀어나가도록 설치한 것으로 닭다리처럼 생겼다 하여 계자각이라 부른다.

상여장식 조각(사진 : 국립민속박물관)

05 제례

01　제례의 의의

제례(祭禮)는 제사(祭祀)를 지내는 예절이다. 흔히 제사는 초월적 존재인 신명(神明)을 받들어 복을 받으려고 기원하는 의례(儀禮)이면서 동시에 돌아가신 후 미처 다하지 못한 봉양과 효도를 이어가는 의례이다. 즉, 제례의 기원은 영혼이 불멸한다는 사상, 사자에 대한 애정과 조상으로부터 보호받고자 하는 욕망 등 조상을 숭배하는 조상숭배사상에서 발생한 것이다.

고대 제례의 목적은 크게 세 가지였다. 「예기」에 따르면 "제례에는 기(祈)가 있고, 보(報)가 있고, 유피(由避)가 있다."라고 하였다. 기는 복을 기원하는 것이고, 보는 복 받는 것에 대한 보답이며, 유피는 회피하는 것이다. 따라서 제례의 본래 목적은 기복, 보답, 피화(避禍)라 할 수 있다. 복을 받고자 하는 욕망, 화를 피하려는 욕구, 은혜에 보답하고자 하는 것이다.

02　제례의 종류와 특성

제례의 형식은 유교식, 불교식, 천주교식, 기독교식으로 구분된다. 이 중 유교식은 전통적 절차로 제사를 지내는 방식이다. 제례의 주관자는 보통 고인의 장자 또는 장손이며, 봉사는 과거에는 4대조까지 있었으나 1969년 가정의례준칙에 의거 2대조까지 지내는 것을 원칙으로 하고 있다.

현재 우리나라 제례의 종류와 특성은 다음과 같다.[56]

사시제 (四時祭)	• 집안제사의 하나인 사시제는 1년에 네 번, 즉 춘하추동의 계절마다 고조 이하의 조상을 함께 제사하던 합동 제사의 하나이다. • 날이 밝으면 아침 일찍 일어나 제주 이하 모든 참사자는 제복을 입고 사당으로 나아가 분향한 뒤 신주를 모시고 제사를 지낸다. • 고대에는 제사의 으뜸이었으나 조선시대 이후 기제가 중시되면서 점차 퇴색되어 갔다. 요즘에는 이 시제를 거의 지내지 않는다.
선조제사	• 가례의 선조에 대한 제사는 초조(初祖 : 시조)와 그 이후 5대까지 여러 선조에 대한 제사로 나뉜다. • 전자는 시조의 직계 종손만이 행하는 것으로 매년 동지에 거행하고 후자에 대한 제사는 역시 그 선조의 직계 종손만이 제사하는 것으로 매년 입춘에 거행한다.
이제	• 이제는 부모를 위한 정기 계절 제사로 매년 음력 9월에 거행된다. 이는 부모 이상의 대를 이은 집에서 장자가 주제한다. • 이제를 9월에 행하는 것은 이때가 만물이 이루어지는 계절이기 때문이며 그 대부분의 진행 절차는 시제와 같다. • 제삿날 동이 틀 무렵 일어나 제상을 진설한 후 제주 이하가 옷을 갈아입고 사당에 나아가 신주를 정침으로 모셔 나와 제사를 지낸다.
기제(忌祭)	• 기제(忌祭)는 기일 제사의 약칭으로 기일, 즉 고인이 돌아가신 날에 해마다 한 번씩 지내는 제사를 말한다. • 기제는 오늘날의 가정에서 가장 중요한 제사로 인식되고 있다. • 기제의 봉사대상은 과거에는 「주자가례」에 따라 4대조까지이었으나 요즘에는 대체로 2대조까지와 후손이 없는 3촌 이내의 존·비속에 한해서만 기제를 지낸다. • 제사 시간은 고인이 돌아가신 날 자정부터 새벽 1시 사이 모두가 잠든 조용한 시간에 지냈다. • 요즘에는 시간에 구애받지 않고 그날 해가 진 뒤 어두워지면 아무 때나 적당한 시간에 지낸다.
묘제(墓祭)	• 묘제(墓祭)는 산소를 찾아가서 드리는 제사이다. • 「격몽요결」에서는 1년에 4번, 정월초하루, 한식, 단오, 추석에 묘제를 지내도록 되어 있고, 「사례편람」에서는 3월 상순에 날을 택하여 지낸다고 되어 있다. • 요즘에는 적당한 날을 하루 잡아서 산소를 찾아가 문중이 모두 함께 제사를 드리는 것으로 대신하고 있다. • 「고례」에 의하면 제주를 비롯한 여러 참사 자들이 검은 갓과 흰옷을 갖추고, 일찍 산소에 찾아가 제배하고, 산소를 둘러보면서 세 번 이상 잘 살피며 풀이 있으면 벌초하고 산소 앞을 깨끗하게 쓸고 난 후 산소의 왼쪽에 자리를 마련한다. • 산소의 왼쪽에 자리를 마련하고 토지신에게 먼저 제사를 지낸 후 산소 앞에 정한 자리를 깔고 제찬을 진설한다. 참신, 강신, 초헌, 아헌, 종헌, 사신의 순으로 제사를 지내고 상을 물린다.
차례(茶禮)	• 차례(茶禮)는 속정 제사로 차사(茶祀)라고도 한다. • 차례는 정식 제사가 아닌 약식제사로서 음력 매월 초하룻날과 보름날, 그리고 명절이나 조상의 생신날에 지내며 보통 아침이나 낮에 지낸다. • 「예서」에는 차례를 제사로 규정하지는 않지만 우리나라에서 관습적으로 민속명절에 조상에게 올리는 제사이다. • 차례는 기제를 지내는 조상에게 지내며 설과 추석 명절에만 아침에 각 가정에서 조상의 신주나 지방 또는 사진을 모시고 지낸다.
불천위제사 (不遷祭位祀)	• 국가에 큰 공을 세웠거나 덕이 높아 그 신위를 영구히 사당에 모실 것을 나라에서 허락한 조상의 기제를 일컫는다. • 본래 4대조 이상이 되는 조상은 묘제의 대상이 되는데 불천위에 해당하는 조상과 그 배우자에 대해서는 영구히 매년 기일에 제사를 지낸다.

---

56) 장인혜, 「제사에 대한 인식이 제사의 실행의지에 미치는 영향」, 경북대학교 석사학위논문, 2013, 8쪽.

03 제례 순서[57]

현대의 제사 개념은 전통적인 제사에 대한 평가와 반성을 통해 보다 합리적인 내용을 제시하고 있다. 이것은 제사가 형식에 치우쳐 낭비적인 요소가 있었던 과거를 평가하면서 산업화된 사회에서의 적절한 형태를 제시하고자 한 취지의 반영이다.[58]

1) 강신(降神)

신위를 모시는 제상의 좌우에 집사를 세우고, 제주(祭主 : 장자, 장손 후계 자손 중 최연장자)가 향안(향받침대) 앞에 꿇어앉아 향을 피운다. 좌집사가 제주에게 잔을 주면 우집사가 술을 따른다. 제주는 잔을 들어 향로 위에서 세 번 돌린 후 술을 모사(술을 따르는 그릇에 담은 모래와 거기에 꽂은 띠의 묶음)에 세 번 나누어 붓는다. 제주는 잔을 집사에게 주어 원래의 위치에 놓게 하고 뒤로 한 발 물러나 읍(소리 없이 눈물)하고, 재배한 뒤에 다시 자리로 물러난다.

2) 참신(參神)

강신을 마친 후 제주 이하 모든 참사자(參祀者)가 조상을 뵙는 절차로 모두 큰절을 한다. 제주 이하 남자는 두 번 절하고 주부 이하 여자는 네 번 절한다.

3) 초헌(初獻)

제주가 첫 번째 술을 올리는 절차이다. 제주가 신위 앞에 나아가 꿇어앉아 분향한 후 좌집사가 제주에게 잔을 주고 우집사가 술을 따른다. 제주는 오른손으로 잔을 들어 모사에 술을 조금 부은 다음, 잔을 좌집사에게 준다. 좌집사는 잔을 메(밥)와 갱(국) 사이에 놓는다. 제주는 일어나 두 번 절한다.

4) 독축(讀祝)

제주 이하 모든 참사자가 꿇어앉고 참사자 중 한 사람이 축을 읽는다.

5) 아헌(亞獻)

두 번째 잔을 올리는 절차이다. 두 번째 잔은 주부(제주의 아내)가 올리는 것이 예이지만, 주부가 올리기 어려울 때에는 제주의 다음 가는 근친자나 장손이 올린다. 주부가 올릴 때에는 네 번 절한다.

---

57) 제수를 진설할때에는 과실은 홍동백서(紅東白西, 붉은색 과일은 동쪽에, 흰색 과일은 서쪽에), 어물은 두동미서(생선의 머리는 동쪽으로 꼬리는 서쪽으로)의 형식에 따른다. 제수는 어동육서(魚東肉西, 생선은 동쪽에, 육류는 서쪽에), 좌포우해(포는 왼쪽으로, 생선젓은 오른쪽에)의 형식을 따져 진설한다.

58) 오도형, 「효(孝) 사상을 통해 본 조상 제사에 대한 연구」, 한남대학교 석사학위논문, 2006, 38~39쪽.

6) 종헌(終獻)

세 번째 올리는 잔을 말한다. 종헌은 아헌자의 다음 가는 근친자가 아헌 때의 예절과 같은 방식으로 잔을 올리고 절을 한다.

7) 유식(侑食)59)

조상이 흠향하시기를 권하는 절차이다. 집사가 잔에 첨주한 다음 메에 숟가락을 꽂고 젓가락을 시접 위에 올려 놓는다. 이때 반드시 숟가락 바닥이 오른쪽으로 향하도록 꽂아야 한다. 수저의 방향은 동쪽을 향하게 한다.

8) 합문(闔門)

제사에 참석한 사람 모두가 제사를 지내는 방에서 나와 문을 닫고 마루나 대청에서 7~8분간 조용히 기다리는 것을 말한다.

9) 계문(啓門)

제주가 문 앞에서 '어흠, 어흠, 어흠'하고 기침을 한 다음 문을 열고 다같이 들어간다.

10) 헌다(獻茶)

숭늉을 갱(국)과 바꿔 올리고 메를 조금씩 세 번 떠서 말아놓고 수저를 국그릇에 고정시킨다.

11) 낙시저(落匙箸)

숭늉 그릇에 있는 수저를 거두어 메 그릇을 덮는다.

12) 사신(辭神)

참사자 모두가 두 번 절하고, 신주일 경우에는 사당에 모시고 지방과 축문을 불태운다.

13) 철상(撤床)

모든 제상 음식을 물리는 것을 말하며 제상의 위쪽에서 다른 상으로 공손하게 옮겨 물린다.

---

59) 제례의 절차에 따라 유식을 계반, 삽시, 첨작으로 구분하기도 한다. 계반(啓飯)은 메(밥) 그릇 및 탕이나 반찬의 뚜껑을 열어놓는 것을 말한다. 삽시(揷匙)는 메 그릇에 수저를 꽂는 것을 말한다. 이때에는 반드시 숟가락 바닥이 오른쪽으로 향하도록 꽂아야 한다. 수저의 방향은 동쪽을 향하게 한다. 첨작(添酌) 첨작이란 종헌자가 채우지 않은 술잔에 제주가 무릎 꿇고 다른 잔에 술을 조금 따라 좌우측 사람을 통하여 술을 채우도록 하는 것을 말한다.

14) 음복(飮福)

조상이 내려준 복된 음식이라는 뜻이며, 제사 참석자 모두가 함께 먹고, 이웃에게도 나누어 준다.

사당(사진 : 국립민속박물관)60)

감실(사진 : 국립민속박물관)61)

04 제례 음식62)

「삼국사기」에 의하면 고구려에서는 돼지와 사슴을 제물로 하여 제례를 지냈고, 백제에서는 돼지, 신라에서는 풍년일 때는 소, 흉년일 때는 양을 제물로 사용하였다는 기록이 있다. 따라서 삼국시대에는 제사의 제물로 소, 양, 돼지를 사용하였음을 알 수 있다. 「삼국유사」「가락국기」에는 메, 떡, 과, 감주, 제주, 차를 제물로 사용하였다는 기록이 있어 여러 음식을 갖추어 제사 지냈음을 알 수 있다. 「고려사」에는 메, 면, 국, 어, 육, 채, 떡, 과일을 제물로 사용하였다는 기록이 있어 오늘날과 같은 제물의 형식이 나타나 있음을 알 수 있다. 「사례편람」에는 메, 면, 국, 어, 육, 적, 포, 해, 숙채, 침채, 떡, 과, 식혜, 제주, 차, 청장, 식초를 제물로 사용하였다는 기록이 있어 조선시대의 제물이 고려에 비해 적, 포, 해, 식혜, 청장, 식초 등이 첨가되어 그 종류가 다양함을 알 수 있다. 「증보산림경제」에는 메, 면, 국, 탕, 적, 회, 육포, 자반, 해, 채, 침채, 떡, 과, 식혜, 수정과, 제주, 청장, 식초를 제물로 사용하였다는 기록이 있는데, 「사례편람」에 없는 탕, 회, 자반, 수정과 등이 첨가되어 있어 제물이 더 화려하고 복잡해지는 경향을 알 수 있다. 오늘날의 제례에는 보통 술, 과일(대추, 밤, 감, 배, 기타), 밥, 국, 국수, 떡(편), 과자, 적(육적, 어적, 계적), 탕(육탕, 어탕), 전(육전, 어전), 포(육포,어포), 나물, 김치 등을 제수로 올리고 있다. 대표적인 제례 음식은 다음과 같다.

---

60) 사당은 고조부모, 증조부모, 조부모, 부모 등 4대 조상의 신조를 모신 곳이다.
61) 사당에 4대조의 신주를 모셔놓는 작은 집모양의 장이다. 사당을 두지 못한 집에서는 별도의 감실을 만들어 신주를 모시거나 사당을 그린 감모여재도로 사당을 대신하기도 한다.
62) 장인혜, 「제사에 대한 인식이 제사의 실행 의지에 미치는 영향」, 경북대학교 석사학위논문, 2013, 8~10쪽.

제사상(사진 : 국립민속박물관)63)

1) 대추

대추는 꽃 하나가 피면 반드시 열매를 맺고서야 떨어지기 때문에 집안에 후손이 끊어지지 않는다는 것을 상징한다.

2) 밤(栗)

밤송이에 밤알이 사이좋게 들어 있는 것처럼 자식과 동기간의 우애를 상징한다. 또한, 신주와 장승 등을 밤나무로 만드는 것은 조상에 대한 공경심이 언제나 살아있음을 나타내는 것이다.

3) 감

감나무의 감은 3~5년쯤 지나서 그 줄기에 다른 감나무 가지를 접붙여야 훌륭한 감을 얻을 수 있다. 이러한 감나무의 생태적 특성은 사람으로 태어나서 가르침을 받아야 올바른 인간이 될 수 있음을 의미한다.

4) 도라지

도라지는 흰색으로 뿌리나물이라 하여 조상을 상징한다.

5) 고사리

고사리는 검은색의 줄기나물로 부모님을 상징한다.

6) 미나리

미나리의 푸른색 잎은 나를 상징한다.

---

63) 안동권씨 충재 권벌 종가 제사상이다.

학예사를 위한 **민속학입문**

CHAPTER **4** 민간신앙

01 민간신앙의 의미
02 무속신앙
03 가신신앙
04 마을신앙
05 점복신앙
06 풍수신앙

01 민간신앙의 의미

01 민간신앙의 개념[1]

민간신앙은 종교적 체제를 갖추지 못한 채 민간에서 전승되는 신앙이다. 민속학자 김태곤은 「한국 민간신앙연구」에서 민간신앙은 민간에서 전승되는 자연적 신앙으로, 교조에 의한 교리가 문서화되지 않은 종교이기에 자연적 종교라 하였다.[2]

이와 같은 민간신앙의 개념은 종교를 인위적 종교와 자연적 종교로 구분할 때 후자를 가리키는 종교

인위적·자연적 종교	
인위적 종교	불교, 도교, 천주교, 기독교
자연적 종교	민간신앙

이다. 전자는 불교나 기독교 등과 같이 교조에 의한 교리가 문서화되고 이것을 중심으로 인위적 조직을 갖춘 종교이며, 후자는 무속이나 동신(洞神)신앙과 같이 인위적인 상황이 배제된 자연적 종교이다.

우리나라 민간신앙의 성립은 세 가지 관점에서 설명할 수 있다.

① 풍토적인 조건이다. 농업국가인 우리나라는 모든 제반의식이 농경과 밀접한 관련을 맺고 있다. 수호신인 산신과 서낭신은 농작의 풍작과 흉작을 결정해 주는 것으로 믿어 이들 신을 위해 제사를 지냈다.

② 역사적인 조건이다. 고조선의 단군신화를 보면 고대인들은 곰을 숭상했고 산신에게 제사하여 수호해 줄 것을 빌었으며 신단수 아래에서 축원했다. 이후 삼국시대에 유입된 불교가 토착화되면서 민간신앙과 불교는 결합되었으며 고려와 조선시대를 거치면서 유교와 민간신앙이 다시 깊은 관계를 맺게 되었다. 이러한 역사적 사건들이 민간신앙의 발전에 영향을 주었다.

---

[1] 임재해, 「민속신앙에서 발견되는 한국인의 자연관과 현대적 변용」, 「민속학연구」6, 국립민속박물관, 1999, 107~108쪽.
[2] 이인화, 「전통마을에서 민속신앙물들의 공간배치 유형 및 분포에 관한 연구」, 동국대학교 석사학위논문, 2000, 16쪽.

③ 사회적인 조건이다. 사람들이 모여 사회를 형성하고 살아가는 과정에서 개인과 공동으로 신이 필요하게 되었다. 결국 민간신앙이 사회의 피지배층인 민간인에게 신봉되는 결과를 가져왔다.[3]

02   민간신앙의 기능[4]

1) 종교적 기능

민간신앙은 미래지향적인 관념적 종교가 아닌 민간의 생활 현장에서 생동하는 종교이다. 즉, 오랜 역사성을 지니고 있는 민간신앙은 현재적 종교이며 정신적인 불안감을 해소하고 생활에 희망을 부여하면서 민족의 역사의식과 심적인 연대의식을 강화시키는 기능을 지니고 있다.[5] 또한 민간신앙은 현실의 생존적 이해관계 속에서 번거로운 교리나 교단은 생략되고 구체적인 신앙행위인 의례를 중시하는 주술종교의 형태를 띠고 있다. 형식이나 격식을 갖출만한 신앙의 지침서나 경전 같은 것이 없으며 오직 착실하게 믿고 지극한 정성을 드리면 이루어진다고 믿었다.

여기에 다른 종교처럼 유일신이 아니라 매우 다양한 다신(多神) 신앙성도 가지고 있다. 즉, 민간의 생활 공간과 생활 자체를 통제하고 수호하는 초자연적 존재가 그 직능에 따라 다양한 신으로 존재하였다.

2) 사회적 기능

① **사회 정통적 계승** : 정월 14일 밤에 거행되는 동제(洞祭)는 그 마을의 전통적인 생활방식에 의해 마을신에게 새해에도 풍년이 들고 병 없이 건강하게 잘 살 수 있게 해달라고 빌었다. 이때의 동제(洞祭)는 수십 년 혹은 수백 년 동안 조상들이 지내던 동제(洞祭)를 그대로 답습하면서 마을사람들이 마을의 공동운명체라는 자기 소속감을 확인시켜 주고 그래서 과거 조상들이 생활해 온 본(本)을 그대로 유지한 것이다. 이와 같은 본(本)이 그 마을의 사회적 구심점이 되어서 그 마을의 사회적 정통성으로 이어지게 되었다.

---

3) 이재동, 「현대 한국화에 나타난 민간신앙의 조형성 연구」, 원광대학교 석사학위논문, 2015, 4~5쪽.
4) 위의 논문, 8~13쪽.
5) 민간신앙은 오랜 역사적 과정 속에 여러 신앙 형식들이 퇴적, 융합되었다. 토착적인 무격신앙과 불교신앙이 서로 절충되어 하나가 되는 무불습합(巫佛褶合)이 대표적인 형태이다. 즉, 어떤 신앙이든 구애받지 않고 구복적인 동기가 맞으면 필요한 부분을 언제든지 수용할 수 있었다. 종교의 신앙 형식 이전에 복받고 좋다고 하면 어떤 신앙행위도 부담 없이 받아들였다.

② **심적 연대** : 동제(洞祭)의 경우 마을사람들이 합동으로 제비(祭費)를 추렴하여 그 마을신에게 제를 올리는데 제월(祭月) 전부터 여러 가지 준비를 하고 마을사람들 전체가 합동으로 부정을 가리며 금기를 지켰다. 동제(洞祭)의 금기는 보통 21일간 행하는데 해안이나 도서지역의 동제(洞祭)에서는 100일 또는 1년간 금기를 행하기도 한다. 금기를 잘못 지키면 부정이 들어와 마을 전체가 피해를 입게 된다고 믿어 동제(洞祭) 기간은 마을사람들이 합심해서 금기를 지켰다. 그래서 동제(洞祭)의 금기, 제비, 인력동원 등은 마을사람들의 심적 연대를 단합시켜 소속감을 보다 공고히 하는 계기가 된다.

③ **민주화** : 어느 마을에 가나 동회(洞會)를 열어 동제(洞祭)의 전반에 관한 것을 협의한다. 동회는 대체로 12월 20일 경에 열리는데 이 회의에서 마을사람들이 협의하여 제관(祭冠)을 선출하고 제의 경비를 결정해 마을사람들 전체 의사가 반영된 민주적 방식으로 동제(洞祭)를 지낸다. 또한, 동제(洞祭)가 끝난 이튿날 아침이 되면 마을사람들이 동제(洞祭)를 주관한 당주(堂主) 집에 모여 제물을 고루 나누어 먹고 제비를 결산해 공표한다. 수입과 지출을 명확히 밝히고 여분이 있으면 마을의 공동 기금으로 적립시키거나 마을의 공동 경비로 사용한다. 그래서 동제(洞祭)의 이와 같은 절차는 예로부터 전해 오는 재래의 전통적인 민주적 기구라 할 수 있다.

④ **친교** : 해가 바뀐 신년 초에 신년제적 성격으로 지신밟기를 진행한다. 지신밟기는 마을의 청년들이 지신패를 조직하여 꽹과리, 장구, 북, 징 등의 풍물을 치고 마을 곳곳을 돌아다니면서 집집마다 지신을 밟으며 축원해 주는 행사이다. 그러면 주인집은 쌀과 돈을 내고 술상을 차려서 대접한다. 결국 자유롭게 남의 집에 들어갈 수 있고 주인으로부터 손님으로 대접받는 계기가 되면서 사회적으로 방문 교류의 친교적 효과를 가져올 수 있었다.

3) 예술적 기능

① **무속** : 무당의 굿은 노래, 춤, 연극으로 이루어져 있다. 굿을 할 때 무당은 축원 내용을 노래로 부르며 춤추고 신의 동작과 기원 내용을 극적으로 표현한다. 굿은 음악, 연극, 무용, 미술 등을 각기 독립시켜 볼 수는 없겠지만 미분화된 종합예술로 존재하여 각 예술 장르의 모체로 볼 수 있다. 또한 무속신앙은 음악, 무용, 연극 외에도 회화(巫神圖), 조각(巫神像), 공예(지화, 꽃등, 종이배 등) 등의 예술 분야가 꾸준히 발전하였기에 예술사적 가치가 높다고 볼 수 있다.

② **음악과 춤** : 민간신앙과 관련된 음악은 무속신앙 외에 농악이 있다. 신년제의 일환인 정초의 지신밟기에는 꽹과리, 징, 북, 장구, 소고 등의 농악기가 주종을 이루고 있다. 춤의 경우 지신밟기에서 농악의 가락에 맞추어 춤을 추며, 동제(洞祭)에서도 제의가 끝나면 마을사람들이 한 데 얽혀 흥겹게 춤을 추어 민간신앙의 춤판을 마련한다.

03   민간신앙의 역사[6]

민간신앙의 역사적 기록은 「삼국사기」와 「삼국유사」에서 "신라 제2대 남해왕은 무당이다."라는 기록에서부터 시작된다. 또한, 청동기시대 유물인 다뉴세문경, 팔주령, 세형동검과 같은 도구들이 무구류로 제작되었을 것으로 추측된다. 여기에 「삼국사기」, 「삼국유사」, 「고려사」, 「조선왕조실록」 등의 역사서에서는 점복, 무속, 마을신앙 등의 기록이 계속 등장한다. 그만큼 민간신앙이 초기국가시대부터 조선시대까지 지속적으로 시행된 것으로 보인다. 이런 민간신앙은 외래종교인 불교, 도교, 천주교, 기독교 등이 국내로 들어오면서 역사, 문화적 누적층을 이루게 되었다.

따라서 민간신앙은 문화적 누적층을 통해 한결 같이 그 정신사적 기층으로서 정신적 소산이 되었고 종교 및 문화의 에너지원으로 존재해 왔다.

04   민간신앙의 종류[7]

민간신앙은 세시풍속, 가신신앙, 마을신앙, 무속신앙, 점복신앙, 예조, 풍수신앙, 독경신앙, 영웅신앙, 자연물신앙, 사귀신앙, 금기, 부적, 주술 등이 있다.

1) 세시풍속

세시풍속은 봄, 여름, 가을, 겨울의 계절에 따라 풍요와 건강을 위해서 진행한 제의적 행사이다. 세시풍속의 형태는 봄에는 설날부터 삼월 삼짇날까지 있고, 여름에는 한식부터 유두까지 있으며, 가을에는 칠석부터 중양절까지 있고, 겨울에는 시제부터 섣달그믐까지 있다. 이러한 세시풍속은 대체로 계절에 따라 농경의례적 성격이 짙고 가신신앙과 마을신앙도 깊은 관련이 있다.

2) 가신신앙

가신신앙은 가택의 요소마다 신이 있어서 집안을 보살펴 주는 것이라 믿고 이 신에게 정기적인 제의를 올리는 것이다. 이칭으로 가택신앙, 집신신앙, 집안신앙, 가정신앙 등이 있다. 가신은 성주신, 조상신, 조왕신, 삼신, 터주신, 업신, 철륭신, 측간신, 우마신 등이 있고, 봉안(奉安) 형태, 장소, 신체는 기능이 뒤섞여 있어 저마다 직능이 다르다.

---

[6] 박찬호, 「한국교회의 민간신앙에 대한 인식분석 및 목회적 대안」, 성결대학교 석사학위논문, 2006, 16쪽.
[7] 채선숙, 「한국 무속신앙에 표현된 헤어디자인 연구」, 서정대학교 박사학위논문, 2011, 10~16쪽.

3) 마을신앙

마을신상은 동신신앙이라 부르며, 마을의 공동 수호신을 신당에 모셔놓고 제액초복(除厄招福)과 풍년을 기원하는 공동 신앙이다. 이칭으로 동제, 동신제, 동고사라 하며, 유교식 의례로 지내거나 무당이 참여하여 당굿 형태로 지낸다. 그렇기 때문에 마을신앙의 기능을 종교적, 사회적, 경제적, 오락적, 예능적, 관광적 기능으로 확대하여 보고 있다. 또한 지역별 생업에 따라 산고사, 동고사, 별신굿, 용궁맞이, 장승제 등으로 다양하게 진행되고 있다.

4) 무속신앙

무속은 무당을 주축으로 민간에서 전승되고 있는 자연적 종교현상이다. 무당은 신병(식욕부진, 소화불량, 편두통, 혈변, 하열, 환각, 환청)이라는 종교체험을 통해 신의 영력을 획득한 강신무와 혈통에 따라 가계계승을 한 세습무로 나뉜다. 무당은 이들 신의 영력에 의해 길흉화복의 인간 운명을 굿으로 조절하는 능력을 지닌 민간의 종교적 지도자라 할 수 있다.[8]

5) 점복

점복은 미래에 대한 예지적인 앎을 통해 발생할지도 모를 불행을 미리 막고 행복을 추구하려는 인간적인 의지가 반영된 독특한 신앙형태이다.[9] 점복은 인(因)으로부터 과(果)를 미리 알아내는 기술로 현재 나타난 원인을 보고 미래에 나타날 결과를 예측하는 것이다. 점복은 신 내림을 받은 자가 보는 신점(神占)을 비롯해 역학을 학습한 역학자가 보는 역리점 및 상점(相占) 등이 있다.

6) 예조(豫兆)

예조는 인간을 둘러싼 현상을 원인으로 보고 미래의 결과를 알고자 하는 신앙이다. 즉, 다가올 일을 예견하는 징조를 상식적인 선에서 해독하는 것이다. 예를 들어 까치가 울면 손님이 온다던가, 까마귀가 울면 불길한 일이 생기거나, 밤에 거미가 내리면 근심이 생기며, 돼지꿈을 꾸면 복이 들어올 징조라는 것이다.

---

[8] 박창로, 「韓國 民間信仰 이미지의 繪畵的 表現에 관한 硏究」, 홍익대학교 석사학위논문, 2002, 8쪽.
[9] 임재해, 「한국 민속사 입문」, 지식산업사, 1996, 289쪽.

7) 풍수신앙

풍수신앙은 장풍득수(藏風得水)의 약자로서 산수의 영기(靈氣)가 인간의 길흉화복을 조절한다고 믿어 영기가 있는 지형을 찾아 묘자리와 집터를 잡는 것이다. 이는 지기(地氣)가 좋은 곳을 잡으면 발복(發福)한다는 신앙성에서 나온 것이다. 묘자리를 잡는 것을 음택풍수, 집터를 잡는 것을 양택풍수, 마을이나 도읍지를 잡는 것을 양기풍수라 한다. 풍수는 지리와 지술(地術)이라고도 하며, 풍수를 전문으로 하는 사람을 지관, 지사(地師)라 일컫는다.

8) 독경신앙

독경은 경문을 읽어 악귀를 몰아내고 복을 기원하는 행위이다. 독경은 무당이 행하는 굿과 달리 독경자가 앉아서 경문을 낭송하므로 좌경(坐經) 또는 앉은 굿이라 한다. 독경은 우리 민족 의식의 일면을 지배하였던 신앙이다. 즉, 사회악을 제거하고 사회질서를 확립하는 집단의식으로서 뿌리 깊게 독경신앙이 남아 있다.

9) 영웅 신앙

영웅의 영혼을 신으로 신앙하는 것으로 대개 마을신앙과 무속신앙으로 자리 잡고 있다. 영웅신에는 왕신, 장군신, 대감신 등이 있는데 보통사람과는 다른 뛰어난 영혼들이다. 그러나 왕이나 장군이라 해서 모두 신이 되는 것은 아니다. 시조왕, 불우한 왕, 억울하게 숨진 왕, 유달리 큰 일을 한 인물 등이 신으로 지정된다.

10) 자연물 신앙

자연물 신앙은 산, 나무, 암석, 강, 바다 등의 무생물과 구렁이, 호랑이, 말, 곰 등의 동물, 까치, 까마귀 등의 조류를 신성시하여 신앙하는 것이다. 산에 가서 산신제를 지내고 강이나 바다에 가서 용신제를 지내며 거목, 암석 앞에서 제를 지내면서 소원을 비는 것은 모두 자연물을 신격화하여 신앙하는 것이다. 또한 소를 조상의 상징, 말을 서낭신의 상징, 돼지를 지신의 상징, 구렁이를 업의 상징, 호랑이를 산신의 상징, 개를 객귀의 상징이라 하여 이런 동물의 훼손을 금지하였다. 이처럼 자연물 신앙은 일상적인 것과 구별되며 쉽게 멸하지 않고 영원한 것을 그 대상으로 삼는다.

용신제(사진 : 평택 천신당)10)

11) 사귀 신앙

인간을 방해하는 잡귀들을 신앙하여 그 잡귀들로부터 피해를 면하려는 신앙이다. 인간을 가해하는 사귀로서의 잡귀는 인간 사령으로 객귀, 영산, 상문(喪門) 등이 있고, 역신으로 손님, 우두지신이 있다. 이 밖에 처녀귀인 손각씨 또는 왕신이 있으며, 총각귀인 몽달귀신, 도깨비 등도 존재한다.

12) 금기

금기는 '삼간다', '근신한다', '피한다'라는 말로서 종교적인 관습에서 어떤 대상에 대한 접촉이나 언급이 금지되는 것을 말한다. 결국 금기는 부정에 빠지지 않고 거룩함을 유지하기 위해서 인간의 행동을 제한하는 것을 말한다. 가령 신성한 공간에서 외부 출입을 막기 위하여 금줄을 치거나 황토를 뿌리거나 일정기간 동안 목욕재계를 하는 행위를 말한다.

13) 부적(符籍)

부적은 재앙이나 잡귀를 물리칠 수 있는 주력(呪力)을 가진 글자를 말한다. 부적의 형태는 한지에다 붉은색으로 소망하는 내용의 글씨를 여러 개 쓴 것이다. 무당이 쓴 것은 신력(神力)으로 내린 것이라 하여 각별히 '부적을 내린다'라고 한다. 특히, 무당이 부적을 내릴 때에는 신성력을 강화하기 위하여 이른 새벽과 같은 특별한 시간에 목욕재계를 하고 쓴다.

---

10) 평택 천신당 흑룡장군(010-3856-2600, 경기도 평택시 합정동973-14 402호)

부적(사진 : 국립민속박물관)

14) 주술(呪術)

주술은 주력에 의해 인간의 목적을 이루려는 것으로 방술(方術), 술법(術法) 등이라 한다. 사람들은 예기치 못하게 닥친 액운을 조금이라도 피하고자 방안을 찾게 되었고 그 과정에서 주술이 행해졌다. 대표적인 주술로 양밥이 있다. 예를 들어, 눈다래끼가 난 사람이 이를 치료할 목적으로 행하는 주술적 행위가 바로 양밥이다. 삼거리 한복판에 돌을 놓고 그 위에 자신의 눈썹을 뽑아놓은 다음 다시 돌을 올려놓는다. 그리고 지나가는 사람의 발에 그 돌이 차이면 다래끼가 그 사람에게 옮겨간다고 믿었다.

02 무속신앙

01 무속의 개념

고대의 인류는 질병이나 자연현상으로 인해 끊임없이 생명의 위협을 받았지만 정확한 원인을 알만한 인지능력이 부족하여 인간보다 강한 절대적인 힘에 의지하고자 하는 마음을 갖게 되었으며, 결국 원시종교라 불리는 종교현상이 나타났다.

따라서 초자연적인 능력을 가지고 초월적인 세계와 교류할 수 있는 지도자를 원했고, 이런 바람 속에 신을 섬기며 굿을 전문으로 하는 사제자인 무당을 주축으로 민간에서 전승되는 무속신앙이 하나의 종교로 자리잡았다.

한편, 무당을 뜻하는 한자인 무(巫)는 '人+工+人=巫'로 이루어져 있다. 즉, 무당은 하늘과 땅을 이어주는 존재로 무당이란 인간의 의지를 하늘에, 하늘의 의지를 인간에 전해주는 매개자의 위상을 지니고 있었다.[11]

---

[11] 무(巫)에 대한 풀이는 「설문해자」와 「주자어류」에 잘 나타나 있다. 전자의 경우 무는 '여자로서 형태 없는 것을 섬기고 춤을 추어 신(神)을 내리게 하는 자'라 풀이했으며, 후자의 경우 무는 신명을 다하여 춤추는 사람으로 춤을 통해 신을 접하기 때문에 하늘과 땅을 이어주는 공(工) 자의 양측에 두 사람이 춤을 추는 형상을 취한 무(巫) 자를 쓰게 되었다고 풀이했다.

다른 한편으론 하늘과 땅을 잇는 기둥 양옆에 사람들이 춤추는 꼴을 무(巫)라 한다. 여기에서 기둥은 신목(神木)이 되는 것이고, 그 춤추는 이가 바로 무당이다. 그러므로 무는 무당이 굿하는 장면이기도 하고 그 전체 종교 현상을 설명해 주는 용어라 할 수 있다.

02 무속의 역사

무(巫)는 한민족의 전통 신앙이자 민중신앙이다. 중국으로부터 유·불·도교가 수용되면서 고려시대에는 무속신앙이 이들 종교와 공존하였다. 조선시대부터 오늘날에 이르기까지 무는 다시 부정적인 것으로 핍박받아 왔지만 다른 종교를 받아들이고 이해하는 기반이었으며 다른 종교의 가치와 의의를 인정해 왔다.[12]

1) 고대

청동기시대 유물 중 다뉴세문경(多鈕細文鏡, 구리거울), 팔주령(八珠鈴, 방사상의 여덟 개의 가지 끝에 각각 방울이 달린 형태), 세형동검(細形銅劍) 등 오늘날 무구와 비슷한 도구들이 있었기에 고대에도 무속신앙과 무당이 존재했을 것으로 추측된다.

2) 삼국시대

「삼국사기」에는 "김대문이 말하길 신라 2대 왕인 남해차차웅 혹은 자충(慈充)은 무당이다.", "신라 남해왕 3년에 혁거세 거서간이 사당을 세워 친누이인 아로(阿老)로 하여금 사계절마다 그곳에서 제사를 지내게 했다.", "고구려 보장왕 4년 5월 이세적이 밤낮을 쉬지 않고 요동성을 공격하길 12일째에 당나라 왕이 정병을 이끌고 합세하여 성을 수백 겹으로 둘러싸니 북과 고함소리는 천지를 뒤흔들었다. 성에는 주몽의 사당이 있었고, 사당에는 쇠사슬 갑옷과 섬모가 있었다."[13] 등의 기록이 남아 있다. 이는 삼국시대에 샤머니즘의 흔적이 남아 있었던 것으로 보이며, 무당이 존재하였음을 알 수 있다. 더불어 고고학자인 김원룡은 신라의 금관이 인간계와 신계를 연결하는 장식으로 시베리아 샤먼들의 관을 본떠 만들었다고 주장하였다. 뿐만 아니라 통일신라시대 헌강왕 때 처용이 지어 불렀다는 처용가도 일종의 무가라 할 수 있다.[14]

---

12) 강석진, 「한국인의 전통적 종교심성과 그리스도교 영성 토착화 연구」, 가톨릭대학교 석사학위논문, 1988, 25쪽.
13) 박영규, 「한권으로 읽는 고구려왕조실록」, 웅진닷컴, 2004, 34쪽.
14) 신라 제 49대 왕인 헌강왕이 개운포(開雲浦, 울산)에 나가 놀다가 물가에서 쉬는데, 갑자기 구름과 안개가 자욱해져 길을 잃었다. 왕이 괴이하게 여기자 일관(日官)이 아뢰기를 "이것은 동해 용의 조화이니 마땅히 좋은 일을 해주어서 풀어야 할 것입니다."라 했다. 이에 왕은 일을 맡은 관원에게 용을 위해 근처에 절을 세우도록 명했다.
동해 용이 기뻐하여 아들 일곱을 거느리고 왕의 앞에 나타나 덕을 찬양하여 춤추고 음악을 연주했다. 그 가운데 한 아들이 왕을 따라 서울로 가서 왕의 정사를 도왔는데 그의 이름이 처용이다. 왕은 처용에게 미녀를 아내로 주고, 그의 마음을 잡아 두려고 급간(級干)이라는 벼슬을 주었다.
그런데 그의 아내가 무척 아름다웠기 때문에 역신(疫神)이 흠모하여 사람의 모습으로 변신해 밤에 그의 집에 가서 몰래 같이 잤다. 처용이 밖에서 돌아와 두 사람이 함께 있는 것을 보고 「처용가」를 부르며 춤을 추면서 물러났다.
그 때 역신이 모습을 나타내고 처용 앞에 꿇어앉아, "내가 공의 아내를 사모하여 지금 범하였는데도 공은 노여움을 나타내지 않으니 감동하여 아름답게 여기는 바입니다. 맹세코 지금 이후부터는 공의 형상을 그린 것

3) 고려시대

고려시대에는 금무(禁巫)15)와 별기은제(別祈恩祭)16)에 대한 논란이 지속적으로 등장하는 것으로 보아 무속신앙이 빈번하게 행해졌다는 것을 알 수 있다.17) 또한 「고려사」에는 "의종 때 양반 중 재산이 넉넉한 자를 가려 선관(仙官, 무당)이라 하고 팔관회를 주관하게 하였다.", "충숙왕 4년 첨의좌정승(僉議左政丞) 판삼사사(判三司事) 강융의 누이가 무당이 되어 송악사(松岳祠)에서 기식했다.", "의종 22년 3월 왕이 평양에 행차하여 선풍(仙風)을 진작하라.", "충혜왕 후 4년 무당과 장인(匠人)을 업으로 사람들에게 공포(貢布)를 징수했다.", "인종 11년 5월 여무(女巫) 300명을 도성청에 모았다.", "인종 12년 6월 무당 250명을 도성청에 모아 기우했다." 등의 기록이 남아 있고, 이를 통해 무당의 존재에 대해 확인할 수 있었다. 한편, 이규보의 「동국이상국집」 「노무편(老巫篇)」 병서(幷序)에는 "동쪽 이웃에 늙은 무당이 살았는데 음란한 노래와 괴상한 말들이 들려 괴로워하던 차에 나라에서 명을 내려 모든 무당들로 하여금 멀리 옮겨가 서울에 인접하지 못하게 하자 이를 기뻐하여 시를 지었다.", "목구멍 속의 새소리 같은 가는 말로 늦을락 빠를락 두서없이 지껄이다가 천 마디 만 마디 중 요행 하나만 맞으면 어리석은 남녀가 더욱 공경히 받드니 … 몸을 추켜 펄쩍 뛰면 머리가 들보에 닿는다."라는 기록이 있었다. 이는 오늘날 굿 12거리 중 제석과 비슷한 행위가 당시에도 있었음을 알 수 있는 대목이다.

만 보아도 그 문에 들어가지 않겠습니다."라고 했다. 이로 인하여 나라 사람들은 처용의 모습을 그려 문에 붙여 사기(邪氣)를 물리치고 경사스러움을 맞아들였다는 것이다.

「처용가」는 "서울 밝은 달에 밤들이 노니다가/들어와 잠자리를 보니/가랑이가 넷이도다./둘은 나의 것이었고/둘은 누구의 것인가?/본디 내 것이지마는/빼앗긴 것을 어찌하리오?"이다.

이 노래는 가사가 부연되어 고려와 조선시대 나례(儺禮, 음력 섣달 그믐날 밤에 궁중이나 민가에서 악귀를 쫓기 위해 베풀던 의식) 공연 때 불리게 되었다.(네이버 백과사전)

15) 금무(禁巫)는 고대로부터 전승되어 온 무속신앙을 배척한다는 것이다.(한국향토문화전자대전, 한국학중앙연구원)

16) 국가와 왕실의 안과태평을 위하여 무당이 명산대천(덕적, 감악, 백악, 송악, 목멱, 개성대정, 삼성, 주작, 고양, 장단고개)에서 지냈던 국가행사제례이다. 「고려사」의 기록을 보면 별기은제는 별기은사사(別祈恩寺社)에서 행했던 불교의 불사(佛事)와 도교의 초제(醮祭) 형태로 행해진 것을 보인다. 고종 4년에는 나라에서 환란을 막고 외적의 퇴치를 기원하고자 별례기은도감(別禮祈恩都監)을 설치하였고, 외산기은별감(外山祈恩別監)이 각처로 파견되었다고 한 것으로 보아 산에서 별기은제를 치루었음을 알 수 있다. 이러한 별기은제는 1년 4번씩 정기적인 제례와 부정기적인 별제가 있었다.(네이버 백과사전)

17) 「고려사」 권 12에 따르면 무당들이 떼를 지어 하는 국가행사굿(別祈恩)으로 인해 많은 비용을 쓰니 이를 금하라는 상소문이 있을 정도로 그 폐해도 많았으나 고려 말까지 성행하였다고 한다.

4) 조선시대

조선시대에는 초기부터 무속신앙을 철저하게 막았다. 「경국대전」에 따르면 "부녀로서 절에 올라가는 자, 사족의 부녀로서 산간이나 물가에서 놀이, 잔치를 하거나 야제(野祭), 산천, 성황의 사묘제를 직접 지낸 자 등은 모두 장(杖) 100대에 처한다."라는 기록이 있다.[18]

하지만 무속신앙은 민간 생활 속에서 면면히 이어져 온 사상이다. 조선시대 후기 실학자 이익의 「성호사설」에 따르면 "임금이 거처하는 곳부터 주읍에 이르기까지 모두 주무(主巫)가 있어 마음대로 출입하니 민풍은 여전하다."라는 기록과 순조 때에는 남녀무(男女巫)와 조무(助巫)의 총수가 5,000명이라는 기록이 있다.[19] 이처럼 조선시대 유교 제례에서 배제된 여성들을 중심으로 고달픈 생활 속에서 현실적이며 절실한 염원의 반영으로 무당을 찾았던 것으로 보인다.

03 무당의 유형

무당의 유형에는 강신무와 세습무가 있다. 강신무(降神巫)는 신병체험을 통해 신내림을 받은 무당이며 중부와 북부지역에 많이 분포되어 있다. 굿을 할 때는 굿거리마다 해당되는 신이 달라 복장도 보통 12~20종에 이르며, 무구는 타악기 위주로 가무의 가락과 속도가 몹시 빠르고 흥분된다.

세습무(世襲巫)는 혈통에 따라 가계 계승으로 된 무당으로 기능과 역할은 시어머니로부터 며느리가 전수받았으며 남부지역에 집중되어 있다. 굿이 주업이며 대개 2~3종 정도의 무복을 갖추고 무구는 타악기외에 취타악기, 현악기까지 다양하게 동원된다.

지역에 따라 유형을 보면 중부와 북부지역에 분포되어 있는 무당형, 호남과 영남지역에 분포되어 있는 단골형, 무당형과 단골형의 중간 형태인 제주도의 심방형, 남부지역에 집중 분포되어 있는 명두형이 있다. 이들 모두 전문적인 종교 사제자로서 민중의 욕구를 실천화하는 제의, 곧 굿을 주관하였다.[20]

지역별 무당 유형	
무당형	중부, 북부지역
단골형	호남, 영남지역
명두형	남부지역
심방형	제주도

---

18) 계명대학교 여성학연구소, 「여성들의 삶의 관점에서 본 한중지역여성정책」, 계명대학교출판부, 2007, 317쪽.
19) 일제강점기 1930년 조선총독부 기록에 의하면 무당이 전국적으로 12,380명으로 조사되었다.
20) 채선숙, 「한국 무속신앙에 표현된 헤어디자인 연구」, 서경대학교 박사학위논문, 2011, 18쪽.

04 굿의 종류

굿이란 무당이 신을 모셔 놓고 제를 지내는 일종의 의식이다. 굿을 진행하는 외형적인 형태는 지방에 따라 차이가 있으나 굿의 종류와 구조에서는 전국적으로 공통성이 있다.

굿의 구성을 보면, 일반적으로 12제차로 구성되어 있으며, 현재 행해지고 있는 굿의 형태는 고려시대 중기에 정형화된 것이다. 12라는 숫자는 제차의 정확한 수를 의미하는 것보다도 1년이 12개월로 이루어진 것처럼 '12'는 완전 혹은 총체성을 나타내는 개념이다. 이러한 굿의 궁극적인 목적은 건강하게 오래 살고, 불행한 일을 멀리하며 복을 받아 풍요롭게 살고, 후손이 잘 되며 죽어서 저승에 가서도 행복하게 영생할 것을 바라는 마음이다.

굿의 종류는 형태에 따라 무당이 서서 하는 일반적인 선굿과 앉아서 주로 독경을 하는 앉은굿이 있다. 그리고 목적에 따라 무당을 위한 굿, 마을 공동을 위한 굿, 산 자를 위한 굿, 죽은 자를 위한 굿이 있다. 무당을 위한 굿에는 내림굿과 진적굿이 있고, 마을 공동을 위한 굿에는 별신굿, 부군당굿, 도당굿 등이 있다. 산 자를 위한 굿에는 치병굿, 재수굿 등이 있고, 죽은 자를 위한 굿에는 서울의 진오기굿, 동해안의 오구굿, 호남의 씻김굿 등이 있다.[21]

무령(사진 : 국립민속박물관)

무선(사진 : 국립민속박물관)

---

21) 채선숙, 「한국 무속신앙에 표현된 헤어디자인 연구」, 서경대학교 박사학위논문, 2011, 19~20쪽.

05 무속의 사고

무속의 사고(思考)에 의하면 인간은 육신과 영혼으로 구성되어 있는데 이승의 삶은 순간적이지만 저승의 삶은 영원하다고 여겼고 이승에서의 죽음은 육신의 죽음일 뿐 영혼은 저승으로 가서 영생한다고 여겼다.

이승	저승
현실	비현실
코스모스	카오스
세속	신성
유한	무한

현실과 비현실은 이승과 저승으로 구분되며, 이를 코스모스와 카오스로 보았다. 신성한 영역인 카오스는 신이 존재하는 모든 존재의 근원지이기 때문에 존재의 기본 조건인 풍요와 건강을 모두 이룰 수 있다고 여겼다. 그렇기 때문에 무속의 제의는 코스모스에서 결핍된 존재요건인 풍요와 건강을 지속시키고자 하는 행위로 보았다. 카오스와 코스모스를 자유롭게 오갈 수 있는 것은 미분상태이기 때문이며 가능한 것이며 굿을 통해 존재의 근원지인 카오스에서 소망을 획득해 존재를 영구 지속시킬 수 있다고 믿었다. 존재의 근원을 카오스로 보고 카오스에서 코스모스로 갔다가 다시 카오스로 되돌아가는 순환이 반복되어 영원한 것으로 믿는 입체적인 존재 사고가 만들어졌다.

03 가신신앙

가신신앙은 집의 요소마다 신이 존재하여 집안을 지켜준다고 믿고 그 신에게 일정한 예를 행하는 의례이다. 집은 조상이 대대로 살아온 곳으로 혈통이라는 전통이 머무는 장소이다. 그래서 집은 가문의 전통을 여는 곳으로 인간의 안락처이며 신성한 장소이다.

01 가신신앙의 종류[22]

1) 성주신(成主神)

① 집안에서 제일 높은 최고신으로 가정의 길흉화복을 관장하는 신이다.
② 이 신은 집의 중심이 되는 마루의 대들보 밑이나 상기둥의 윗부분과 같은 집안의 중심부에 위치하고 있다.
③ 성주신의 신체(神體)는 기둥의 상부에 백지를 접어서 실타래로 묶거나, 백지를 막걸리에 축여서 반구형이 되게 붙이거나, 보리와 쌀을 넣은 성주독을 마루 구석에 모신다.
④ 성주신에 대한 제의는 집을 새로 짓거나 이사했을 때 이 신을 새로 봉안하는 의식으로 진행된다. 또한 매년 봄과 가을에 하는 안택고사가 성주신을 대상으로 이루어졌다.

성주(사진 : 국립민속박물관)

---

22) 김태곤, 「한국민간신앙연구」, 집문당, 1983, 19~21쪽.

2) 조상신(祖上神)

① 조상신은 후손을 보살펴 주는 신이다.
② 이 신은 안방의 윗목 벽 밑에 있는데 일정한 신체는 없다.[23]
③ 차례 때 조상상을 차려 제(祭)하고 햇곡식이 나면 성주신과 함께 기원한다.
④ 굿을 할 때 조상상을 따로 차려 제하며, 별식이 나면 조상신에게 바친다.
⑤ 이러한 조상신은 할매의 개념이 강하며, 농경의 풍요를 기원하는 경우가 많았다.
⑥ 조상신의 특징
- 원초적 여신 관념
- 김알지 신화의 황금궤[24]
- 4대 봉사의 확장[25]

3) 조왕신

① 조왕신은 삼신과 함께 육아를 담당하며 부뚜막 위에 있다.
② 조왕의 신체는 사기종지로서 종지에 정화수를 떠서 매일 아침 주부가 물을 갈아주며 부뚜막 위에 모신다.
③ 부뚜막은 조왕신의 자리여서 아무리 피곤해도 부뚜막에 걸터앉지 않는다. 또한 별식이 나면 한 그릇 올린다.
④ 조왕신은 섣달그믐 무렵 하늘의 옥황상제를 찾아가서 지난 1년간 일을 고하는 임무를 맡고 있는 신이라서 부엌에서는 말조심을 해야 한다.

4) 삼신

① 삼신은 아이가 태어나면 7세까지 보호하고 관장하는 신으로 안방의 아랫목에 자리하고 있다.
② 이 신의 신체는 지방에 따라 다르다.
- 삼신자루 혹은 제석자루라 하여 백지로 자루를 지어 이 안에 백미 3되 3홉을 넣어 안방 아랫목 구석에 높이 달아 매달아 놓는다.
- 삼신단지 혹은 삼신 바가지라 하여 백미를 바가지나 동이에 담아 물건을 얹어 놓는 선반인 시렁에 얹어 놓기도 한다.

③ 삼신에게는 기자(祈子) 및 육아와 관련한 육아 제의를 올리고, 차례에도 제를 올리며 별식이 나면 따로 올린다.

---

[23] 지역에 따라서 안방에 쌀을 담은 작은 단지를 신체로 모시는 경우도 있다.
[24] 신라 김씨 왕조의 김알지는 계림의 한 나뭇가지 황금궤에서 탄생하였다. 황금궤는 조상숭배의 대상물이며, 동시에 조상단지의 신화적 미화 또는 왕가의 조상단지 형태라 볼 수 있다.
[25] 조선시대에는 사당을 건립하여 4대 봉사를 하고 있었는데 4대이외에 조상에 대한 봉사개념이 조상단지에 내포되어 있다.

5) 터주신

① 터주신은 지신(地神)이라고도 하는데 집터를 맡아보며 집안의 액운을 걷어 주고 재복을 주는 신으로 여겼다.
② 터주는 집의 뒤뜰 장독대 옆에 터주가리를 만들어 모신다.
③ 터주가리는 서너 되 들이의 옹기나 질그릇 단지에 벼를 담고 뚜껑을 덮은 다음 그 위에 짚으로 엮어서 원추형 모양을 만들어 덮은 것이다.
④ 이 터주가리는 매년 햇벼가 날 때마다 갈아 넣는데 이때 갈아낸 묵은 벼는 남을 주지 않고 가족들이 먹어야 한다. 남을 주면 복이 나가기 때문에 엄격히 금한다.
⑤ 햇벼를 갈아 넣을 때 간단히 메를 지어 올리는 경우도 있다.
⑥ 터주에게 올리는 제의를 특별히 지신제로 올리는 경우와 차례때 떡을 한 접시 바치는 경우가 있다.

장독대와 터주(사진 : 국립민속박물관)

6) 기타 가신

① **철륭신** : 장독대 신으로 간장과 된장을 살펴본다.
② **우물신(井神)** : 우물신은 물을 마르지 않게 한다.
③ **업신** : 광, 곳간과 같은 은밀한 곳에 머물러 있는 신으로 제복을 준다고 여겼다. 업신은 구렁이, 족제비, 두꺼비 등의 동물로 보았다.
④ **우마신** : 마구간에서 우마(牛馬)의 번식을 돌보아 주는 신이다. 보통 구멍 뚫린 돌을 매달거나 백지를 달아 놓고 신체로 삼았다.
⑤ **수문신** : 잡귀와 액살(厄煞)이 들어오는 것을 막아 준다고 믿었다.
⑥ **측간신** : 변소에 있는 측간신은 살(煞)을 걷어 준다고 믿었다. 일반적으로 긴 머리를 하고 있는 여신으로 여겼다.

02 가신신앙과 여성

가신신앙의 주체는 여성이다. 「삼국사기」와 「삼국유사」에 따르면 신라 제1대 박혁거세부터 제19대 눌지왕까지 왕비 또는 왕매(王妹)가 국가제를 주관했고, 사제들은 신모(神母)로서 국무적(國巫的) 존재로 보았다. 이처럼 여성은 생산의 주체로 농경국가에서는 신모 또는 지모신의 역할자였다.

특히, 성주신을 섬기는 여성은 가정의 기둥이며, 가정의 경제와 안위를 짊어지고 있는 대주가 행여 화를 당하지 않을까 불안해 하는 현실적 위기의식을 초월적인 존재인 성주신에게 의지하여 해결하려는 종교적 심성을 나타내고 있다.

남성들이 유교식 가례의 주체로서 종교생활을 영위하였다면 여성은 가신신앙이라는 신앙형태를 통해 종교생활을 하고 있었다. 부계중심의 가족제도를 특징으로 하는 전통사회에서 부계혈통의 가문이 번창하여 계승되는 것은 가문의 자랑이었다. 그렇기 때문에 부권적 사회제도 아래에서 여성으로서의 위치를 수호해 주는 구실을 여성 스스로 찾은 것이다.

즉, 가신신앙은 전통사회라는 난관을 극복하는 매개체이다. 여성은 가신신앙의 주체자로서 역할을 수행하여 승화된 신앙심과 전통사회에서 여성으로서의 지위를 확보해 가기도 했다. 여성신앙으로서의 가신신앙은 근대사회에 와서도 이어지는데 다만 오늘날 가신신앙의 단절과 퇴색, 축소에 따라 여성신앙으로서의 성격 또한 희석된 모습을 볼 수 있다.[26]

---

26) 임재해, 「한국 민속사 입문」, 지식산업사, 1996, 280~285쪽.

04 마을신앙

마을신앙은 마을에서 수호하는 신을 마을 신당에 모셔놓고 제액초복을 위하여 해마다 마을 공동의례로 진행하였다. 이런 역사는 원삼국시대 부여의 영고, 고구려의 동맹, 동예의 무천, 삼한의 국중대회 등 제천의식을 통해 그 흔적을 찾을 수 있다. 의례 중 형벌과 옥사를 중단하고 죄수를 풀어주며 하늘에 제를 올리고, 단합된 모습으로 행사를 진행했다. 삼국시대 마을신앙은 고려시대 팔관회로 이어졌다. 팔관회는 고구려의 동맹, 신라의 전사자 위령제와 토속자연신제 등을 계승하여 불교 색채를 가미했던 국가 종교적 대제의로 국가연중행사 형태로 추진되었다. 더불어 고려시대에는 민간에서도 하회별신굿 탈놀이[27]와 같은 가면극을 동제로 진행하여 전 계층이 모두 즐길 수 있었다. 유교국가인 조선시대에는 숙종 때 제주목사 이형상이 1년간 목사로 재임하면서 서낭당이나 불교관계 건물 130여 개를 불질러 버리고 무당 400여 명을 귀농 조치시켰다. 이처럼 한양에서 멀리 떨어진 제주도에서 이 정도였으니 다른 곳은 어땠는지 미루어 짐작할 수 있다.[28] 조선시대의 강한 탄압은 결국 음성적인 마을신앙으로 이어졌다.

한편, 일제강점기 조선총독부 촉탁 무라야마 지준[29]은 우리나라 마을신앙의 특징을 다음과 같이 정리하였다.

---

27) 경북 안동시 풍천면 하회리의 별신굿탈놀이에 등장하는 탈 14개는 고려시대 중엽 신의 계시를 받은 허도령이 제작한 것으로 전해지고 있다.(김병종, 「김병종의 화첩기행」, 호형출판, 2005, 254쪽.) 허도령은 마을의 액운을 막아주는 탈을 만들고 있었는데 이를 사모한 처녀가 이 탈 제작과정을 몰래 보게 되었고, 허도령은 그 자리에서 피를 토하고 숨을 거두었고, 처녀도 자결하였다. 이후 마을에서는 처녀의 넋을 위로하기 위하여 성황신을 모시고 당제를 올리고 허도령이 제작한 탈로 별신굿을 벌여왔다.
28) 최준식, 「한국의 풍속 민간신앙」, 이화여자대학교출판부, 2005, 98쪽.
29) 무라야마 지준(村山智順)은 조선총독부 촉탁 직원으로 근무하면서 일제강점기 우리나라 민속연구를 실시하여 많은 조사자료를 남겼다. 1919년 동경제국대학 사회학과를 졸업하고, 조선총독부 촉탁으로 조선사회사정 조사를 담당하였다. 중추원 편집과와 조사과, 서무부 조사과, 총독관방의 총무과와 문서과에 직원으로 있으면서 경성 사립불교중앙학교, 공립상업학교, 세브란스의학전문학교, 경성법학전문학교 강사 등을 거쳤으며, 1941년 일본으로 귀국하였다. 하지만 한국에 대한 부정적인 관점과 서술이 있었고, 일본의 식민지 정책에 일조했다는 지적이 있다.

① 일본신도와 비슷하고
② 고대 모습을 보존하고 있으며
③ 지역차가 적고,
④ 현실적인 제액초복의 의미를 내포하고 있으며,
⑤ 민중심성을 개발하고,
⑥ 향토오락성을 지니고 있고,
⑦ 성씨분열을 통합하고,
⑧ 심신을 정화할 수 있다고 보았다.

마을신앙은 유구한 역사적 전통을 가진 것으로 일하는 농민의 것이며, 지역적 단합과 화목을 도모하기 위한 민중의 축제이다.

01 마을신앙의 형태와 종류

1) 마을신

① 마을신앙은 명칭상 43종이지만 계통적으로 천신(天神), 일신(日神), 성신(星神), 산신(山神), 수신(樹神), 지신(地神), 수신(水神), 인신(人神), 사귀(邪鬼) 등의 9개 주신으로 이루어져 있다. 이 신은 위계가 있어 그에 따라 신당의 위치가 달랐다. 천신, 일신, 성신, 산신은 가장 높은 위계에 해당하고 그 신당의 위치는 산의 정상이다. 그 다음은 수신, 지신, 수신, 인신인데 이 신들의 신당 위치는 언덕, 동네 입구, 농경지대이다. 사귀는 그 위계가 가장 낮아 마을에서 외떨어진 곳에 위치하고 있었다.[30]

② 마을신은 자연신계통으로 천신, 산신, 산신령, 칠성신, 지신, 서낭신, 용신, 국사신, 도당신, 토지신 등이 있고, 인신계통으로 단군신, 공민왕신, 태조대왕신, 김유신장군신, 최영장군신 등이 있다.

③ 마을신은 모두 사람의 모습을 한 인태(人態)로 현현하면서 동민들을 보살펴 주는 존재로 마을을 보호하기 위해 밖에서 들어오는 잡귀, 액살, 재앙을 막아 동민들이 잘 살 수 있도록 보살펴 준다고 믿었다.

2) 마을신당의 형태

① 마을신당의 형태는 당나무만 있는 것을 당(堂)이라 부르는 신수(神樹), 신수 밑에 장병형의 자연석으로 된 제단형태, 돌무더기 형태, 신수 밑에 당집에 있는 형태, 당집보다 건물 큰 전각이 있는 형태로 나타난다.

---

30) 박창로,「韓國 民間信仰 이미지의 繪畵的 表現에 관한 硏究」홍익대학교 석사학위논문, 2002, 7쪽.

② 지역에 따라 마을의 배후 높은 산정에 국수당31), 그 산 중턱에 산신당32), 마을 동구 서낭당33), 그 옆에 장승34) 및 솟대35)가 마을신으로 존재하고 있다. 천상의 신이 최초로 지상에 내려와 정착하는 단계가 국수당이고 그 연장선상에서 산신당, 서낭당 신앙이 형성된 것으로 볼 수 있다.

---

31) 국수당은 마을 배후 높은 산꼭대기에 위치하여 그 마을을 수호해주는 신이다. 당의 형태는 국수당신을 직접 신체로 봉안하지는 않고, 국수봉 꼭대기에 석반단(石盤壇)을 가운데 두고 잡석을 쌓아 두른 돌담 안에 관목 신수(神樹)가 있는 형태로 신수와 자연적 제단으로 이루어진 것이다.(이인화, 「전통마을에서 민속신앙물들의 공간배치 유형 및 분포에 관한 연구」, 동국대학교 석사학위논문, 2001, 29쪽.)
  신당의 형태적 측면에서 볼 때 국수당은 통상 높은 산정에 위치하고 제단(祭壇)이나 제당(祭堂)이 없는 국수봉의 산명만 있는 산일지라도 고산봉(高山峰)이 되니 이 신앙에 있어서 제장, 신의 봉안처라는 특징을 갖는다.

32) 산신당은 산을 맡아서 지키는 신에게 정초 마을 전체의 풍요와 건강, 행운을 비는 제당을 말한다. 산신의 모습은 신선상(神仙像)이나 호랑이상으로 나타난다. 산신당은 마을의 배후 산중턱이나 산기슭에 당을 마련하고, 산제당 옆에는 오래된 나무, 바위, 샘이 있고 고목, 기묘한 바위, 당샘을 확보하고 있다.
  한편 「구당서」에서 신라는 "삼산오악신(三山五岳神)을 받들어 제사하였다. 삼산 봉래산, 방장산, 영주산을 정했고, 오악산은 동쪽에 토함산, 서쪽에 계룡산, 북쪽에 태백산, 중앙에 부악(父岳)으로 정하여 조정에서 제사를 드리고 국가의 태평을 빌었다."라는 기록을 통해 이미 오래전부터 산신을 숭배한 흔적을 찾을 수 있다. 고려시대 「국조보감」에서는 "덕적, 송악, 백악, 목멱산의 산신에게 매년 봄, 가을에 무당, 여악(女樂)으로 하여금 제사하였다."라는 기록이 있고, 조선시대에도 산신제의 유풍이 계속되어 사악신(四岳神)으로 삼각산, 치악산, 태백산, 지리산을 정했고, 중령산, 주흘산, 치악산, 금성산, 마니산, 백두산에 단을 만들고 제사를 지냈다.(이인화, 「전통마을에서 민속신앙물들의 공간배치 유형 및 분포에 관한 연구」, 동국대학교 석사학위논문, 2001, 29쪽.) 이처럼 산신당의 존재는 그 역사성이 높다고 할 수 있다.

33) 서낭은 선왕(先王), 산왕(山王)이 어원으로 한자로는 성황(城隍)이라 한다. 서낭은 지신계(地神系)로 마신(馬神)과 혼합되어 존재하는데 당집에 철마, 목마(木馬)를 보관하고 신위는 마신과 인격신인 서낭각시를 모셨다. 서낭신은 마을의 안녕, 가내 안과태평(安過太平), 행로(行路)의 무사함, 부녀자들의 기자속(祈子俗)의 신으로 표현되었다. 서낭제는 팥시루떡, 사과, 배, 밤, 대추, 북어를 놓고 실, 종이, 초를 준비해 마을제로 지내고 개인제로는 상업 등으로 인해 돌아다니며 사업하는 사람들이 거리에서 아무 문제가 생기지 않도록 지낸다. 서낭당 나무에는 저고리동정, 백지, 5색의 천조각을 건다. 동정은 치병(환자가 입던 저고리 동정을 서낭나무에 걸고 치병을 기원하며 서낭신이 환자의 병을 거두어 준다고 믿는 것), 백지는 행운과 초복 기원, 5색 천조각은 모든 재물을 서낭나무에 걸어 묶어 서낭신에게 드리는 예단이다.

34) 장승은 장생(長生), 장승(長承), 장승(將丞) 등으로 기록되어 있다. 장승은 나무와 돌을 다듬어 천하대장군, 지하여장군이라는 명문을 쓴다. 이런 장승의 명칭은 지방마다 벅수(영호남), 돌하르방, 우석목(제주도) 등으로 나타난다. 장승은 보통 마을의 입구 길 옆에 위치하여 잡귀, 질병, 재앙을 막아주는 수호기능을 수행한다. 하지만 일부에서는 경계표, 이정표라 주장하고 있는데 이는 장승의 수호기능을 바탕으로 후대에 경계표로 인식한 것으로 보인다.

35) 솟대는 긴 장대 위에 새의 형상물을 올려놓은 신앙 대상물이다. 솟대는 천상과 천하를 연결하는 하늘 사다리인 우주나무와 천신(天神)의 전령사 역할을 했던 하늘새가 결합된 형태로 북아시아 솟대와의 유사성이 뚜렷하다. 그러나 안정된 농경마을이라는 조건에서 솟대는 점차 액막이와 풍농을 위한 신앙물로 변화되어 갔다. '우주나무와 하늘 새'에 대한 관념이 퇴색하면서 북아시아의 솟대와는 그 의미와 기능이 다른 솟대로 변형되어 갔다. 즉, 솟대의 장대를 용틀임으로 장식하거나 솟대의 오리 부리에 쌀과 동전을 넣은 물밥을 걸어 주는 것, 오리가 농사에 필요한 물을 가져다주고 홍수를 막으며, 불을 제어한다는 식으로 의미와 기능의 변형이 다양하게 이루어졌다.(이필영, 「마을신상의 사회사」, 웅진출판사, 1995, 373~374쪽.)
  솟대의 새는 오리라고 불리지만 지역에 따라 까마귀, 기러기, 갈매기, 따오기, 까치 등을 상징한다.

| 장승의 기능 분류표 |

기능	내용
부락수호	흉년, 재앙 등을 가져오는 귀신이나 역신을 겁주어 쫓아 보냄
방위수호	방위가 허한 곳에 각 방위에 해당하는 오방신장을 배치하여 방위를 지킴
산천비보	풍수도참설에 의하여 국기(國氣)의 연장과 군왕의 장생을 기원하기 위하여 사찰 주위에 세움
읍락비보	고을과 마을의 지맥이나 수구가 허수한 곳을 다스리기 위하여 세움
불법수호	사찰 입구에 세워 경내의 청정과 존엄을 지키기 위함
경계표	농경과 수렵 및 땔감을 얻는 땅의 경계를 표시하기 위하여 세움
노표	이정표 및 방두의 노신을 겸했던 제도적인 장생
성문수호	중국에서 오는 역병이나 재앙의 침입을 성문에서 제지함
기자	득남과 풍요를 기원함

(김두하, 「장승과 벅수」, 대원사, 1993, 93쪽.)

벅수(사진 : 국립민속박물관)

돌하르방(사진 : 국립민속박물관)

02 동제

1) 동제의 목적과 형태

동제는 마을신앙을 실천적으로 표상화한 것이다. 농촌에서는 풍년 기원과 재해 방지, 어촌에서는 풍어와 해상사고 방지를 주목적으로 하며, 도시와 그 주변 지역에서는 화재와 질병 없이 마을 전체가 평안하게 살 수 있도록 기원하였다. 즉, 내륙에서는 마을의 안녕과 풍농을 기원하는 풍농제를, 어촌에서는 마을의 안녕과 풍어를 기원하는 풍어제를 지냈다.

동제의 시기는 춘추제로 올리는 곳도 있으나 대체로 정초에 날을 잡아 하거나 정월 14일 밤 자정을 기해서 하는 것이 통례이다. 해안지방의 풍어제, 용신제, 별신굿의 경우 예외가 되어 특별히 날을 잡아 진행하기도 한다. 혹은 인신을 동신으로 모시는 마을은 인물의 탄신일이나 기일에 제를 올리기도 한다.

동제는 산고사, 동고사, 별신굿, 장승제, 용궁맞이, 풍어제 등 그 지역의 생태적인 조건에 따라 다양한 이름으로 치러진다. 동제의 방법 역시 마을 사람이 제관이 되어 행해지는 당제와 무당과 같은 전문적인 사제자가 참여하여 행해지는 당굿이 있다.

당제는 마을에서 동회를 열어 제관을 선출하여 동신당에서 제를 올리는 것이며, 당굿은 무당을 불러다가 굿으로 동신에게 제의를 올리는 것이다. 당제는 초헌, 아헌, 종헌의 삼헌과 독축으로 유교식 제례에 준하고, 당굿은 재래의 무속제의로 진행한다.

2) 동제의 절차

유교적 동제의 절차는 다음과 같다.

① 동제를 지낼 때는 제를 지내기 두 이레(14일) 또는 세 이레(21일) 전에 마을에서 대동회를 개최한다.
② 생기복덕(生氣福德)을 가려 정결한 원로를 제관으로 뽑는다. 제관은 대체로 헌관, 집사, 축관 3인 정도이다.
③ 헌관(獻官)이 도가(都家)가 되어 제수(祭需) 일체를 장만하고 목욕재계하며 금줄을 치고 황토를 펴서 사람들의 출입을 금지시키는 한편, 마을 주민들은 마을의 대동샘을 퍼내고 금줄을 쳐서 마을 안을 정화시킨다.
④ 새로 고인 대동샘물을 길어다가 제주(祭酒)인 조라를 담아 신당(神堂) 안에 놓았다가 제일(祭日)이 되면 당주가 장만한 제수와 더불어 진설하고 제관이 초복, 아헌, 종헌, 독축으로 제의를 마치고 음복(飮福)하는 것으로 제를 마친다.

대개 위와 같은 유교식 제의는 소규모 약식 마을제이고 보다 규모가 큰 마을제는 여기에 당굿을 곁들여 제를 지낸 다음 줄다리기를 한다. 당굿을 할 때는 주민들 모두 참여할 수 있으나, 제관들의 제사 때에는 마을 주민 누구나 참여할 수 없고 금기가 심한 동제의 경우에는 제수까지도 여자가 장만하지 못하는 경우도 있다.[36]

한편, 당굿으로 동제를 지낼 경우에는 다음과 같이 지낸다. 제관을 선정하고 금기를 지키며 추렴과 무당 청하기 등의 준비를 한다. 이후 무당 굿을 통해 신과 인간의 만남이 이루어진다. 즉, 신을 불러오는 청신(請神), 신을 즐겁게 해주는 오신(娛神), 신을 보내는 송신(送神) 등을 행한다.

---

36) 이인화, 「전통마을에서 민속신앙물들의 공간배치유형 및 분포에 관한 연구」, 동국대학교 석사학위논문, 2000, 17쪽.

03 마을신앙의 의미[37]

① **지연(地緣)** : 마을신앙은 지연을 중심으로 한 생활 공동체인 촌락사회에 지연을 강화할 수 있는 기능을 가지고 있다.
② **사회 보호** : 마을이라는 사회를 효율적으로 강화하기 위한 행위이다.
③ **권위 부여** : 마을신앙은 일상적인 사실을 성화(聖化)하고 의례화하여 제도적인 권위를 부여하는 힘을 가지고 있다. 이는 성스러운 날, 장소, 사람의 존재를 상징적으로 설정하여 정형화한다는 의미이다.
④ **불안 극복** : 마을의 불안을 전체적으로 극복하고자 하는 신앙의 발로이다.
⑤ **통합 원리** : 지연 중심의 작은 마을 단위에서 사는 사람들에게 유용한 통합원리이다.

04 마을신앙의 기능

① **신성성** : 마을신앙을 행하는 기간 동안 외부인 출입을 금지하기 위하여 어귀에 금줄을 치고 제관은 신년 첫 출발 순간에 경건히 신전에서 머리 숙이며, 예를 행한다. 또한 임신한 부인을 타 지역에 보내고 초상이 나면 동제를 금한다.
② **통합성** : 제사 후 음복을 하며 신성한 제신의 덕을 이어 받는 것이다. 이는 동족 결합이 강한 조선시대 성족을 초월한 친목의 기회를 제공하며, 건전한 생활을 유지한다.
③ **정치성** : 동제 때 음복 후 노역과 상호 부조문제 등을 논의하는 대동회를 개최하여 나름 촌락사회의 정치적 책임을 유지한다.
④ **축제성** : 제비추렴을 통해 농악대를 구성하여 풍년을 기원하며 놀이를 비롯한 단합행사를 통해 합동의 축제를 진행하고 있다.
⑤ **예술성** : 동제에서 농악, 가면놀이 등의 중요한 집단예술이 일정한 동민의 욕구 표현으로 나타나면서 별신굿, 무당굿, 가면극 등으로 진행되었다.

---

[37] 강석진, 「한국인의 전통적 종교심성과 그리스도교 영성 토착화 연구」, 가톨릭대학교 석사학위논문, 1988, 20~21쪽.

05 점복신앙

01 점복(占卜)의 개념

1) 사서 속 점복[38]

① 「사해」: 점은 길하고 흉한 조짐을 보는 것인데 그 조짐을 보는 것은 거북점을 가리키는 것이다. 복은 거북껍질을 불에 구워 종횡으로 갈라진 형상을 보고 조짐을 아는 것이다.
② 「사원」: 점은 길하고 흉한 조짐을 보려는 것이다. 복은 거북에게 묻는 것으로 그것은 거북을 불에 구워 조짐을 보고 길흉지사를 알려는 것이다. 모든 조짐을 미리 아는 것은 다 복이다.
③ 「설문해자」: 옛 사람들은 다가올 길흉지사를 미리 알기 위해 거북을 불에 구워서 그 조짐을 알려고 했기 때문에 그런 일을 가리켜 복이라 한다.
④ 「주례」: 복자는 점복을 위한 행위나 현상론적 차원을 말하며, 점은 그 의미를 파악하고자 하는 인식론의 차원이라 할 수 있다.

2) 점복의 의미

점은 거북껍질에 나타난 조짐을 보고 앞날의 좋고 나쁨을 미루어 아는 것이고, 복은 거북을 불태워 갈라지게 하는 것이다. 이른바 거북점의 선후 관계를 나타낸 말로 국가나 사회문제를 해결하고자 했을 때 신령하다고 여겼던 거북의 등껍질을 이용하여 점을 쳤던 것이다. 즉, 점은 자연 현상을 보고 점을 치고, 복은 인위적 현상을 만들어 보는 점이다.

	수단과 방법 : 불때다.	해석과 이해 : 읽어내다.
점복	인위적	자연적
	신의 뜻을 얻으려는 행위	나타난 신의 뜻을 풀이하는 일
	현상	인식
	복	점
	신의 뜻이 담긴 징표를 찾아내고 이를 해석하여 풀이하다	

---

38) 정경대, 「이것만 알면 운명이 보인다」, 행림출판, 2001, 20쪽.

02 점복의 종류[39]

1) 사주팔자

① 사주(四柱)는 사람이 타고난 생년월일시(生年月日時)를 의미한다.
② 팔자(八字)는 사주에 천간(天干 ; 갑(甲), 을(乙), 병(丙), 정(丁), 무(戊), 기(己), 경(庚), 신(辛), 임(壬), 계(癸)) 4자와 지지(地支 ; 자(子), 축(丑), 인(寅), 묘(卯), 진(辰), 사(巳), 오(午), 미(未), 신(申), 유(酉), 술(戌), 해(亥)) 4자를 결부시켜 합한 수를 말한다. 예를 들어 갑자(甲子)년 병인(丙寅)월 갑인(甲寅)일 무진(戊辰)시라고 말하며 팔자에 숫자를 계산하여 얻은 수를 64괘 및 368괘에 조합하여 운명의 길흉을 판단하는 점법이다.

당사쥬보는 사람(사진 : 국립민속박물관)

③ 연주(年柱)는 뿌리라고 하여 조부모자리이며 초년으로 보고, 월주(月柱)는 싹이라 하여 부모 또는 형제자리이며 중년으로 본다. 일주(日柱)는 꽃이라 하여 자신, 배우자자리이며 장년으로 보고, 시주(時柱)는 열매라고 하여 자손자리이며 말년으로 본다.

복자점치고(사진 : 국립민속박물관)

2) 관상

① 관상은 사람의 안면, 골격, 수족 등의 형상, 주름, 안면의 표정, 음성 기타 신체의 거지(擧止)와 동작에 이르기까지 그 특징을 보아 그 사람의 성격과 심정을 판단한다.
② 관상은 신체 각 부위에 대하여 각각 다른 운명을 나타내는 것으로 되어 있다.

3) 작명(作名)

① 성명의 성은 부모를 상징하고 중간자는 본인, 마지막 이름자는 자손이기에 외자 이름은 삼간다.
② 성명은 사주와 함께 이름에 의해 그 사람의 운명이 결정된다고 믿었다. 그러므로 이름을 지을 때에는 그 사람의 사주에 맞도록 잘 지어야 한다고 말한다. 또한 이미 지어진 이름이 사주와 맞지 않는다면 부적을 쓰거나 개명을 하여 운명을 바꿔야 한다.

---

39) 박찬호, 「한국교회의 민간신앙에 대한 인식분석 및 목회적 대안」, 성결대학교 석사학위논문, 2006, 19~39쪽.

4) 토정비결

① 토정비결은 조선시대 중기 학자인 토정 이지함이 지은 도참서(圖讖書)로 개인 사주(四柱) 중 태어난 연, 월, 일 세 가지로 육십갑자(六十甲子)를 이용하여 1년 동안의 신수를 열두 달 별로 알아보는 방식이다.

② 흔히 볼 수 있는 내용은 '뜻밖에 귀인이 내방하여 길한 일이 있다.', '구설수가 있으니 입을 조심하라.', '봄바람에 얼음이 녹으니 봄을 만난 나무로다.' 등과 같이 주로 부귀·화복·구설·가정 등 개인의 길흉화복이 중심을 이루고 있다.

5) 풍수지리

① 땅을 점치는 복지(卜地)의 풍수사상은 대길을 얻을 수 있는 땅이 명당이 되며 그러한 명당을 얻고자 하는 인식론적 행위로 상지법(相地法)과 복지점(卜地占) 등이 있다.

② 풍수지리로 보는 점은 방위와 산세를 중시하며, 인간이 살아가야 할 집의 선택과 죽고 난 뒤에 묻힐 장지에 따라 그 집에 살고 있는 사람과 그 후손에게 길흉화복이 정해진다고 보았다.

산도(사진 : 국립민속박물관)[40]

6) 몽점[41]

꿈을 통해 인간의 미래사를 점복하는 것이다. 꿈이 곧 미래에 전개될 어떤 사건의 전조라 믿고 그 꿈의 내용을 해석하여 미래를 점치고 대처하고자 하였다. 학자마다 몽점에 대해 다른 견해를 가지고 있다.

① 조선시대 실학자 이익은 꿈이란 꿈꾼 사람의 정신이 감촉되어 생각이 지어짐에 따라 나타나는 현상이라고 하였다. 꿈에 대한 이와 같은 이익의 해석은 동양의 이기철학(二氣哲學)에 근거한 것이다. 즉, 귀신이라는 것은 기(氣)의 작용인데, 상대방의 기가 꿈꾸는 사람의 마음과 접촉하여 허다한 환상을 만들 수 있다는 것이다.

② 몽주학술원 홍순래 박사는 "꿈은 인간 정신활동의 산물로서 무한한 잠재 가능성을 지니고 있는 초자아와의 만남의 세계로 나아가는 길"이라고 정의하였다. 이는 곧 꿈은 무한한 가능성을 지니고 있는 초자아인 잠재의식의 정신활동이라는 것이다.

③ 서울대지심리연구소 현오 스님은 "꿈은 미해결 관심사를 예지하는 마음의 작용이라고 정의할 수 있으며, 해결된 일은 꿈을 꿀 필요가 없기에 꿈꾸지 않는다."고 하였다.

이처럼 학자들마다 서로 다른 견해를 보이고 있으나, 모두 꿈의 신비성에 대하여서는 부정하지 않았다.

---

40) 개인의 묘지를 중심으로 주위의 풍수형국, 산세를 표현한 지도이다.
41) 최희아, 「韓·中 夢占 比較 硏究」, 중앙대학교 석사학위논문, 2012, 9쪽.

06 풍수신앙

인간 자체가 유한한 존재이고 삶 또한 제약적이기 때문에 특별한 정주공간을 통해 복과 영원성을 기원하고자 한 현실적 욕구의 반영으로 풍수신앙이 나타났다. 풍수신앙은 인간 삶의 긍정적인 표현인 동시에 생동적인 삶의 방식이라 할 수 있다.

01　풍수신앙의 개념

풍수는 지리에 대한 하나의 이론적 모델로 사상적 측면뿐만 아니라 신앙적 측면에 이르기까지 다양한 의미를 담고 있는 용어이다. 풍수(風水)는 "바람을 갈무리(챙기어 간수함)하고 물을 얻는다."는 장풍득수(藏風得水, 바람을 가두고 물을 구하기 쉬운 곳)에서 비롯된 것이다. 생기(生氣)는 바람을 타면 흩어지고 물을 만나면 멈추게 되기 때문에 바람을 막아 갈무리하고 물을 얻는 데서 생기가 응결한다는 뜻에서 풍수라는 말이 성립된 것이다. 지맥을 따라 흐르는 신비한 생기를 받느냐의 여부에 따라 현실세계의 길흉을 따지고 화복을 가리는 이론 체계로 발전시켰다. 이런 의미에서 풍수신앙은 1) 땅이 지닌 생기와 생기가 응결된 곳, 2) 그곳을 찾아 정주공간을 정하고, 3) 생기를 받고 복된 삶을 살려는 논리체계라 할 수 있다.

02　풍수신앙의 본질

신앙의 기원에 대해 정확하게 밝혀진 바는 없으나, 「삼국유사」의 고조선 부분을 살펴보면 "환웅이 새로운 국가를 건설하려고 천상에서 세상을 내려다보니 태백산의 신단수 밑 형세가 널리 사람을 유익하게 할 만하다."라고 기록하고 있는데 이것이 바로 지세에 의해서 나라를 정했다는 것을 알 수 있는 대목이다.

또한 신라 4대왕인 탈해의 부분을 살펴보면 "그는 지세 좋은 땅을 취하기 위해 몰래 계략으로 그 땅을 빼앗았다."라고 기록되어 있다. 이런 풍수신앙은 통일신라 말기에 도선국사에 의해서 체계화되었다.[42] 그는 세상과 인간을 구제하는 법 가운데 하나가 풍수신앙이라고 보았다.

고려시대 태조 왕건은 「훈요십조」를 통해 풍수적 국시관을 보여주고 있다.

> 훈요십조
> 5. 지맥의 근본인 서경을 중시하여라.
> 8. 소백산맥 이남의 지방은 산세가 거꾸로 달려 역모의 기상을 품고 있으니 결코 그 지역 사람을 중히 쓰지 말라.

또한 고려시대 명종 때에는 송도의 기가 쇠했다는 설에 따라 삼소(三蘇)[43]를 설치한 예도 있었다. 그 이후 풍수신앙은 시대가 변하면서 하나의 학문으로 자리 잡고 조선시대에는 과거 시험과목이 되었다. 관상감에서 음양과(조선시대 시행하던 잡과의 하나로 천문, 지리, 명과학에 밝은 사람을 뽑는 과거)를 두어 관리를 뽑을 정도로 풍수신앙은 나라의 크고 작은 일에 의미를 띠었다. 풍수신앙은 여타의 신앙 체계와도 상충되지 않고 강한 친화력과 흡인력을 발휘하고 있다. 풍수신앙의 근본 원리는 생기론(生氣論)과 감응론(感應論)이다. 「금낭경」에 따르면 "세상 만물 음양의 기(氣)가 활동하고 이 기가 땅속으로 들어가 만물을 낳고 기르는 생기(生氣)가 되며, 생기가 산맥을 따라 흐르다가 결집된 곳이 곧 명당이다."라고 기록하고 있다. 즉, 생기는 지맥을 따라 흐르는 산의 진기이고 정기인데 이것은 쉽게 찾아지는 것이 아니다. 그래서 생기를 찾는 방법이 난해하고 복잡한 이론이다. 그러나 일단 생기가 있는 곳을 가려 그곳에 사람의 시신을 정주시키면 그 유체에 생기가 들어가고 감응(感應)된다는 것이다.

이런 풍수사상은 단지 지세의 파악과 길흉화복의 관계만을 밝히는 데 그치지 않는다. 풍수사상의 이면에는 고대 동양인의 철학관과 우주관이 응축되어 있기 때문에 음양오행설을 기반으로 주역의 체계를 중요한 논리구조로 삼는 전통적 지리학이라 할 수 있다.

「풍수정설」에는 "풍은 우주의 기요, 수란 우주의 혈로서 우주의 기혈이다."라는 기록도 있다.

---

[42] 우리나라 풍수의 창시자인 도선국사는 중국의 체계화된 풍수사상을 최초로 전하는 「도선비기」를 출간했다. 통일신라 후기의 승려인 도선은 중국에서 발달한 참위설을 위주로 지리쇠왕설(地理衰旺說)·산천순역설(山川順逆說) 비보설(裨補說) 등을 주장하였다. 즉, 지리에는 곳에 따라 쇠왕이 있고, 순역이 있으므로 왕처(旺處)와 순처(順處)를 택하여 거주해야 하며, 쇠처(衰處)와 역처(逆處)는 인위적으로 비보해야 한다는 것이다. 이런 도선국사의 풍수사상은 고려의 성립과 고려시대와 조선시대에 이르기까지 많은 영향을 주었으며 고려 태조 왕건은 「훈요십조(訓要十條)」 중에서 도선선사가 지정하지 않는 곳에 함부로 절을 짓지 말라고 경계하고 있다.

[43] 고려 때 3곳에 궁궐을 짓고 왕이 때때로 가서 머물던 우소(右蘇, 개풍군 대성면 백마산), 좌소(左蘇, 장연군 백악산), 북소(北蘇, 신계 동쪽의 기달산)를 말한다. 고려 중기 이후 나라가 쇠하자 송도의 지덕(地德)이 다했다는 송도기쇠설(松都氣衰設)이 유행하여 수도를 옮기자는 여론이 있었다. 이때 수도의 둘레에 명당자리를 골라 궁궐을 짓고 왕이 가끔 머물면 송도의 지덕이 보충되어 국운이 연장된다는 설이 설득력을 얻었다. 이에 명종 4년 왕명에 의해 벽마산, 백악산, 기달산에 궁을 지어 삼소로 삼았다.(「고려사」)

풍수신앙은 크게 양택과 음택 두 가지로 나눌 수 있다. 양택은 건물을 지을 때 기온, 습도에 관련이 되는 비, 바람 등의 자연조건을 고려하여 쾌적한 환경을 누릴 수 있도록 가족들이 살고 있는 집터 등의 주거환경을 보는 것이다. 음택은 후손들에게 조상의 기가 어떻게 해야 잘 전달되어 영향을 미칠까를 살피는 것으로 조상 무덤자리의 길흉을 살피는 것이다.

풍수의 방법은 다음과 같다.[44]

① **장풍법(藏風法)** : 명당 주위의 지세에 관한 풍수이론의 통칭이다. 명당에 자리잡은 혈장을 찾아내기 위하여 명당 주위의 지형과 지세를 파악하는 방법이다. 혈을 정하는 것은 장풍법을 통해 이루어지기 때문에 도읍이나 음택 및 집터를 잡는 데에 요체가 된다. 장풍은 좌청룡, 우백호, 남주작, 북현무의 사신사에서 대종을 이룬다. 현무는 주산(主山)으로 혈장 뒤에 솟아 있는 높고 큰 산이며, 주작은 안산(案山)과 조산(朝山)으로 나뉜다. 조산은 혈 앞에 있는 산을 말하며, 안산은 주산과 조산사이에 놓여 있는 나지막한 산으로 주인과 나그네가 마주하고 있는 책상과 같다.

② **득수법(得水法)** : 물이 들어오고 나가는 관계를 따지는 방법이다. 대체로 길한 방위로부터 들어와 흉한 방위로 나가야 하며, 물이 탁하면 안 된다. 혈 앞에서 공손히 절을 올리며 물이 산과 서로 짝을 이루어야 한다. 묘지에서 보아 산속으로 나와 산속으로 흐르는 물이 처음 보이는 지점이다.

③ **형국론(形局論)** : 산천의 형세를 인물과 금수의 형상에서 유추하여 판단하고 길흉을 따지는 방법이다. 산천의 생김새에 따라 이름을 붙인다.

---

44) http://terms.naver.com/entry.nhn?docId=1787500&cid=49222&categoryId=49222

학예사를 위한 **민속학입문**

CHAPTER 5 민속예술

01 음악
02 무용
03 공예
04 축제
05 놀이
06 민속극
07 인형극

01 음악

01 음악의 개념

민속음악은 오랜 세월 민족의 삶과 정서가 녹아 있는 토속적인 음악이다. 원초적인 리듬, 반복적인 가사와 멜로디, 단순한 음악 형식, 친숙한 주제 등의 특성을 통해 다양한 개인과 집단 간에 문화적, 민족적 교류의 수단이 되고 있다.

우리의 민속음악은 기층민의 삶과 사상을 직접적으로 반영하는 창(唱)으로 신명(神明)을 통한 가족 공동체와 마을 공동체의 화합을 도모하여 인간 삶에 직접적으로 관여하고 있다. 이런 관점에서 음악은 우리 삶의 일부이며 민속이라 할 수 있다.[1]

1) 집단의식

민속음악은 작가가 정해져 있지 않은 것이 대부분이다. 오랜 세월을 거쳐오는 동안 민중의식이 더하여져서 이루어진 예술이다. 따라서 특정 개인의 의식이 아닌 집단의식이 반영되어 있다.

2) 일상생활과의 밀접성

민요는 농사와 관련성이 있어 파종부터 탈곡에 이르기까지 노동의 과정 속에 노래가 진행된다. 노래를 부름으로써 일에 참가한 사람들은 고단함을 잊을 수 있었으며, 호흡을 맞춤으로써 노동의 효용을 높일 수 있었다.

3) 누구나 즐길 수 있는 대중성

누구나 듣기 좋고 부르기 좋은 곡조를 가지고 있다. 음의 높낮이가 없이 단순한 리듬의 반복에 따라 신명을 내리는 것은 별다른 수련 없이도 쉽게 따라할 수 있었다.

---

1) 변재인, 「한국 민속음악의 치료적 효과에 관한 문헌 고찰」, 원광대학교 석사학위논문, 2009, 4쪽.

02 음악의 종류[2]

1) 가창분야

① 민요
- 민요는 오래전부터 구전으로 전해져 내려오는 민중의 노래로 전통적이고 소박한 노래이다. 전문적인 소리꾼에 의해 불리는 통속(通俗) 민요와 각 지방에 따라 불리던 소박하고 향토적인 토속(土俗) 민요로 구분할 수 있다. 보통 민요는 일정한 사회생활이 인간 두뇌에 반영된 산물로 민중의 사회생활, 사상 감정이 직접적으로 반영되어 있다. 그러므로 민요는 민중의 삶과 정서, 사상을 반영한 기층음악의 토대를 이루고 있다.
- 민요는 악곡이나 사설이 지역, 노래 부르는 사람의 취향, 노래 부를 때의 즉흥성에 따라 달라진다. 민요는 노동과 관련된 것이 많은데 민요를 부르는 방식은 선후창 방식과 교환창 방식, 독창 등으로 이루어져 있다.
- 일반적으로 민요는 지역적으로 경기민요, 남도민요, 동부민요, 서도민요, 제주민요로 분류한다. 경기민요는 서울, 경기, 충청도 일부를 포함하며 맑고 깨끗하고 경쾌한 것이 특징이다. 남도민요는 전라 남·북도, 충청도 일부를 포함하며 경기민요에 비해 매우 극적이고 굵은 목을 눌러내는 특유의 발성법을 보이며, 떠는 목의 농음(弄音)과 꺾어내는 전타음(前打音)의 처리가 매우 기교를 요한다. 동부민요는 강원도, 함경도, 경상도를 포함하며, 같은 동부민요라도 경상도는 빠른 장단에 흥겹고 경쾌한 것이 특징인데 강원도와 함경도는 탄식조와 애원조가 많다. 서도민요는 황해도, 평안남·북도의 민요를 포함하며 미묘한 꾸밈음을 그대로 옮기기 어려운 점이 있고 기악 반주를 가진 것이 별로 없다. 제주민요는 일노래가 많고 지역적 특징이 두드러지는 사설 내용을 가진 민요가 대다수이다.

② 판소리
- 판소리는 한 사람이 창을 하면서 소리, 아니리, 발림을 섞어가며 긴 이야기를 연출하는 극음악이다. 판소리는 200여 년 전부터 우리의 민중 예술로 생겨나서 민족의 애환과 함께, 융성 및 쇠잔을 반복하다가 최근 전통 문화의 재인식이라는 사조에 따라 각광을 받게 되었다.
- 판소리는 본래 열두 마당으로 「춘향가」, 「심청가」, 「흥부가」, 「수궁가」, 「적벽가」, 「변강쇠가」, 「배비장타령」, 「장끼타령」, 「옹고집타령」, 「강릉매화가」, 「무숙이 타령」, 「가짜신선타령」 등이 있는데 이 중 「심청가」, 「흥부가」, 「수궁가」, 「춘향가」, 「적벽가」 등 다섯 마당만 전해지고 있다.
- 판소리의 소리는 일정한 장단에 맞추어 부르는 음정이 있는 가락을 의미한다. 아니리는 소리와 소리 사이에 설명 또는 대화식으로 어떤 장면이나 사설을 말로 이야기하는 것으로 장단의 반주 없이 자유리듬으로 이루어져 있다. 발림은 소리하면서 몸짓으로 여러 가

---

[2] 변재인, 위의 논문, 7~14쪽.

지 표현을 실감나게 표현하는 것이다. 추임새는 고수가 소리의 구절 끝에 '좋다', '좋지', '으이', '얼씨구' 등을 말함으로써 노래의 흥을 돋구는 것이다.
- 판소리는 특색있는 발성법을 가지고 있는데 이 소리에는 개인차는 있지만 보통 하성(下聲)에서 죽지 않고 상성(上聲)에서 깨지지 않아야 하며, 호흡은 길고 소리는 뱃속에서 나와야 한다. 가사 전달이 분명해야 함은 물론이지만, 희로애락(喜怒哀樂)의 표현이 능숙해야 하고 다양한 성음을 구사할 줄 알아야 한다.

③ 병창(竝唱)

병창은 노래를 부르면서 가야금이나 거문고 같은 악기를 직접 연주하는 연주형태를 말한다. 단가(短歌)나 판소리 중의 대목을 따로 떼어 낸 창자 자신이 가야금을 연주하며 부르는 연주형태의 음악이다. 일반적으로 병창은 주로 가야금병창을 일컫지만 거문고병창도 몇 곡 전해지고 있다.

2) 기악분야

① 농악(農樂) · 풍물(風物) : 농악은 농민들이 액을 막기 위해 제의를 행하고 고된 농사일을 덜기 위해 풍물을 치는 음악활동이다. 주로 풍물, 풍장, 두레, 매구 등으로 부르기도 하고, 단순히 굿이라고 한다. 또한 연행 주체나 목적에 따라 마을굿, 당산굿, 걸립굿, 판굿, 지신밟기, 마당밟이, 난장굿 등이라고도 하며, 연행 시기에 따라 대보름굿, 백중굿, 호미씻이 등이라고도 한다. 농악은 주로 타악기만으로 연행하는 독특한 음악형태를 이루고 있다.

② 산조(散調) : 산조는 무속문화에 뿌리를 둔 시나위, 판소리 등의 기층문화 음악을 기악독주곡으로 발전시킨 음악이다. 시나위[3]에는 없는 판소리의 진양조 중모리 가락을 산조에 도입하면서 산조의 틀이 마련되었다. 산조는 대개 진양조, 중모리, 자진모리의 3악장으로 구성되어 있고, 중모리와 자진모리 사이에 중중모리, 굿거리 등이 포함되기도 하며, 가야금 산조의 경우는 자진모리 뒤에 휘모리와 단모리가 더 붙어 있다.

---

[3] 시나위는 무속음악에 뿌리를 둔 즉흥 기악합주곡 양식의 음악이다. 즉, 가야금 · 거문고 · 해금 · 아쟁 · 피리 · 대금 등의 악기들을 일정한 장단틀 안에서 즉흥적으로 자유롭게 연주하는 음악이다. 자유롭고 즉흥적이지만 결코 산만하거나 불협화음으로 들리지 않기 때문에 시나위를 두고 "부조화 속의 조화", "혼돈 속의 질서"라는 표현을 사용한다.
일반적으로 시나위 무악권(巫樂圈), 즉 경기도 남부 · 충청도 서부 · 전라도 · 경상도 서남부 지방의 무가(巫歌) 반주음악에서 나온 것으로 알려져 있다. 이 지역의 무의식(巫儀式)에서는 무당이 무가(巫歌)를 부를 때 피리 · 젓대 · 해금으로 반주를 하는데, 남도음악 특유의 음 구성과 선율진행을 보여주는 육자배기토리로 된 가락을 연주한다. 이때, 악기들은 무가선율과 일치되지 않는 다른 선율을 연주함으로써 다성(多聲)적 효과를 나타내기도 하는데, 이는 전적으로 연주자들의 즉흥성에 의한 우연적인 다성진행이다. 무당이 춤을 출 때도 반주악기들이 춤에 맞추어 시나위를 연주한다. 이 경우는 무가의 반주가 아닌 무용의 반주로 쓰이는 것이다.(네이버 백과사전 국악정보, 2010.7, 국립국악원)

③ **시나위** : 시나위는 피리, 대금, 해금, 장구가 중심이 되어 합주하는 즉흥 합주곡이다. 시나위는 무당춤의 반주음악으로 무속문화에 뿌리를 두고 있으며, 관현합주로 발전하면서 각 악기가 다른 선율을 연주하면서도 서로 조화를 이루는 다성적 종교음악이다. 원래 시나위는 관악기에 장구와 징이 편성되어 오던 것이 현악기가 첨가되었다.

④ **무악(巫樂)** : 무악은 무당이 굿판에서 연행하는 종교의례 음악으로 신성함이 있으며 동시에 가족 및 마을 공동체가 함께 어울려 있는 잔치판에서 행하기 때문에 오락적 요소도 갖추고 있다. 이처럼 무악의 신성성과 오락성이라는 이중성은 오랜 생명력으로 살아남을 수 있었던 이유이다. 무당은 본질적으로 교육을 받은 특수한 전문음악가이기 때문에 가장 예술성이 뛰어나다.

⑤ **탈놀이 음악** : 탈놀이는 억압된 생활에서 일종의 해방 놀이로서 전국적으로 행해졌고, 지역마다 상류층과 종교 음악에 영향을 받아 독특한 문화로 발전해왔다. 탈놀이에서 탈꾼들이 부르는 노래는 연행 도중에 삽입시켜 부르는 삽입가요인 독창과 합창이 있고, 탈꾼이 춤을 추기 위해 악사에게 장단을 요구하는 신호인 불림[4]이 있다. 이들 노래는 탈놀이에서 특별히 창작된 것은 없고, 일반인들에게 친숙한 노래를 차용하여 탈놀이의 신명을 돋우는 것이다. 부르는 경우에 따라서 탈놀이의 장면과 정서가 유사할 뿐 극적인 상황과 긴밀한 관계는 성립되지 않는다.

---

[4] 강령탈춤에서는 '녹음방추 승화시', 봉산탈춤에서는 '낙양동천 이화정', 은율탈춤에서는 '화간 접무는 분분설', 양주별산대놀이에서는 '양양소야 제박수하니 난가쟁창 백동제라', 송파산대놀이에서는 '나비야 나비야 청산가자 호랑나비야 너도가자' 등으로 불림을 쓴다. 이처럼 불림은 탈꾼이 공연의 흐름에 따라 자기 마음대로 골라 쓸 수 있다.

02 무용

01 무용의 기원[5]

춤은 삶과 사상이 응축된 표현 미학의 결정체이다. 그만큼 춤은 삶과 예술의 근원적인 일치과정 속에 있었고, 삼국시대를 기점으로 본격적인 틀을 갖추기 시작했다. 원시사상을 기반으로 한 주술적인 의미로 추던 무용의 성격이 궁중에서 관람하는 무용으로 발전하면서 예인(藝人)들에 의해 연희 성격의 궁중무용으로 자리하였다. 반면 정제되지 않는 자연스러운 민속무용은 축제적이고 생산적이며 놀이성이 강한 비전문적인 춤으로 성장해왔다. 이후 고려시대에는 불교 의식 무용이 민간에 뿌리를 내리기 시작하였고, 다른 한편으로는 사회적 요인에 따라 유랑 예능인이 생기면서 민중적 유랑 놀이집단이 발생하게 되었다.

특히, 서민 대중의 세시풍속에서 자연발생적으로 형성된 민속무용은 농민의 문화 중에서 예술적 요소를 기반으로 하고 있다. 당시 춤은 직접 참여하여 노동과 예술이 비분리된 채 생산 노동을 위한 하나의 수단으로 작용해왔다. 이런 민속무용은 상고시대 천신을 섬기는 무속제의에서 이어진 것이다. 초기국가시대 인간은 취락을 형성하며 자연에 대한 경외와 공포에 대처하기 위하여 구원과 안식을 추구하는 방향으로 집단적인 무속의식을 행해왔다. 즉, 「삼국지」 「위지동이전」에 따르면 부여의 영고, 고구려의 동맹, 동예의 무천 등의 행사가 일정한 시기에 노래와 춤으로 하늘을 섬겼다는 기록이 있다. 또한 마한에서는 5월 씨뿌리기와 10월 추수가 끝났을 때 신에게 제사를 지냈는데 많은 사람들이 무리를 지어 노래 부르고 춤추며 술 마시기를 밤낮으로 했다고 전해진다. 이때 연행 모습은 수십인이 서로 뒤따르며 땅을 밟으면서 몸을 구부렸다 젖혔다 했으며 그 손과 발의 동작이 서로 맞았는데 이 절차는 중국의 탁무(鐸舞)와 비슷했다는 기록이 전해진다. 이처럼 농경의례가 마을의 안녕을 축원하고 풍요를 기리기 위한 제의적 성격과 서로 간의 화합을 도모하는 놀이적 성격으로 발전한 것으로 보인다.

---

5) 주미, 「한국 민속무용에 내재된 '장자의 덕(德)' 개념 연구」, 이화여자대학교 석사학위논문, 2011, 10~22쪽.

한편 「동국여지승람」에 의하면 옛날 웅천지방에서는 4월과 10월에 웅산신당에서 종고잡희(鐘鼓雜戲)라 하여 종과 같은 악기와 북을 치며 여러 가지 연회를 벌이며 제사를 지냈다고 기록하고 있다. 이것은 5월 강릉 단오제 또는 10월 각 지방에서 열리는 도당굿과 같은 성격을 지닌 제의로서 먼 옛날부터 전해내려 오는 유풍(流風)이다.

결국 집단적인 제의에서 놀이는 점차 정형화되어 분화·발전하게 되었으며 여러 가지 형태의 놀이춤으로 이어졌다.

특히, 조선시대 중기에는 유랑 예인의 연희 내용이나 유랑 방식이 차이가 나타나면서 유랑 예인들이 분화되었다. 즉, 남사당, 여사당, 무동패 등이 생기면서 연희의 내용은 보다 전문화되었다. 이들 유랑 예인들의 놀이나 춤은 궁중이나 지방 관아의 무용에도 영향을 주게 되었고, 지방 관아에서는 궁중무용과 유랑 예인들의 무용이 함께 교습하는 교방청이 있었다. 따라서 지방 관아 교방의 정제 종목은 지방색을 띠면서 차츰 속화(俗化)되었고 민속무용은 보다 부드럽고 우아한 형태를 지니게 되었다.

이러한 역사적 사실들을 살펴보았을 때, 사회의 연대성을 유지하고 자연재해로부터 안전과 풍요를 기리는 제사 등과 관련된 고대 제의적 형태에서 민속무용의 기원을 찾을 수 있다. 당시의 생활상 내에서 자연은 문화의 형태를 만들고 삶의 방식을 결정짓는 절대적 존재였기 때문에 민속무용이 분화·발전되는 과정에서 미적 가치의 형성에도 크게 기여하였다.

02 무용의 분류[6]

1) 개념에 따른 분류

민속무용은 그 개념에 따라서 향토무용, 국민무용, 예술적 민속무용 등으로 구분할 수 있다.

① 향토무용(Countrydance) : 향토무용은 지방적인 생활풍습이 잘 표현되어 있으며, 무용의 내용을 보면 조직적인 구성이 없고, 단순한 즉흥무이지만 꾸밈이 없고 소박하다. 그 지방이나 전설에 기반을 두고 자연 발생한 춤이며 민속무용의 모체라고 할 수 있다.

② 국민무용(Nationaldance) : 국민무용은 한 지방에서 일어난 무용이 국가 전체로 퍼져서 전 국민이 즐기는 춤을 말한다. 집단무의 형식을 갖고 있으며, 극적 요소를 제거한 순무용의 형태이고, 구성 내용이 조직적이며, 운동이 단순하면서도 율동적인 특징이 있다. 대표적으로 민속 집단무용으로 강강술래와 농악무용이 있다.

---

[6] 양서정, 「한국 민속무용의 창작화 과정에 관한 패러다임 연구」, 이화여자대학교 박사학위논문, 2009, 11~16쪽.

③ **예술적 민속무용** : 예술적 민속무용은 무용 자체가 고도화되어 일반대중들은 할 수가 없고 전문가들만이 할 수 있는 감상무용이다. 각 지방 또는 나라의 특징을 나타내기 위하여 그 지방 특유의 음악이나 특수한 악기를 사용하거나 지방 고유의 의상, 특산물, 혹은 그 지방의 스테이지, 제스처, 특정한 스텝 등을 곁들여 공연의 목적으로 추는 무대무용이라고 할 수 있다.

2) 유형요소에 따른 분류

① **형태의 특징** : 무용의 형태에 따라 윤무, 행렬무, 나선윤무로 분류할 수 있다. 윤무는 지신밟기, 당산굿을 위시하여 농악에서 볼 수 있으며, 행렬무는 농악이나 기와밟기(놋다리 놀이) 등에서 볼 수가 있다. 나선윤무는 나선 폐쇄윤무와 나선 개방윤무로 구분된다. 나선 폐쇄윤무는 강강술래를 비롯해서 유사형인 고사리 끊기, 술래놀이, 줄을 가지고 추는 답무 등이 있고, 나선 개방윤무는 지신밟기, 당산굿을 모체로 하는 농악무용, 탑놀이 등이 있다.

② **편성의 특징** : 무용의 편성은 남성무, 여성무, 남녀 혼성무로 분류된다. 남성무는 지신밟기를 위시하여 농악과 노동무용, 상무무용 등이 있고, 여성무는 강강술래, 기와밟기(놋다리 놀이) 등이 있으며, 남녀 혼성무에는 남무와 같은 민요 무용이 있다.

③ **진행의 특징** : 선도자의 지휘에 따라서 동일이나 유사 동작을 반복하여 때에 따라서는 농악무용에서 볼 수 있듯이 독무, 2인무 등으로 연기한다.

3) 기능상 분류

궁중무용	정재무	향악 정재무	동쪽인 우리나라 음악으로 당악이 오기 전까지 음악
		당악 정재무	당나라, 송나라, 원나라를 함께 묶은 음악
의식무용	무속무용	신무	강신무당이 추는 춤 ; 신내림
		축원무	세습무당이 추는 춤 ; 세습
	불교무용	착복춤	나비춤 ; 법복 착용, 고깔 착용
		바라춤	
		법고춤	
	유교무용	일무	문무(文舞, 문신이 추는 춤)
			무무(武舞, 무신이 추는 춤)
	장례무용	회다지무	
		방상시춤	
민속무용	대동춤	농악춤	공동체적 성격이 강한 춤
		탈춤	
		소리춤	
	개인춤	허튼춤(사람을 풍자하는 춤)	개인적 장기춤
		모방춤(동물을 모의하는 춤)	
예능무용/고전무	살풀이, 승무, 태평무, 한량무, 검무, 남무		

① 민속무용은 민간에서 이루어졌던 민속무용만을 다시 세분화하면 탈춤, 농악, 소리춤, 허튼춤, 모방춤, 무당춤 등으로 나눌 수 있다. 민속무용은 어떤 개인이 창작하거나 누린 것이 아니라 민족이 집단적으로 만들어내고 향유하였다는 집단의 개념을 포함하고 있기 때문에 일반적으로는 집단무용이라고도 할 수 있다. 그러나 허튼춤과 모방춤과 같이 집단 속에서 개인무로 추어지는 것도 있고, 살풀이, 승무, 무당춤과 같이 홀춤으로 이루어지는 것도 있다.

② 민속무용의 집단무용으로서의 종류를 살펴보면 신앙의식의 무용, 농경무용, 민요무용, 상무무용 등으로 나뉜다.

- 신앙의식의 무용은 지신밟기, 당산굿처럼 농경의식과 부락제의 진혼의식을 기반으로 한 것과 탑돌이처럼 불교의식의 진혼의식을 기반으로 한 것으로 이루어져 있다.
- 농경무용은 농악, 노동과 무용으로 표현된다. 농악은 기원농악, 농작농악, 걸립농악, 연희농악으로 분류할 수가 있으며, 노동무용은 선도자의 노래나 동작을 집단으로 받아 소리나 동작으로 응하는 교체적 특징을 지니고 있다.
- 민요무용은 강강술래, 기와놀이와 놋다리밟기, 달맞이놀이, 남무 등이 있다.
- 상무무용은 원형을 알 길은 없으나 양주별산대놀이의 깨끼춤, 봉산탈춤의 사위춤 등이 상무무용의 일종으로 추측할 수 있다.

03 무용의 기능[7]

민속무용의 기능은 공동체적 기능, 유희적 기능, 기원적 기능, 표현적 기능으로 나눠 볼 수 있다.

1) 공동체 기능

① 농경사회는 공동노동단체이자 단순한 협업(協業)을 위한 생산 공동체이며, 제사 및 연희 공동체를 이루면서 자연스럽게 연대의식과 노동의 결속력을 강화해왔다.

② 이러한 결속력을 한층 더 강화시키기 위해서 탈춤이나 소리 춤 같은 민속춤을 생활화하게 되었다. 이들이 추는 모든 춤은 마을 전체의 이익을 위하여 기원하는 대동제의였고, 가가호호를 돌아다니면서 진행하는 집돌이 농악도 마을의 이익과 번영을 축원하는 공동체적 결속제였다.

③ 농악이나 마을 사람들의 판굿은 외부사람들의 참여를 제한하고 마을공동체의 구성원만이 참여하도록 되어 있어, 배타적이며 폐쇄적인 면을 보여주고 있다. 이렇게 보면 농악은 마을공동체의 구성원이 모두 참여하거나 농민들끼리 하는 열린 예능이면서도 한편으로는 외부사람들의 참여를 제한하는 닫힌 예능이기도 하다. 춤과 놀이판을 치르는 동안 내부적으로는 공동체 구성원들의 협동을 확인하고 마을과 마을의 놀이판을 통하여 공동체와 공동체

---

[7] 이은정, 「한국 민속무용이 유아의 사회성 발달에 미치는 영향」, 중앙대학교 석사학위논문, 2004, 8~15쪽.

간의 유대와 연대의식을 겨르는 민주적인 협동체계를 이루게 되었다. 따라서 농악이나 소리 춤과 같은 춤은 내적인 통합을 강화하기 위해서 외적인 도전에 대한 저항력을 길러 강한 응집력을 다지는 데 크게 기여했다.

④ 이처럼 민속무용은 수직적인 인간관계를 벗어나 수평적인 관계로의 조화를 이루어 주는 민중의 문화로 토착화되는 과정에서 두레패나 서민들에 의해 발전되어 전투적이면서도 종교적인 공동체, 같은 신분끼리의 공동체, 삶의 공동체, 저항의 공동체로서의 기능을 가지게 된 것이다.

⑤ 민속무용은 동일한 관점에서의 사회의 비판과 외부 세계에 대한 단절과 내부 세계의 단절을 통해 강력한 공동체 의식을 심어주는 기능을 하게 되면서 이러한 의식이나 무희를 즐기는 동안 그 안에 있는 사람들은 모두 하나라는 인식을 가지게 되었다.

2) 유희적 기능

① 우리나라 민속무용은 노동과 유희가 동일한 선상에서 이루어지고 있다. 즉, 노동이 마무리 된 다음 유희를 즐김으로써 노동의 고통에서부터 벗어나고 다음의 노동을 준비하는 것이다. 노동은 인간이 생존하기 위한 가장 기본적인 육체활동이므로 그 노동의 결과로 생기는 육체적 노폐물을 인간의 휴식을 통하여 말끔히 씻어버린다. 그러나 인간 사이의 사회적 갈등이 생겨나면서부터 단순한 휴식보다는 이러한 사회적·정신적 노폐물을 씻어 내는 놀이의 기능이 강화되어 일종의 놀이판이 이루어졌다고 할 수 있다.

② 민속무용의 유희적 기능은 직접 참여하는 기능뿐만 아니라 다른 사람이 놀이에 참여하는 것을 보는 것만으로도 노동의 고통을 잠시나마 잊을 수 있으며, 또한 노동의 능률을 높이고 노동 자체를 흥겹게 만드는 기능을 한다. 이런 관점에서 농악은 농작의 노고를 덜기 위함과 작업의 능률을 올리는 구실을 하며, 명절에는 훌륭한 농촌 오락으로 행해졌다.

③ 농악은 노동의 리듬, 자연의 리듬을 타면서 노동의 동작을 모방하고 자연의 움직임을 포착해서 재현하는 과정에서 출발하여 점차 정형화 된 하나의 춤이 나오기도 하였다. 그 중에서 판굿이 가장 오락적이고 예술적인 춤이라고 볼 수 있다. 농악은 그 자체로서 하나의 활동이지만 다른 활동을 촉진하는 기능을 하고 있는 것이다. 즉, 농악은 구성원이 농악에 참여하여 즐거움을 얻기도 하지만 단순히 농악을 구경하는 것만으로도 충분히 유희적인 효과를 가지는 것이다.

④ 민속무용의 유희적 기능이 생활 속에 있다는 것은 농민들이 김매기를 할 때, 초동들이 산에 올라가 묘판에서 놀 때, 농민들이 풀베기나 나물하러 갈 때 노는 지게목발 춤, 그리고 농사를 끝내고 논둑밟기를 할 때 추는 춤이 있으며, 농악의 경우 지심매기를 할 때 이른바 영풀베기를 할 때와 보리매기를 할 때도 춤을 추고, 이밖에 보리밟기와 수렵 할 때나 새로 이사 온 집에서는 이사 턱을 내기 위해서도 춤판을 벌인다. 봄철에는 화전놀이굿을 벌이기도 하고 씨름판이 벌어지면 농악으로 흥을 돋우고 있다.

⑤ 결과적으로 민속무용은 그 자체로서 강력한 유희적 기능을 가지고 있다. 이것은 민간에서 별도의 유희적 기능을 확보하지 못한 상태에서 지속적인 노동을 하여야 하는 경우 노동의 강도를 줄이고 노동의 노고에서 벗어나며 나아가 노동을 흥겹게 수행할 수 있도록 하는 기능을 가지고 있는 것이다.

3) 기원적 기능

① 민속무용의 원래적 기능은 기원의 성격을 가지고 시작되었다. 마을의 풍요와 안녕을 기원하는 마을 굿과 풍농을 위한 농경의례, 농경생활과 결부된 두레, 그리고 세시풍속과 같은 축제 행사와 깊이 관련된 생활 춤의 역할을 수행하였다. 마을 굿은 마을의 무사와 번영, 풍년을 비는 것으로 마을의 재해를 몰아내고 복을 맞이하는 의식이다. 전통적으로 우리나라의 마을에서는 그 지역을 수호하는 동신에게 제의를 베풀어 마을 공동 샘의 물이 맑고 넘치도록 축원드리며 이어서 집돌이 때 가가호호를 방문하여 가신을 대접하고 잡귀를 몰아내고 액풀이를 하게 되는데 농악은 빠짐없이 행해졌다. 이러한 마을 굿이 끝나면 그 날 밤에 마을 사람들이 모여 판굿을 하고 노는데, 이때의 놀이는 단순한 친목이나 오락에만 머무는 것이 아니라 좀 더 깊은 의미를 지니고 있다. 예컨대 조상들과의 교합은 물론 마을 수호신과의 교합과 농신(農神)과의 교합 등 제신(祭神)들과의 교류를 통해 마을의 재앙을 물리치고 마을의 무사와 번영을 기원한다는 신앙행위가 곁들여 있다.

② 이러한 제의기간 동안 분쟁이나 싸움은 부정한 것으로 간주되고 무리한 육체노동이 면제되면서 일을 하지 않았다. 이처럼 금지의 해제 및 해방된 놀이에 참여하면서 난장이 이루어졌고, 생의 고통을 기쁨으로 전환하였다. 동시에 단순한 놀이판이기보다는 성역이므로 축원의 터인 동시에 공동체가 되는 장소요, 생활의 활력을 주므로 춤판은 생활과 직결되었다.

③ 또한, 원시 공동체 생활에서의 무용은 동서양을 막론하고 천신(天神)에 대한 기원과 공동체의 유지, 그리고 풍요와 번영 및 각종 질병으로부터의 안전을 위하여 이루어지는 것이 강하였다. 이러한 기원적 기능을 하는 민속무용은 농악과 지신밟기뿐만 아니라 질병으로부터 집단의 안녕을 구하기 위한 수단이었다.

4) 표현적 기능

① 민속무용은 생활에서 겪은 온갖 고통과 갈등, 응어리진 감정을 푸는 삶의 표현적 기능을 가지고 있다. 그렇기 때문에 민속무용은 오락적이고 예술적인 표현에 도달함으로써 엉클어져 있는 갈등을 풀고 삶에 생기를 북돋워 줄 뿐 아니라 미적 의식을 갖게 된다.

② 가령 연례적 농악은 지루하고 고된 일상생활에서 새로운 활력을 얻기 위해 마련된 것으로 농악대원들이 자기의 예능적 기량을 보여줄 수 있고, 마을사람들은 놀이판에 뛰어들어 신명나게 춤을 출 수 있었다. 흥겨운 가락에 맞추어 춤추므로 난장판이 되고 혼돈과 세속적인 질서가 깨지면서 일상생활에서 이탈함으로써 억압과 금기에서 자유로워진다.

③ 소리 춤인 여성들의 강강술래는 가난과 일의 피로, 남성들에게 억눌려 사는 여인들의 갈등을 풀고자 하는 것인데, 달빛 아래 한 자리에 모여 달을 향해 한을 풀고 정을 나누는 정신 건강적인 기능을 가지고 있다. 강강술래는 대체적으로 일정한 가사 없이 즉흥적으로 불려지기 때문에 놀이의 분위기에 따라 사설의 선택이 자유롭다. 슬픈 사설을 택하면 분위기도 슬퍼지고 익살맞은 사설이 나오면 슬펐던 분위기도 명랑해진다. 그러므로 소리 춤은 그 분위기에 따라 다양하게 변모시킬 수 있는 융통성을 갖고 있어 지극히 창조적이라 할 수 있다. 강강술래는 흥으로 사기를 올리는 가운데 손잡고 한없이 뛰므로 마음이 한 곳으로 집중되어 신명에 도달한다. 그리하여 속마음을 달에게 호소하는 마음을 갖게 됨으로써 현실적 고통을 말끔히 잊어버린다.

④ 민속춤은 응어리가 깊을수록 신명은 고조되고 어둠의 세계에서 밝은 세계로, 눈물에서 웃음으로 전환되는 가운데 갈등해소는 물론이고 예술적인 충동을 일어나게 하는 기능을 가지고 있다.

04 무용의 유형[8]

1) 소고춤

① 소고는 지방에 따라 법고라 하기도 하지만 농악 편성에 법고와 소고가 분리되어 편성된 곳도 많다. 소고는 작고 가벼워 들고 춤을 추기에 적당하다. 농악대 중 소고 대형에서 제일 앞에 있는 소고잡이를 '수법고'라고 하고 혼자 춤을 출 때는 법고춤, 수법고놀이라고 한다. 춤 동작은 농사짓는 모습, 수렵행위, 전쟁행위 등에서 형성된 돌격무진 동작과 포위하는 동작이 대부분이다. 소고춤은 지역에 따라서 채상모를 돌리면서 추는 채상모소고춤과 소고놀이를 하면서 추는 고깔소고춤 그리고 집단적으로 하는 놀이춤 등이 있다. 호남지방에서는 주로 큰 소고를 사용하며 고깔소고춤을 추고, 경남지방의 농악에서는 멋있고 예술적인 채상모소고춤을 춘다.

② 농악 중에서 소고춤은 개인놀이 과정에서 잘 나타난다. 장단보다도 춤을 추는 것으로 화려하게 움직이는 것이 그 역할이라 하겠다. 소고는 북이 축소된 악기인데 소고가 발달한 까닭은 북이 무겁기 때문에 농군들이 일상 시 사용하기 위하여 가볍게 개조한 것이다. 또한 소고는 주로 두레생활, 특히 소동패 생활을 할 때 각종의 신호로 사용하거나 노동요의 반주는 물론, 춤장단이나 춤추기 위하여 쓰인 것이다.

---

[8] 강혜진, 「한국 민속무용 프로그램 참여가 아동의 사회성 발달에 미치는 영향」, 대구가톨릭대학교 석사학위논문, 2012, 8~15쪽.

③ 소고춤은 특정한 형식이 없고 자유로우며, 다양하고 토속적인 면이 있다. 이는 성격이 다양성과 개성을 멋으로 삼는 데 그 특징이 있기 때문이며, 인위적인 꾸밈으로 추는 것이 아니라 즉흥적으로 추기 때문에 동작이 복잡하지 않고 단순하다.

④ 농악에서 비롯된 소고춤은 서민계층에서 전해 내려왔다. 우아하고 품위있는 예술은 아니지만 소박하고 투박한 우리 조상의 삶이 그대로 녹아 있다. 그리고 농경생활에 대한 풍요를 기원하거나 노동에 대한 어려움을 풀어내는 중요한 역할을 하기도 하였다.

2) 탈춤

탈춤은 인간과 자연, 인간과 신의 문제를 주술적으로 해결하려는 굿에서 인간과 인간, 인간과 사회의 문제를 예술적으로 표현하려는 극으로 발전하면서 민간으로 온 무용이다. 굿에서 극으로 주술성에서 예술성으로 전환되어 온 과정은 어느 곳, 어느 민족의 연극에나 두루 통하고 있다.

한국의 탈춤에는 서낭제의 하회별신굿, 강릉단오제의 관노(官奴)가면극, 동해안 별신굿의 탈놀음 굿, 산대도감 계통의 탈춤, 경기지방의 양주별산대 놀이, 강령탈춤, 송파산대, 해서비장의 봉산탈춤, 은율탈춤, 영남지방의 가산오광대, 고성오광대, 동례야류, 수영야유, 통영오광대 등이 전승되고 있다.

탈춤의 특징은 다음과 같다.

① 초기국가시대 때부터 축제의 한 부분으로 편입되어 모든 사람들이 같이 즐기는 놀이였다.

② 일반적으로 탈춤은 18세기 중엽을 기준으로 농촌의 가면극과 도시의 가면극으로 존재했다. 18세기 중엽 이후의 도시가면극은 상인들이 자신들의 경제력을 바탕으로 탈춤을 공연하였기에 지배계급에 대해 보다 강한 반감을 표현할 수 있었고 가면의 재료와 기법도 다양하게 발전시킬 수 있었다.

③ 마을사람들 모두가 참여하는 공동체적 제의인 동제가 공연된 탈춤은 마을의 평안과 풍요를 그리고 각자의 소원성취를 비는 행사였다. 따라서 탈춤은 우리 민족의 삶에 대한 애환과 환희가 그대로 묻어있다. 그 시대의 해학과 풍자를 통해 우리 삶에 대한 카타르시스를 해소하고 희로애락을 그대로 몸으로써 표현하였다.

3) 강강술래

① 강강술래는 기원전 3~4세기의 마한에서 풍년을 기원하는 제사와 가을의 추수제사를 드릴 때 여성들이 추는 무용에서 비롯되었다. 일설에 따르면 1592년에 임진왜란 당시에 이순신 장군이 남해전투에서 왜군을 위협과 상륙을 저지하고자 마을 부녀자들을 불러 모아 춤추고 노래한 군무라든가, 또는 여성만의 제의가 세속화한 무용이라고 한다.

② 강강술래는 내적인 통합을 강화하기 위해서 외적인 도전에 대한 저항력을 길러 강한 응집력을 다지는 데 기여한다. 이것은 외부에 대한 밀어냄의 기능과 내부에 대한 끌어당김의 기능이 일정한 긴장관계에서 대립적으로 존재하는 것이며 이러한 뜻의 상징행위가 원의 형태로 서서 하는 춤으로 표현된 것이다.

③ 강강술래는 전라도 남해안 사투리로 '강강'은 둥근 원을 만들고 돈다는 뜻이며 '술래'는 도적을 잡는다는 뜻으로 풀이하고 있다. '술래'가 '수월래'로 기록되기 쉬운 것은 느린 중모리조의 목청을 늘여 빼니 '수월래'로 들리기 때문이라고 한다.

03 공예

공예는 물건을 만드는 데 필요한 기술을 의미하며 대개 만들어진 물건을 가리키는 경우가 많다. 이 중에서 생활에 꼭 필요한 물건을 만드는 기술이나 물건을 민속공예라 한다. 민속공예는 시대의 변화와 지역적 특색에 따라 실용성과 함께 미적인 아름다움을 추구하며 만들어졌다.

과거의 전통사회에 비해 현대사회는 대량 생산의 시대이다. 각 지역에서 수공업으로 만들어지는 민속공예품은 상품으로서 경쟁력을 가질 수 없을 뿐만 아니라 급격하게 사라지고 있다. 이에 국가에서 민속공예를 보존하기 위하여 무형문화재를 지정하여 보존하고 있다.

01 무형문화재

① 무형문화재는 인류의 전통적인 맥락을 이어오는 문화와 관습에 연결된 가치 있는 기술, 구전된 역사, 관습, 언어, 조형, 연극, 음악, 춤, 의식, 축제, 전통의 약술, 전통 요리법 등 무형의 문화적 소산으로 역사적, 민속적, 예술적, 학술적 가치를 지닌 것이다.

② 따라서 무형문화재는 한 문화의 핵심적인 요소이자 지역사회로부터 유래된 모든 전통적인 형태로, 보존할 만한 것을 의미한다. 특히, 우리나라에서는 민족의식을 표현하는 유산으로 무형(無形, non-object)의 문화적 소산인 기·예능의 종목 중 역사적, 학술적, 예술적 가치가 있는 문화콘텐츠를 무형문화재로 분류하여 발굴지정 및 보존전승하고 있다.

③ 이러한 무형문화재는 「문화재보호법」에 따라 국가가 지정하는 중요무형문화재와 조례에 의해 시·도단체가 지정하는 시·도무형문화재로 구분하고, 보유자, 보유단체, 명예보유자 등으로 세분화한다. 여기에 각 무형문화재마다 전수교육조교, 이수자, 전수장학생 등의 전승체계를 확립하고 있다.

④ 중요무형문화재는 음악, 무용, 연극, 놀이와 의식, 무예 등의 예능종목과 공예기술, 음식 등의 기능종목이 있다.

- 음악은 우리 민족이 전승하고 향유해온 국악(國樂)으로 '내고 달고 맺고 푸는' 독특한 구조를 지니고 있다. 판소리·민요·가곡·가사 등으로 풀어내는 창(唱)과 거문고·가야금·향비파·대금 등의 악기로 연주하는 분야로 나뉜다.
- 무용은 토속신앙에서 비롯된 것으로 화합과 단결을 기원하며, 도(道)를 중시하는 내면세계를 표현하였다. 윗전에 바치는 예술적 가무악인 궁중무용과 민속의 특수성과 향토색을 갖춘 민속무용이 있다.
- 연극은 가면극과 인형극이 있다. 가면극은 산악(散樂)이 발전된 형태로 음악에 춤과 노래가 따르는 가무와 대사가 따르는 연극으로 구성한다. 지역마다 다른 특성을 지니고 있으며, 보통 벽사와 풍자 등을 주제로 한다. 인형극은 탈놀이인 발탈(足假面)이 있다.
- 놀이와 의식은 세시풍속과 종교의식에서 연관되어 행해져 왔다. 놀이는 모든 사람이 주체가 되어 연출하고 즐기는 행사로 풍년을 기원하는 흥겹고 오락적인 놀이와 명절을 축하하는 세시놀이, 편을 갈라 힘을 겨루는 놀이 등이 있다. 의식은 종교적 관념과 신앙체계가 포함된 것으로 예를 갖추고 행하는 법식인 제례와 굿이 있다.
- 무예는 유술, 궁술, 궁씨름(각력), 수박(택견), 격검, 마상재 등이 있었으나 현재에는 궁술, 씨름과 유일한 무형문화재인 택견만 남아 있다.
- 공예기술은 고대부터 발달한 국가체제에서 필요로 했던 기술로 삼국시대 유·불·도교가 전래되면서 발전의 기틀이 마련되었다. 도자, 피모, 금속, 골각, 나전칠, 제지, 건축, 지물, 직물, 염색, 옥석, 수매듭, 복식, 악기, 초고, 무구 등 다양한 종류의 기술이 있다.
- 음식은 계절, 지역, 기온, 빈부의 격차와 시대에 따라 발전과 쇠퇴를 거듭하며 궁중음식, 사찰음식, 혼례음식, 전통 차 등으로 형성되어 왔다.

⑤ 이처럼 무형문화재는 기술과 예술 활동 등을 지칭하는 것으로 물(物)의 형태가 아닌 기예능력을 지닌 단체나 사람에 의해 언제라도 문화적 행위나 작품으로 설립될 수 있음을 의미한다. 따라서 우리 조상들의 창조성과 지혜를 배우고 오늘의 생활 속에서 슬기롭게 적용해 가기 위한 토대로서 무형문화재의 전승과 보존은 매우 중요하다.

02 공예 무형문화재

우리나라 공예분야 국가 무형문화재의 현황[9]은 다음과 같다.

연번	명칭	명칭(한자)	소재지	지정일	분류
1	갓일		기타	1964-12-28	무형문화재/전통기술/공예
2	나전장	螺鈿匠	강원도 원주시	1966-06-29	무형문화재/전통기술/공예
3	한산모시짜기	韓山모시짜기	충청남도 서천군	1967-01-16	무형문화재/전통기술/공예
4	매듭장	매듭匠	경기도	1968-12-23	무형문화재/전통기술/공예
5	나주의 샛골나이	羅州의 샛골나이	전라남도 나주시	1969-07-04	무형문화재/전통기술/공예
6	낙죽장	烙竹匠	전라남도 보성군	1969-11-29	무형문화재/전통기술/미술
7	조각장	彫刻匠	기타	1970-07-22	무형문화재/전통기술/미술
8	악기장	樂器匠	서울특별시	1971-02-24	무형문화재/전통기술/공예
9	궁시장	弓矢匠	기타	1971-09-13	무형문화재/전통기술/공예
10	단청장	丹靑匠	경상남도 양산시	1972-08-01	무형문화재/전통기술/미술
11	채상장	彩箱匠	전라남도 담양군	1975-01-30	무형문화재/전통기술/공예
12	소목장	小木匠	기타	1975-01-30	무형문화재/전통기술/공예
13	장도장	粧刀匠	전라남도	1978-02-23	무형문화재/전통기술/공예
14	두석장	豆錫匠	기타	1980-11-17	무형문화재/전통기술/공예
15	백동연죽장	白銅煙竹匠	전라북도 남원시	1980-11-17	무형문화재/전통기술/공예
16	망건장	網巾匠	제주특별자치도 제주시	1980-11-17	무형문화재/전통기술/공예
17	탕건장	宕巾匠	제주특별자치도 제주시	1980-11-17	무형문화재/전통기술/공예
18	대목장	大木匠	기타	1982-06-01	무형문화재/전통기술/건축
19	유기장	鍮器匠	기타	1983-06-01	무형문화재/전통기술/공예
20	입사장	入絲匠	서울특별시 강남구	1983-06-01	무형문화재/전통기술/미술
21	자수장	刺繡匠	부산광역시 금정구	1984-10-15	무형문화재/전통기술/공예
22	명주짜기	明紬짜기	경상북도 경주시	1988-04-01	무형문화재/전통기술/공예
23	바디장	바디匠	기타	1988-08-01	무형문화재/전통기술/공예
24	침선장	針線匠	서울특별시 강동구	1988-08-01	무형문화재/전통기술/공예
25	제와장	製瓦匠	전라남도 장흥군	1988-08-01	무형문화재/전통기술/건축

---

9) 문화재청 2021년 11월 25일 기준

연번	명칭	명칭(한자)	소재지	지정일	분류
26	전통장	箭筒匠	경상북도 경주시	1989-06-20	무형문화재/전통기술/공예
27	옹기장	甕器匠	기타	1990-05-08	무형문화재/전통기술/공예
28	소반장	小盤匠	기타	1992-11-10	무형문화재/전통기술/공예
29	옥장	玉匠	전라남도 목포시	1996-02-01	무형문화재/전통기술/공예
30	금속활자장	金屬活字匠	충청북도 괴산군	1996-02-01	무형문화재/전통기술/공예
31	배첩장	褙貼匠	기타	1996-03-11	무형문화재/전통기술/미술
32	완초장	莞草匠	인천광역시 강화군	1996-05-01	무형문화재/전통기술/공예
33	사기장	沙器匠	경상북도 문경시	1996-07-01	무형문화재/전통기술/공예
34	각자장	刻字匠	서울특별시 서초구	1996-11-01	무형문화재/전통기술/미술
35	누비장	縷緋匠	경상북도 경주시	1996-12-10	무형문화재/전통기술/공예
36	목조각장	木彫刻匠	기타	1996-12-31	무형문화재/전통기술/미술
37	화각장	華角匠	인천광역시 남동구	1996-12-31	무형문화재/전통기술/공예
38	윤도장	輪圖匠	전라북도 고창군	1996-12-31	무형문화재/전통기술/공예
39	주철장	鑄鐵匠	충청북도 진천군	2001-03-12	무형문화재/전통기술/공예
40	칠장	漆匠	서울특별시	2001-03-12	무형문화재/전통기술/공예
41	염장	簾匠	경상남도 통영시	2001-06-27	무형문화재/전통기술/공예
42	염색장	染色匠	전라남도 나주시	2001-09-06	무형문화재/전통기술/공예
43	화혜장	靴鞋匠	서울특별시 송파구	2004-02-20	무형문화재/전통기술/공예
44	한지장	韓紙匠	기타	2005-09-23	무형문화재/전통기술/공예
45	불화장	佛畵匠	경기도 고양시	2006-01-10	무형문화재/전통기술/미술
46	금박장	金箔匠	서울특별시 종로구	2006-11-16	무형문화재/전통기술/공예
47	석장	石匠	경기도	2007-09-17	무형문화재/전통기술/공예
48	번와장	翻瓦匠	서울특별시 성북구	2008-10-21	무형문화재/전통기술/건축
49	궁중채화	宮中綵花	경상남도 양산시	2013-01-14	무형문화재/전통기술/공예
50	선자장	扇子匠	전라북도 전주시	2015-07-08	무형문화재/전통기술/공예
51	낙화장	烙畵匠	충청북도 보은군	2018-12-27	무형문화재/전통기술/미술
52	삼베짜기		경상북도 안동시	2019-12-31	무형문화재/전통기술/공예
53	사경장	寫經匠	전라북도 전주시	2020-07-20	무형문화재/전통기술/미술

03 공예의 일반적 정의[10]

① 지금까지 우리가 써오던 공예라는 말은 사람들이 만든 조형 중에서 미적 가치가 있는 미술품으로서의 공예 미술을 말한다. 오늘날 민예(民藝)라고 부르고 있는 대중공예 속에서 참다운 민족의 정서나 미학이 깃들어 있다. 그러기에 공예란 대중 생활 속에 있을 때 참다운 것이며, 거기에 민족의 지혜가 살아 숨쉬고 있다.

② 공예는 일반적으로 실용성을 바탕으로 하며, 그 아름다움은 쓰임으로써 나타난다. 실용성과 아름다움이 결합된 공예는 인류역사와 함께 변천·발전해 왔으며 오랜 세월 동안 인간의 삶에 친숙한 생활용품으로 존재해 왔다. 각 민족의 고유한 아름다움을 보여 주는 공예품은 천연재료를 바탕으로 사람의 솜씨와 지혜를 담아 제작된 수공예가 주류를 이룬다.

③ 넓은 의미에서 공예는 실용적 가치와 미적 가치를 동시에 지니면서 전통적으로 생활에 필요한 기물을 만드는 기술과 그 결과물로서의 조형미술품들로 인식되어 왔다. 그렇기 때문에 공예는 한 사람이 일생동안 습득한 경험으로만 제작되는 것이 아니라 수 천년 동안 한 세대에서 다음 세대로 이어져 온 기술과 지식을 포괄하는 것이다.

④ 공예는 우리나라 미술의 중심으로서 존재해 왔다. 의식주생활을 위한 대부분의 생활용품들, 의식에 필요한 종교용품, 조상, 상징물, 전쟁과 생존에 필요했던 무기, 사냥용품, 농경에 필요했던 각종 농기구, 연장, 각종 놀이, 행사 등의 소품이 각 재료의 전문가들인 공예가들에 의해 수공으로 제작되고 공급되었다. 기술은 전수되면서 축적되었고 표현이 점차 세련되면서 각 시대의 양식을 구축했다.

⑤ 이들 공예의 전통은 일제강점기를 통해 단절되면서 소위 순수표현으로서의 공예적 개념이 도입되었다. 광복과 한국전쟁 이후에는 서구문화에 의한 모더니즘 디자인이 도입되면서 공예는 자생적인 현대화 과정을 가지지 못했다.

⑥ 1960년대 이후에는 급속한 디자인 개념의 유입과 수출진흥정책으로 인해 현대 공예는 응용미술이라는 모호한 영역 속에 합류되면서 디자인 분야의 한 지류로서 인식되기도 했다. 1970년대 중반부터는 미국과 유럽 등에서 유학하고 돌아온 해외 유학파들에 의해 서구식의 교육체계가 적용되었다. 이때부터 공예분야는 양적인 팽창, 서구적 기술의 적용과 개발 등을 통해 분야의 확산을 이루기도 했으나 사회성의 결여, 산업디자인과의 단절, 전통공예와의 양분화 현상 등 여러 문제를 배태하기도 했다.

⑦ 우리나라의 유구한 역사 속에서 꾸준하게 지키고 발전시켜온 전통적 생활양식과 정서는 물론 사고방식과 가치기준, 라이프스타일이 온통 서구적으로 바뀌고 있다. 조상 대대로 물려 내려온 생활문화의 유산과 민족적 개성과 얼이 담긴 전통공예도 일상생활에서 밀려나고, 우리의 전통적 기술과 예술적 기량마저 날이 갈수록 쇠퇴하고 있다.

---

[10] 김수연, 「전통공예품의 발전방안 연구」, 서경대학교 석사학위논문, 2003, 6~20쪽.

⑧ 이에 정부에서는 1962년 우수한 전통문화의 계승, 발전을 위하여 「문화재보호법」을 제정하여 전통공예기능을 중요무형문화재로 지정하고 그 기능보유자를 보호, 육성하는 노력을 기울이고 있다. 하지만 보호지정된 무형문화재도 전승자가 없어 맥이 끊길 위기에 처한 경우도 있다.

04 공예의 분류[11]

1) 금속공예

우리나라는 청동기와 철기시대를 거치면서 금, 은, 동, 철 등의 금속을 사용하여 다양한 물품을 제작하였는데 이는 금속이 단단하고 빛을 반사하며, 반짝이고 쉽게 변하지 않는 특성 때문이다. 그 외 옥석류, 보패류, 견류 등의 재료를 이용하기도 하였다.[12] 이와 같은 재료를 이용하여 각종 장신구와 일상용구 등을 만들던 공장(工匠)은 이미 삼국시대부터 존재하였고,[13] 통일신라시대에는 당나라의 영향을 받아 신라화된 유철전(鍮鐵廛), 도등국(陶登局), 물장전(物藏典), 와기전(瓦器典), 금전(錦典) 등의 공간에서 갖은 물품을 만들었다.[14] 고려시대에는 왕실의 물품을 만드는 공조서(供造署) 중상서(中尙署), 장야서(掌冶署), 도교서(都校署), 장복서(掌服署) 등과 관가의 물품을 만드는 군기시(軍器寺), 선공시(繕工寺), 장야서(掌冶署), 도염서(都染署), 잡직서(雜織署) 등의 공간에 관공장(官工匠)이 소속되었고, 이외에 전형적인 수공업 집단인 소(所)[15]도 있었다.[16] 조선시대의 공장은 경공장(京工匠)과 외공장(外工匠)으로 나눠 중앙과 지역에서 관청의 수공업을 이끌었다. 경공장은 130개 분야로 제관청에 귀속된 인원만 2,837명이 다양한 물품을 만들었고, 외공장은 8도에 분속되어 27개 분야 3,649명이 무기

---

11) 김수연, 「전통공예품의 발전방안 연구」, 서경대학교 석사학위논문, 2003, 6~20쪽.
12) 옥석류는 백옥, 비취옥, 자마노, 홍옥, 청강석, 진옥, 금강석, 공작석 등을, 보패류는 밀화, 산호, 진주, 금패, 대모, 호박 등을, 견류는 색사(色絲), 주단(綢緞), 금은사(金銀絲) 등을 말한다.(윤병화·박영섭, 「朝鮮時代 佩飾에 관한 소고」, 「조선 여인들의 화려한 외출」, 2007, 143쪽.)
13) 신라 신문왕 2년 6월 "국학을 세워 경 1인을 두었고, 공장 부감 1인과 채전감 1인을 두었다."라는 기록이 있고 (六月, 立國學, 置卿一人. 又置工匠府監一人, 彩典監一人. 「三國史記」 卷第八, 新羅本紀第八, 神文王), 신라 경덕왕 18년 봄 정월 "상사서·전사서·음성서·공장부·채전 등의 대사를 주서로 개칭하였다."라는 기록이 있다.(十八年, 春正月, 賞賜署·典祀署·音聲署·工匠府·彩典等大舍爲主書. 「三國史記」 卷第九, 新羅本紀第九, 景德王) 이는 삼국시대 공장(工匠)이라는 장인이 존재 하였음을 의미하는 것이다.
14) 임영주, 「총설」, 「한국의 전통공예기술」, 한국문화재보호재단, 2001, 27쪽.
15) 「新增東國輿地勝覽」 卷7 驪州牧 登神莊條 를 통해 소(所)에 관한 기록을 찾아볼 수 있다. "고려 때에 또 소(所)라고 칭하는 것이 있었는데 금소(金所), 은소(銀所), 동소(銅所), 철소(鐵所), 사소(絲所), 주소(紬所), 지소(紙所), 와소(瓦所), 탄소(炭所), 염소(鹽所), 묵소(墨所), 곽소(藿所), 어량소(魚梁所), 강소(薑所)의 구별이 있어 각각 그 물건을 공급하였다."
16) 임영주, 「총설」, 「한국의 전통공예기술」, 한국문화재보호재단, 2001, 28쪽.

와 농기구를 생산하였다.[17]

이러한 공장의 체계는 조선시대 말기로 접어들면서 왕권의 약화와 맞물려 붕괴되기 시작하였으나 1908년 조선 공예미술의 명맥을 잇자는 취지로 일본인이 투자하고 왕실이 운영하던 한성미술품제작소가 건립되었다. 한성미술품제작소는 이후 이왕직미술품제작소와 주식회사 조선미술품제작소 등으로 명칭을 변경하며 1937년 폐쇄될 때까지 나전칠기, 목공, 제묵, 주금, 단금, 보석, 조각, 입사, 도자, 두석, 염직 등 11개 분야에서 공장을 두고 운영하였으나,[18] 일본색이 강해 공예발달의 왜곡을 초래하기도 하였다. 이후 일제강점기가 지나고 현대화를 겪으면서 생활방식이 변화되고 공장이 제작하던 기물들에 대한 수요가 줄어드는 과정에서 그 맥이 끊어진 분야도 있었다. 다행스럽게도 정부와 시도단체에서는 민족의식을 표현하는 유산으로 무형의 문화적 소산인 공장의 기술을 발굴·지정, 보존·전승, 보급하는 활동을 진행하여 도자, 피모, 금속, 골각, 나전칠, 제지, 건축, 지물, 직물, 염색, 옥석, 수매듭, 복식, 악기, 초고, 무구 등의 공예기술을 무형문화재로 보유하고 있다.[19]

여기에서는 대표적으로 금속공예 중 은, 유기, 두석, 장도 등을 소개하고자 한다.

① 은 : 은공장이 사용하는 은은 청백색으로, 녹슬거나 변색이 적고 전성(展性)과 연성(延性)이 좋으며 0.0015mm 두께까지 얇게 펼 수 있어 가공이 용이하다. 원소기호 Ag, 녹는점 960.5℃, 끓는점 2,710℃, 비중 10.5이며, 주물의 주재료나 부재료로 광범위하게 쓰인다.[20] 은으로는 비녀, 뒤꽂이, 첩지 등의 장신구류와 은수저, 은대접 등의 일상용구류 등을 만든다. 은은 제작 방법에 따라 다양한 색을 염색한 규사가루를 은에 녹여 붙이는 파란과 은 바탕 위에 모양을 내어 붙이는 금부로, 조각기법에 따라 상감과 입사 등으로 나뉜다. 은공장은 과거 은장을 뜻하며, 최초의 은장은 520년 백제 무령왕릉 은제팔찌를 만든 다리(多利)이고 고려시대의 은장은 장야서(掌冶署)의 지유(指諭) 1명, 행수교위(行首校尉) 2명이다. 고려를 계승한 조선시대에도 몸을 장식하는 패물과 음식을 담는 기물 등을 만드는 은장이 있었다.[21] 조선 멸망 후 은장 중 관장(官匠)은 이왕직미술품제작소로 이어지고 사장(私匠)은 종로와 광교천변을 중심으로 은공방을 형성하였다. 은공장은 기물을 조각, 상감, 입사하는 은대공장과 장신구의 문양과 조각을 붙이는 은세공장으로 나뉜다.

---

17) 김신웅, 「朝鮮時代의 京工匠과 外工匠의 關係」, 「産業經營硏究」 12, 淸州大學校 産業經營硏究所, 1989, 308쪽.
18) 다음백과사전(http://enc.daum.net/dic100/contents.do?query1=b18a0102a)
19) 윤병화, 「무형문화재 박물관 교육의 활성화 방안」, 「문화예술교육의 경쟁력 강화 방안」, 옛터민속박물관, 2009, 46쪽.
20) 윤병화, 「장도문화에 관한 고찰」, 「조선 여인의 장도, 그 순결함」, 옛터민속박물관, 2008, 106쪽.
21) 「朝鮮王朝實錄」에서는 은장에 관한 기록이 상당수 나온다. 은장으로 하여금 은을 캐는 기술을 배우라는 경우나 옥사에 연루된 경우 등이 있다. 또한 어을우동을 교형에 처한 성종 11년 10월 18일 기사에 따르면 "동이 일찍이 은장(銀匠)을 집으로 맞이하여 은기(銀器)를 만들었다.(仝嘗邀銀匠于家, 做銀器)"라는 기록으로 보아 사장도 각 지역을 돌아다니며 활동하였음을 알 수 있다.

② 유기 : 삼국시대와 통일신라시대에는 동합금술과 조형기술이 발전하여 불상과 종 등의 불교미술품이 주로 만들어졌다. 고려시대에는 금속공예가 계속 발달하여 청동정병, 청동향로, 동경 등이 정교하게 만들어졌으며 12세기 고려에서는 각종 유기들이 실생활에 쓰이기 시작하였다. 이 시대에 사용된 식기와 제기 등의 놋그릇을 보면 방짜(方子)기법으로 만들어져 동체가 아주 얇고 질기다. 이와 같은 질이 좋은 유기는 전통유기 제작방법인 방짜기법 즉 구리와 주석을 합금하여 두드려서 만들었다. 그러던 것이 조선조 중엽이 되어 반상기, 향로, 화로 등과 같은 놋으로 만든 일상 생활용품의 수요가 많아지면서 두드려서 만들던 방짜기법 대신 손쉽고 대량생산이 가능한 주물기법으로 만들게 되었다. 이 주물유기는 방짜유기의 합금과는 달리 구리와 아연의 합금을 주로 썼다.

이처럼 유기의 제작 방법에는 주물기법과 방짜기법 등이 있다. 주물기법은 불에 녹인 구리 합금을 일정한 주물틀에 부어서 제품을 만드는 방법이다. 주물기법으로 만든 합은 방짜합에 비하여 잘 휘거나 깨지며 쉽게 변색되는 단점이 있다.

방짜기법은 방짜를 불에 달군 후 망치질하여 그릇의 형태를 만들어 가는 방법이다. 여기서 방짜란 구리와 주석을 일정한 비율로 섞은 합금을 뜻한다. 방짜유기는 충격에 강하여 수명이 길다. 방짜기법은 예로부터 인체에 유독한 혼합물이 배제된다고 하여 식기류를 제작하는 데 주로 쓰였던 기법이다. 또한 옛 풍물악기를 제작하는 데도 적합한 것이 방짜유기였다. 식기로 쓰이는 합도 부유한 양반가에서는 방짜합을 많이 사용하였고 일반 서민들은 주물합을 흔히 사용하였다. 조선 중기에 이르러 식기, 제기는 물론 악기, 일반 생활 용구에 이르기까지 주물유기에 대한 수요가 급증하여 주물유기는 전성기에 이르렀다. 특히 경기도 안성의 유기가 유명하여 '안성맞춤'이란 속담까지 나올 정도였다.

③ 두석 : 두석은 구리와 아연을 섞은 황동(黃銅)[22]과 구리와 주석의 합금인 청동(靑銅)[23] 그리고 철 등의 재료를 이용하여 만드는 장식으로 생활용품인 목가구를 포함한 포괄적인 기물을 제작하는 데 사용하였다. 두석의 재료가 금속인 것을 감안한다면 이미 청동기시대부터 생활용품을 만들고 여기에 다양한 성격의 장식을 부착하여 두석으로 활용하였기에 오랜 역사를 지니고 있다. 조선시대와 같은 개념의 두석은 이미 삼국시대의 여러 출토품을 통해 알 수 있다.[24] 이후 통일신라시대에는 12만근의 구리와 아연으로 만든 성덕대왕신종

---

22) 구리와 아연을 7 : 3이나 6 : 4의 비율로 제작한다.

23) 조선시대 실학자 유희(柳僖)가 지은 박물지인 「物名考」에서는 두석(豆錫)을 황동(黃銅)이라 지칭하였다. 또한 왕명(王命)의 출납(出納)을 담당하던 승정원에서 취급한 문서와 사건을 기록한 「承政院日記」에서는 함석(含錫)을 이용하여 두석을 만들었다고 기록하고 있다.(김희수·김삼기, 「민속유물이해 Ⅰ 木家具」, 국립민속박물관, 2003, 7쪽.)

24) 삼국시대에는 청동기와 철기시대의 기술력을 계승하여 금속 제련의 수준이 높은 편이였다. 고구려는 철광석 생산이 풍부하여 우수한 철제 무기와 도구를 많이 만들었고, 고구려 고분벽화에도 철을 이용하여 수레바퀴를 만드는 모습을 표현하였다. 백제는 4세기에 일본으로 보낸 칠지도에 금으로 상감한 문자가 있을 정도로 상당한 기술력을 보여하고 있었고 특히 금동대향로를 통해 금속공예기술의 백미를 표현하였다. 신라는 각

(聖德大王神鍾)과 현존하는 가장 오래된 자물쇠와 고리인 금동빗장일괄(金銅빗장一括)을 제작하였고, 이 밖에 금동투조화형장식(金銅透彫形裝飾), 금동투조문비고리(金銅透彫紋비고리), 금동귀면문비고리(金銅鬼面紋비고리), 철제 자물쇠, 금동 명문판 경첩과 둥근 환고리 등의 화려한 장식을 제작하였다.[25] 고려시대에는 귀족중심의 문화를 형성하였기에 목관장식, 금속제품, 목공예품 등에 뛰어난 두석을 부착하였다. 하지만 조선시대에는 유교이념의 가부장적 사회구조를 형성한 성리학의 국가였기에 사치성을 띤 두석보다는 자연스러우면서도 단순한 미감과 감성을 그대로 표현한 장식을 제작하였다.

이와 같이 두석은 생활용품을 보호하는 기능성외에도 조형적 완벽함을 높여주었다. 두석장이 최초로 등장한 것은 조선시대 법전인「경국대전」으로 공조(工曹)·상의원(尙衣院)의 경공장(京工匠)에 소속된 장인을 의미하였다. 중앙의 두석장은 왕실과 관부(官府)에 필요한 기물을 조달하였고 지방의 두석장은 관가와 민가를 오가면서 각종 두석을 수공업으로 제작하였다. 이처럼 각종 기물의 기능성과 심미성을 완성하는 두석장은 화덕, 풀무, 도가니, 집게, 그림쇠, 모루, 활비비, 왕비비, 깎이칼, 줄, 작두, 줄톱, 철침 등의 도구를 이용하여 두석을 제작하였다.

두석은 금속의 합금체로 정확한 비율로 금속을 구분하여 흑연으로 만든 도가니에 넣고 풀무불로 녹이며 작업을 시작한다. 불에 달군 것을 모루에 올려 놓고 망치로 두드려 용도에 따라 1mm~6mm 두께의 얇은 금속판을 만들고 깎이칼과 줄로 표면을 매끄럽게 처리한다. 여기에 본(本)을 대고 그림쇠로 그림을 그린 다음 작두로 잘라내고 줄톱으로 오려낸다. 형태가 완성되면 못질할 곳에 활비비로 구멍을 뚫고 문양을 새겨 넣는다. 두석은 그 자체로도 훌륭한 물품이지만 기물의 부품이므로 주문자의 요구에 따라 일정한 형태로 다시 제작한다.[26]

④ **장도** : 장도는 패도(佩刀)와 낭도(囊刀)의 복합어로 몸을 치장하는 칼이다. 인류는 선사시대부터 칼을 사용했으며, 석도(石刀)를 패용하는 풍습은 고대 북방유목민에게서 유래하였다.[27] 조선시대의 장도와 같은 개념의 도(刀)는 삼국시대에서 그 흔적을 찾을 수 있다.「한원[28]」「고구려조」를 보면 "도(刀)를 차고 이로써 등위(等威)를 나타내고, 금우(金羽)로서 귀천을 밝혔다.[29]"라고 기술하고 있다.

종 고분에서 출토된 순금이나 도금된 금관을 통해 금속을 다루는 기술력이 뛰어남을 알 수 있다.
25) 문화재청, 문화유산정보
26) 중요무형문화재 제 64호 두석장 김극천 선생의 제작도구와 제작기법이다.
27) 최해율,「몽골여자복식의 변천요인에 대한 연구」, 서울대학교 박사학위논문, 2001, 200쪽.
28) 중국 당나라 장초금이 660년경 편찬한 역사서이다. 흉노, 오환, 선비, 부여, 삼한, 왜 등의 중국, 한반도, 일본의 역사를 사류부(事類賦)로 정리한 것이다.
29) 오영민,「조선조 칠보노리개에 대한 연구」, 홍익대학교 석사학위논문, 1976, 59쪽.

도(刀)는 패도(佩刀)로서 신분을 나타내는 것이었다. 신라의 경주 황남대총(皇南大塚) 북분 출토의 금제과대(金製銙帶)에는 곡옥(曲玉), 금판(金版), 소도(小刀), 물고기(魚), 침통(針筒) 등의 요패(腰佩)가 존재하는데 여기서 장도와 흡사한 소도가 등장한다. 이후 장도는 고려시대30)를 거치면서 몽골의 영향을 받고 조선시대로 이어져 발전하게 되었다.31) 조선시대 장도의 발달은32) 장도가 권위와 신분을 상징하고 호신용33)으로 사용하게 되는 계기를 마련한다. 이와 같은 장도는 장식이 지나쳐 사치품으로 변화한다. 「조선왕조실록」 연산군과 중종대에서는 금제절목(禁制節目)으로 은장도를 지목하고 서민들은 사용하지 못하도록 규정한다.34) 이것이 얼마나 실효성을 거두었는지 알 수는 없지만 장도가 장식용으로 널리 쓰였음을 알 수 있다. 현대화 과정을 겪으면서 수요와 공급이 적절한 관계를 맺게 되고 수공예에 대한 관심이 서서히 사라져 결국 장도는 문경, 울산, 광양 등의 장인들에 의하여 간신히 명맥을 이어오게 되었다.

---

30) 「고려사」에서 도에 관한 기록은 다음과 같다. "長刀, 劍, 長劍, 金銀重口大樣刀子, 金銀重口中樣刀子, 金銀重口小樣刀子, 金銀裝錦細縷雲天長刀, 金銀裝錦細縷雲天玉劍, 金銀細縷剪刀, 金銀地鐵文剪刀, 金銀細縷剪龍剪刀, 金銀裝錦匕首"

31) 최남선의 「고사통」에서는 "지금은 舊風이 되었지만 男女의 옷고름에 차는 粧刀는 그 刑制와 패용법이 순전히 몽고풍습이다."라고 기술하고 있다.

32) 조선시대 전 기간에 걸쳐 장도는 각종 의례에 쓰였던 귀중한 물품이었다. 「朝鮮王朝實錄」에서 장도에 관한 기록은 총 30건으로 대부분 오례와 관련된 행사에서 사용하였다. 그중 장도에 관한 흥미로운 기록이 있다. 성종 20년(1489년) 10월 8일 " 대가(大駕)가 평강현(平康縣) 직두등(直豆等) 사장(射場)에 이르렀는데, 좌우상(左右廂)이 봉화산(烽火山)에서 몰이하였다. 종친(宗親)·재상(宰相)및 승지(承旨)에게 작은 관혁(貫革)에 활 쏘게 하되 은장도(銀粧刀) 한 건으로 상(賞)을 하도록 명하고……. 大駕至平康縣直豆等射場. 左右廂驅烽火山. 命宗宰及承旨射小的, 以銀粧刀子一事爲鮥……." 라는 기록에서 알 수 있듯 은장도는 당시 권위를 상징하였다.

33) 광해군 2년 「東國新讀三綱行實」에서는 "丁酉倭亂 深閨女性 平素 粧刀를 지니고 있다가 有事時에 순결을 위하여 自決 또는 抗敵 한다."라고 기술하고 있다. 이는 장도가 자기방어를 위한 용도로 사용하였음을 의미한다.

34) 연산군 4년(1498년) 6월 15일 "예조(禮曹)가 아뢴 사치 금제(奢侈禁制) 절목(節目)을 명하여 의논하게 하니……. 제6조. 갓끈은 예조에서 아뢴 대로 하고, 은장도자(銀粧刀子)는 단지 서민에게만 금할 것이며……. 命議禮曹所啓禁制奢侈節目……. 第六條笠纓, 依禮曹所啓. 銀粧刀子只禁庶人……."
중종 17년(1522년) 8월 12일 "예조가 아뢰었다. 근래 사치 풍조가 더욱 심하여 상하를 막론하고 복식에 있어서 중국 물품 쓰기를 경쟁하므로 이 때문에 물가가 뛰어오릅니다. …….마류(瑪瑠)·호박(瑚珀)·산호(珊瑚)·청금석(靑金石)의 입영(笠纓)과 은장도자(銀粧刀子)는 당상관 외에 사용하는 것을 일체 금한다……. 禮曹啓︰近來, 奢侈尤甚, 服飾競用唐物, 上下無別. 因此, 物價踴貴……. 瑪瑠′ 瑚珀′ 珊瑚′ 靑金石笠纓及銀粧刀子, 堂上官外一禁……."

장도의 문양에 따른 상징적 의미

문양 형태	상징성	비고
용(龍)	권위, 길상 벽사와 수호	왕실 이외에는 금지되었으나 조선후기 일반화되어 사용됨
박쥐(蝙蝠)	행복	박쥐와 수(壽)자를 함께 나타내면 만세수(萬歲壽) 의미
산수(山水)	인간생활 환경의 근본	일월(日月), 누각(樓閣), 교(橋), 지(池)를 혼합하여 나타냄
태극(太極)	음양오행의 원류	인간마음의 구체화된 상징, 동적(動的)인 상태
매화(梅花)	지조와 절개	봄을 알리는 기쁜 소식
대나무(竹)	축수(祝壽)	어려운 환경에서의 꿋꿋한 성품 상징
소나무(松)	장수	대나무, 매화와 더불어 세한삼우(歲寒三友), 학과 해를 같이 하면 상서로움을 상징
국화(菊花)	군자의 기상	속세를 떠나 지조와 절개를 지키며 고고하게 살아가는 은사(隱士)를 비유
난초(蘭草)	자손(子孫)	우정과 고아(高雅)한 품격 상징
연꽃(蓮花)	화중왕(花中王)	연밥은 다손(多孫)과 풍작을 상징
나비(胡蝶)	인간의 탄생, 죽음, 부활	즐거움과 부부화합의 의미
물고기(魚)	다산	등용과 출세를 의미
개구리(蛙)	상서로운 동물	물과 육지의 두 세계를 공존

(국립민속박물관, 「한민족 역사문화도감」, 2005, 141쪽, 장도의 문양만 발췌 재인용)

장도의 제작은 세 가지 절차로 이루어져 있다.
- **제식(製飾) 제작** : 제식(製飾)은 은이나 백동을 녹인 후 식혀 모루에 올려놓고 망치로 두드려 두께 0.6∼0.8mm 정도가 되도록 편다. 은판은 필요한 크기의 원장식만큼 자른 후 불에 실고 줄질을 하여 주위를 깨끗이 다듬는다. 다듬목에 놓고 둥글게 말아 양쪽 모서리를 잘 맞춰 붕사를 바르고 은땜이나 황동땜을 한다. 보래에 끼워 제식(製飾)을 수백 번 두드려 형태를 만들고, 줄과 사포로 정리한다. 여치나 메뚜기는 금속의 두께가 2mm 이상 되는 것으로 형태를 줄로 쓸어 만들고 납작줄로 정리하여 고리를 끼울 구멍을 뚫고 사포로 정리한다. 납을 염산에 잠시 적셔 놓았다가 원장식의 땜한 정 중앙에 여치와 메뚜기를 얹어 때운다. 하맥이는 가위로 재단한 후 줄로 정리하고 땜을 한 후 보래에 넣고 형태를 잡고 줄질한다. 딱가리도 줄질하여 맞추어 상납으로 땜한다.
- **칼집과 칼자루 제작** : 장도의 종류와 크기에 따라 직육면체로 재단한 후 필요한 크기 만큼 깎아낸다. 칼집과 칼자루는 칼날이 들어가도록 활비비로 구멍을 뚫고 갈기로 표면을 정리한 후 칼날이 잘 들어가도록 거도(鋸刀)로 구멍을 뚫고 파낸다. 칼집과 칼자루는 사포로 문질러 윤기가 나도록 한다.
- **칼날 제작과 조립** : 칼날은 강철을 화덕에 넣고 1,000℃ 이상의 열을 가하여 달구면서 수십 번 두드려 칼 형태로 다듬는다. 이때 커진 강도를 부드럽게 하기 위해서는 칼날을 짚단과 함

께 아궁이에 10시간 넣고 불을 지핀 후 꺼내어서 천천히 식힌다.[35] 칼날의 등과 날을 줄로 정리하고 숫돌에 갈아 나중에 녹이 생기는 것을 방지한다. 칼날의 등쪽과 날쪽의 형태를 줄로 잘 정리하고 숫돌로 날을 갈아 녹이 생기지 않도록 한다. 칼자루 구멍에 송진을 끓여 붓고 칼날의 수뇌부분을 박는다. 칼자루에 앞매기를 끼운 다음 주석매기를 한다. 칼집은 사발이, 원장식, 앞 뒷매기를 끼운다. 원장식에 국화를 붙이기 전후에 모래마춤을 한다.[36] 이후 국화를 신주못으로 고정시킨다. 원장식의 고정을 위하여 앞쪽에 구리 못을 박아주고 메뚜기에는 고리를 단다. 고리에는 매듭을 달아 장식의 효과를 더해준다.

2) 도자공예

도자기를 시대순으로 분류하면 토기, 청자, 분청사기, 백자, 석간주, 옹기로 분류할 수 있다.

① 토기

- 토기는 흙으로 만들 수 있는 모든 종류의 그릇을 말한다. 주로 진흙을 600~800℃로 번조하여 신석기시대부터 통일신라시대까지 제작한 용기류를 토기로 명명한다. 신석기시대에는 빗살무늬토기(櫛文土器)와 덧무늬토기(隆起紋土器)가 제작되었다. 기원전 5,000년경 빗살무늬는 물고기 뼈가 배열된 듯 한 종주어골문(縱走魚骨紋)과 횡주어골문(橫走魚骨紋)으로 단순하면서도 규칙적인 모습을 갖추고 있었다. 점차 토기의 형태가 다양해지면서 우점문(雨點紋), 기하문(幾何紋), 타래문, 물결문, 연속문(連續紋), 손톱문(爪紋) 등이 등장하였다. 덧무늬토기는 겉면에 진흙 띠를 붙이거나 겉면을 가늘게 돋게 하여 주둥이와 몸통부분에 무늬를 나타낸 것이다.

- 기원전 2,000년경 청동기시대에는 손이 많이 가고 복잡한 빗살무늬토기를 간략하게 하여 실생활에 적극적으로 사용하려는 의도로 민무늬토기를 탄생시켰다. 민무늬토기는 수비를 거치지 않고 찰흙 태토를 700~900℃로 소성하여 그릇표면에 무늬를 넣지 않은 것이다. 기종은 원저호(圓低壺), 고배(高杯), 장경호(長頸壺), 단경호(短頸壺) 등이며 연질토기(軟質土器)로 제작되었다.

- 철기의 사용으로 문화발달을 이룬 철기시대에는 노천요(露天窯)에서 굴가마(登窯)로 가마가 발전하면서 흑회색 경질토기가 등장하였다. 흑회색토기는 평저발(平底鉢)과 원저호(圓低壺)로 대표되며 문양은 승문(繩紋)과 승석문(繩蓆紋) 등의 타날문(打捺紋)이 주류를 이루었다.

- 토기의 전통은 삼국시대로 이어진다. 고구려는 연질토기로 평저발(平底鉢), 양이호(兩耳壺), 단지 뿐만 아니라 생활용구인 벼루, 베개, 거울 등도 제작하였다. 백제 토기는 흑회

---

[35] 쇠의 강도를 완화시키는 작업인데 갑자기 쇠가 공기와 접촉하게 되면 다시 강해지므로 주의해야 한다.
[36] 모래마춤은 커다란 그릇에 아주 고운 모래를 깨끗이 씻은 후 깔때기로 퍼서 깔때기 밑으로 모래가 빠져 나오는 동작으로 장도의 은은한 광택을 위하여 해주는 동작이다.

색 민무늬 경질토기 제작방법을 바탕으로 사선문(斜線紋), 거치문(鋸齒紋) 등의 문양을 나타냈다. 여기에 불교의 전파로 화장용(火葬用) 골호(骨壺)와 다양한 기대(器臺)를 의식용으로 제작하였다. 신라 토기는 단아한 여성성을 띠는 고배(高杯), 장경호(長頸壺) 등과 정교하고 특이한 상형토기(象形土器), 토우 등이 발달하였다. 가야는 신라토기와 비슷한 회청색 경질토기, 적갈색 연질토기로 날렵하고 세련된 상형토기와 이형토기(異形土器)를 만들었다.

② 청자
- 고려청자는 삼국시대 개발된 고화도 환원번조의 회청흑색토기와 시유토기(施釉土器)의 전통과 중국 도자기의 영향으로 탄생하여 발전할 수 있었다.
- 고려 전기에는 청자의 질과 기형 그리고 문양이 안정되던 시기로 중국의 재반양식과 번조기법이 고려화되고 있었다. 특히 청자의 기법은 음각(陰刻), 양각(陽刻), 철화문(鐵畫紋), 퇴화문(堆花紋) 등이 주를 이루었다. 중기는 가장 고려적인 아름다움을 표출하던 시기이다. 귀족적인 비색청자(翡色靑磁)가 완성되었고 상감기법이 등장함으로써 문양구성이 전성기에 이르렀다. 또한 청자기와가 사용될 정도로 청자의 기형이 상당한 수준에 이르렀다. 후기 13세기에는 몽고침입으로 사회가 극도로 혼란한 시기였기에 날렵하던 기형이 점차 둔해지고 굽도 커지고 비색이 어두워지며 문양도 퇴보하였다. 결국 쇠락한 청자는 조선의 분청사기 모태가 되었다.
- 고려청자는 발전 과정 전반에 걸쳐 만들어졌던 모든 기법과 기형, 색을 기준으로 순청자, 상감청자, 회청자, 진사청자, 화금청자, 철채청자 등으로 나눠진다.
- 순청자(純靑磁)는 청록색으로 장식을 하지 않고 양각, 음각, 상형투조(象形透彫) 등의 기법만을 사용한 것이다. 12세기 중반부터 상감기법의 영향으로 순청자는 퇴조하기 시작하였고, 13세기에는 유약의 질도 저하되었다.
- 상감청자(象嵌靑磁)는 그릇의 표지 위에 각도(刻刀)로 필요한 문양을 선각(線刻)하고, 그 위에 백토 또는 자토를 물에 개어 푼 것을 붓으로 칠한 뒤 기면을 닦아내고 번조한 것이다.
- 회청자(繪靑磁)는 백토나 자토를 붓에 묻혀서 기면에 그림을 그린 것이다.
- 진사청자(辰砂靑磁)는 청자태토 위에 유약을 바르기 전 산화구리(CuO) 안료로 장식하여 붉은 색을 나타낸 것이다.
- 화금청자(畫金靑磁)는 소성된 청자의 표면에 니금(泥金)으로 도문(圖紋)을 장식한 것이다.
- 철채청자(鐵彩靑磁)는 청자의 표면에 철분으로 된 채료(彩料)를 바르고 문양은 백토 안료를 이용하여 퇴화(堆花)기법으로 그려 넣는 것이다.
- 상형청자(象形靑磁)는 중국의 고동기(古銅器)를 바탕으로 제작하기 시작한 것으로 12세기 왕실의 후원으로 도교가 구체화되면서 상형청자는 귀족층의 요구에 따라 도교를 소재로 대량생산을 하였다.

③ 분청사기
- 분청사기는 '분장회청사기(粉粧灰靑沙器)'의 준말로 1940년 일본인이 명명한 '미시마(三島)'를 대신하여 고유섭선생이 최초로 사용한 단어이다. 분청사기는 회색(灰色) 또는 흑회색(黑灰色)의 태토 위에 자토를 분장하고 그 위에 청색 또는 회청색의 유약을 시유한 것이다.
- 분청사기는 타락한 상감기법에 그 연원을 두며 14세기 후반부터 제작되기 시작하여 조선왕조의 기반이 닦이는 세종년간을 전후하여 그릇의 질이나 형태 및 문양의 종류, 문양을 넣는 시문기법 등이 크게 발전하여 절정을 이루게 되었으나, 15세기 후반부터 국가의 보호를 받지 못해 생산은 점점 소규모화되면서 16세기 중엽 이후에는 분청사기의 생산이 급격히 줄었고, 양란 이후에는 거의 소멸되었다.
- 분청사기는 청자나 백자에서 볼 수 없는 자유분방하고 활력이 넘치는 실용적인 형태와 다양한 분장기법 그리고 의미와 특성을 살리면서도 때로는 대담하게 생략, 변형시켜 재구성한 문양을 나타낸다. 이러한 특징은 분청사기가 유교의 사회기반 위에서 성장하였고, 고려 이래 불교와 함께 표면상으로는 나타나지 않았지만 은연 중에 깊은 뿌리를 내리고 있었던 지방마다 특색이 있는 전통의 영향이기도 하였다.
- 분청사기는 분장 기법으로 문양을 표현하는 것으로 상감, 인화, 박지, 조화, 귀얄, 덤벙, 철화기법으로 나눌 수 있다.
- 상감기법은 문양의 음각선에 백토나 자토를 넣어 유약을 입혀 소성한 것으로 고려청자의 상감기법을 계승하였다.
- 인화기법은 도장과 같은 시문도구를 이용하여 기면에 거의 공간을 남기지 않고 문양을 찍은 다음, 음각된 부분에 백토를 분장하여 대량생산이 가능하도록 한 기법이다.
- 박지기법은 기벽에 백토를 분장한 후 표현하고자 하는 문양을 음각으로 그리고 문양이외의 배경을 긁어내는 기법으로 백색과 태토의 회색이 대조를 이룬다.
- 조화기법은 박지기법과 유사한 것으로 백토 분장을 한 후 원하는 문양을 선으로 조각하여 백색 바탕에 회색의 문양이 보이도록 하는 음각기법이다.
- 귀얄기법은 귀얄(풀, 물감을 칠하는데 쓰는 솔)로 현탁액(懸濁液)상태의 백토를 바르는 것으로 대량생산하는 막사기에 많이 사용하는 기법이다.
- 덤벙기법은 굽을 제외한 그릇의 기면 또는 그릇 전체를 백토물에 넣었다 꺼내는 기법이다.
- 철화기법은 우선 귀얄로 분장한 후 흑색이나 흑갈색의 철분안료를 붓에 찍어 문양을 나타내는 기법이다.

④ 백자
- 백자는 태토와 유약이 무색투명한 순백색으로 박락(剝落 : 발라 놓은 칠이 벗겨지는 현상)과 빙열(氷裂)이 없이 1,300~1,350℃로 번조한 것으로 청자를 뛰어넘는 최고의 경지이다. 성리학이 상징하는 검소, 질박(質樸), 결백은 백색의 아름다움과 연결되었고 이에 심취한 사대부의 적극적인 지원으로 백자는 발전할 수 있었다.

- 조선 전기는 조선백자가 완성되어가던 시기로 상감백자와 분청사기가 유행하였다. 이때 청화백자는 중국의 양식을 모방하면서 점차 한국적 색채를 찾아가고 있었다. 중기에는 임진왜란으로 백자의 질이 떨어지고 제작기법도 지저분해져서 굽에 증이 상당수 남아있게 된다. 상감백자, 분청사기는 완전히 사라지고 철회백자, 청화백자, 순백자가 양적으로 주종을 이루게 되었다. 후기에는 사옹원(司饔院) 분원이 경기도 광주로 이전하였다. 1883년 분원이 민영화되고 한일합방으로 일본기술이 유입되면서 장식의장(意匠)은 화려해지지만 제작기술은 오히려 후퇴하였다. 이후 조선백자는 점차 쇠퇴하여 고유성이 사라지게 되었다.
- 백자는 표현양식에 따라 그릇표면에 여러 기법으로 장식을 하여 실용적인 측면과 미적인 감각을 보이고 있다. 기법에 따라 순백자, 상감백자, 청화백자, 철회백자, 진사백자로 구분된다.
- 순백자(純白磁)는 태토와 유약 외에 다른 물질을 사용하지 않는 순수한 백색의 자기를 말하며 아무런 장식을 하지 않는 소문(素紋)과 양각, 음각, 투각(透刻) 등으로 시문을 한다.
- 상감백자(象嵌白磁)는 백자표면에 문양을 음각하고 자토(赭土)를 메워 넣은 다음 표면을 매끄럽게 다듬은 뒤 시유(施釉)하여 문양이 나타나도록 하는 기법이다.
- 청화백자(青華白磁)는 기벽에 회청(回青)이라 불리는 산화(酸化)코발트(CoO) 안료로 문양을 그린 뒤 투명한 장석계(長石系)유약을 입혀 번조한 것이다.
- 철회백자(鐵繪白磁)는 백토로 기형을 만들어 초벌구이를 한 후 기면에 철사(鐵砂)안료로 문양을 그린 것이다.
- 진사백자(辰砂白磁)는 산화동(酸化銅) 성분으로 문양을 그린 것이다.

⑤ 석간주
- 석간주는 붉은 산화철을 다량 함유한 검붉은 흙으로 석회암이나 혈암 등이 분해된 돌 사이에서 나며 고급안료의 재료로 쓰였다. 이 산화철 흙을 안료로 하여 백자 태토 위에 바른 후 소성하면 철색, 고동색 등을 띠게 되는데 이러한 자기를 석간주라 명명한다. 이처럼 석간주는 철분을 다량 함유한 검붉은 흙과 이것을 발색안료로 하고 여기에 회(灰), 약토(藥土), 석회석을 용융제로 하여 만든 유약과 이를 발라 번조한 자기를 통칭한다.
- 영조실록의 기록을 보면 "자기에 그림을 그려 넣음에 옛날에는 '석간주'를 사용했는데 듣건대 지금은 '회청화(回青畵)'를 쓴다 이르니, 이 또한 사치스런 풍조가 아닌가, 따라서 앞으로는 준(樽) 외에는 청화의 사용을 일절 금한다."고 하였다. 여기서의 석간주는 바로 산화철 안료 즉 철사(鐵砂)를 말한다.
- 한편 산수화와 인물화의 살빛을 나타낼 때도 채료(彩料)로서 석간주가 주로 사용되었다. 또한 단청이나 도자기의 재료로 쓰이는 석간주는 철을 구워 녹이 슨 산화제이철(Fe_2O_3, ferric oxide)로 만들거나 황산제이철(ferric sulfate) 즉, 녹반(綠礬)을 구워 만드는데 농적색, 대황적색, 담적색 등 다양한 색상을 띤다.

- 이와 같이 천연산 산화철을 함유한 흙이나 산화철을 배합한 색유약을 철유(鐵釉)라고 하는데 석간주유, 적철유(赤鐵釉), 철사유(鐵砂釉), 흑유, 천목유(天木釉), 이라보유(伊羅保釉) 등이 모두 여기에 속한다.
- 조선후기 전국 각지에서 제작된 석간주자기의 주된 기형은 항아리와 병과 같은 생활용기였다. 소지(素地)는 백자토를 사용하였으나, 기벽이 두꺼워서 무거운 편이며 그릇의 밑과 굽바닥은 거칠다. 주된 수요층은 일반 서민들이어서 질보다는 양 위주로 생산하였기 때문에 품질은 좋지 않았다. 그러나 거친 듯 숙달된 솜씨는 소박하면서도 신선한 감마저 돈다. 가장 큰 특징은 다각(多角)항아리에서 보듯 몸체를 각면(角面)으로 깎은 그 특이한 조형감각에 있다.

⑥ 옹기

- 옹기는 잿물유약을 입힌 오지그릇과 그렇지 않은 질그릇을 통칭하여 일컫는다. 질그릇은 신석기시대부터 사용하였던 것으로, 찰흙만으로 600~800℃의 온도에서 번조한 것이다. 굴뚝과 아궁이를 막아 불완전환원번조(不完全還元燔造)를 하여 검댕을 입힌 검은 질그릇과 자연스럽게 공기가 통하게 하여 산화번조(酸化燔造)한 붉은 질그릇으로 나눠진다. 비교적 물 흡수력이 강하고 수분 조절이 가능해 청정작용(淸淨作用)을 한다. 또한 연질도기(軟質陶器)의 형태이므로 쉽게 깨지는 성질을 갖고 있어, 자연토화현상의 진행이 용이하다. 부엌용, 농사용, 생활용 등으로 폭넓게 사용되었다.
- 오지그릇은 발음상으로 오지(烏只), 어지(於芝) 등으로 쓰이며, 옻그릇 또는 칠그릇(漆器)이라고도 부른다. 찰흙을 태토로 오짓물(잿물유약)을 입혀 사용한다. 1,100~1,200℃의 온도에서 산화번조(酸化燔造)하여 경질도기(硬質陶器)의 형태를 나타낸다. 다소 거칠고 광택이 적으며 기교 면에서도 섬세하지 못하지만 옹기와 비슷한 관계로 도기, 옹기그릇, 오지 등으로 불리다 결국 옹기의 개념으로 흡수되었다.
- 옹기는 원래 '甕'이라는 항아리를 지칭하던 용어에서 비롯되었는데, 시간이 흐르면서 도기(陶器) 전체를 아우르게 되었다. 찰흙을 태토로 성형한 후 식물성 부엽토(腐葉土)의 일종인 약토(藥土)와 재를 섞은 잿물을 입힌 후 1,100~1,200℃의 온도에서 1회소성한 용기이다. 저장용과 발효용을 비롯하여 일상 생활용기의 대부분에 쓰였다.
- 옹기는 일상생활에서 다양한 쓰임새 즉 식품의 저장, 발효, 가열, 운반 등의 목적으로 사용되었다. 용도에 따라 저장용, 부엌용, 농사용, 생활용 등으로 분류할 수 있다. 옹기는 실용성과 견고성을 바탕으로 만들어진 용기이다. 다른 재질의 도구에 비하여 다음과 같은 통기성, 발효성, 경제성, 저장성, 다양성 등의 특성을 갖고 있다.

3) 가구공예

① 가구의 개념

- 가구는 실내에 배치하여 생활에 사용하는 필수품으로 신체를 지탱하고 인간의 행동과 생활양식을 대변하며 또한 사용자와 주거공간 사이를 서로 긴밀하게 연결시켜 주는 수단으로 정서적인 안정감을 제공해 준다. 가구는 대화, 식사, 수면, 휴식, 수납, 작업 등의 다양한 생활이 원활하게 이루어지도록 하는 실용적인 도구인 동시에 장식적인 기능도 갖고 있다. 따라서 용도에 따라 각각의 기능을 만족시켜야 하며,[37] 사용자의 취미를 대변하는 상징성도 지니고 있어야 한다.[38]

- 가구는 우리나라 양식과 서양 양식으로 분류할 수 있다. 우리나라의 가구는 나무의 자연미를 살려 소박하고 단순한 형태로 몇 개의 직선을 이용하여 구획한 방형(方形) 혹은 장방형(長方形)으로 표면에 장식이 거의 없다. 간혹 표면에 나전칠기(螺鈿漆器)나 화각(華角) 등으로 기교를 부리기도 하였으나, 일반적으로 목리(木理)를 그대로 살렸다. 서양의 가구는 붙박이와 이동식으로 나뉜다. 붙박이 가구는 주거공간의 벽에 가구를 고정시킨 것으로 가구의 면적을 줄여 공간의 유용성을 높이고 심리적인 안정감과 영구성을 주는 장롱, 책장 등을 의미한다. 이동식 가구는 의자, 침대, 탁자 등과 같은 개개의 구성단위로 유동성과 융통성을 가진 가구이다.

② 재료

우리나라 국토의 70%는 산지로서 수목의 종류가 1,556여 종에 이르고 있지만 재목으로는 109종만을 사용하고 있다. 이 중 알맞은 나무를 선별하여 재질에 따라 골재(骨材), 판재(板材), 부재(附材)로 구분하여 가구를 제작하였다. 골재는 소나무, 배나무, 가래나무, 호두나무, 은행나무 등을 사용하였고, 판재는 오동나무, 박나무, 가시나무, 피나무, 전나무, 느티나무 등을 사용하였고, 부재는 회화나무, 버드나무, 느티나무 등을 사용하였다. 나뭇결이 화려한 먹감나무, 용나무, 괴목근 등을 이용하여 치장하였고, 그 외 나전, 화각, 도장 등을 이용하여 표면을 장식하였다.

---

37) 기능적으로 보면, 앉는 의자, 소파 등이 있고, 물건을 올려놓는 탁자, 식탁 등이 있으며, 자거나 기대는 침대와 수납하는 서랍장, 옷장 등이 있다.(박기태, 「대칭가구와 분리형 가구디자인 연구」, 중앙대학교 석사학위논문, 2009, 4쪽.)

38) 윤복자·지순, 「기초 주거학」, 신광출판사, 1991, 191~192쪽.

나무의 수축과 팽창으로 인한 뒤틀림과 휘어짐을 대비하여 단단하고 가느다란 골재로 면을 나누고 홈을 파서 판재를 끼워 넣는 짜임[39]의 목공기법과 대못(竹釘), 부레풀(魚膠), 아교(阿膠)를 이용하여 내형의 견고함과 외형의 아름다움을 이룰 수 있었다.[40]

ⓐ 나무는 감나무, 오동나무, 느티나무, 물푸레나무, 자작나무, 참나무, 피나무, 향나무, 박달나무, 소나무, 은행나무, 잣나무, 느릅나무, 호두나무, 배나무, 엄나무, 가시나무, 비자나무 등이 있다.

- 감나무는 경기도 이남지역에서 자생하는 종으로 재질이 연하고 치밀하다. 감나무 중 심재가 검은 감나무는 먹감나무라 하여 각종 가구의 대칭별 아름다움을 표현할 때 많이 쓰였다.
- 오동나무는 현삼과(玄蔘科)로 가볍고 나무가 잘 트지 않아 판재나 악기재료로 쓰였다.
- 느티나무는 느릅나무과에 속하는 낙엽교목으로 평안남도 및 함경남도의 해발 500~1,200m 고지에서 자생한다. 무겁고 단단하며 나뭇결이 곱고 잘 썩지 않아 불상, 가구 등의 견고한 제품에 쓰였다.
- 물푸레나무는 물푸레나무과에 속하는 낙엽활엽수로 재질이 치밀하고 강인하여 도끼자루, 괭이자루, 도리깨 등에 쓰였고 해열, 진통, 소염, 류머티즘, 통풍, 기관지염, 장염, 설사, 이질, 대하증 등을 치료하는 약재로도 쓰였다.
- 자작나무는 잘 썩지 않아 너와지붕이나 기름의 원료 혹은 종이재료로 쓰였다.
- 참나무는 북반구에 넓게 자생하는 참나무과에 속하는 교목으로 종류만도 200~300여가지로 이 중 떡갈나무는 목재가 단단하고 색이 고와서 공구의 손잡이, 수레의 바퀴 등에 쓰였다.
- 피나무는 피나무과에 속하는 낙엽활엽수로 목질이 좋고 치밀하여 함지, 절구, 이남박 등의 용구에 쓰였고 껍질은 밧줄, 망, 끈 등에 쓰였다.
- 향나무는 측백나무과로 목리(木理)가 미려(美麗)하고 향기가 좋으며, 가볍고 가공하기 쉬워 가구와 향으로 쓰였다.
- 박달나무는 자작나무과로 무겁고 단단하며 결이 고와 목활자, 조각재로 쓰였다.
- 소나무는 쉽게 구하고 가공이 쉬우며, 건조가 잘되고 방수성이 좋아 가구, 악기, 건축재 등에 쓰였다.

---

39) 짜임의 종류에는 각재 짜임과 판재 짜임이 있다. 각재짜임은 맞짜임, 턱짜임, 연귀짜임, 장부짜임 등이 있다. 맞짜임은 두 목재를 맞대는 짜임이고, 턱짜임은 목재의 옆면을 따내 걸치거나 끼우는 짜임이다. 연귀짜임은 45로 짜 맞추어 직교하거나 경사지게 교차하는 짜임이다. 장부짜임은 목재의 장부구멍을 파서 끼워 맞추는 짜임이다. 판재짜임은 사개짜임, 맞짜임, 연귀짜임, 장부짜임 등이 있다. 사개짜임은 판재와 판재가 서로 맞물리도록 끼워 짜여진 부위를 노출시키는 짜임이고, 맞짜임은 두 목재의 접합부위를 직각으로 맞대는 짜임이다. 연귀짜임은 45°로 경사지게 각 경사면이 맞닿도록 하는 짜임이고, 장부짜임은 장부구멍을 파서 끼워 맞추는 짜임이다.(김희수·김삼기, 「민속유물이해 Ⅰ 木家具」, 국립민속박물관, 2003, 617~620쪽.)
40) 국립중앙박물관, 「국립중앙박물관」, 2007, 219쪽.

- 은행나무는 중국이 원산지로 삼국시대 불교의 전래와 함께 수입된 것으로 목리가 좋고 조직이 치밀하며 독특한 향이 있어 소반, 반닫이, 궤 등에 쓰였다.
- 잣나무는 목리가 아름답고 재질이 가벼우며 가공이 용이하여 건축재, 가구에 쓰였다.
- 느릅나무는 잘 휘어지고 잘 갈라지지 않으며, 나뭇결이 복잡하고 심재가 어둡고 검푸른 느낌이 있어 서안, 문갑, 제기 등에 쓰였다.
- 호두나무는 목질이 단단하고 추밀하며, 윤택이 나고 휘거나 터지는 일이 없어 고급가구의 골재와 판재로 쓰였다.
- 배나무는 나뭇결이 뚜렷하지 않으나 치밀하고 견고하여 장, 문갑, 능화판 등에 쓰였다.
- 엄나무는 황백색과 회갈색을 띠며, 광택이 좋으나 갈라지기 쉬운 가시가 있는 나무로 잡귀를 쫓는다 하여 대문 위에 꽂아두었다.
- 가시나무는 제주도에서만 자생하는 상록활엽수로 재목이 단단하고 탄력이 있어 가구에 쓰였다.
- 비자나무는 성장이 느린 대신 조질이 치밀하여 탄력성이 좋고 향기가 있어 바둑판이나 선박재로 쓰였다.

ⓑ 나전[41]은 소라, 전복, 진주 등의 조개껍질을 가공하여 백골(栢骨) 위에 붙여 문양을 만드는 방법이다. 가공법에 따라 상감법과 부착법이 있다. 상감법은 파고박기와 눌러박기 2가지가 존재한다. 파고박기는 백골에 상감할 문양을 그려 새김칼로 파낸 뒤 재료를 넣고 칠하는 방법이고, 눌러박기는 백골 바탕에 옻칠을 두껍게 한 뒤 굳기 전에 재료를 눌러 고착한 뒤 갈아내는 방법이다. 부착법은 접착제를 이용하여 나무에 자개를 붙인 뒤 뜨거운 인두로 고착시키는 방법이다.

ⓒ 화각[42]은 따뜻한 물에 소뿔을 불려 펴서 각지(角地)로 만든 뒤 그 위에 붉은색, 노란색, 초록색 등의 화려한 석채(石彩)로 그림을 그려 백골표면에 붙어 장식하는 기법이다. 대모(玳瑁)[43]를 구하기 어려워 이용하기 시작하였다.

ⓓ 옻칠[44]은 옻나무 즙을 도료로 이용하여 가구를 매끄럽고 단단하게 도장[45]하는 것으로 생칠, 숙칠, 주칠, 흑칠, 황칠 등으로 분류된다. 생칠은 옻나무 껍질에서 흐르는 액체 상태를 바로 칠하는 것이고, 숙칠은 옻나무를 불에 쬐여 받은 즙으로 칠하는 것이다. 주칠

---

41) 강재석,「조선시대 家具의 現代化방안 연구 : 사랑방가구를 중심으로」, 경일대학교 석사학위논문, 2004, 13쪽.
42) 위의 논문, 13쪽.
43) 대모는 거북이 등껍질로 크기는 최장 85cm, 보통 60cm 이하이다. 심망모양으로 반투명한 누런 바탕에 암갈색 구름문양이 지붕의 기와처럼 서로 포개져 있다.(윤병화,「장도문화(粧刀文化)에 관한 고찰(考察)」,「조선여인의 은장도 그 순결함」, 옛터민속박물관, 2008, 108쪽.)
44) 강재석,「조선시대 家具의 現代化방안 연구 : 사랑방가구를 중심으로」, 경일대학교 석사학위논문, 2004, 13쪽.
45) 가구의 도장은 나뭇결을 살리고 장식적 효과를 얻기 위하여 사용하기도 하지만 내구성을 위하여 사용하기도 하였다. 호도기름, 콩기름, 들기름 등을 끓여서 풀과 같이 칠하는 임도법(荏塗法), 나뭇결을 인두로 검게 태워 볏짚으로 문지르는 유목법(油木法) 등의 유도장(油塗裝)과 옻칠을 하는 칠도장(漆塗裝)이 있다.

은 주(朱)라는 도료를 생칠과 혼합하여 칠하는 것이고, 흑칠은 숯가루와 황토를 불에 구워 만든 지분을 생칠과 혼합하여 칠하는 것이다. 황칠은 도서지방에서 생산하는 황갈색이 나는 황칠나무의 즙을 이용하여 지장, 도배지 등에 사용하는 칠기법이다.

4) 직물공예

① 과거의 길쌈과 바느질은 여자들이 익혀야 할 중요한 일거리 중의 하나였다. 현재에는 한산모시짜기, 곡성의 돌실나이, 나주의 샛골나이, 명주짜기, 매듭, 자수, 침선 등이 중요 무형문화재로 지정되어 있을 뿐 이밖에도 수많은 장신구와 생활용품들이 직물공예를 바탕으로 제작되었으며 직물공예품은 과거 우리나라 여성들의 창의성과 미의식을 알 수 있게 하는 다양하고 보편적인 공예품이라고 할 수 있다.

② 전통매듭은 구전이나 기능적으로 전승되었는데 이것은 매듭의 기법이나 배열이 단순하고 일정한 격식에 의해서 작품을 만들어 왔기 때문이다. 그러나 이처럼 단순한 기법에 비하여 용도와 종류는 대단히 다양하고 광범위하였는데 노리개 주머니 등의 패물과 장신구는 물론이며 궁중예복, 실내장식, 국악기장식, 복식에까지 활용되었다

③ 자수는 크게 궁중의 자수와 민간의 자수로 나눌 수 있다.
- 궁중의 자수는 훌륭한 기술과 완비된 시설을 갖추고 놓여졌으며, 금사와 은사 등의 재료까지 마음대로 사용하여 작품을 제작하였고, 밑그림을 그려 주는 화공과 염색을 전문으로 하는 장인까지 있어 빛깔이 청초하고 고운 실을 만들어 내었다.
- 민간의 자수는 솜씨가 세련되지는 못했지만 내용이 풍부하고 유형이 다양하였으며 가족에 대한 여러 가지 기원이 담겨 있다.
- 조선시대 자수공예는 민간에서 여성들의 손에 의해 창작된 것이 많았으므로 이 속에는 조선 여성들의 문화적인 생활 기풍과 예술적 재능이 깃들어 있다고 할 수 있다.
- 종류로는 병풍이나 족자로 된 자수와 갖가지 생활 용품을 수놓아 만든 것이 있었으며 문양은 자연문양, 식물문양, 동물문양, 상상의 동식물 문양, 물고기 문양, 길상어 문양, 기하학적인 문양, 인물문양 등이다.

④ 보자기는 우리나라 고유의 생활용품으로서 천으로 제작된 것이 주종을 이룬다. 보자기는 협소한 주거 공간에서 자리를 적게 차지하는 가재도구로서 요긴하게 사용되었다. 보자기는 대표적인 양식으로 조각보와 수보(繡褓)로 구분한다.
- 조각보는 남은 자투리들을 활용해서 만든 것으로, 폐품 활용의 측면과 천 조각을 이어 붙이는 과정에서 보여지는 면과 색의 구성미에 의미를 둘 수 있을 것이다.
- 수보는 수보 문양의 상징적인 의미와 자연계의 기본 색상이라고 하는 오색(五色)을 주조색으로 사용하고 작은 단위까지 다색의 실로 메움으로써 전체적으로 화려한 색동의 느낌을 준다는 점을 주목해 볼 수 있을 것이다.

5) 종이공예

① 한지공예는 조선시대 중엽부터 말기 이후까지 제작되어 널리 사용되어 온 생활용품이다. 이것은 궁중이나 사대부 집안에서 일반 서민층에 이르기까지 고르게 사용되었으며 생활필수품으로서의 기능성과 더불어 장식적인 효과를 함께 갖추고 있어 색채의 아름다움과 조형미, 선을 잘 소화시켜 만든 공예품이었다.

② 전통 가옥의 창호지는 모두 한지가 사용되었는데 한지공예품들은 이 창호지의 폐지들을 모아 만들어졌으므로 폐지의 재생이라는 목적을 가지고 있었다. 또한 종이는 여성들도 쉽게 다룰 수 있다는 재료적 특성을 지녔기 때문에 실생활에 많이 쓰였고, 여기에 나타난 무늬들은 신앙적 의미와 함께 여성적 특성을 잘 반영하고 있는 것들이다.

③ 종이공예는 지승기법, 지호기법, 지장기법 등의 제작 방법이 있다. 지승기법은 종이 노끈을 엮어서 만드는 것으로 동고리 방석 포장지 자리 미투리 등으로 활용되었다. 지호기법은 종이를 두껍게 여러 겹 덧붙여서 그릇이나 가구의 고격을 만드는 것이며, 여러 가지 색으로 물들인 종이를 오려서 무늬를 만들고 기물에 장식하는 지장기법 등으로 나뉜다.

04 축제

01 축제의 개념

축제는 인류의 역사와 함께 시작된 개념으로 시대와 지역을 초월하며, 전 세계인들이 즐기는 일(事)이다. 따라서 축제에 대한 정의는 학자마다 다양한 시각에서 정의하고 있다.

축제의 개념[46]

구분	정의
Getz	일반시민의 주제가 있는 기념(일반 대중이 참여하지 않는 축제는 진정한 축제가 아니라고 정의)
L. Fredericksen	개인 또는 공동체에서 특별한 의미가 있거나 결속력을 주는 사건 또는 시기를 기념하여 의식을 행하는 행위
Balandier	동요와 풍성함 속에서 근원적 혼란을 야기시키는 혁신적인 기도
Durkheim. E	성(聖)과 속(俗)의 구분이 없어지는 사회적 통합 행위
Falassi	종교적 또는 세속적인 축하의식의 시간을 경축하는 특별한 관례로 일종의 전시 박람회이며 연중행사
장뒤뷔노	모호한 일상생활의 습관과 규칙을 지키는 타성에서 벗어나는 것
김규원	일상적인 것들을 걷어치우고 정해진 시간 동안 무엇인가를 경축, 긍정, 기념하는 특수한 시간을 갖는 것
야은숙	생활공동체를 기반으로 성립되어 그 집단의 구성원들이 벌이는 제사이고 잔치이며 놀이
문화체육부	탈종교화, 탈지역화되고 있는 현대사회의 카오스적인 흐름에 맞서 일정한 지리적 범위 내에서 지역의 정체성과 공동체성을 회복하고 지역의 동질성과 자립을 추구하는 대별되는 의미를 지닌 것

---

[46] 신혜영의 논문, 박인철의 논문, 문화체육부 등의 정의를 재조합하여 정리하였다.(신혜영, 「문화예술축제 참여주체의 역할 분석 – 과천마당극제를 사례로」, 서울대학교 석사학위논문, 2002, 5쪽 ; 박인철, 「지역축제의 문제점과 개선방안에 관한 연구 – 대전광역시를 중심으로 –」, 고려대학교 석사학위논문, 2009, 6쪽 ; 문화체육부, 「한국의 지역축제」, 문화체육부, 1996, 15쪽.)

이처럼 축제에 대한 정의를 살펴본 결과 축제는 개인이나 공동체에 특별한 의미가 있는 날, 기간에 행하는 의식과 부수적인 행위들을 의미하는 것으로 세월이 흐르면서 종교적인 제의보다는 휴식과 유희를 위한 것으로 변화하고 있다. 또한, 축제는 현실로부터 잠시 벗어날 수 있는 기회를 제공하며 공동체의식을 형성하여 집단의식의 체화(體化)로 인한 공동체의 견고화를 이룰 수 있음을 의미한다.

02 축제의 효과

축제는 지역의 문화발전과 경제활성화를 이룰 수 있으며, 지역문화를 보존하고 전수함과 동시에 지역문화를 널리 알릴 수 있는 수단이다. 따라서 축제의 효과를 분류하면 경제적, 사회적, 환경적 측면에서 긍정과 부정으로 나눌 수 있다.[47]

| 축제의 효과 |

구분	긍정	부정
경제적 측면	• 회화 획득 • 고용 창출 • 소득 증대 • 경제구조의 개선	• 토지세의 상승으로 부동산 투기 유발 • 타 산업에 대한 고용의 불안정성 • 외지자본 의존에 의한 대외종속
사회적 측면	• 교육적 효과 • 정보교환 촉진 • 상호이해 증진 • 사회, 인종, 종교적 장벽 타파 • 새로운 사상의 도입 • 문화교류 • 전통문화예술의 발전 • 향토애 고취	• 문화적 갈등 • 외국인 위화감 조성 • 가치관의 혼란 • 범죄의 증가 • 도박 및 매춘 • 알코올 및 약물중독 • 문화의 상품화로 인한 변질 • 퇴폐풍조 고조
환경적 측면	• 자연적 환경의 보존 • 하부구조의 개발에 따른 생활환경 수준의 개선	• 수질오염 • 대기오염 • 동식물의 생태변화 • 쓰레기 처리 문제 • 교통 혼잡 및 소음 공해 • 건축공해

---

47) 유승우, 「지역축제가 농촌지역 활성화에 미치는 영향」, 한국농촌경제연구원, 2004, 25쪽.

03 축제의 유형

축제의 유형을 명확하게 구분할 수 있는 기준은 없지만 문화체육부에서는 개최 목적과 프로그램 구성 형태에 따라 다음과 같이 분류하고 있다. 이러한 분류에서는 축제가 지향하는 방향성, 운영방식, 규모, 개최목적 및 프로그램으로 구분한다.[48]

① 축제가 지향하는 방향에 따른 유형으로는 내부지향형 축제, 외부지향형 축제, 쌍방향 축제가 있다.

┃ 지향성에 따른 분류 ┃

축제유형	내용
내부지향형 축제	지역민들의 애향심을 불러일으키거나 내 고장에 대한 역사의식을 고취시키며, 단결과 화합 및 공동체 의식 함양 등의 지역사회 내부를 목표로 하여 실시되는 축제로 현대 문화적 요소를 중심으로 프로그램이 구성되는 사회·문화적 목적을 가진 축제
외부지향형 축제	지역의 정체성을 기초로 하여 지역의 관광 및 산업발전 등 지역의 자연적 조건이나 사회 경제적 환경을 중심으로 구성된 지역 축제로 관광객 유치 확대를 통한 지역경제 활성화를 목적으로 하는 축제
쌍방형 축제	내부 지향을 통하여 지역 발전과 정체성 확립에 기여하고 이를 토대로 지역사회의 대외적인 성장을 함께 추구하는 방식의 축제

② 축제를 운영하는 방향에 따른 유형으로는 국가 중심형 축제, 지방자치단체 중심형 축제, 민간 주도형 축제, 주민 중심형 축제, 대행사 중심형 축제, 네트워크형 축제 등이 있다.

┃ 운영방식에 따른 분류 ┃

축제유형	내용
국가 중심형 축제	중앙정부가 주도하는 축제
지방자치단체 중심형 축제	지방자체단체가 주도하는 축제
민간 주도형 축제	추진위원회 등의 민간조직을 결성하여 민간조직이 중심이 된 축제
주민 중심형 축제	주민 스스로 만들고 운영하는 순수 주민형 축제
대행사 중심형 축제	전문 대행사가 모든 행사를 기획·운영하는 축제
네트워크형 축제	주민, 자치단체, 대행사 등이 함께 네트워크를 이루어 운영하는 축제

---

[48] 김충희, 「지역축제의 활성화 발전 방안 연구 – 대전광역시 서구 갑천문화제를 중심으로」, 배재대학교 석사학위논문, 2011, 11쪽.

③ 축제 규모에 따른 유형으로는 대규모 축제(박람회), 중대형 축제(문화관광축제), 중소형 축제(지역축제), 소규모 축제(상가축제) 등이 있다.

∥ 규모에 따른 분류 ∥

축제유형	형태	주최	개최주기	개최기간	참가자 수
대규모 축제	박람회	정부, 시, 도	2년, 4년	20~90일	100만 이상
중대형 축제	일반축제	시, 군	1년	3~10일	10~30만
중소형 축제	일반축제	시, 군, 읍	1년	3~7일	5~10만
소규모 축제	특산물축제, 상가축제의 형태	상인조합, 마을단위	1년, 6개월	1~7일	5만 이하

④ 축제의 개최목적 및 프로그램 구성형식에 따른 유형으로는 개최목적에 따라 주민화합 축제, 관광축제, 산업축제, 특수목적축제 등이 있고, 프로그램 구성형식에 따라 전통문화축제, 예술축제, 종합축제, 기타 축제 등이 있다.

∥ 개최목적 및 프로그램 구성에 따른 분류 ∥

분류기준	유형	내용
개최목적	주민화합 축제	해당 지역에서 전통적으로 개최되어 온 전통문화축제로 시·군민의 날 기념하는 축제
	관광축제	관광객의 유치와 관광수입 증대를 통한 지역경제발전을 목적으로 개최하는 축제
	산업축제	관광축제를 제외한 다른 산업분야로 농림축산업, 어업, 상업 등의 발전을 목적으로 개최하는 축제
	특수목적 축제	환경보호, 역사적 인물, 사실을 추모하거나 재현하는 것을 목적으로 개최하는 축제
프로그램 구성형식	전통문화축제	지역의 전승설화나 풍습에 유래하여 개최되는 축제로 전통적인 제례의식, 전통의식, 전통예술 및 민속놀이 위주로 구성된 축제
	예술축제	축제의 프로그램 구성의 문학, 미술, 음악, 무용, 연극 등 서구 문화적이거나 현대적인 전시예술 및 공연 위주로 구성된 축제
	종합축제	축제의 프로그램 구성이 전통문화축제 형식, 예술축제 형식, 체육행사 및 현대적인 오락 프로그램 등으로 혼재되어 있는 축제
	기타 축제	체육행사를 비롯한 오락프로그램 위주의 축제로 아가씨 선발대회 위주의 축제, 추모행사 형식 및 이와 관련된 학습행사 등으로 구성된 축제

05 놀이

민속놀이는 민중에 의하여 자연 발생적으로 발생하여 오랫동안 민간에서 전해져 내려오던 문화이다. 따라서 민속놀이는 해당 지역이나 민족의 여러 가지 문화가 집약되어 있다. 그동안 불합리하거나 맞지 않는 것, 복잡한 것 등이 빠지고 새로운 것이 덧붙여 보완되면서 현재의 놀이 형태로 남게 되었다. 또한 놀이는 문화이기 때문에 유기체처럼 사라지기도 하고, 약화되기도 하고 새로운 형태로 진화되기도 한다.

01 놀이의 배경

민속놀이는 놀이가 전승되고 있는 집단의 성격에 따라 전문놀이와 일반놀이, 시기에 따라 세시놀이와 평상놀이, 연령층에 따라 어른놀이와 아이놀이, 성별에 따라 남자놀이와 여자놀이, 인원에 따라 집단놀이와 개인놀이 등으로 나눌 수 있다.

이런 놀이의 생성배경을 보면 놀이를 통해 공동체 의식을 기르고 이웃과 전통놀이를 함께 즐김으로써 일상적인 생활의 합리화를 도모하고 단조로움에서 벗어나 정서적으로 위안을 받으며 공동체에서 오는 공감대를 형성할 수 있다. 따라서 단순한 오락적인 요소보다는 과학성과 창의성을 바탕으로 지역주민이 갖고 있는 공동 관심사를 반영한 놀이문화가 만들어졌다.[49]

또한, 놀이는 신앙과 시대적 측면을 가지고 있다. 전통사회에서 놀이는 일종의 제사의식이며, 남녀유별, 장유유서 등 시대적 가치관이 반영되어 하늘에 대한 제의식과 반상, 문무, 남녀노소에 따라 즐기는 놀이가 구분되어 시행되었다. 하지만 세월을 거치면서 원래의 의도가 줄어들고 오락성이 강조되면서 놀이로 정착·발전하였다.[50]

---

[49] 우리 선조들은 놀이를 통해 땀 흘려 일한 끝에 잠시 쉬며 즐김으로써 더 효율적인 힘을 얻었고 일과 대칭되도록 놀이를 행하였다.(심우성, 「한국전통예술개론」, 동문선, 2001, 7쪽.)

[50] 정숙임, 「민속놀이도구가 평형성 발달 및 체육학업에 미치는 영향」, 진주교육대 석사학위논문, 2008, 7쪽.

하지만 민속놀이가 현대에 와서 하나의 고유한 우리의 정서를 담아내지 못하고 사라지고 있다. 이는 내외부적인 요인으로 인해 생겨난 결과이다. 즉, 근대화 과정을 거치면서 서구적인 것이 곧 근대적이라는 관점에서 우리 스스로 우리 고유의 문화를 경시하였다.

02 놀이의 성격[51]

민속놀이 속에 내포되어 있는 의미는 크게 제의적, 향토적, 예술적 측면으로 구분할 수 있다.

① **제의적 측면**
- 태평, 안녕, 생산을 포함한 신에 대한 기원
- 노동성 확보를 위한 단합
- 사회 비판적 풍자와 해학
- 자연 친화성
- 한(恨)의 정서

이런 대부분의 관점들은 복합적인 형태를 가지며 생산적인 측면에서 농경의례 자체가 제의성을 보이고 있다. 농경의례는 정월에 농사가 잘되길 바라는 기풍(祈豊)의례, 뿌린 씨앗이 잘 자라주길 바라는 성장(成長)의례, 풍년에 감사하고 연풍이 되길 기원하는 수확(收穫)의례 등으로 이루어져 있는데, 이런 과정 속에서 자연스럽게 집단놀이가 시작되 발생하였다고 볼 수 있다.

② **향토적 측면** : 농경의례 속 놀이는 각각 다른 지역에서 전승되어 오는 지역 특유의 자연, 인문환경의 영향을 받아 형성되어 왔다. 지역 특유의 개성을 강하게 풍기면서 누구나 즐길 수 있는 서러움, 환희, 신성함, 비속함 등의 감정을 공유할 수 있도록 하였다. 특히, 향토성은 지역의 기후, 지형적 요소에 따라 자연을 극복하고 순응하며 발전·변화하고 있다.

③ **예술적 측면** : 놀이는 전승되어 오는 동안에 세련미를 더하여 단순한 놀이의 차원을 넘어서서 민속예술의 경지에 이르게 되었다. 놀이 자체나 가락의 종류에 관계없이 대부분의 집단놀이에서 반드시 춤과 음악이 등장하기 때문에 자연스럽게 예술성이 가미되었다고 볼 수 있다.

---

51) 이금주,「향토 민속놀이의 형태 분석 연구」, 경희대학교 석사학위논문, 2002, 10~13쪽.

03 민속놀이의 종류52)

민속놀이의 분류 방법은 학자마다 다르다.

① 민속학자 송석하는 민속놀이 전반에 관한 분류를 처음 시도하였다. 난장놀이와 대동놀이로 놀이를 분류하고, 다시 기구상 분류(음악·무용·연극·유희적 등), 계절적 분류(연중행사), 관념적 분류(정서 감정·사행감상·종교 신앙·신체경기), 지리적 분류(남선·중선·북선지방), 존재상 분류(보편적·특수적), 기타로 구분하고 있다.

② 고려대학교 민족문화연구소의 「한국 민속대과·세시풍속, 전승놀이」 편에서는 세시풍속을 소개하며 그에 따른 놀이들을 간단하게 언급하고, 아이놀이, 어른놀이, 경기, 곡예 등으로 구분하고 있다.

③ 김광언 교수는 「한국의 민속놀이」(1982)에서 나이와 성별, 놀이 자체가 목적인 놀이(풍농기원·내기·겨루기·풍어기원·개인의 태평을 기원하는 놀이·불교와 관련된 놀이·서당학동들의 놀이), 시기에 따른 분류(연중 내내·사월 파일·수릿날·백중날·한가윗날·계절별), 전국놀이, 향토놀이, 지역놀이 등으로 구분하고 있다.

④ 김선풍 교수는 「민속놀이론」(1997)에서 명절놀이(풍농기원놀이·풍어 기원놀이), 벽사진경·재액초복을 위한 놀이, 오락을 위한 놀이로 크게 나누고, 이를 집단·상대, 승부·비승부, 성·연령별, 마을 중심·개인중심 등으로 구분하고 있다.

⑤ 문형진 교수(2005)는 앞에 소개된 분류법과는 다르게 문화사적 관점으로, 속담이나 격언·무가·민요 등의 구비전승분야와 한국 민속놀이는 토속신앙이 근간을 이루고는 있지만 종교적 제 현상을 모두 포괄하여 신앙전승분야로 나누고, 또한 관혼상제와 같은 의식생활전승분야와 농기구 및 생활도구·놀이기구 등을 다룰 수 있는 기예전승분야로 나누고 있다.

앞서 살펴 본 바와 같이 민속놀이는 민속학자들 사이에서도 분류체계에 대한 합의점을 찾지 못하고 연구자에 따라 그 기준을 달리하고 있다. 이는 민속놀이가 유희적 성격만 내포하고 있는 것이 아니라 인간의 신체, 정서, 문화, 생활환경 등 여러 요소들이 상호 연관성을 띠고 있기 때문에 다양한 기준에 의해 분류된 것으로 보인다.

---

52) 김은영, 「한국 민속놀이의 생태학적 분석 및 유아교육적 가치연구」, 동국대학교 박사학위논문, 2014, 11~13쪽.

06 민속극

① 민속극은 민간전승의 연극이며, 문학, 민속학, 연극, 음악 등이 조화된 종합예술이다. 민속극의 대사는 고정된 대본이 있는 것이 아니고, 말로 존재하고 말로 전승되는 구비문학이다.
- 가장(假裝)한 배우가 연기하는 것
- 표현하는 이야기와 사건은 집약적인 행위로 된 사건
- 놀이판을 통해 대화와 몸짓으로 표현
- 독립적인 공연[53]

② 민중예술인 민속극은 서민들에 의해 주도되었으며 서민들을 관중으로 삼았기에 서민들의 언어와 삶의 모습이 생생히 드러나 있다. 또한 관중들을 오락적으로 충분히 만족시킬 수 있어야 했기 때문에 자연히 거기에 알맞은 넉살과 신명이 있고, 상류 계층에 대한 심리 보상적 비판이 담겨 있다.

③ 민속극은 가면극과 인형극으로 이루어져 있다. 특히, 탈을 쓰고 나면 남녀노소 신분상의 차이가 없어지므로 놀이마당은 신명이 났고 민속극을 보는 것만으로도 현실 생활의 고민에서 해방되어 위안과 즐거움을 느꼈던 것이다.

④ 탈은 우리 삶을 부자유스럽게 하고 풍요로운 삶을 앗아가는 일종의 재앙을 의미한다. 일상적인 삶 속에서 문제되는 모순이요, 질병이요, 변고이자 허물이 곧 탈이다. 이러한 삶의 여러 허물들을 드러내어 비판적으로 인식함으로써 삶의 모순을 극복하고자 한 것이 탈을 쓰고 노는 탈춤이며 이것이 바로 민속극이다.

⑤ 민속극은 농경의례나 장례의식 등 각종 원시 종교 의식으로부터 출발한 것이라는 사실을 확인할 수 있다. 우리나라의 경우 풍농·풍어제(동제 등)와 상제례 등에서 발생되어 예능으로 발전한 연극 양식을 그러한 예로 꼽을 수 있다. 즉, 가면극을 위시하여 민속인형극, 그림자극, 판소리 등이 그러한 민속극에 속한다.[54]

---

53) 김영찬,「고등학교 민속극 교육의 실태와 지도 방안 연구」, 건국대학교 석사학위논문, 2001, 6~7쪽.
54) 한국민족문화대백과 http://terms.naver.com/entry.nhn?docId=555207&cid=46664&categoryId=46664

⑥ 이 밖에도 민속극에 포함시킬 만한 것이 더 있는데, 가령 농악이라든가 굿의 난장이나 잡색놀이 같은 것이다. 왜냐하면, 우리나라의 굿은 예능적 측면이 강해서 탈놀이가 끼어 있다든가 주제가 뚜렷한 묵극적(墨劇的)인 요소가 많기 때문이다.
⑦ 이처럼 민속극은 일종의 초기 형태의 제의성이 강한 연극 양식을 지칭하는 것이다. 따라서, 문학성(희곡)보다는 춤·마임 등 표현성에 치중되어 있는 것이 특징이다. 민속극을 구비문학에 포함시키는 것도 이 때문이다. 민속극은 모두가 축제의 일환으로 연행되어 왔으므로 놀이성이 강하다.

민속극의 종류는 다음과 같다.

┃ 민속극의 종류 ┃

구분	작품	특징
가면극	산대놀이	서울 및 서울 근처에서 연행된 가면극으로, '양주 별산대놀이'가 유명함
	봉산 탈춤	황해도 일대에서 연행된 가면극으로, 해학성이 강하고 봉건적 모순에 대한 비판 의식이 잘 반영됨
	오광대	경남 지방에 두루 분포되어 있던 가면극으로, 다섯 광대 또는 다섯 과장과 관련하여 '오광대'라는 이름이 붙음
	야류	부산 근처에 분포된 가면극으로, '들놀음'이라고도 불림
인형극	꼭두각시놀음	현전하는 유일한 인형극으로, 유랑 예인 집단 남사당패에 의해 연희됨. 일명 '박첨지놀음'이라고도 하며, 처첩 간의 갈등, 양반에 대한 조롱과 모욕 등의 내용을 담고 있음

07 인형극

01 꼭두각시놀음

1) 기원[55]

① 꼭두각시놀음은 남사당패에 의해 전승되어 오고 있는 우리나라의 대표적인 민속 인형극이다. 관중들은 꼭두각시놀음을 '박첨지놀음', '홍동지놀음'이라고도 부르는데 이는 극 중 등장인물의 이름을 따서 붙인 것이다. 이러한 명칭보다 실제 이 놀이의 연희자들은 '덜미'라고 부르고 있다. 덜미라는 명칭은 남사당패들이 인형의 목덜미를 잡고 논다는 데서 비롯된 것이다.

② 꼭두각시놀음의 기원은 서역 전래설, 국내 발생설, 복합설 등이 있다.
- 서역 전래설을 주장한 대표적인 학자는 송석하이다. 그는 중국, 한국, 일본 등이 같은 계통이라고 주장했다. 또한 그 뒤를 이어 김재철은 우리나라의 인형극은 중국에서 들여 온 것이며, 중국의 인형극은 서역(西域) 더 나아가 인도에서 전래된 것이라고 하였다. 발음상의 동일성을 들어 '꼭두'라는 어휘는 중국의 '곽독(郭禿)'에서 우리나라의 '꼭두'가 되었다는 것이다. 이에 이두현 역시 한국 인형극은 삼국시대 중엽 중국과의 교류를 통해 인도의 것으로 짐작되는 서역계 인형극을 받아들인 것이라고 주장했다. 한편 유민영은 우리나라 인형극이 인도 등지의 인형극으로부터 직접적으로 영향을 받았다는 증거가 없기 때문에 중국 인형극이 우리나라 인형극에 기본 틀을 전해준 것이며, 그것이 오랫동안 전승되어 토착화되면서 우리의 인형극으로 발전한 것이라고 보았다.
- 국내 발생설을 주장한 임재해는 우리 인형극은 삼국시대 또는 그 이전의 목우(木偶) 인형으로 부터 시작하여 고구려의 악곡괴뢰(樂曲傀儡), 고려의 인형놀이와 만석중놀이, 조선시대의 인형극인 꼭두각시놀음에 이르기까지 단계적으로 발전해 왔다고 보았다. 그는 우리 인형극이 중국에서 전래되었다는 견해는 우리 것에 대한 검토가 미흡하고 불충분한

---
55) 이은비, 「민속 인형극의 교수·학습 방안 연구」, 동국대학교 석사학위논문, 2010, 7~9쪽.

데서 오는 단정일 수 있다며 이에 대한 비판적인 검토가 필요하다고 주장했다. 또한 강성원은 부장품 토용에서 우리나라 인형극의 국내 자생설에 대한 가능성을 진단하였다.
- 복합설을 주장한 민속학자 심우성은 각 민족 간에는 서로 다른 민족 고유의 유희본능에 의한 연극적 요소에서 발생한 인형놀이가 있는데, 우리의 경우도 토착적 각시놀이 등에 후에 상당히 발전한 서역의 인형극이 중국을 거쳐 '곽독(郭禿)'이란 명칭으로 들어와 내용과 명칭이 합세한 꼭두각시놀음이 된 것이라고 보았다. 박장순 역시 한민족의 자생적 필연성 위에 원시적 형태의 인형놀이는 출발을 보였고, 장두형(杖頭型)의 발달된 인형극이 서역으로부터 유입되면서 한국 기존의 전통인형극은 현존 꼭두각시극과 같은 연희방식의 초기적 형태를 갖추게 된 것이라고 추측했다.

③ 이상에서 살펴본 바와 같이 꼭두각시놀음의 기원에 관한 연구자들의 주장은 서역전래설이 우세하게 나타난다. 하지만 이 주장은 '꼭두'라는 단어의 어원에 의존하고 그것을 뒷받침할만한 구체적인 증거 자료를 제시하지 못한다는 점에서 한계를 가져온다. 때문에 자생적으로 생겨난 우리 인형놀이의 문화에 보다 발달된 서역계 인형놀이의 영향을 받아 오늘날의 꼭두각시놀음이 형성되었다고 보는 것이 타당할 것이다.

2) 전승[56]

① 꼭두각시놀음은 현재 전문 연희집단인 남사당패에 의해 전승되고 있다. 남사당패란, 남자들로 구성돼 유랑과 공연을 하며 춤과 소리를 파는 놀이패로 20세기 초반 서민층의 생활군단에서 자연발생적 또는 자연 발전적으로 생성한 민중놀이집단을 일컫는 이름이다.

② 남사당패가 출현하기 이전에는 대체로 농업에 종사하면서 예술적 지능을 지닌 향인 예인 집단에 의해 연행되었으나 누구나 자유분방하게 놀 수 있었던 탈춤과는 달리 인형극은 인형을 제작하고 조종하는 데 월등한 기술적 재능과 숙련을 필요로 했던 만큼 그들의 연행은 오락을 위한 단순한 놀이에 지나지 않았다. 그러나 조선 후기에 전문 연희집단인 남사당패의 출연으로 오늘날과 같이 내용과 형식을 갖춘 민속 인형극으로 정착하게 된다.

③ 조선시대 후기의 사회는 상업을 기반으로 경제활동이 활성화되고 신분질서가 동요되면서 서민문화가 발달하게 된다. 이에 남사당패도 활동에 전기를 맞으며 수십 명씩 무리를 지어 전국의 장터를 돌면서 놀이판을 벌였다. 서민들로 구성된 남사당패는 서민들의 입장에서 공감할 수 있는 내용으로 민속 인형극을 연행하고 함께 즐김으로써 그동안 억눌려 왔던 서민들의 감정을 해소시켜주는 역할을 했다. 이후 일제강점기 우리 전통 문화의 탄압과정에서 꼭두각시놀음의 연행은 거의 자취를 감추었다가 1960년 문화재관리국의 노력으로 복원되어 명맥을 유지하게 되었다.

---

[56] 이은비, 위의 논문, 10쪽.

3) 구성요소[57]

① 인형

- 남사당의 꼭두각시 인형은 나무막대기를 이용하여 조종하는 막대기인형(杖頭系), 주머니 모양의 천에 손을 집어넣어 조종하는 주머니인형(布袋系), 인형의 신체부위에 줄을 매달아 조종하는 줄인형(懸絲系), 몸통에 줄을 꿰어 조종하는 줄타기인형(走線系) 등으로 이루어져 있다. 인형극에 등장하는 인형들은 대부분 막대기인형과 줄인형의 복합형으로, 적당한 크기의 나무를 깎아 얼굴의 형태와 몸통을 만들고 사람의 형상과 비슷하게 옷을 입힌다.

- 인형들은 입을 움직일 수도 있고 양팔을 사용하여 움직일 수도 있다. 입의 움직임은 실이나 철사줄, 고무줄 등을 이용하며, 또한 팔을 움직일 때에는 양팔의 어깨 부분에 못을 고정시켜 흔들리는 형태, 양팔 속에 있는 실을 잡아당겨서 움직이는 것, 양팔에 대나무를 붙여 만든 것 등으로 그 움직임이 자유롭다.

- 꼭두각시놀음의 인형들은 역할의 비중에 따라 크기에서 차이가 나타난다. 중요한 역할을 맡아 자주 등장하는 인형은 크고 정교하게 만들고, 그 외의 인형들은 작고 간단하게 만들어 크기의 형태에 따라 인형들의 역할 비중을 짐작해 볼 수 있다.

- 특히, 서산 박첨지놀이의 인형은 바가지, 나무, 끈, 오색천, 물감 등의 주변에서 쉽게 구할 수 있는 소박한 재료로 만들어지며, 바가지 형태의 인형이 주종을 이루고 있다. 인형의 얼굴은 25×20cm의 타원형으로 바가지에 채색을 하여 각 등장인물의 외양을 표현하고 천으로 만든 자루 모양의 옷을 입힌다. 자루 속에 손을 집어넣어 조종하는 주머니인형의 형태이다.

② 연희자와 관중

- 꼭두각시놀음에서 인형을 조종하는 사람을 가리켜 연희자(演戱者)라고 한다. 연희자는 인형의 대를 직접 조종하는 사람인 대잡이와 그를 양옆에서 보조해주는 대잡이 손, 실제 인형의 조종자는 아니지만 모든 인형과의 대화자로서 중요한 역할을 담당하고 놀이 전체에 대한 연출자의 역할까지 하는 산받이가 있다.

- 산받이는 무대포장 밖에 앉아 대잡이와 재담을 주고 받는다. 꼭두각시놀음에서 산받이의 존재는 연행방식의 독자성을 가져와 인형극만이 가질 수 있는 독특한 연행방식을 더욱 부각시킨다. 무대 밖에 앉아 무대 속의 인형들과 넘나들며 대사를 주고받는 산받이의 역할로 인해 관중들은 극중 공간이 무대 밖으로 확대되고, 동시에 극적 환상에 빠져들지 않게 된다. 이로써 산받이는 관중을 중심으로 극을 진행하고 극중에서 창조된 사실과 생활 속의 현실을 일치시켜주는 역할을 한다.

---

57) 이은비, 「민속 인형극의 교수·학습 방안 연구」, 동국대학교 석사학위논문, 2010, 11~18쪽.

- 서산 박첨지놀이의 연희자 구성과 맡은 역할은 꼭두각시놀음과 비슷하다. 대잡이와 대잡이 보, 산받이와 그 옆에 인형의 움직임에 맞춰 반주를 하는 잽이들이 있다. 산받이와 잽이들의 조금 떨어진 뒤 쪽에 관중들이 자리를 잡고 앉는다. 무대 속의 인형들과 관중들을 연결해 주는 산받이의 재담은 '마당놀이'의 성격을 잘 갖추고 있는 극술을 보여준다.
- 이러한 극술은 꼭두각시놀음과 같은데 꼭두각시놀음은 근년에 와서 서구식 무대의 영향을 받아 마당놀이의 성격이 희박해진 데 비해 서산 박첨지놀이는 본래의 모습을 비교적 잘 보존하고 있다.

③ 재담
- 민속극의 대사를 일반적으로 재담이라고 한다. 재담은 익살을 섞어가며 재미있게 하는 말이다. 꼭두각시놀음의 재담은 한낱 재치 있게 지껄이는 말에서 끝나는 것이 아닌, 농도 짙게 압축된 연극 언어로서의 기능을 지니고 있다고 할 수 있다. 인형의 움직임과 악사의 반주 및 놀이의 전반적인 과정이 재담과 일체감을 이룬다. 즉, 청각적인 언어로서의 기능뿐만 아니라 시각화되고 행동화된 언어로서 확장된 기능을 갖는 것이다.
- 꼭두각시놀음의 재담의 특징은 속시원한 욕설과 야유, 직설적 표현이 많다는 것이다. 서민을 위한 놀이이기 때문에 대사는 그리 세련되지 않고 탈춤과 같이 한문투의 관용구도 적은 편이다. 욕설과 야유, 직설적 표현이 사용된 것은 당시의 극을 연희하던 연희자들이나 극을 관람하는 관중들은 모두 신분적 차별에 의해서 지배를 받고 억압을 당하던 무리들이라는 점과 무관하지 않다.
- 이처럼 억눌린 삶을 살던 이들에게 인형극과 같은 공연은 그 동안 마음 속 깊이 쌓였던 욕구 불만을 표출하며, 해방감을 만끽하는 수단으로 이용됐던 것이다. 꼭두각시놀음의 내용은 주로 민중들의 일상생활과 관련 되었거니와 그 속에는 민중들의 불만과 불만을 갖게 되는 존재, 즉 양반이나 지배층에 대한 풍자의 내용을 담고 있다는 것이 이 같은 점을 잘 말해 주고 있다.
- 이들은 꼭두각시놀음을 통해 현실에 대한 비판과 야유, 부당한 대상에 대한 공격과 파괴적 행동을 표출할 뿐만 아니라 놀이라는 특성을 매개로 풍자적이고 오락적으로 승화시켜 이상적인 세상이나 삶에 대한 소망과 꿈 등을 드러내기도 한다.
- 꼭두각시놀음에서 이러한 표현은 동음이의어를 이용한 함축성과 유희어의 발달로 나타난다. 슬픔과 죽음, 비극적인 상황들이 연출됨에도 불구하고 관중들이 눈물 대신 웃음을 터트리는 이유는 풍자와 익살, 해학이 넘쳐나는 재담 때문일 것이다.
- 또 다른 특징은 공동체를 의식한 발언이 자주 등장한다는 것이다. 어른들 앞에서 싸움이 벌어질 상황이거나 자신의 행동에 대해 부끄러움을 느낄 때 이러한 표현으로 상황을 모면하기도 한다. 상황에 대한 회피는 욕설 사용의 제한을 가져온다.

학예사를 위한 **민속학입문**

CHAPTER **6** 구비문학

01 구비문학의 의미
02 민요
03 설화
04 무가
05 판소리
06 속담
07 수수께끼

01 구비문학의 의미

① 구비문학은 민속문학, 구전문화, 민간문예라고 한다. 문자에 의존하지 않고 자신들의 사상과 감정을 말로 형성화하여 표현한 것이 구비문학이다.

② 구비문학은 말로 존재하고 말로 전달되고 말로 전승된다. 원형 그대로 보존은 불가능하고 변화를 내포한 전승이 가능하다. 그렇기 때문에 구연(口演)되는 문학으로 첨삭(添削, 내용 일부를 보태거나 삭제하여 고침), 보완(補完, 모자라거나 부족한 것을 보충하여 완전하게 함), 윤색(潤色, 사실을 과장하거나 미화함을 비유적으로 이르는 말) 현상이 일어난다.

③ 이런 구비문학을 기록문학과 비교하면 그 차이점은 다음과 같다.

┃구비와 기록문학의 차이┃

구비문학	기록문학
민중의 문학	작가, 기록자의 문학
구전하는 과정에서 첨삭 및 개작되는 변이성	문자로 정착되어 변화가 거의 없는 상황
다회적 창조성	역사성이 있는 일회성
화자와 청자의 관계로 연희성이 기록문화에 비해 강하여 전달수단의 촉매가 되는 것	작가와 독자와의 관계
시대의 변화를 수용하여 전승하며 역사성 내포	한 시대의 소산

④ 구비문학은 음성언어이다. 종류에는 산문체(散文體)인 민담, 전설, 구전 신화, 속담, 수수께끼 등이 있고, 운문체(韻文體)인 민요, 무가, 판소리 등이 있다. 음성은 변화가 있고 몸짓이나 표정이 다르기 때문에 구비문학은 음악(민요), 연극(판소리, 민속극), 종교(무가, 신화)적 구성요소를 지니고 있다.

⑤ 구비문학의 기록과 정착과정에서 기록자의 개성, 사상, 시대상이 작용하면서 유교문화권인 우리나라에서는 단군신화를 비롯한 영웅 서사시가 소멸될 수밖에 없었다. 기록을 담당하던 유학자들이 합리주의적 자세를 일관성 있게 유지하며 우리의 구비문학은 온전히 전달될 수 없었다.

02 민요

민요는 우리 민족의 삶 속에서 생겨나고 전해오는 전통적이고 서민적인 노래이다. 민요는 입에서 입으로 전해져 오던 음악이기 때문에 많은 훈련과 기교가 없이 누구나 쉽게 따라 부를 수 있다. 곡조나 가사는 한 형태로 고정되어 있지 않고 부르는 사람, 시대, 환경에 따라 다양하게 바꿔 부를 수 있다. 일반 서민들의 삶 속에서 생겨나고 전해내려 왔기 때문에 고유한 민족성과 정서를 담아내고 있다.

또한, 민요는 핵심적인 요소들은 동질성을 유지하면서도 지역별로 특색 있고 다양하게 개성을 바탕으로 발전되어 왔다. 즉, 민요는 민족이 함께 어우러질 수 있는 보편적인 음악인 동시에 한 지역의 독특하고도 개성 있는 가락을 담고 있다.[1]

01 민요의 개념

① 민요는 문학, 음악, 율동(무용 또는 작업동작)이 합쳐진 종합예술체이다. 민요는 민중의 일상적인 삶인 노동과 의식, 놀이를 통해 나타나며, 스스로의 필요에 따라 불렀다. 그렇기 때문에 민담, 판소리처럼 듣는 이의 반응에 구애되지 않았고, 독자성과 진솔성을 유지할 수 있었다.

② 민요는 민중들이 생활 속에 스스로 즐기고 만족하기 위해 부른 노래이다. 무가와 판소리는 기본적으로 전문적인 창자가 남에게 들려주기 위해 부르는 경우가 많았다. 민요는 듣는 이 없이 혼자 부르기도 하고 여럿이 함께 있는 경우에도 메기고 받는 과정을 통해 모두 노래 부르기에 참여할 수 있었다.

---

1) 조상필, 「민요를 활용한 경증치매 노인의 인지기능에 미치는 영향연구」, 중앙대학교 석사학위논문, 2016, 18쪽.

③ 민요는 지역, 민족, 고유성이 강하다. 민요는 민족의 주체가 되는 민중의 것으로 각 지역의 자연환경, 생업 등에 따라 가락과 장단, 가사 등이 달라 지역적 특색을 지닌다. 민요는 민중의 문학 중에서 다른 장르보다 민족적 고유성을 보다 잘 간직하고 있다. 다른 민족의 영향을 쉽게 받지 않고 받아들여도 그 속도가 매우 느리다. 민요가 그 민중의 삶과 직접적으로 연계되어 있기 때문이다.

02 민요의 역사[2]

① 초기 삼국시대 선조들은 제천의식을 행하며 무리를 지어 노래를 부르고 춤을 추었는데 이때 민요가 큰 구실을 하였다. 삼국시대 접어들면서 예악 사상(禮樂思想)에 따라 나라의 공식적인 음악 문화가 생겨나자 민요도 변화하게 되었다.

② 민요 중에서 일부는 공식적인 기능을 가진 궁중 악곡으로 채택되었고, 그 나머지는 대부분 민간에서 계속 전승되는 노래로 남았다. 전자로는 고구려의 「내원성(來遠城)」·「연양(延陽)」, 백제의 「선운산(禪雲山)」·「정읍(井邑)」, 신라의 「도솔가(兜率歌)」·「회소곡(會蘇曲)」 등이 있다. 그러나 현재 대부분은 어떤 내용인지 알기 어렵고, 「정읍」만은 후대까지 전승된 사설이 국문으로 표기되었다. 후자로는 민간에서 전승되는 순수한 민요로 「풍요(風謠)」와 같은 향가를 통하여 짐작해 볼 수 있다.

③ 고려시대에는 중국 문화를 수용하면서 문학에서는 한시(漢詩)를, 음악에서는 당악(唐樂)을 정착시켰고, 다시 아악(雅樂)이 들어오자 상하층 문화의 간격이 더 벌어지고 민요가 상승할 수 있는 기회가 크게 제한되었다. 고려 가사는 전부 61수(首)로 작가별로 왕, 고관, 승려의 12수와 서민과 유녀의 49수가 있었다. 이 중 「청산별곡」과 「가시리」 등이 「악장가사」와 「시용향악보」 등에 실려 있다. 그런데 고려시대 후기에는 귀족 문화의 질서가 무너지고 상층의 이념이 재건되지 않은 기간 동안 민요가 궁중 악곡으로 들어가 속악정재(俗樂呈才)에서 불려지는 속악가사(俗樂歌詞)를 이루었다.

④ 조선시대에는 속악가사의 곡조를 계속 이용하면서 사설은 민요와는 거리가 멀게 바뀌었다. 이와 함께 아악을 가다듬어 예악을 확립하고자 하였으며, 나라의 위엄을 상징하는 시가 문학을 마련하였다. 그 결과 민요의 지위는 과거 어느 때보다도 하락하였다. 하지만 조선시대 후기에는 문화구조가 크게 달라지면서 민요가 적극적으로 표현되기 시작했다. 민중 의식을 나타낼 수 있는 민요를 통해 민속악이 발전하였다.

---

[2] 한국민족문화대백과, 한국학중앙연구원

⑤ 또한, 조선시대 후기 어느 특정 지역에서 일정한 생활상의 기능과 더불어 전승되던 민요가 본고장을 떠나 널리 전파되고, 고정된 기능에서 이탈하여 노래 그 자체로 불리게 되면서 커다란 변화를 겪게 되었다. 결국 「아리랑」을 전국에서 부르게 되었으며, 함경도의 「어랑타령」이 남쪽 지방에도 알려졌다. 무가였던 「노랫가락」, 노동요였던 「뱃노래」가 놀면서 부르는 것으로 바뀌었다.

03 민요의 특징[3]

① 우리 장단은 대체로 첫 박에 강세가 있는데 민요 또한 첫 음을 강하게 시작하는 것이 일반적이다. 이러한 장단의 특징으로 민요에 악기 연주가 가능할 수 있었다. 그리고 민요는 부를 때 가사의 내용을 그대로 음에 표현해줄 때 민요의 멋이 살아난다. 여기에 모양이 큰 것을 소리 낼 때는 입과 목소리를 크게 내야하고 작은 것은 작게 넓은 것은 넓게 깊은 것은 깊게 휘어진 것은 휘어지게 직설적으로 표현해야 민요가 사실적으로 불릴 수 있다.

② 또한 민요는 악보와 같은 기록체계로 전해내려 온 것이 아니라 사람들의 입에서 입으로 전승되어 왔다. 따라서 민요는 부르는 사람에 따라 개성 있게 불렸고 부르는 상황과 시대에 따라 가사의 내용과 곡조가 변해왔다. 이러한 특징 때문에 절대 음이 존재하지 않고 다양하게 표현되었다. 결국 가사를 개사하여 부르는 것이 자연스럽다.

③ 민요는 메기고 받는 형식으로 되어 있다. 민요를 부르다 보면 여러 사람이 같이 부르고 같은 가사를 부르는 부분과 한 사람이 그 내용을 달리하여 부르는 부분이 있는데, 앞의 것을 받는 부분, 뒤의 것을 메기는 부분이라 한다. 메기고 받는 형식은 선후창이라고도 하는데 말 그대로 한사람의 선소리꾼이 소리를 메기면 여러 사람이 후렴을 받아서 노래하는 방식이다.

---

3) 조상필, 위의 논문, 19쪽.

04 민요의 분류

민요는 각 지방마다 독특한 특징을 가지고 있다. 이에 경기도, 서도, 전라도, 동부, 제주로 구분하여 다음과 같이 정리하였다.[4]

1) 경기도 민요

구분	분석
음악적 특징	• 서양의 장조와 비슷한 평조로 되어 있다. • 소리가 맑고 부드러우며 경쾌하다. • 순차진행이 대부분이다. • 선율의 굴곡이 유연하면서도 장식음이 많다.
짜임새	• 후렴이 있는 문답형식 • 일정한 선율형태에 다른 가사를 붙여 부르는 유절형식
종류	아리랑, 긴아리랑, 창부타령, 한강수타령, 도자리타령, 베틀가, 양산도, 늴리리야, 군밤타령, 방아타령, 태평가

2) 서도민요

구분	분석
음악적 특징	• 황해도, 평안도, 함경도와 같은 이북지방의 민요를 서도민요라 한다. • 기음(基音)이 되는 맨 아래 음으로부터 완전 5도 위의 음을 아래로 떨어준다. • 미묘한 꾸밈음이 많아 부르기가 쉽지 않다.
짜임새	• 수심가 – '가, 나, 다' 가 한 절을 이루어서 '가' 부분은 초장에, '나' 부분은 중장에, '다' 부분은 종장에 해당하는 부분형식이다. • 일정한 후렴구가 있는 '몽금포 타령, 금다래꿍'은 유절형식, 문답형식이다.
종류	산염불, 자진 염불, 긴 난봉가, 몽금포타령, 수심가, 긴아리, 자진아리

3) 전라도 민요

구분	분석
음악적 특징	• '꺾는 음, 떠는 음'을 가진 독특한 미음계(육자배기 선법) 구조에 있다. • 탁하고 거친 남도특유의 발성을 한다.
짜임새	메기고 받는 문답형식
종류	진도아리랑, 육자배기, 농부가, 강강술래, 새타령, 개고리 타령

---

[4] 김주영, 「노인성 치매방과 우울증 감소의 활용」, 동국대학교 석사학위논문, 2015, 21~26쪽.

4) 동부민요

구분	분석
음악적 특징	• 경상도 민요 : 흥겹고 경쾌하다. • 강원도, 함경도 민요 : 탄식하거나 애원하는 듯한 가락이 많다.
짜임새	문답형식
종류	밀양 아리랑, 쾌지나 칭칭 나네, 울산 아가씨, 정선아리랑, 강원도 아리랑, 신고산 타령, 궁초댕기

5) 제주민요

구분	분석
음악적 특징	• 서도민요에 나타나는 '레음계'가 많이 보이는데 이 '레음계'는 이남의 어느 도시에서 찾아보기 힘든 유형이다. • 육지보다 노동요가 많다.
짜임새	• 거의 문답형식 • '이어도사나'는 메기고 받는 형태가 아니라 모두가 두 편으로 나누어 번갈아 가며 노래하는 특징적인 형태의 문답형식이다.
종류	이어도사나, 오돌또기, '너영나영'

03 설화

설화는 어느 민족이나 집단에서 예로부터 전승되어 내려오던 이야기로 일정한 구조를 가지고 있다. 개인의 창작물이 아니라 민족적 집단 공동생활 속에서 공동의 심성에 의하여 자연발생적으로 형성된 구비문학이다. 결국 설화는 일반 대중이 향유할 수 있었던 최초의 문학이다. 민족의 역사, 신앙, 관습, 세계관, 꿈과 낭만, 웃음과 재치, 생활을 통해서 얻는 교훈과 역경을 이겨내는 슬기와 용기 등이 문학적으로 나타난다.

한편, 구비문학인 설화는 특정한 시기에 글로 정착이 되면 기록으로 전승되기도 하고 그 기록은 다시 구전되는 역행을 하기도 한다. 말과 글이라는 수단의 차이만큼 둘 사이의 간격 또한 넓다. 구비 전승되는 경우 설화는 전달자보다는 수용자 중심으로 구성되어진다. 따라서 당시의 사회 구성원이 수용하는 설화만 남게 되고 그렇지 않은 설화는 소멸하게 된다. 즉, 구비 전승은 끊임없이 전승자의 검토를 받아야 하며 그에 맞게 재구성되는 가변성을 가지고 있다.[5]

01 설화의 특징[6]

1) 구전(口傳)

설화는 구비 전승되는 문학이다. 설화의 구전은 일정한 몸짓이나 창곡과 관계없이 말로 이루어지는데 이것은 이야기의 힘 때문이다. 설화 구전의 핵심이 되는 구조를 화자가 기억해 나름의 수식을 덧보태서 만들어 수용자에게 전달한다. 이와 같은 특성으로 설화는 보존과 전달 상태가 가변적이다. 한 유형의 이야기라도 사람에 따라 내용이 다르고 같은 사람이 같은 유형의 이야기를 하더라도 조금씩 다르기 때문에 각편(各編)이 이루어진다. 결국 기록문학에 비해 새로운 모습으로 발전할 수 있는 살아 있는 문학이라는 장점이 있다.

---

[5] 윤수경, 「도선설화 연구」, 전남대학교 석사학위논문, 2005, 14쪽.
[6] 왕룽룽, 「한국 설화를 통한 문화 교육 방안 연구」, 호남대학교 석사학위논문, 2013, 5~7쪽.

2) 산문(散文)

설화는 보통 말로써 구연되며 규칙적인 율격은 지니고 있지 않다. 다만, 설화의 어느 부분에 율문(律文)인 노래가 들어갈 수 있는 정도이다.

3) 구연(口演)

설화는 구연(口演)의 기회에 제한이 없고 언제, 어디서나 이야기를 할 수 있다. 그러므로 일정한 기회에 구연하는 노동요, 무가, 가면극 등과는 다르다. 설화는 전달자가 자신이 기억하고 있는 이야기를 하면서 그 이야기를 더욱 실감나고 생생하게 전달하기 위해서 언어 외적인 표현을 사용한다.

4) 보편적 세계관 반영

신화는 신을 대상으로 하면서 우주에 대한 생각과 애정을 잘 표현하고 있으며 민담은 생활 속에서 일어나는 여러 현상들에 대해서 사람들이 느끼는 정서를 서사적으로 나타낸다.

5) 민중 공동의 작품

기본 줄거리는 같지만 등장인물, 지명 등 세부적인 상황이 조금씩 다르다. 이는 상황, 지역, 화자에 따라 각색되면서 민중들에 의해 지속적으로 만들어졌기 때문이다.

6) 화자(話者)와 청자(聽者)

화자와 청자의 대면관계에서 화자가 청자의 반응을 의식하면서 구연한다. 민요는 스스로 즐기기 위하여 혼자 부르기도 하지만 설화는 혼자 구연하지 않는다. 따라서 설화는 화자와 청자의 대면 관계가 이루어져야만 구연되는 것이다.

7) 대중성

설화는 화자로서의 자격 제한이 없고 일정한 수련이 필요 없다. 화자는 판소리, 무가, 가면극처럼 일정한 수련을 거쳐야만 될 수 있는 것이 아니고 한 번 들은 이야기를 옮길 수 있는 정도의 기억력을 갖춘 사람이면 누구나 가능하다. 그러기에 설화는 수수께끼, 속담 등과 함께 널리 향유되는 구비문학의 장르이다.

8) 보편성

구비전승되는 설화의 속성상 설화의 구조는 구연자와 청자 모두 잘 기억할 수 있도록 시간적 순서에 따른 간단한 구조로 되어 있으며 많은 사람들에게 공감을 얻을 수 있는 보편적인 이야기가 많다.

9) 기록문학화의 가능성

구비문학의 장르 중 문자로 기재될 수 있는 기회를 가장 많이 가진 설화는 양반, 지식인을 포함해서 누구나 즐길 수 있으며 문자로 기재되어도 변질될 가능성이 비교적 적다.

02 설화의 의미[7]

1) 교육적 의미

설화는 스토리텔링에 가장 좋은 소재일 뿐만 아니라 의사소통능력 향상에도 큰 영향을 미치고 있다. 이는 설화가 청자와 독자의 적극적인 구연과 듣기를 전제로 하기 때문이다. 설화는 말하고 듣는 문학교육의 가능성을 모색할 수 있고, 동시에 말하기, 듣기, 문학 영역의 통합을 지향하면서 민족 고유의 원형적인 부분을 탐구하는 문화적 의의도 크다고 할 수 있다. 또한, 설화는 상상력을 증폭시키고 지혜를 배울 수 있으며, 이야기 속 역사적 사건에 대해 이해하고 지역문화에 대한 관심을 유도할 수 있다. 그리고 설화의 특성상 어려운 어휘를 접하면서 그 가치를 분석하며 새로운 가치를 발견할 수 있다.

이런 설화의 내용과 특성을 고려하여 일반적인 교육적 의미를 정리하면 다음과 같다.[8]

① **상상력** : 설화는 상상력의 소산이다. 즉, 상상력은 현실로부터의 해방을 맛보게 해주고, 보상적 만족을 주며, 새로운 창조를 가능하게 하는 중요한 사고능력인데, 설화를 통해 이를 이해할 수 있다.

② **언어능력** : 구비문학인 설화는 청자나 독자가 언어능력을 키울 수 있는 가장 좋은 방법이다. 구연을 통하여 전달되는 경우가 많으므로 말하기와 듣기능력 신장에 중요한 몫을 한다.

③ **한국 정서와 가치관 함양** : 설화에 등장하는 인물과 상황을 통해 선조들이 겪어 온 삶의 다양한 체험, 사상, 감정, 지혜, 용기, 가치관 등을 이해할 수 있다. 그러므로 설화의 청자나 독자는 이를 통하여 문학적 체험을 풍부히 함은 물론 한국인다운 삶의 여러 가지 방식을 배우며, 한국적 정서와 가치관을 함양할 수 있다.

④ **교훈** : 설화는 청자나 독자들에게 흥미를 불러 일으켜 즐거움을 주면서, 동시에 교훈을 준다. 그러므로 설화의 청자나 독자는 이를 통하여 즐거움과 함께 충·효·우애·신의 등의 윤리적 교훈을 얻을 수 있고, 인생과 삶의 철학 등을 배우게 된다. 특히, 설화의 주인공들은 대부분 일상적인 인물로 여러 가지 어려움을 극복하고 행복을 쟁취한다. 설화의 이러한 구성은 사람들에게 고난 극복의 의지를 가지고 적극적인 삶을 살아가도록 가르쳐 준다.

---

7) 류지선, 「강화지역 화문석 설화의 콘텐츠 활용방안 연구」, 건국대학교 석사학위논문, 2013, 19~23쪽.
8) 왕롱롱, 「한국 설화를 통한 문화 교육 방안 연구」, 호남대학교 석사학위논문, 2013, 8~9쪽.

⑤ 문화의 계승 및 발전 : 설화 속에는 한국 사람들의 풍속·습관·생활·사상·신앙 등이 녹아 있고, 조상들의 꿋꿋한 힘과 슬기·빛나는 지혜·소박한 꿈 등이 용해되어 있으므로, 설화의 청자나 독자는 이를 통하여 한국 문화를 계승·발전시켜 나갈 수 있다.

⑥ 인간관계 형성 : 설화의 구연 과정에서 화자와 독자의 인간관계가 깊어진다. 어린이는 할아버지·할머니·아버지·어머니를 비롯한 가족, 선생님, 친척, 친구 등과 설화를 주고받으며 이들의 따스한 사랑과 훈훈한 인정을 체감하게 된다. 이처럼 어린이는 설화의 수수(授受)를 통하여 이들과의 인간관계를 심화시켜 나갈 수 있다.

2) 지역발전 의미

지역의 문화콘텐츠인 설화를 통해 지역 향토문화의 지식과 가치를 재생산할 수 있다. 콘텐츠 개발은 캐내 쓰면 쓸수록 많아지는 장점이 있고 얼마든지 확장이 가능하다. 지역 설화를 이용한 부가가치 사업을 실시한다면 새로운 일자리를 창출할 수 있고, 관광지와 체험활동 장소로 활용할 수 있다. 지역이 가지고 있는 특별함을 설화로 이미지화할 수 있다.

03 설화의 갈래

설화의 갈래는 학자마다 다르다. 손진태는 "민속설화는 민족 사이에서 설화(說話)되는 신화·전설·우화(寓話)·소화(笑話)·잡화(雜話)의 총칭"이라 하였고, 조윤제는 설화를 신화·전설·설화로 구분하였으며, 김열규는 "종래의 설화·신화·전설로 불린 서사적(敍事的) 진술(陳述)이라는 특성을 갖는 민간전승을 일괄하여 민담"이라 하였다. 그러다가 최근에 와서야 신화·전설·민담으로 구분하는 3분법이 통용되고 있다.

설화의 종류와 특징[9]

구분	신화	전설	민담
전승자의 태도	신성하다고 믿음	진실하고다 믿음	흥미롭다고 믿음
시간 및 장소	태초의 신성한 장소	구체적 시간 및 장소	뚜렷한 시간, 장소 없음
증거물	포괄적(우주, 국가)	개별적(바위, 개울)	보편적
주인공과 그 행위	신적 존재의 초능력 발휘	비범한 인물의 비극적 결말	일상적 인물의 운영 개척
결구의 특징	숭고적, 종교적	비극적, 운명론적	낙천적
기능면	전승 집단의 신앙 및 단결	지역적 유대감과 애향심	사교적 교환물
전승범위	민족, 국가단위	지역단위	세계적 범위

---

9) 한민숙, 「중학교 설화 교육 연구」, 단국대학교 석사학위논문, 2005, 16~19쪽.

1) 신화

신화는 인간이 살아나가기 위해 필요한 여러 가지 문제에 대해 해답을 얻으려는 태도이며 사고의 표현이다. 따라서 신화는 인생을 이해하는 데 있어서 꼭 필요로 하는 기본적인 요소이다. 이런 신화는 우주, 자연환경 속 인간의 위치, 남녀관계, 삶과 죽음의 의미 등 근원적이고 원초적인 상황에 대한 설명과 기원을 담고 있다.

신화는 과학적 관심을 만족시켜 주는 설명이 아니라 심각한 종교적 욕구, 도덕적 요청, 사회에 대한 복종과 자기주장, 그밖에 일상적인 요구까지도 만족시켜 주기 위해 이야기되는 태고적 진실의 서술적인 부활이다. 즉, 신화의 지적 본질은 신화의 내용만으로도 파악될 수 있지만, 원주민들의 신화가 가지는 기능적이고 문화적이며 실용적인 원칙은 신화 자체의 내용에서뿐만 아니라, 그것이 실제 이야기되고 구체화되며 일상생활과 맥락적 관계를 가질 때 비로소 명백하게 드러난다. 그래서 신화의 내용과 본질에 대한 동일한 관심이 필요한 것이다.

신화는 한 사람이 아닌 오랜 세월을 거쳐오면서 사람들의 입에서 전해 내려온 이야기로 무의식 속에서 저절로 우러나온 이야기들이 신화의 내용을 이루고 있다. 신화는 세계, 인간, 문화의 근원에 대한 설명이며 통찰로 인류가 계승하고 발전시켜 온 언어의 원형이다.

① **신화의 정의**[10] : 인간을 둘러싸고 있는 이야기 중 신화는 신이 나오거나 허황된 이야기, 설화의 한 갈래이지만 그 정의를 정확하게 내리기는 쉽지 않다. 학자마다 다르게 정의를 내리고 있는데 그 중에서 신화에 대한 정의를 보면 다음과 같다.

- 첫 번째, 신화는 제의의 언어적 양상이며 제의가 전해주고 있는 바의 의미이다.
- 두 번째, 신화는 상상력이 기본적인 지적 이미지를 연결하고 명령하는 바의 언어이다.
- 세 번째, 신화는 계시의 양식과 궁극적인 실제의 표현이며 사건의 진술이 아니라 가치의 진술이다.
- 네 번째, 신화는 문학에 대한 유추적인 구조이며 문학과 같이 의식과 무의식에서 이 양자에 만족할 만한 방법에 있어서 조정적인 미적 창조다.
- 다섯 번째, 신화는 그 원천이나 본질에 있어서 비합리적이고 직관적인 이야기이거나 서사물이다.

② **신화와 무의식**[11]

- 신화는 무의식에 존재하는 원형으로 인간의 근원에 관한 질문과 대답을 내포하고 있기 때문에 수많은 다양성에서도 언제나 동일한 주제가 발견된다. 인간의 마음은 그 자체의 역사를 가지고 있으며 정신은 발전하는 초보단계에서부터 많은 발자취를 남기고 있다. 더욱이 정신의 무의식적인 내용은 정신의 형성에 영향을 끼친다. 그러므로 신화와 무의

---

10) 김상한, 「신화적 조화성에 기반한 동화 감상 교육 연구」, 한국교원대학교 박사학위논문, 2011, 21~22쪽.
11) 이종국, 「단군신화의 분석심리학적 연구」, 강남대학교 석사학위논문, 1996, 22~26쪽.

식적인 내용에서 표현되는 상징 간에는 밀접한 관계가 있다. 이리하여 신화의 생성을 자연의 물리적 조건에 대응하는 정신적 반응의 소산으로 본다.
- 또한 신화와 무의식 사이에는 동시성과 연속성의 원리가 적용된다. 왜냐하면 신화는 무의식 속에 살아 있고, 무의식은 신화를 생성하기 때문이다. 결국 신화가 무의식의 산물이라면 신화의 분석은 무의식의 인식으로 이어지며 의식과 무의식의 통합 과정에 필요한 사항들에 대한 발견과 그에 대한 접근방법의 인식이 수월해지는 것이다.
- 신화는 무의식에 나타나 있는 인간의 근원적 심성의 인식과 문제점에 대한 해결의 열쇠가 된다. 이상의 내용처럼 신화를 통해 우리는 우리 민족의 무의식 속에 내재해 있는 근원적 심성을 알 수 있다.

③ **신화의 특성**[12] : 신화는 동물과 인간의 분류가 일어나지 않았던 시대에 일어났던 이야기이며 수많은 상황들을 축약한 역사이며 상징적이고 단순한 이상적인 우화이다. 이런 신화 속에는 문학, 문화, 교육적 특성을 지니고 있다.

㉠ 문학적 특성
- 신화는 그 자체로서 높은 문학성을 지닌 서사갈래이다. 동서양을 막론하고 문학과 예술은 신화, 전설과의 밀접한 관계를 가지며 소설은 신화를 변용·차용하는 것을 볼 수 있는데 작가는 신화적인 이야기 속에서 문학적인 순환구조를 밝혀내고 역사적인 계기를 통해 체험할 수 있는 사건들의 구조를 관찰하고 해부한다.
- 예를 들어 우리나라의 건국 신화 역시 신화 자체의 문학성을 가지고 있기도 하지만 후기 문학의 원형이 되기도 한다. 고전소설인 「심청전」과 「춘향전」의 성년식 모티프는 단군신화의 웅녀 통과의례와 관련이 깊으며 단군신화나 주몽신화의 삼대(三代) 기담은 「유씨 삼대록」, 「조씨 삼대록」 등을 비롯하여 근대소설인 염상섭의 「삼대」와 이문구의 「관촌수필」, 문순태의 「달궁」으로 이어지고 있다. 이것은 문학의 신화적 기원에 대한 해석으로서 신화와 문학의 불가분의 관계를 말해준다. 따라서 문학은 신화로부터 벗어날 수가 없음을 알려준다.
- 신화를 문학으로 이야기하는 것은 신화가 허구적 서사이기 때문이다. 그리고 신화가 이야기하는 것은 한 시대의 인간들이 집단적으로 생각하고 구성한 신과 인간과의 관계, 인간의 위치, 인간 존재의 의미를 이야기하는 것이다. 신화에는 반드시 신이 등장한다. 허구적이고 단순한 신화에 현대인이 매료되는 것은 신화가 비합리성을 추구하고 인간의 심층 깊은 곳의 욕구와 원형 탐구에 대한 욕구를 충족시켜주기 때문이다.

---

[12] 김경숙, 「한국 건국 신화에 나타난 여성의식 고찰」, 진주교육대학교 석사학위논문, 2003, 11~21쪽.

ⓒ 문화적 특성
- 신화는 한 사회의 가치관과 신념 체계를 구축하고 있는 이야기로서 사회 집단의 지배 이념이 되기도 하고 생활양식과 사상, 감정을 지니는 민족성을 내포하기도 한다. 특히 신화는 가부장제 사회의 이데올로기를 그대로 반영하고 이를 영속화시킨다는 의미에서 문화적으로 의미심장한 특성을 지닌다고 할 수 있다. 한 사회를 지배하는 이념은 사회 문화 속에서 성의 역할, 선행과 악행이 가져올 보상, 규범과 규범의 위반이 주는 의미, 사회의 위계체계 구조를 명확하게 인지시킨다. 이러한 이데올로기적 관습에 대하여 여자는 약하고 남자들은 강하며 여자는 순종해야 하고 남자들은 일반적으로 지시하는 존재라는 사회 문화적 역할을 아무 저항 없이 받아들인다.
- 신화의 속성은 신성성의 부여이며 그 신성성이 가상적이며 허구적이라는 데 있다. 신화의 신성성은 주술처럼 마력을 가지고 일반인들의 사고를 흡입하고 통제함으로써 지배를 보다 용이하게 하는 것이다. 따라서 신화의 주된 기능은 사회 문화의 통제력이라고 할 수 있다.

ⓒ 교육적 특성
- 신화는 신성시되거나 신비로운 이야기로서 진실이 아니라고 할지라도 진실이라고 믿는 이야기이다. 그래서 사람들은 신화를 믿으며 신화를 통하여 살아가는 방법을 터득한다. 우리가 믿어야 할 것은 무엇이며 어떻게 행동하며 살아야 하는지를 말해준다. 단군신화에 등장하는 홍익인간의 이념은 오늘날 우리의 교육 이념으로 생생하게 살아있으며 교육 전반의 지향점으로 강조되고 있다는 점은 이 사실을 더욱 분명하게 해준다. 이 신화는 또한 강력한 이데올로기로 작용하여 문학향수자의 정신과 생활양식을 통제하고 있다.
- 또 신화는 도덕적 교훈을 통하여 올바른 가치관을 정립해 주는데 그 가치관은 가부장적 윤리관을 기초로 하고 있다. 신화 속에는 일정 부분 도덕적 교훈의 가치를 지닌다. 따라서 신화에 접하는 학생들은 이러한 도덕적 교훈을 수용함으로써 자신의 생활 규범으로 작용시킨다. 가치관은 태도와 행동을 표출시킨다는 점에서 어떠한 가치관을 정립시키느냐 하는 문제는 매우 중요한 일이다.

④ **신화의 분류** : 신화를 분류하면 신성성에 따라 건국신화, 시조신화, 동신신화, 무속신화 등이 있으며, 전승방법에 따라 구전신화와 문헌신화로 나뉜다.

ⓘ 신성성 분류
- 첫 번째, 건국신화이다. 국가적 범위에서 신성성이 인정되는 신화로 단군신화, 주몽신화, 박혁거세신화, 수로왕신화 등 국가 창건의 군주에 관한 신화가 이에 속한다.
- 두 번째, 시조신화이다. 성씨의 범위에서 신성성이 인정되는 신화로 김알지, 석탈해 신화 등이 있다.

- 세 번째, 동신신화이다. 자연 마을의 범위에서 신성성이 인정되는 신화로 마을신당에 관한 신화가 이에 속한다. 마을 신당에 관한 신화로 당신화(堂神話)라 한다.
- 네 번째, 무속신화이다. 무속신앙을 가진 사람들 사이에 신성성이 인정되는 신화로 무속신의 본풀이인 서사무가가 이에 속한다.

ⓛ 전승방법 분류
- 첫 번째, 구전신화이다. 구비 전승되어 오는 신화로 무당들이 굿을 할 때 부르는 무가 중 개성을 가진 주인공이 출생, 성장하여 여러 가지 어려움을 극복하고 큰일을 성취한 다음, 무신으로 좌정하기까지의 과정을 서술하는 서사무가가 대표적이다.
- 두 번째, 문헌신화이다. 「삼국사기」, 「삼국유사」, 「제왕운기」, 「고려사」, 「세종실록」, 「동국여지승람」 등에 수록된 단군신화, 금와왕, 동명왕과 유리태자, 김수로왕, 탈해왕 등에 관한 신화이다.

2) 전설

전설은 음성언어로 이루어진 문학이다. 이야기를 전달하는 화자는 말과 몸짓을 통해 자신이 전달하고자 하는 내용을 생동감 있게 청자에게 전달한다. 음성언어가 표현수단이 된다는 것은 계층, 성별, 나이와 무관하게 널리 향유될 수 있고 장소에 제한을 받지 않는다는 것을 의미하며, 결국 수많은 화자, 청자가 생겨날 수밖에 없다. 곧 전설은 이런 구연(口演)의 용이한 방식으로 인해 다양한 형태의 각편(各編)이 발생하게 된다.

전설은 역사적인 사건과 문학과의 상관관계를 잘 보여주는 장르로 역사적으로 생존했던 실존 인물의 일생사를 말하기도 하고 역사적인 유물, 문화유적들의 유래를 설명하기도 하며, 자연물에 얽힌 사실들을 구체적인 증거물과 관련시켜서 이야기하는 것이 바로 전설이다. 전설을 통해 전승되는 역사적 인물들의 모습은 그 인물이 역사상에 남긴 흔적에 따라 다양하게 드러난다.[13]

우리나라 전설은 설화라는 큰 테두리에 포함되어 오랜 세월을 통해 민속학이나 역사학 등에 대한 인접학문의 보조적 자료 또는 소설의 소재적 근원 정도로 대접을 받아오다가 설화가 민속적, 역사적 전승물인 동시에 문학이라는 존재로 인식되기 시작하면서 자족적인 작품으로 인정되기에 이르렀다.[14]

① **전설의 위상**[15]
ㄱ. 전설은 전해 내려오는 이야기로 특정한 시간, 공간, 증거물과 같은 객관적인 근거를 동반해서 어떤 사실이나 유래를 설명하고 해명하는 이야기이다. 결국 전설은 기억되는

---

13) 장호식, 「신립장군 전설 연구」, 세명대학교 석사학위논문, 2006, 1쪽.
14) 김종국, 「경산지역 전설의 현장적 연구」, 대구대학교 박사학위논문, 2007, 2쪽.
15) 김지현, 「광주지역 전설의 문화적 활용 방안 연구」, 전남대학교 석사학위논문, 2001, 7~8쪽.

역사이다. 일정한 사실이 어떠한 윤색 없이 사실 그대로 기술되어 전승된 것이 역사라 한다면 전설의 경우 역사적 사실에 전승집단의 사상, 감정, 기대심리와 보상심리가 형상화된 전승자의 의식을 통해 역사적 사실이 재구성되는 것을 말한다.

ⓛ 그리고 전설은 역사적 사실뿐만 아니라 전설이 가지고 있는 증거물 자체를 설명하기 위해서도 역사라는 진실과 결합하여 전설의 사실성과 진실성을 보장받으려 한다. 전설은 역사와 그 증거물과 관계가 깊은데 이를 다음과 같이 분류할 수 있다.[16]

- 첫 번째, 역사가 있었고 그 흔적이 남아 있으며 전설도 있다.
- 두 번째, 역사가 있었으나 그 흔적이 소멸되고 전설만 남았다.
- 세 번째, 역사가 있었고 그 흔적이 남아 있는데도 전설은 없다.
- 네 번째, 역사가 없고 그 흔적도 없는데 전설만 있다.
- 다섯 번째, 역사가 희미하고 그 흔적도 희미한데 전설은 무성하고 강력하다.

② **전설 분류** : 전설을 분류하는 방법은 그 기준이 무엇인가에 따라 다양하다. 전승장소, 대상물, 목적에 따라 분류한다.

㉠ 전승장소 : 전설은 전승장소에 따라 지역적 전설과 이주적 전설로 나뉜다. 지역적 전설은 한 지방에 부착(附着)되어 지리적 특징, 명칭의 유래, 관습의 기원 등을 이야기한다. 이주적 전설은 어떤 특정 지역에 고착되어 있다고는 하지만 똑같은 줄거리를 가진 전설이 도처에 산견(散見)된다. 전설은 반드시 증거물이 필요하기 때문에 증거물을 사건과 결부시켜 그 사건의 유래와 배경을 설명하고 그 전설의 사실성과 진실성을 높여준다.[17]

ⓛ 대상물[18]

- 대상물은 암석전설, 산악전설, 사찰전설, 인물전설 등으로 분류할 수 있다.
- 암석[19]전설은 생식형(기자형, 음양형, 부부형), 풍요형(미암형, 기풍형, 풍수형), 기념비형(한계형, 금기형, 근친상간형, 상사형, 충효열(忠孝烈)) 등 세 유형으로 분류한다. 산악전설은 대홍수(천지개벽)형, 단혈형[20], 명칭유래형으로 분류한다.

---

16) 최내옥, 윤용식, 「구비문학개론」, 방송통신대학, 1990, 71~72쪽.
17) 김지현, 「광주지역 전설의 문화적 활용 방안 연구」, 전남대학교 석사학위논문, 2001, 7~8쪽.
18) 박철원, 「남해군 창선면 채록 전설의 양상과 특징」, 신라대학교 석사학위논문, 2008, 27~67쪽.
19) 조석래, 「암석 전설의 연구」, 「논문집」 25(1), 진주교육대학교, 1982, 19~31쪽.
20) 단혈형은 풍수 설화의 일종이다. 풍수설화는 일종의 신앙가치론으로서 명당, 단맥(斷六), 풍수설(風水說), 명풍수(名風水) 등의 설화가 포함된다. 개인과 집단, 국가의 흥망과 성쇠, 화합과 대결이 바로 풍과 수가 인간의 역사성과 긴밀한 연관을 지니고 있다는 의미이며, 그것이 바로 풍수사상의 핵심이라는 것이다.

- 사찰전설은 폐사, 절터 유형과 수리절터형으로 분류한다. 이중 폐사, 절터 유형은 빈대절터 전설로 옛날에 절이 있었던 곳이 빈대 때문에 망했다는 줄거리로 되어있는 경우가 많다.[21]
- 인물전설은 실제로 있었던 인물을 대상으로 인물의 성격이나 행적에 대해 이야기하는 형태로 전승된다. 사회적 환경과 부딪히면서 어떻게 살아가야 마땅할 것인가 하는 문제가 구체적으로 제기되기 때문에 인물전설은 그 자체에 대한 연구뿐만 아니라 문학 일반에 대한 이론적 기초를 마련하기 위한 연구의 대상이 된다.

ⓒ 목적 : 전설의 발생 목적으로 설명, 역사, 신앙적 측면에서 살펴볼 수 있다. 첫 번째, 설명적 전설은 일반 민중이 자신을 둘러싼 자연, 사물을 설명할 목적으로 만들어낸 전설이다. 지리상 특징, 자연현상, 특수한 습관, 지역 동식물의 특수한 현상, 산과 바위의 생김새 등 소박한 지식으로 설명한다. 두 번째, 역사적 전설은 역사적 사건에 대한 기초적 지식을 가진 사람이 그 사건을 이야기하는 것이다. 야담이나 야사가 여기에 속한다. 세 번째, 신앙적 전설은 민간신앙을 기초로 한 전설이다. 정도령의 재림(再臨)[22]을 믿는다든지, 금기를 교시해주는 것이다.

3) 민담

민담은 오랜 기간에 걸쳐 삶의 여러 층위의 문제들과 그 문제들이 해결되는 과정을 이야기 형식으로 풀어낸 것이다. 현재까지 전해지는 민담은 그것을 수용하고 전승한 사람들에 의해 갈등과 그 해결 과정이 나름의 합리성을 가지도록 다듬은 것이다.

① 민담의 특징[23]
- 첫 번째, 민담은 일반적으로 일상적 인물인 민중을 대상으로 한다. 등장 인물의 이름이 대부분 드러나지 않으며 구체성을 띠지도 않는다. 이는 등장인물이 별다른 재주나 특성을 가지고 있지 않다고 여겨지는 민중을 나타내는 경우이다. 그래서 민중은 신화, 전설의 등장인물을 자기가 아닌 타자로 거리두기를 하고 바라보게 되지만 민담의 등장인물에 대해서는 손쉽게 자신을 비롯한 평범한 이야기로 대입할 수 있다.
- 두 번째, 민담 속에 나타나는 갈등 상황의 해결방안은 그 이야기 내의 조건에서 해결되고 있다. 즉, 신화나 전설의 경우에는 문제의 해결이 특출난 능력을 가진 영웅이나 혹은 초월적인 외부 존재의 개입으로 해결되는 것이 보통이다. 따라서 신화나 전설 속에 등장하는 대중은 대개 주인공의 조력자로 그려지게 된다.

---

21) 빈대와 음성적으로 유사한 진대, 긴대 등 뱀을 표현하는 말이 발음상의 오해로 인하여 빈대로 바뀌어 폐사담과 결부되었을 가능성이 높다.
22) 세상이 혼란스럽고 어지러우니 신도 안에서 새로운 세상이 정도령에 의해 실현된다는 전설이다.
23) 천원석,「한국 민담의 갈등 양상 분석을 통한 독서 지도 가능성 탐구」, 경기대학교 석사학위논문, 2017, 5~6쪽/ 임명연,「한국 민담에 나타난 아동관 분석」, 숙명여자대학교 석사학위논문, 2005, 7쪽.

하지만 민담은 이야기에서 주어진 환경 내에서 해결되는 경우가 일반적이다. 즉, 민담은 이야기 속에 꿈, 낭만, 생활 속에서 얻을 수 있는 생활의 지혜, 역경을 이겨내는 힘과 용기, 신념 등이 용해되어 있다. 따라서 민담을 통해 충, 효, 우애, 신의 등의 윤리적 교훈을 얻을 수 있다.

- 세 번째, 민담은 신화나 전설과 비교하면 시간 및 장소가 특정되지 않는 경우가 대부분이며 이것이 민담이 시대와 장소를 가리지 않고 지금 그리고 현재의 이야기로 청자에게 다가올 수 있는 이유이다. 따라서 현 시대를 살아가는 우리가 지금 직면하고 있는 문제들이 비록 외형적인 모습은 민담에서 나타나는 그것과는 다르더라도 갈등의 속성상 민담과는 그리 다르지 않으며 그 해결방안 또한 민담의 해결방안의 속성과 비슷한 속성을 가지고 있다.

- 네 번째, 민담은 흥미 본위의 꾸며낸 이야기이다. 신화는 창조 및 존재이유에 관한 신성한 것이기 때문에 신성성을 기본으로 하며, 전설은 역사적 사건과 관련되어 진실성을 보장받기 위한 증거물과 결부되어 있다. 하지만 민담은 오직 이야기 자체의 흥미와 의미가 있다.

② 민담 분류

- 민담은 이름 그대로 이야기를 형식으로 취한다. 이야기란 그 안에 등장하는 인물의 욕망 추구와 그것을 방해하는 세계와의 갈등을 보여주는 것이라고 이해할 수도 있다. 즉, 이야기를 욕망의 형식이라고 말할 수도 있을 것이다. 욕망, 즉 원하는 무언가를 이루기 위해 부딪치게 되는 갈등은 이야기상에 긴장감을 불러일으키게 되며 등장인물들은 이를 해결하기 위한 여러 방안을 찾으려는 모습을 보여 준다. 그리고 결국은 어떤 형태로든 갈등은 봉합되고 등장인물들은 처음 스토리의 시작과는 다른 환경 속에서 새로운 위치와 모습을 지니게 된다.

- 우리나라 민담을 집대성하여 유형화한 학자는 최인학이다. 최인학은 「한국민담의 유형연구」를 출간하여 다음과 같이 민담의 유형을 분류했다.

┃ 한국 민담의 유형 분류[24] ┃

구분	대단위	중단위	하단위	개수
1	동식물 민담	1. 동물의 유래		24
		2. 동물의 사회		30
		3. 식물의 유래		4
		4. 인간과 동물	4.1 도찬(逃竄)	8
			4.2 바보동물	8
			4.3 동물보은	13
			4.4 둔갑	17

---

24) 최인학, 「한국민담의 유형연구」, 인하대학교 출판부, 1994, 269쪽.

구분	대단위	중단위	하단위	갯수
2	보통민담	5. 신이(神異) 사위(남자)		5
		6. 신이(神異) 부인(여자)		9
		7. 신이(神異) 출생		6
		8. 혼인과 재물		37
		9. 주보(呪寶)		27
		10. 괴물퇴치		9
		11. 인간과 신앙	11.1 타계(他界)	8
			11.2 인간과 사망	18
			11.3 신과 인간	21
			11.4 풍수	9
			11.5 점복(占卜)	16
			11.6 주술	13
		12. 효도	12.1 부모 효도	24
			12.2 열녀	5
		13. 운명의 기대		25
		14. 갈등	14.1 부모와 자식 갈등	7
			14.2 형제 간의 갈등	18
			14.3 이웃 간의 갈등	9
3	소화(笑話)	15. 바보	15.1 바보마을	6
			15.2 바보사위(남편)	12
			15.3 바보며느리(부인)	9
			15.4 바보사람들	42
		16. 지혜	16.1 지혜 있는 사람	26
			16.2 재치 있는 사람	9
			16.3 말의 재능	23
			16.4 명재판	11
			16.5 재주시합	9
			16.6 어른과 아이	21
		17. 간사-교활자	17.1 간사한 사람	20
			17.2 지나친 과장	11
4	형식담	18. 형식담		15
5	신화적 민담	19. 신화적 민담		23
6	기타	20. 세간화(世間話)		2
		21. 기타		16

③ **민담의 형식**
- 서두와 결말형식 : 이야기의 시작과 끝에 사용되는 일정한 표현을 말한다. "옛날에", "그전에", "옛날 옛날 아주 오랜 옛날에" 등으로 표현한다. 이런 표현들은 보통 일상적인 말과 구별되는 작품 세계의 독자적인 소우주를 확립할 수 있게 해주고, 이야기가 서사적 과거 시제로 전개됨을 명백히 해준다. 또한 끝나고 나서는 이야기하고 있는 현재로 되돌아오게 해주며, 이야기가 허구임을 나타내고, 결말에서는 허구적인 그럴듯함을 강조한다.
- 대립과 반복의 형식 : 대립과 반복의 형식은 선과 악의 대립, 힘과 꾀의 대립, 미추(美醜)의 대립으로 나뉜다. 첫 번째, 선과 악의 대립이다. 처음에는 선이 궁지에 몰리고 곤경에 처하지만 마침내는 승리를 거둔다. 여기에서 선은 평민, 악은 양반으로 나온다. 두 번째, 힘과 꾀의 대립이다. 강한 자가 힘으로 누를 때 약한 자는 꾀로 대적하여 승리를 거둔다. 세 번째, 미추(美醜)의 대립이다. 선과 악의 대립처럼 묘사한다.
- 진행형식 : 민담은 주인공의 행동을 시간의 흐름에 따라 계속 이야기하는 형식이다. 이 외에도 진행의 형식에는 한 행위가 원인이 되어 다음 행위가 생기는 누적적 형식과 반복된 사건들이 인과관계 없이 생기는 연쇄적 형식 등이 있다.

04 무가

무가는 무당이 노래 부르고 춤을 추며 굿을 할 때 부르는 신가(神歌)이다. 무가는 무당의 신관(神觀)을 비롯한 우주관, 영혼관, 내세관, 존재 근원에 관한 일체의 사고를 종합하여 직접적인 언어로 표현한 것으로 무속의 구비경전이라 할 수 있다.

01   무가의 특징[25]

무당이 각종 기능을 발휘하는 것은 굿을 통해서이다. 이런 굿은 기복제, 구병제, 사령제로 분류할 수 있다.

① **기복제** : 공동제례인 산천제, 서낭제는 일종의 기복제로, 기은(祈恩)이라 하여 왕가의 안녕과 다복을 산천과 서낭신에게 빌었다. 기복제의 대표적인 형태가 바로 별기은제이다. 공양왕 때는 국무당 열 곳을 세우고 거기에서 무당들이 별기은제를 행하였다는 기록이 있다. 이후 조선시대 세종 7년에도 서울과 각처에 별기은에서 기우제를 주재하도록 하였다. 중종 때에도 의장을 엄히 하여 무당을 거느리고 전당에서 복을 빌었고, 무녀를 이끌고 산천, 서낭에서 복을 빌었다. 이런 기은제는 조선시대 말기에 이르기까지 계속되었다. 비단 기복제는 왕실에서만 있었던 것은 아니며 사대부와 서민들도 귀신을 섬기며 무당을 믿고 산천, 서낭에서 제를 지냈다. 이것이 점차 민중의 기복 산신제인 촌락공동제로 발전한 것이다.

② **구병제** : 예로부터 무당이 지녔던 최대의 기능은 치병에 있었다. 고대인들에게 있어 병은 귀신의 작용에 의한 것으로 이해되었다. 그렇기 때문에 구병은 귀신과 교제하는 무당들만이 가능하다 믿었다. 심지어 무당이 사는 집에는 역신이 범접 못한다고 여겼다. 이에 조선시대 세종 때에는 무당들로 하여금 열병이 돌 때 의생과 함께 이를 치료하도록 하였다.

---

[25] 김용기,「황해도굿 무가의 연행 연구」, 선문대학교 박사학위논문, 2016, 15~18쪽.

③ **사령제** : 사람이 죽으면 죽은 이의 영을 위안하기 위하여 위령제를 지낸다. 특히, 병으로 죽거나 억울하게 한을 품고 죽은 원령들은 남에게 화를 가져온다고 믿었기 때문에 이들을 위한 사령제를 지냈다. 이러한 사령제는 뜰에서 행하였기 때문에 이를 흔히 야제라고 한다.

이처럼 거의 모든 무당의 연행은 제의성으로 설명될 수 있다. 즉 제의성은 무당이 능력을 발휘할 수 있는 배경이 되는 것이다. 이때 무가는 무당이 신격과 만날 수 있도록 도와주는 역할을 한다. 신격과 무당을 연결시키는 매개체이다. 무당은 접신이 되어서 인간에게 신의 소리를 전달한다.

02 무가의 요소[26]

무가 내용의 요소를 분류하면 청배, 오신, 축원, 무의 경과보고, 역사의 약술(略述) 등 다섯 가지로 나눌 수 있다.

1) 청배

청배는 신을 초청하는 무가로서 일반적으로는 신통(神統)의 나열과 더불어 빨리 강림해 달라는 내용으로 되어 있다. 신의 내력담인 서사무가도 청배무가로서의 기능이 있고 신들이 하강하는 노정을 서술한 「노정기(路程記, 서사무가의 하나로 신이 기거하는 본향에서부터 굿하는 장소에까지 이르는 신의 노정(路程)을 노래하는 무가)」도 청배무가의 하나로 볼 수 있다.

2) 오신(娛神)

오신은 신을 즐겁게 하기 위하여 부르는 무가로 신의 외모에 대한 묘사나 신의 영검함을 서술한다. 대표적으로는 서울의 열두거리에 있는 타령과 노랫가락 등이 있다.

3) 축원(祝願)

축원은 인간의 소원을 비는 것으로 무의의 성격이나 대상신 직능의 구분에 따라 축원의 내용과 성격이 달라진다.

---

[26] 박기연, 「巫歌토리에 관한 연구」, 동아대학교 석사학위논문, 2009, 5~6쪽.

4) 무의 경과보고

무의를 하기까지의 준비과정을 서술하는데 보통 제주(祭主)가 정성을 많이 들였다는 것을 신에게 아뢰어 인정받으려는 뜻으로 읊조리는 것이다. 그 내용을 보면 제의일시(祭儀日時), 제주성명(祭主姓名)과 제물의 준비, 진설(陳設) 등이 포함된다.

5) 역사의 약술(略述)

① 무가의 서두에 나오는 것으로서 천지조판(天地肇判) 이후 강산의 마련과 지금까지의 치국 흥망을 약술하는 것이다. 우리나라에서는 무속이 성하였으며 전승되는 무가도 다양하고 그 내용들도 풍부하다.

② 고대 무가에 있어서 역사의 약술로는 향가나 고려가요의 「처용가」 및 「시용향악보(時用鄕樂譜)」에 수록된 「대왕반(大王飯)」, 「군마대왕(軍馬大王)」, 「나례가(儺禮歌)」, 「성황반(城隍飯)」, 「내당(內堂)」, 「잡처용(雜處容)」, 「삼성대왕(三城大王)」, 「대국(大國)」, 「구천(九天)」, 「별대왕(別大王)」 등이 전해진다.

03 무가의 유형[27]

무가를 유형별로 분류하면 서사무가(敍事巫歌), 희곡무가(戱曲巫歌), 서정무가(抒情巫歌), 교술무가(敎述巫歌) 등으로 구분할 수 있다.

1) 서사무가

무속신화는 신의 내력을 풀며 무신을 청배한다. 서사무가는 청배무가에 속하기 때문에 서사무가의 가장 두드러진 특징은 대개 굿거리의 맨 처음에 구연된다는 것이다. 또한 서사무가는 제향을 받는 대상신에 대한 이야기이기 때문에 그 대상 신에 따라 다양한 내용의 서사무가가 전해져 내려오고 있다.

2) 희곡무가

희곡무가는 무극(巫劇)에서 구연되는 무가이다. 주로 행동과 대화로 표현되는데, 두 명 이상이 등장하여 분장하고 연극과 같이 진행되는 경우가 많다. 대표적으로는 거리굿, 도리강관원놀이, 범굿 등이 있다.

---

27) 박기연, 「巫歌토리에 관한 연구」, 동아대학교 석사학위논문, 2009, 7쪽.

3) 교술무가

교술무가는 서사무가와 희곡무가를 제외한 대부분의 무가를 칭한다. 내용으로는 신에 대한 기원이나 신이 인간에게 주는 말 등을 포함하고 있다. 대표적으로 손굿, 성주굿, 망자풀이 등이 있다.

4) 서정무가

서정무가는 인간들이 어우러져 함께 흥을 돋우는 굿거리에서 불리는 무가로서 그 특징은 교술무가 또는 서사무가 속에 삽입되는 노래를 말한다.

05 판소리

판소리는 한 사람의 창자(唱者)가 고수(鼓手)의 북 반주에 맞춰 극적으로 구성된 긴 이야기를 소리와 아니리, 너름새 등을 통해 청중에게 전달하는 공연 예술이다. 판을 구성하는 주체자는 창자와 고수, 청중이며 판소리의 구성 요소는 창과 아니리, 너름새, 추임새라 할 수 있다. 판을 구성하는 주체자와 판소리의 구성요소는 유기적으로 연결되어 있다. 창자(唱者)는 이야기를 음악으로 전환하여 청중에게 전달하는 사람으로 창과 아니리, 너름새를 담당하고 고수(鼓手)는 북으로 반주를 담당하면서 창자의 소리 중에 추임새를 넣는다. 청중 또한 추임새를 넣으면서 단순한 감상자를 넘어 판에 함께 참여하여 호흡하는 중요한 역할을 담당하고 있다.

01 판소리의 개념[28]

① 판소리를 과거에는 타령, 잡가, 창, 소리, 광대소리, 창악, 극가, 가곡, 창극조 등으로 다양하게 불렀으나 현재에는 국악계와 국문학계 등에서 통일한 명칭인 판소리라는 용어를 사용하고 있다.

② 판소리는 판과 소리로 된 복합 명사이다. 판은 많은 사람들이 모인 곳이란 뜻이며, 소리는 노래보다 광범위한 개념을 내포하여 인간의 음성을 넘어서 새소리, 바람소리, 물소리 등의 음향까지 모두 동원한 복잡한 서사시를 성악으로 표현한 것이다.

③ 판소리의 기원에 관한 여러 학설들은 논의의 측면과 차원을 달리했지만 서로 상호보완적인 관계에 있다.

  • 무가 기원설은 판소리가 시나위권의 무가(巫歌)와 유사한 점을 근거로, 판소리가 무가에서 발달하였다고 하는 것이다. 둘 다 쉰 목소리로 노래하며 판소리의 너름새가 시나위권 무의식의 춤사위와 유사하고, 두 장르 간의 장단이나 선율이 유사하다. 또한 판소리 창자의 지역분포가 시나위권 출신과 같으며 세습을 통해 계승되는 점이 같다.

---

[28] 장윤정, 「주제중심의 판소리 지도방안 연구」, 한국교원대학교 석사학위논문, 2009, 14~16쪽.

- 판놀음 기원설은 판소리가 판놀음의 육자배기토리 무악권 창우(倡優) 집단의 광대소리에서 발생했다는 설이 있다. 판놀음은 조선시대 후기 전문 놀이꾼들이 기예를 보여주고 경제적 대가를 지불받았던 놀이이며 이때 소리를 전문으로 하는 창우에 의해 판소리가 발생되었다고 보았다.
- 판소리가 남도지역의 무가와 관련이 깊지만 그 특성은 판소리의 일부이며 판소리는 육자배기토리뿐만 아니라 메나리조(山有花調), 경드름, 시조와 같은 다양한 음악적 요소가 포함되어 있고, 무속적인 것 외에도 유교 사상인 충·효·열, 신선사상과 불교적 관념도 보인다. 그러므로 판소리의 기원은 어느 하나로 정하기보다 사회 문화적 과정 속에서 만들어진 산물이라고 해야 한다.

③ 판소리는 음악, 문학, 연극으로 이루어진 종합예술로 독특하게 형성된 예술형태이다. 그러므로 어느 한 측면에 치우치기보다는 세 가지 측면을 아우르는 통합적 시각이 필요하다.
- 음악적인 측면 : 판소리는 창으로 구현되며 성음 및 장단을 다양한 방법으로 활용하여 소리로써 아름다움을 형상화한다. 또한 민요, 가곡, 가사, 시조, 범패, 무가 등과 같은 민간 음악의 특성을 포함하고 있다.
- 문학적 측면 : 판소리는 창과 아니리의 기반이 되는 사설을 중심으로 연구된다. 사설은 전래된 설화를 바탕으로 그 사이에 시조, 가사, 잡가, 한시, 타령, 민요 등 다양한 시가 문학을 포용하였으며, 언어로써 삶의 진실과 아름다움을 형상화 하였다.
- 연극적 측면 : 인간의 행동으로 삶의 진실과 아름다움을 형상화하였으며 이는 너름새를 통해 구현된다. 그리고 가면극, 꼭두각시놀음, 발탈과 같은 민속극의 장르를 포함하고 있다.

02 판소리의 미학[29]

1) 이면을 그린다

판소리에서 "이면을 그린다"는 것은 사설 내용이나 철학적 바탕을 음악으로 잘 표현했다는 뜻으로 미학적으로 매우 깊은 의미를 내포하고 있다. 이면을 그리는 것은 대상을 포착하여 소리로 표현하는 것이다. 언어는 사물의 변화, 상태를 추상적이고 자의적인 기호로 표현한 것인데 이를 보다 감각적인 차원에서 사물과 사건을 해석하는 것이다. 즉, 이면을 그린다는 것은 사물, 사건에 대한 사회적 의미, 사건들이 계열화됨으로써 띠게 되는 의미의 공동체적 해석에 개인의 주관적인 창조적 해석이 덧붙여져 이루어지는 판소리의 예술적 목표인 것이다.

---

[29] 고창판소리박물관 http://pansorimuseum.gochang.go.kr/index.gochang?menuCd=DOM_000000807003000000

2) 한의 표출(시김새)

① 시김새는 판소리의 멋과 맛을 느끼게 해주는 것으로 판소리 창자가 소리를 치켜 올리는 것이다. 꺾어내렸다, 궁글렸다 뒤집었다 하면서 다양한 변화를 부여하는 일종의 발성 기법이다. 소리를 떨거나 음정에 다양한 고저의 변화를 줌으로써 그 음을 한결 미묘하게 하는 것이라는 점에서는 이른바 장식음과 비슷한 것이라고 말할 수 있으나, 그보다 훨씬 더 미묘한 변화의 폭과 넓이를 가진다는 점에서 서양음악의 그것과는 큰 차이가 있다.

② 시김새라고 할 때의 「시김」이라는 말은 「삭임」(소화시키다, 분한 마음을 가라앉히다)에서 온 말이라고 한다. 그 시김새란 판소리 창자가 수련을 쌓아가는 과정에서 그 가락이 제대로 잘 삭고 익어서 예술적인 멋을 성취하게 된 상태를 이르는 말이다.

③ 판소리에서는 '한'이라고 하는 정서의 표출은 이 시김새를 통해 이루어진다. 한이라고 하는 정서에 매몰되는 것이 아니고, 시김새의 경지에 다다르기 위해 끊임없이 삭임(소화시킴)의 과정을 통해 해방되기에 이른다. 즉 판소리에서 한이라고 하는 정서는 이런 삭임의 과정을 통해 표출되고 극복되는 것이다.

3) 한의 표출(그늘)

판소리에서 그늘이라는 것은 소리의 바탕에 깔려 있는 오묘하고도 융숭한 어떤 멋 혹은 여유 같은 것이다. 「시김새」를 일러 묘목이 거목으로 이루어질 때까지의 긴긴 피나는 공력의 시간의 총화라고 할 수 있다면, 「그늘」은 그런 총화에서 성취되어진 어떤 높은 경지 같은 것을 표상하는 말이다. 말하자면, 하나의 씨가 땅에 떨어져 비와 바람을 견디며 끊임없이 자라는 과정을 시김새를 획득해 가는 과정이라고 할 수 있다면, 거목으로 자란나무가 울창한 가지를 드리우며 온갖새들을 그 품안에 싸안는 너그러운 운치를 그늘이라고 할 수 있다는 것이다. 서럽고 한스러운 가락을 삭이고 익히는 과정에서 시김새가 붙고, 마침내 그늘이 드리워지게 되는 것이 한의 예술로서의 판소리의 표상인 것이다.

4) 귀명창

소리를 할 줄은 모르지만, 그것을 많이 들어서 깊이 감상하고 이해할 줄 아는 사람을 이르는 말이다. 공동체에 기반을 둔 이야기의 스토리라인은 누구나 알고 있지만, 앞서 언급한 것처럼, 그 이면을 그리는 소리의 미학적 깊이는 누구나 쉽게 이해할 수 있는 것은 아니다. 창자의 이면의 해석과 그 미적표현의 오묘한 깊이, 그 가락이 제대로 잘 삭이고 익혀서 예술적인 멋을 성취하게 된 상태, 그리고 이를 통해 드리워진 운치의 그늘은 이것을 감상할 수 있는 높은 감식안을 필요로 하는 것이다.

06 속담

속담이란 보통 사람들이 일상 체험에서 얻은 세속적인 생활의 지혜를 비유적으로 간결하게 나타낸 관용적 표현을 말한다. 그렇기 때문에 민중 속에서 생성되어 관용적 표현으로 나타났다. 속담은 간결한 형식에 알기 쉬운 비유로 되어 있어 의미전달의 효과가 크기 때문에 예로부터 일상적 대화에서 자주 쓰이면서 다양한 의사소통 기능을 수행한다.

또한 속담은 형태와 의미가 고정된 표현이다. 즉, 화자는 속담을 말할지라도 속담의 작가가 아니기 때문에 화자와 발화자가 일치하지 않는다. 그리고, 속담은 한 사회집단 모두가 공유하는 신념으로서 공동체적, 객관적인 특성을 가지고 있다.[30]

01 속담의 개념 및 특징[31]

① 속담은 오랜 기간 이어온 민족의 전통과 관습이 베인 과거의 재산이면서, 시간을 초월해서 현재와 미래에까지 지속되는 유효성을 갖고 있다. 이러한 속담을 통해 민족 고유의 예지와 정서, 과거 역사가 베인 문화 풍토를 유추해 볼 수 있다. 같은 속담이더라도 그 인지도와 통용되는 빈도에 따라서 메시지의 효율성은 같지 않다. 평범한 진리, 인간의 보편적 지혜의 속담일수록 그 유효성은 시대를 초월하여 지속적이지만, 어떤 특정한 시대의 사고와 경험이 반영되어 시대의 변천에 따라 그 타당성과 보편성을 잃을수록 과거에 속한 속담으로 머물게 된다. 속담의 보편성은 그 사용의 빈도와 비례하여 대중적 의견의 힘으로 영향을 행사하기도 한다.

---

30) 김소연, 「속담에 사용된 bien의 의미작용 연구」, 이화여자대학교 석사학위논문, 2001, 7~8쪽.
31) 김미선, 「속담을 이용한 중국어 교수법 연구」, 수원대학교 석사학위논문, 2005, 14~16쪽.

② 속담은 사용 빈도가 가장 높은 어휘이며, 두 개 이상의 어휘가 한 의미단위로 통용되어 관습화된 것으로 관용 어법 가운데서도 속담의 관용 어법은 가치평가적인 단언 행위가 함축되어 있어서 단순히 상황을 지칭하는 것이 아니라, 기정사실화된 가치 평가로 단정되고 결론지어 있다는 점이 특이하다.

사전별 속담의 정의

사전명	정의
대국어사전, 1984년	예로부터 전하여 내려와 사람들의 마음 속에 동감을 얻고 널리 퍼진 격언
새 우리말 큰 사전, 1985년	어느때 어디서 누가 말했는지는 모르나 그것이 그 주위 사람들의 마음 속에 깊은 동감을 얻고 널리 퍼져서 온 민족에게 공통된 격언
새 한글 사전, 1986년	세상에 흔히 돌아다니는 쉬운 격언
우리말 큰 사전, 1997년	민간에 전해오는 쉬운 격언, 세언(世諺), 속설(俗說), 속언(俗諺), 언속(諺俗), 이어(俚語), 이언(俚諺).
민중 에센스 국어사전, 1998년	옛적부터 내려오는 민간의 격언
표준국어대사전, 1999년	예로부터 민간에서 전하여 오는 쉬운 격언, 잠언(箴言), 언속(諺俗).
동아 새 국어사전, 2000년	민중의 지혜가 응축되어 널리 구전되는 민간 격언
국어학 전용어 사전, 2000년	비유의 방법으로 교훈, 풍자를 나타내는 관용어

③ 속담의 특징은 간결성, 통속성, 사회성, 향토성, 시대성, 교훈성, 풍자성, 비유성, 과정성 등이 있다.

- 간결성 : 속담은 짧은 어구 속에 많은 의미를 함축하고 상황에 따라 적절한 활용적 기능을 발휘하기 때문에 그 외형 구조가 간결하다. 즉, 논리적으로 이해되기보다는 설명이 필요없는 간결한 말로써 직감에 호소하는 짧은 형식을 갖게 된 것이다. 따라서 외국인들의 경우 표현에 쓰인 단어나 문법은 간단하나 문법 그대로 이해했을 경우 전혀 이해하지 못하는 경우가 발생한다. 그러나 이러한 표현들을 교육하기만 한다면 짧고 간단하다는 속성 때문에 기억하기 쉬울 뿐만 아니라, 효과적인 의사소통에 크게 기여할 수 있다는 장점이 있다.
- 통속성 : 속담은 민중들이 일상생활의 경험에서 얻은 지혜를 응축한 것이기에 자연스럽게 생활 주변에서 쉽게 발견되는 것들을 소재로 사용한다. '배 먹고 이 닦기', '언 발에 오줌누기', '싼 게 비지떡', '개 눈에 똥만 보인다'라는 표현들에서 볼 수 있듯이 서민들의 소박한 어휘가 소재로 등장하고 있다. 속담이 오랜 세월에 걸쳐 지금까지도 민중들에게 애용되는 강한 생명력은 이러한 통속성에 기인한 것이라 할 수 있다.
- 사회성 : 속담을 통해 오늘에까지 전승되어 온 민족의 사고 틀이나 내재의식을 찾아볼 수 있다. 특히 속담은 민족성원들의 오랜 경험과 지혜가 응축된 언어 표현의 정수로서, 세상에서 흔히 유통되기 쉬운 격언이다.

- 향토성 : 속담은 지역 자체의 향토성에 민족성, 인간성, 가치관 등을 반영한다. 지역에 따라 언어와 풍습이 다르듯 속담도 지역에 따라 고유한 향토성을 반영하고 있다.
- 시대성 : 시대에 따라 삶의 방식과 가치가 다르고 이념과 제도가 다르기 때문에 속담은 당시 시대상을 그대로 반영하였다.
- 교훈과 풍자성 : 속담을 사용하여 말하는 사람은 속담의 기본 의미만 전달하기 위하여 속담을 사용하는 것이 아니다. 속담은 발화 상황 속에서 기본 의미, 매체의 이미지 이외에도 교훈적 또는 풍자적 의미를 함축 의미로 지닌다.
- 비유와 과장성 : 비유 표현은 본의(本意)를 효과적으로 전달하기 위하여 본의와 유사성이 있는 매체를 통해 표현하는 것이다. 비유 표현이 전달하는 의미는 매체의 이미지로 말미암아 그 유사성을 직설적으로 바꿔서 풀어쓰기한 표현의 의미와 동일하지 않다.

02 속담의 기능[32]

① 속담은 화자가 자신의 표현 의도를 감화적으로 청자에게 전달하기 위해 사용하는 관용적인 비유 표현이다. 그러므로 속담의 올바른 이해를 위해서는 글자보다는 언외(言外) 의미로서의 관용적인 의미에 대해 이해해야 한다.

② 속담은 구조를 갖추고 기능적인 의미를 전달하며 실용성과 대중성을 지니고 있다. 실제 담화 언어활동에 있어서 말의 의미는 문자의 내용을 결정하는 것으로 주제의 내용을 가지고 전체 구조를 이룬다. 그런데 속담의 구조는 일반적인 언어와는 구별되는 문맥적인 가치를 가지고 쓰이며 이 문맥적 가치가 속담의 의미 전달을 가능케 한다.

③ 속담의 용법은 단순한 의미전달의 서술을 축약해서 명쾌하게 전달하는 것이다. 어떤 사건에 대한 단순한 사실을 말하는 것은 기술이지 속담이 아니다. 예를 들어 "발 없는 말이 천리 간다.", "낮말은 새가 듣고, 밤말은 쥐가 듣는다."라는 속담은 말을 조심하라라는 평범한 설명이지만 돌발적인 상징으로 드러냄으로써 쾌감을 얻고 절실한 표현 효과를 낸다.

④ 속담의 언어기능은 그 속에 동원된 언어 재료와 주제 의미와의 관계에 따라 상징적인 기능과 서술적인 기능으로 구분할 수 있다. 주제 의미가 동원된 언어재료의 표면에 전혀 나타나지 않고 상징적으로 전달되는 경우와 주제의미가 언어 재료 속에 그대로 들어 있어서 그 언어 환경에 익숙하지 않은 사람이라도 누구나 쉽게 그 뜻을 알 수 있게 설명적으로 전달되는 경우이다.

---

[32] 손성영, 「가족 관계에 관한 한·중 속담 대조 연구」, 조선대학교 석사학위논문, 2011, 9~11쪽.

- 상징적인 기능 : 속담 내에 들어 있는 단어가 속담의 의미와는 직접적으로 관련을 갖지 않는 경우다. 이때 속담의 주제의미는 그 속담을 이루고 있는 낱말 속에서는 발견되지 않으며 그것이 모여서 새로운 구조를 이룰 때 비로소 상징적인 의미가 나타나게 된다.
- 서술적인 기능 : 속담의 의미가 속담 내의 단어에 그대로 들어 있어서 그 속담을 읽는 누구라도 그 뜻을 쉽게 알 수 있을 정도로 설명적으로 전달된다.

03 속담의 기원[33]

① 우리나라의 속담은 「삼국유사」와 「삼국사기」를 통해 그 기원을 찾을 수 있다. 「삼국유사」의 「감통」 욱면염불서승(郁面念佛西昇)에는 "내 일 바빠 큰댁 방아 서두른다."라는 표현이 있고, 「수로부인전(首露夫人傳)」에는 "뭇 사람의 말은 쇠까지 녹일 수 있다."라는 표현이 있으며, 「삼국사기」, 「온달전(溫達傳)」에는 "한 말의 곡식도 찧어서 함께 먹을 수 있고, 한 자의 베도 기워서 같이 입을 수 있다."라는 표현이 있다. 이처럼 삼국시대 속담은 일상생활의 체험을 통한 교훈과 진리를 담고 있다.

② 통일신라와 고려시대를 거치면서 속담은 활발하게 창조되었다. 예를 들어 통일신라시대 속담으로 "내일 바빠 한댁 방아"라든가, 고려시대 속담으로 "원수의 말을 어찌 믿으랴" 등이 있다.

③ 조선시대에는 역사적으로 전승되어 왔던 속담들을 많은 학자들이 정리하였다. 현존하는 당시 자료 중 성현의 「용재총화(慵齋叢話)」가 가장 고형으로 볼 수 있다. 이 책에는 "하루 내내 걱정거리는 이른 아침에 먹은 술이요, 일 년 내내 걱정거리는 발에 맞지 않는 신이요, 일생 내내 걱정거리는 성질 사나운 아내라", "세상에 쓸모없는 것은 배부른 돌담, 수다한 아이, 손 큰 아낙네", "말은 비록 상스러우나 역시 격언이다."라는 속담이 있다. 이후 어숙권의 「패관잡기(稗官雜記)」, 홍만종의 「순오지(旬五志)」, 이덕무의 「청장관전서(靑莊館全書)」 등도 속담을 잘 정리되어 있다. 특히, 정약용은 당대의 속담을 수집 정리한 「이담속찬(耳談續纂)」을 편찬하여 210여 편의 속담을 담아내고 있다. 여기에는 "농사꾼은 굶어 죽어도 종자를 베고 죽는다", "말 잃고 외양간 고친다", "되로 주고 말로 받는다", "내 배 부르면 종이 배고픈 줄 모른다", "사흘 굶어 도적질 안 하는 놈 없다", "지렁이도 디디면 꿈틀한다" 등이 있었다.

④ 일제강점기에는 한국학 연구자인 다카하시 도루(高橋亨)가 쓴 「조선속담집」이 있는데 여기에는 1,300여 개의 조선 속담이 담겨져 있었다. 광복 이후에는 이기문교수가 펴낸 속담집인 「속담사전」에는 7,000여 개의 속담이 수록되어 있었다.

---
33) 한국향토문화전자대전, 한국학중앙연구원

07 수수께끼

수수께끼란 어떤 사물에 대하여 바로 말하지 않고 빗대어서 말하여 그 사물의 뜻이나 이름을 알아맞히는 놀이를 의미한다. 수수께끼는 기억하기가 아주 간단하고 전달과 보급이 쉬울 뿐 아니라, 개인 창작의 것이 아니고 심리적 및 기능적 필요에서 생겨난 인간적 언술(言述)의 근원 형태라고 할 수 있다.

01 수수께끼 개념[34]

① 우리 일상생활 속에서 수수께끼는 지혜와 재치, 웃음이 가득 담긴 해학으로 오랜 옛날부터 입에서 입으로 전해내려 왔다. 수수께끼란 어떤 사물에 대하여 바로 말하지 않고 빗대어서 말하여 그 사물의 뜻이나 이름을 알아맞히는 놀이로 정의된다. 즉, 알 듯 말 듯 하면서도 쉽게 알아맞힐 수 없는 것이 바로 수수께끼라고 할 수 있다.

② 수수께끼는 화자가 청자에게 은유적인 방법으로 대상을 정의하여 질문하는 언어적 표현방법이며 일상적인 의사소통이나 놀이에서 자주 사용된다. 어느 문화권에서든 전통적인 수수께끼를 포함하고 있듯이 예로부터 입에서 입으로 구전되어 온 성격이 강하며 현재에도 특정한 경우를 제외하고는 기술되지 않고 구전되는 양상이 두드러진다는 점에서 구술 문학의 한 장으로 일반적으로 분류되고 있다. 또한 수수께끼는 언어유희로서 말의미를 알고 말의 활용, 표현의 재주를 익히고 키우는 방법으로 주목할 만한 언어 예술성 또는 언어 활용의 교육적 기능이 있다고 할 수 있다.

---

[34] 김윤경, 「수수께끼 활동이 유아의 이야기 꾸미기 능력에 미치는 효과」, 경인교육대학교 석사학위논문, 2013, 6쪽.

③ 수수께끼는 기본적으로 청자와 화자 간의 질문과 대답에 의한 언어적인 의사소통을 전제로 하는데 놀이 시 대상을 은폐하거나 단서를 제공하고 답을 맞히는 과정에서 이루어지는 언어적 상호작용은 고도의 언어 인지적 능력뿐 아니라 참여자의 사회문화적 맥락을 포함한다.

④ 수수께끼에는 기본적인 두 가지 설정이 필요하다.
　ⓐ 수수께끼에는 반드시 수수께끼 문답 상황이 제시되어야 한다는 것이다. 이는 일반적인 이야기와 수수께끼를 구분하는 중요한 기준이 된다. 왜냐하면 수수께끼의 문답은 이야기를 이끄는 중요한 역할을 하기 때문이다.
　ⓑ 수수께끼 풀이가 수수께끼의 연행을 이끄는 원동력으로 작용해야 한다는 점이다. 이는 이야기에 수수께끼 문답이 있더라도 이야기 연행에 아무런 영향을 주지 못한다면 수수께끼로 취급하지 않는 의미이기도 하다.

02 수수께끼의 어원 및 특징

① 수수께끼의 어원은 전국적으로 다양하다.[35]

수수께끼 명명 현황

구분	지역별 수수께끼
1	수수꺼끼(서울, 강원, 춘천, 경기 양주·광주), 수수거끼, 수수겨끼(평북 벽롱), 수수고끼(평남 개천)
2	쉬수꺼끼, 쉬수께끼(평남·전남), 쉬시　끼(평북 의주), 쉬시겻끼(평북 의주), 쉬셔겨끼(평북)
3	수수적기(강원 강릉), 수수재끼, 수수잡기, 수수작기, 수수저꿈(강원), 수쉬접기, 수시접기, 쉬시저끔(함북), 쉬쉬저끔(함남), 시저꿈(함남 함흥), 수지기, 수지적기, 지지적꿈
4	시지저름(경상도), 식기저름, 씩기저름(경남 동래), 시끼저리(경상도)
5	수수치기, 수리처기(경북 상주), 두리치기, 수리짓기, 수리적금
6	숭키잽기(전북 남원), 숙게질검, 출치대기, 수때치기(경남 남해)
7	준추새끼(전북 정읍·부안), 준추새끼, 잡기춘추새끼(전남), 춘치새끼(전남 함평), 춘치새끼(전남 함평), 춤치새끼, 순치새끼, 춘치재끼(전북 전주)
8	옛수제끼기, 예수제낄락, 껄룩락
9	말저름, 말지러미, 말잡기
10	깍퉁이, 껑퉁이
11	이바구

---
35) 김수진,「한국 수수께끼 사전 편찬을 위한 기초 연구」, 경기대학교 석사학위논문, 2009, 7쪽.

② 수수께끼를 지역마다 다르게 부르기 때문에 정확한 어원을 찾기가 어렵다. 수수께끼의 명칭은 1933년 사전에 정착되었다. '수수'가 '숫소'이며 '께끼'가 '목숨을 걸다'이므로 숫소걸기 즉, '소 한 마리 내기'의 뜻으로 해석했다. 그러나 지금의 뜻과 더 가까운 것은 전북 남원에서 '숨박꼭질'로도 쓰이는 방언에서 찾을 수 있다. '수수'는 '숭키잽기'로 이것은 '숨기'와 '잡아내기(찾아내기)'로 '숨고 숨는 것을 찾아내는 것'이라는 뜻이 된다. 한 마디로 질문자(화자)는 숨기고, 해답자(청자)는 숨긴 것을 찾아내는 겨루기라고 정의할 수 있다.[36]

③ 수수께끼의 보편적인 특징은 크게 네 가지이다. 첫 번째, 구연에 있어서 화자·청자 쌍방이 참여한다는 점이다. 두 번째, 은유적 표현이라는 점이다. 세 번째, 고의적 오도성(誤導性)이 있다는 점이다. 네 번째, 묘사가 극히 단순하고 간단하다는 점이다.[37]

03 수수께끼 분류[38]

1) 조희웅(국민대 명예교수)은 수수께끼를 민간전승과 문헌전승으로 구분

① 민간전승 수수께끼로는 다음으로 분류하였다.

㉠ 시늉에 관한 것
- 외형묘사
- 동작묘사
- 성질묘사

㉡ 소리에 관한 것
- 음사(音似)
- 생략

㉢ 슬기에 관한 것
- 방법을 묻는 것
- 이유를 묻는 것
- 선택을 요구하는 것
- 촌수를 묻는 것
- 수를 묻는 것

---

36) 곽은희, 「현대 수수께끼와 속담의 형성과 의미 연구」, 한남대학교 박사학위논문, 2014, 11쪽.
37) 이은선, 「수수께끼담(談)의 유형과 전개 방식 연구」, 강릉원주대학교 석사학위논문, 2014, 11쪽.
38) 김수진, 「한국 수수께끼 사전 편찬을 위한 기초 연구」, 경기대학교 석사학위논문, 2009, 8~10쪽.

② 문헌전승 수수께끼는 의식적으로 만들어진 인공적인 것으로 전파의 폭이 매우 제한되거나 혹은 문자로 기록되어 전하는 것이다. 대표적으로 「삼국유사」와 같은 문헌적 기록에서 찾을 수 있다.

2) 김성배(동국대 교수)는 수수께끼를 주제별로 분류

주제별	세부사항
1. 천문, 지리류	(1) 천문자연 (2) 지리 · 세시
2. 수화(水化)류	(1) 물 관계 (2) 불 관계
3. 영혼, 신앙류	
4. 인간류	(1) 신체 관계 (2) 활동 (3) 언어음성 (4) 생활 주변
5. 음식, 물류	
6. 포목, 복식류	
7. 인조, 가공품류	(1) 가재, 생활 기구 (2) 장식, 오락 기호 (3) 생산성, 기구 (4) 기계, 무기류 (5) 기타 물품
8. 문자, 숫자류	(1) 문자, 문(文) (2) 숫자, 수
9. 토지, 토건류	
10. 동물류	(1) 육지 동물 (2) 수중 동물 (3) 곤충
11. 식물류	(1) 곡식, 화초, 과실 (2) 채소, 일반 식품

학예사를 위한 민속학입문

CHAPTER **7** 마을 및 친족

01 마을생활
02 가족과 친족

01 마을생활

01 마을의 형성[1]

① 마을은 사람들이 모인 곳으로 공동생활을 목적으로 사는 곳이다. 마을은 고을과 구분되는데 보통 고을은 전통적으로 중앙에서 파견된 수령과 그를 보좌하는 토박이 향리들의 통치 거점을 일컫는 용어이다. 고을은 마을보다 큰 단위로 토착사회와 중앙권력이 만나는 향촌사회의 중심지이며 관할구역이다. 즉, 통일신라시대부터 조선시대에 이르기까지 부, 대도호부, 목, 도호부, 군, 현 등으로 불린 지방행정구역이 여기에 해당된다.

② 마을은 씨족을 중심으로 만들어졌기에 동족, 동성마을이라고도 부른다. 다만 동족은 일본에서 차용된 용어이 가능성이 있고, 동성은 너무 혈연관계만을 중시하기에 사회적 요소를 반영하기에는 부족하다.

③ 우리나라의 마을은 입향과 같은 사회 전반적인 흐름으로 형성되었다. 즉, 조선 초기에는 관직과 혼인 등에 의한 부분이 많았고, 조선 중기 이후에는 성리학적 질서가 마을의 성격을 크게 좌우하였다.

④ 일제강점기 조선총독부에서 발행한 「조선의 취락」에서는 다음과 같은 이유로 마을이 형성되었음을 설명하고 있다.

| 마을 입지 유형 |

구분	내용
복거 입향	• 지방에서 세력을 가진 자가 근처에 적당한 지역을 선정하여 입지 • 지방 세력의 자손이 인근에 분가하여 발전 • 중앙 관직에 있던 자가 직접 적지를 선정하거나 관으로부터 토지를 하사받아 은퇴한 후에 정주하면서 발전 • 지방에서 관직을 하던 자가 사직한 다음에 정주
이주	특정 지역으로 일가가 이주하면서 발전

---

[1] 최춘서, 「예천 금당실마을의 형성과 전통주거 연구」, 서울시립대학교 박사학위논문, 2011, 19~21쪽.

구분	내용
혼인 입향	• 기존 씨족이 있는 마을에 다른 씨족이 입향하여 서로 발전 • 기존 마을에 새로운 씨족이 입향하고 기존 씨족은 쇠퇴한 경우
은거	• 사회적으로 격리하여 살거나 유배된 곳에서 정착하여 발전 • 전화를 피해 이주한 곳에서 정착하여 발전
유교적 질서	선조의 분묘를 지키기 위해 이주하여 정착

⑤ 한편, 임진왜란과 병자호란을 겪으면서 동족 결집의 필요성이 강력히 대두되었고, 성리학적 유교사회가 확립됨에 따라 적장자 우대 상속제와 적장자 봉사(奉祀)가 일반화되면서 마을이 형성되었다.

⑥ 대부분 마을은 고려시대부터 조선시대 초기로 거슬러 올라가는 오랜 역사적 흐름을 가지고 있으며, 16세기에는 사화를 겪은 사림파 유학자들이 낙향하여 향촌에 은거함에 따라 사림파의 본거지인 향촌을 중심으로 마을이 형성되었다.

02 마을과 사회생활

① 마을의 가장 기본적인 조직은 이장과 반장이 있다. 이장은 마을의 공식적인 대표자로서 상급기관의 전달사항을 마을 주민들에게 알릴뿐만 아니라 마을의 현안이나 마을 사람들의 뜻을 관에 전달하는 역할을 한다. 반장은 이장을 보좌하는 하부 행정기관으로 이장이 자신과 뜻이 통하는 사람을 임명하는 것이 일반적이다.

② 이장은 마을 주민들이 모여 총회에서 결정하는데, 예전에는 이장을 맡으면 다소 자신에게 이득이 있었기 때문에 서로 맡으려고 했지만 지금은 아무도 맡지 않으려고 하는 것이 일반적이다. 따라서 마을 주민들이 공식적으로 가구별로 일정액의 곡식을 거두어 주고, 상급기관으로부터 일정액의 보수를 받을 수 있는 것이 그 예이다. 또 정부에서 간행하는 신문이나 여러 가지 홍보물을 무상으로 받기도 한다.[2]

③ 또한 공식적으로 개발위원회가 있어 마을의 길흉사를 주도적으로 결정한다. 여기에 부인회, 청년회, 노인회 등이 있으나 형식적으로 운영되는 경우가 많다. 다만 마을 인구의 노령화와 함께 노인회는 아직 그 기능을 상당히 유지하고 있는데 마을회관에 경로당을 만들어 주로 이용한다.

④ 이러한 마을의 행정조직 이외에 가장 커다란 조직은 대동계이다. 신라에서는 청년들 결사조직으로 화랑도가 고려에서는 향도(香徒)가 있었고, 이것이 조선시대에는 향약과 두레로 발전하였다. 이런 대동계는 주로 상여, 가마, 그릇, 관복 등 마을의 공동재산을 관리하고 마을 공동사를 주로 논의한다. 매년 연말에 이장이 대동계의 책임자로 회의를 소집한다.

---

[2] 최운식 외 4,「한국 민속학 개론」, 민속원, 2004, 411~413쪽.

⑤ 이중 가장 일반적으로 광범위하게 조성된 조직이 바로 두레이다. 품앗이는 4~5명이 일시적으로 자율적인 정으로 바탕으로 조직한다면 두레는 대규모 농업을 위한 강제적인 조직이라 할 수 있다. 두레3)는 피지배층이면서 생산의 주체인 농민들의 조직으로 집단성과 강제성을 내포하고 있다. 두레라는 용어의 기원은 '둘레', '돌려'의 뜻을 내포한 원주(圓周), 위요(圍繞)에서 유래되었거나 '두르다'의 고어에서 파생된 명사에서 유래되었다는 견해가 있다. 일설에서는 신라향가의 도솔가(兜率歌)에 나오는 '두레놀애', '도리놀애' 등에서 비롯된 것이라는 설도 있고, 생활용구인 용두레, 두레박, 두레밥, 두레질 등에서 알 수 있듯 풍물이나 물 퍼붓 도구에서 나왔다는 설도 있으나 여전히 정확한 용어의 유래는 밝혀지지 않고 있어 차후 연구가 필요한 부분이다.4)

- 지역에 따라 두레는 황두, 수놀음5), 돌게, 둘개, 돌개김, 향두, 향두품어리, 공굴, 궁굴이, 농상(農桑契), 계청(契廳), 농사(農社), 농계(農契), 농청(農廳), 농악(農樂), 농기(農旗), 목청(牧廳), 갸사(醵社), 동네 논매기, 길쌈, 돌개기음, 풋굿, 자리, 조리 등으로 불렸다.6)

- 인류는 선사시대부터 씨족 중심의 집단생활과 공동소유 및 분배를 위해 필연적으로 공동노동조직을 만들었고, 신라시대와 고려시대에는 신앙조직인 향도(香徒)를 조직하여 불교행사의 진행과 마을의례 및 노동을 담당하였다.

- 조선시대에는 농업의 발달과 더불어 향도가 자연촌락 단위별로 황두나 두레라는 조직으로 세분화되었다. 조선시대 후기에는 국지적으로 시행되었던 이앙법이 전국적으로 확산되면서 농가의 생산력 증가와 맞물려 두레가 활발하게 조직되었다. 이앙법은 물이 있는 못자리에 볍씨를 뿌리고 벼가 일정기간 생육하여 모가 되면 써레질이 끝난 논에 옮겨 심는 방법인데 고려시대 발견한 농법이지만 수리시설의 취약과 실농의 우려로 조선시대 초기에는 금지한 농법이었다.7) 그러나 직파법보다 소출이 많고 제초작업이 간소한 이앙법은 농민들의 요구로 전국적으로 확산되었다. 하지만 이앙법은 단기간에 많은 노동력을 동원하여 모를 심어야 하기 때문에 공동노동력의 결집된 활동인 모내기를 해야 했고, 이전에 비해 단위 시간당 노동량과 강도는 더욱 심해졌다. 이앙법의 효율적인 관리체제를 위하여 공동 노동조직인 두레의 체계화는 필연적인 현상이었다.8)

---

3) 두레는 사전적 의미로 공동작업조직을 뜻하며 이와 같은 단체 개념의 의미는 계, 보(寶), 도(徒), 접(接), 사(社), 회(會), 모갯지, 회치, 대일이 등과 같은 맥락을 이루고 있다.
4) 주강현, 「한국의 두레」, 국립민속박물관, 1994, 48쪽.
5) 제주도에서 공동노동의 개념인 두레를 지칭하는 용어이다.
6) 이좌형, 「통진 두레놀이의 김포가락 지도방안」, 인천교육대 석사학위논문, 2002, 7쪽.
7) 「조선왕조실록」 정조 50권, 22년 11월 30일(己丑) 신재형(申在亨)이 아뢰길 중기부터 모내기를 하는 이앙법이 생겼으나 수리시설이 미비하여 시기를 놓쳐 모내기를 하면 농사를 망치는 일이 많아진다고 지적하였다. 그러나 이앙법이 부종법에 비하여 김매기의 횟수가 적어 노동력을 간소화할 수 있다고 주장하였다.
8) 주강현, 「한국의 두레」, 국립민속박물관, 1994, 35~37쪽.

- 한편, 조선시대 후기 양반들의 촌락에 대한 지배권이 약화되면서 농민들은 양반의 관여나 간섭을 배제하고 나름의 영역을 구축하며 두레활동을 펼쳤다. 이로 인하여 두레는 양반들에게 두려움의 대상으로 지목되기도 하였다.[9]
- 두레는 촌락[10] 단위로 농민들이 주체가 되어 농사일을 공동으로 하는 조직으로 구성방식에 따라 마을 전체가 엄격한 규율로 조직되어 운영되는 대규모 두레인 대두레(동두레)와 일부 농가만 품앗이 개념으로 조직된 소두레가 있다. 일감에 따라 김매기두레, 풀베기두레 등의 농사두레와 여성집회의 성격인 길쌈두레가 있고,[11] 이외에 농악의 유무에 따라 농악이 있는 두레와 농악이 없는 두레가 있으며, 세대별로 청년두레, 장년두레, 노인두레가 있다.
- 두레는 촌락 단위별로 의무적으로 가입하며 이때 들돌들기라는 일정한 가입례를 치른다. 들돌들기는 당산나무나 동각 밑에 있는 60~70kg 정도의 둥그런 돌(들돌)을 들거나, 들어서 어깨 위로 넘기는 행위로 노동력을 체크하는 중요한 수단이었다. 들돌들기 외에도 진세턱이라 하여 술과 안주를 대접하는 풍습도 있었다. 두레의 인원은 1호당 1명씩 16~17세 이상부터 55~56세 이하의 남성(男性)을 차출하여[12] 구성원에 따라 30~40명, 50~60명, 80명 등의 규모로 조직하였다. 조직의 구성은 풍물조직과 노동조직으로 나눠 모내기, 물대기, 논매기, 벼베기, 타작 등의 전 과정에 참여하였다.[13] 풍물조직은 기잡이, 상쇠, 부쇠, 장고, 징, 법고, 꽃나비, 화승쟁이로 구성하였다. 기잡이가 먼저 세 줄로 연결한 두레기[14]와 영기 2개[15]를 갖고 나아가면 이어서 상쇠, 부쇠, 장고, 북, 징, 법고, 꽃나비, 화승쟁이로 이어졌다.
- 노동조직은 좌상, 부좌상, 총각대방, 집사, 회계, 공원, 꽁배로 구성하였다. 좌상은 마을 내 지도자로 농사 일의 감독 및 지도 고문을 하는 인물이고, 부좌상은 좌상을 도와 일을 지휘하는 인물로 80명 정도의 대두레에만 존재하는 인물이다. 총각대방은 두레의 실무

---

9) 「조선왕조실록」 영조 47권, 14년 11월 17일(乙丑) 호남별유어사인 원경하가 두레에 쓰이는 징·북 및 기치(旗幟)를 몰수하였다. 이는 반란 시 군용물로 사용될 수 있기 때문에 행한 조치이다.
10) 촌락은 최소의 공동체 문화기반공간으로 일상의례, 공동행사, 공동노역을 행하였다. 조선시대 후기에는 촌락의 인구가 증가하면서 자연촌락의 경우 정부의 지배에서 벗어나 독자적인 마을로 발전하였고, 이로써 두레가 더욱 활발하게 조직되었다.
11) 주강현, 「한국의 두레」, 국립민속박물관, 1994 51~52쪽.
12) 두레 가입을 거부할 경우에는 두문(杜門), 절교(絶交), 태형(笞刑)을 가하거나 추방(追放)하였다.
13) 두레 구성원들은 촌락 내 노약자나 과부 등 노동력 결핍자의 경지를 무상으로 경작해 줌으로써 공동체적 삶을 유지하였다.
14) 두레기는 대장기, 용당기, 용덕기, 덕석기, 용술기, 서낭기, 대기, 농상기, 깃대, 농기, 큰기, 농기대 등으로 부르며 5~6m 대나무 깃폭에는 "농자천하지대본(農者天下之大本)", "신농유업(神農遺業)", "농(農)"의 글과 마을명, 제작연도 등을 써 넣었다.
15) 두레기를 호위하는 깃발로 기폭의 중앙에 영(令)자를 쓰고 깃대 끝에는 일지창이나 삼지창을 달았고, 홍색과 청색 2개를 사용하였다.

를 맡는 장년층으로 통솔력이 있어 군기를 잡을 수 있는 권위를 지닌 인물이고, 집사와 회계는 각각 농지와 공임을 계산하는 인물이다. 공원은 두레의 잔일을 처리하는 인물이고 꽁배는 청년으로 두레의 보조적인 일을 맡는 인물이다.[16] 이와 같은 구성은 일관성 있는 노동과정을 위하여 스스로 위계질서를 마련한 것으로 공동노동의 단결성을 유지할 수 있었다.

- 두레는 수평적인 농민조직으로 민주적인 농민회의인 두레짜기(두레 짜는 모임, 두레 총회, 두레를 모으는 회의)를 열어 풍물조직과 노동조직을 결성하고 작업의 순서를 결정하였다. 농번기에 이루어지는 두레 작업이 끝나고 7월 칠석 쯤에는 셈보는 모임(두레셈, 두레 먹는날, 결산모임)을 통해 한 해를 결산하고 칠석놀이를 진행하였다. 이때 셈은 좌상이 기입한 근거를 바탕으로 계산하며 수입은 농민들에게 분배하지 않고 촌락의 공동비용으로 사용하였다.

- 농민들은 해뜨는 시각인 대략 7~8시경 징이나 종 소리를 듣고, 농청(農廳)[17]으로 집결하여 두레기를 중심으로 풍물을 치며 두레의 시작을 알린다. 농지에서는 두레기를 고정하고 주변에 삼색 실과 명태를 놓고 술을 부으며 농기고사를 지내고 일을 진행한다. 일을 마치고 돌아올 때에는 풍물만 치고 소리는 하지 않는다.

- 두레 진행 시 다양한 대동놀이를 펼쳐 고된 노동으로 인한 심신의 피로감을 풀고 농민들 간의 화합을 도모하였다. 대동놀이는 장풍놀이, 두레싸움, 두레셈 후 놀이 등이 있다. 장풍놀이는 농지와 마을에서 풍물을 치는 것이고, 두레싸움은 서로 다른 두레패가 예의를 보이지 않으면 시작하는 것으로 상대 두레기의 꿩장목을 뺏는 것을 목적으로 하며 승패에 따라 형두레와 아우둘레를 정하는 것이다. 두레셈 후 7월 칠석날에는 술푸념을 하면서 풍물을 즐기고 농민들이 어울려 노는 것이다.

- 두레의 소멸은 일제강점기인 1910년부터 이루어졌다. 먼저 인적 자원 측면에서는 두레의 주축인 농민들이 일제강점기 토지조사사업으로 인하여 일본인에게 토지소유권을 빼앗기면서 그동안 다수의 자영농으로 존재하던 농민들이 소작농으로 전락하였다. 여기에 군대와 근로보급대 명분으로 상당수의 농민들이 일본, 중국, 동남아시아 등지로 끌려가면서 두레를 이끌 수 있는 농민들이 자취를 감추게 되었다. 물적 자원 측면에서는 정회(町會)제도로 인하여 자연촌락이 통폐합되어 두레의 공동계금(共同契金)이 사라지게 되었다. 광복 이후 1950~60년대 다시 두레가 시행되었으나, 농업의 기계화, 상공업과 서비스업의 발달 등으로 이농현상이 일어나게 되었고, 자연스럽게 두레가 사라지게 되었다.

---

16) 지역에 따라 좌상은 영좌, 행수, 황수, 영상으로, 부좌상은 도감, 우상으로, 총각대방은 총각, 수머슴, 총각대장, 총각조상, 수총각, 조사총각으로, 집사, 회계는 유사서기로 꽁배는 소동패로 불린다. 이밖에 방목지의 가축을 보호하는 방목감과 밥을 나르는 식화루, 군기단속과 체벌을 책임지는 소임 등이 있는 지역도 있다.(이좌형, 「통진 두레놀이의 김포가락 지도방안」, 인천교육대 석사학위논문, 2002, 7쪽.)

17) 농청은 공청(公廳), 공회당(公會堂)이라 부르는 마을 공동건물이다. 농민들의 집합소이고, 회의소이며 실내의 공동 노동장소이고 휴식공간이기도 하다.

⑥ 한편, 일상생활의 필요에 따라 생겨난 각종 비공식적인 조직들도 있다. 이중 계(契)가 가장 대표적인 조직으로 상포계(喪布契), 동갑계, 친목계 등이 널리 퍼져 있다. 상포계는 계원들이 일정액의 현금이나 쌀을 내어 적립한 후 그 이자로 상을 당한 계원을 돕는 것이다. 동갑계는 전형적인 친목계로서 나이가 같은 사람들끼리 일정액을 적립하여 정기적으로 친목을 도모하는 모임이다.

⑦ 마을 내 여러 조직들이 복합적으로 상관관계를 맺으며 존재하고 있어서 마을 사람들 간의 동료의식을 높여준다. 마을 내에서는 개인보다 마을이 우선시되기 때문에 개인의 이해보다는 마을의 이해를 따지는 등 공동체의식이 두드러진다.

02 가족과 친족

01 가족의 구성과 형태

우리나라 가족의 특징을 보면 사회구성단위인 집을 중시하며 개인은 집에서 독립하지 못하는 상하서열의 가족 내 인간관계를 형성하고 있고, 조상 숭배사상을 바탕으로 부계 중심을 이루고 있다. 그렇다보니 가족을 가족 우선성, 부계가문의 영속화, 부모공경의식, 형제자매 및 친척 간 사회경제적 유대의식이라는 영역의 특징으로 설명할 수 있다. 결국 '부계혈통 강조', '장유유서(長幼有序) 또는 효(孝)의미 강조', '조상숭배 및 부계가문의 영속성 강조' 등의 이데올로기적 개인 생활원리가 적용되었다.[18]

1) 가족의 범위

부계 가족의 원리가 가족 구성의 기본이 되며, 부계 혈연 집단을 가족의 범위로 한정하고 이외의 관계를 배타시하는 태도는 남녀차별의 개념과도 연결된다. 왜냐하면 가족의 중심이 부계, 즉 남성에 의한 것으로 인식됨으로써 여성의 의미가 약화되기 때문이다. 이는 제사상속, 재산상속 등으로 강조되는 적장자 중심의 가장권에 여성이 완전히 배제되어 종속적인 역할을 담당하는 현실적 모습으로 나타난다.

---

[18] 신수진, 「한국의 가족주의 전통과 그 변화」, 이화여자대학교 박사학위논문, 1997, 6~8쪽.

2) 가족 내 역할 구조

전통적인 가족은 인간관계의 측면에서 오륜(五倫)의 원리가 적용된다. 따라서 부모 공경의식, 형제자매 및 친척 간 유대의식과 집단의 화목을 위해 개인이 희생도 불사할 수 있는 가족 우선성도 이에 포함되는 개념이다.

3) 가족의 목표

부계 혈연 집단, 즉 자신의 근원 집단에 보본(報本), 반시(反始)하는 마음과 존조(尊祖), 경종(敬宗)하는 마음이 포함된다. 이는 부모에 대해서 효(孝)하는 마음으로 이어지며, 현실적인 차원에서 가문의 계승과 발전, 자식의 의미에 반영된다. 구체적으로 제사나 입양 등의 개념을 포함하고 있다.

02 친족[19]

① 「사례편람」에 따르면 부계, 모계, 처계친을 포함하여 모두 친속의 무리로 보고 이를 친척이라 한다. 친척은 부계친(父黨), 모계친(母黨), 처계친(妻黨)을 망라한다. 이처럼 혼인과 혈연을 기초로 하여 상호 간에 관계를 가지는 사람을 친척이라 하며 법률용어로 친족이라 한다. 친족은 민법 제777조에 따라 다음과 같이 본다.
- 8촌 이내의 혈족
- 4촌 이내의 인척
- 배우자

② 이와 같이 친족은 형제와 4촌을 거쳐 무한히 확장될 수 있다. 일반적으로 고조(高祖, 할아버지의 할아버지를 이르는 말)를 같이하는 당내친(堂內親, 고조부(高祖父)를 같이하는 후손들이 이룩한 친족집단)[20]으로 한정한다. 따라서 친족은 당내친을 가리키는 말로서 제사

---

[19] 최운식 외 4, 「한국 민속학 개론」, 민속원, 2004, 398~402쪽.
[20] 당내친은 고조부(高祖父)를 같이하는 후손들로 중간의미에서 집안이라 한다. 8촌의 범위에서 한정하는 것은 4대조인 고조부모의 제사까지 기제사(忌祭祀)로 지내고, 4대조가 지난 5대조의 제사는 시향제(時享祭)로 지내는 제도 때문이다. 기제사를 기준으로 친족집단이 이루어진 것이다. 조선시대 양반 사회에서 당내친은 상당히 가까운 친척이었다. 과거 조혼으로 고조부가 장수한다면, 예컨대 고조부가 80세, 증조부가 60세, 할아버지가 40세, 아버지가 20세로 고조부를 살아서 볼 수 있는 것이다. 그리고 토지를 중요한 생산수단으로 하는 농경사회에서는 아들이 살림을 날 때 부모로부터 토지를 상속받는다. 부모의 토지를 상속받은 형제들은 분가 후에도 일정한 지역 내의 토지를 상속받기 때문에 한 곳에 거주하게 된다. 따라서, 4촌·6촌·8촌들이 한 마을에서 거주하여 이른바 동성마을을 형성하며, 당내친이 한 지연집단을 형성하는 경우가 많다. 또한, 당내친은 무엇보다 기제사를 행하기 위하여 이룩된 집단이라는 특색을 가지고 있다. 제사를 주관하는 종손을 기준으로 하였을 때, 종손은 자기의 부모·조부모·증조부모·고조부모의 제사를 지내고, 이때마다 직

나 집안의 대소사로 인해 왕래가 잦은 관계이다.

③ 친족의 관계를 나타낼때에는 촌(村)이라 한다. 성씨가 같은 친족은 ○촌이라 하고 외척은 외○촌, 처족은 처○촌으로 호칭하는 것이 일반적이다. 촌수는 부와 자를 1촌, 형제가 2촌으로 세로 1촌, 가로 2촌으로 나뉜다. 예를 들어 숙부와 나의 관계는 부와 내가 1촌, 부의 형제 2촌해서 3촌에 해당된다.

④ 친족관계에서도 부계중심이다. 부계에서는 8촌까지 일반적인 친족의 범위에 포함시키지만 고종에서는 6촌까지, 외종은 6촌까지, 이종은 4촌까지를 포함한다. 부계는 직계상하로 4대까지 포함하는 반면에 모계와 처계는 상하 2대까지만 포함한다. 현대에서는 축소되어 직계친의 범위로 한정되어 부모와 형제 간이 주를 이루어 집안의 대소사를 치르고, 부모가 살아 있는 한에서는 4촌까지를 포함한다.

⑤ 친족으로부터 장손은 일의 방향을 잡거나 택일을 하며, 조상들의 산소를 보살피는 일자를 잡거나 제사를 주관하는 것이 모두 장손의 몫이다. 가문 대대로 내려오는 여러 가지 문서와 재산을 관리하는 것도 장손이 해야 하는 주된 일이다.

⑥ 장손은 당내 조직으로 제사를 행한다. 최소한 연 10회의 제사를 주관하고 많은 경우에는 15차례까지 제사를 주관한다. 제사를 성대히 지내는 것을 가문의 명예로 여긴다.

계 후손들이 모여 제사에 참가하는 것이다. 4대봉사를 원칙으로 하던 조선시대의 제례관행에 따라, 당내친은 같은 고조에게 제사지내는 제사집단의 성격을 지니게 되었다.

당내친이 제사집단으로서 기능하기 위해서는 제사에 필요한 경비를 충당하기 위하여 일정한 재산을 갖추고 있어야 한다. 당내에는 몇 개의 하위집단이 포함되어 있다. 이러한 하위집단 중에서 가장 작은 집단은, 형제들이 그들의 아버지를 제사하기 위하여 큰 형을 중심으로 형성한 집단으로, 이종(禰宗)이라고 한다.

할아버지의 제사를 위하여 4촌형제들이 할아버지의 장손(長孫)을 중심으로 이룩한 집단을 조종(祖宗), 증조의 제사를 위하여 6촌형제들이 증조의 장손을 중심으로 이룩한 집단을 증조종(曾祖宗)이라고 한다.

또한, 고조의 제사를 위하여 이룩한 집단을 고조종(高祖宗)이라고도 하니, 이것이 바로 당내인 것이다. 이종·조종·증조종·고조종을 모두 소종(小宗)이라 하니 소종에는 네 개가 있고, 네 개의 소종과 동성동본을 단위로 하는 대종(大宗)을 합하여 오종(五宗)이라 한다. 앞서 말한 종법제도란 바로 오종법을 말한다.

네 개의 소종에서 고조종이 당내이기에 당내에는 세 종류의 하위집단이 있는 것이 된다. 당내 내에 몇 개의 하위집단이 있느냐 하는 것은 조상의 수에 달려 있다. 조상의 수는 종손을 중심하여 계산하면 다음과 같다. 즉, 증조종의 수는 증조와 종증조(從曾祖)의 수만큼 있으며 조종은 종손의 할아버지·종조부·재종조부(再從祖父)의 수만큼 있고, 이종의 수는 종손의 부·숙부·종숙부·재종숙부의 수만큼 있다. 그러나 모든 소종에 빠짐없이 종손이 있는 것이 아니며, 특히 고조의 종손의 경우 그러하다.

당내의 종손은 고조종의 종손인 동시에 자기의 직계 증조종의 종손이고, 직계 조종의 종손이며 자기 이종의 종손이다. 말하자면, 당내의 종손은 4종의 소종의 종손인 것이다. 이와 같은 당내의 하위집단들은 별도의 제사를 각각 지낸다. 그러나 서로 제사에 참가할 권리와 의무를 따지기 전에 당내친이 행하는 제사에는 서로 참석하는 것이 당연한 것으로 되어 있다.(한국민족문화대백과, 한국학중앙연구원)

03 성씨[21]

① 성씨가 언제부터 발생하였는지는 자세히 알 수 없지만 이미 인류사회가 시작되는 원시시대부터 이러한 관념을 가지고 있었던 것으로 보인다. 성씨에 대한 사전적 의미를 살펴보면 "성이란 출생의 계통을 나타내기 위하여 이름 앞에 붙이는 호칭, 곧 한 혈통을 잇는 겨레붙이의 일컬음을 뜻하며 씨란 같은 성의 계통을 표시하는 일컬음을 뜻다."라고 되어 있다. 성씨에 있어서 성은 혈통의 구별을 나타내기 위한 표시이며 씨란 것은 성의 지연적인 분화를 나타내는 표시라고 할 수 있다. 성씨란 일정한 인물을 시조로 하여 대대로 이어 내려오는 단계혈연집단(單系血緣集團)의 한 명칭이며, 곧 씨족적 관념의 표현이라고 볼 수도 있다. 이러한 관점에서 본다면 성씨란 혈통의 연원을 나타내기 위한 표시라고 볼 수 있다.

② 성씨가 한국에 전래된 시기는 성씨가 하나의 개념이 된 중국 한나라 이후였기 때문에 한국에서는 성씨를 구분하지 않았던 것 같다. 한국에서 성씨는 고대국가 형성기부터 사용되었다고 한다. 「삼국사기」와 「삼국유사」에 의하면, 고구려에서는 국호인 고구려와 관련한 고씨(高氏)성이 있었고, 백제는 부여 계통인 시조 온조의 혈통을 딴 부여씨(夫餘氏)가 사용되었으며, 신라에는 박, 석, 김의 세 왕족 성씨와 육부의 여섯 성(이, 최, 정, 손, 설, 배)이 초기부터 있었다고 한다.

③ 김철수의 「한국고대사회연구」에서는 한자의 성을 사용하기 이전에도 씨족의 명칭, 부족 명이 성으로 사용되었다는 사례가 있다고 하였다. 즉, 씨족과 부족의 명칭은 혈족의 표식으로서 사용되어 성씨의 기능을 담당하였던 것으로 보인다. 그래서 한자로 된 성을 사용하기 이전에 한국 고유의 성씨가 이미 존재하였다. 지금 한국 성씨의 유래를 살펴보면 모두 한자를 사용하고 있으므로 중국문화를 수입한 뒤에 사용한 것임은 두 말할 것도 없는 사실이다. 한자 성을 쓰기 시작한 것은 중국문화를 본격적으로 수입한 이후의 일로서, 고구려는 그 사용 연대를 확실히 규정할 수는 없으나, 대개 장수왕 때부터 중국에 보내는 국서에 고씨의 성을 썼으며, 백제는 근초왕 때부터 여씨라 하였다가 무왕 때 부터 부여씨라 하였으며, 신라는 진흥왕 때부터 김씨를 사용하였는데 「삼국사기」와 「당서」이전의 중국 정사에 기록되어 있는 삼국의 성을 보면 왕실의 성을 쓴 사람이 가장 많이 나타나 있다.

④ 우리나라에서 한자 성씨가 본격화된 것은 대개 고려 초기 이후로 보는 것이 학계의 일반적인 견해이다. 예를 들어 한국의 성씨의 발전을 3단계로 본 김두헌 교수는 씨족 또는 부족 명칭으로 고유의 성을 사용하던 초기 국가시대를 1단계로 보고, 한자문화의 영향을 받아 고유의 성과 한자 성이 혼용되는 단계, 즉 삼국시대와 통일신라시대를 2단계로 보았으며, 3단계인 한자성이 상용화된 시기를 통일신라 후기에서 고려시대 초기로 보았다.

---

21) 황한영, 「한국 성씨유래담의 유형과 가문의식 연구」, 한남대학교 박사학위논문, 2014, 8~22쪽.

⑤ 이처럼 한자 성이 일반된 것은 고려시대 초기로 보았는데 조선시대 후기 실학자 이중환도 "고려가 통일되자, 비로소 중국식 성씨제도를 전국에 반포함으로써 사람들은 모두 성을 갖게 되었다."라고 하였으며, 이수건 교수도 한성화(漢姓化)가 고려시대 초기에 일반화되었다고 주장하였다.

⑥ 성씨 분포를 살펴보면 삼국 및 가야국 왕실을 중심으로 한 고유 성씨 및 한자 성씨 그리고 중국에서 건너온 귀화 성씨 마지막으로 임금이나 지방 관리가 내려준 하사 성씨로 나누어 볼 수 있다.

⑦ 족보를 살펴보면 한국에 현존하는 성씨는 주로 고려와 조선시대 형성되었는데 이것은 대부분 하사 성씨와 귀화 성씨에 속한다고 할 수 있다. 우리나라의 성씨 중 김씨, 이씨, 박씨, 최씨, 정씨 등이 5대 성을 차지하고 있다. 이 중에서 김씨와 박씨는 삼국시대부터 존재한 고유의 성씨이며, 이씨, 최씨, 정씨는 삼국시대에 나타난 성씨이지만 하사받은 것으로 고유 성씨가 아니다.

⑧ 한편 하사성씨는 임금이 내려 준 성씨이다. 삼국시대부터 육부사성을 비롯해서 극씨(克氏), 중실씨(仲室氏), 소실씨(少室氏), 위씨(位氏), 부정씨(負鼎氏), 대실씨(大室氏), 낙씨(洛氏), 우씨(羽氏) 등과 같은 하사 성씨를 볼 수 있다. 본격적인 하사 성씨는 혈연관계를 바탕으로 형성된 것이 아니라 개인을 대상으로 고려시대 태조 때부터 개국공신, 귀순호족 등에게 하사한 것이다. 사성을 통해 왕권의 정통성을 확립하고 각 해당 성씨 집단과의 예속관계를 형성하였다.

⑨ 귀화성씨는 귀화한 사람이 본래 자기의 성씨를 갖고 귀화하고자 하는 나라에 가서도 그대로 사용하는 것을 말한다. 우리나라는 삼국시대 초기부터 주로 수, 당의 중국인과 고려시대 송나라 사람을 비롯하여 여진, 거란, 몽골, 위구르, 아랍 사람들, 조선시대에는 명과 일본인이 귀화하였다. 이 귀화인들은 자기 성씨를 갖고 귀화한 경우가 있고, 귀화한 후에 임금에게 하사받은 성씨도 있다.

⑩ 또한, 성씨와 관련하여 각종 전설과 민담이 존재한다.

┃ 성씨 전설 및 민담 ┃

구분	신화 신화	성씨 전설	성씨 민담
주인공	건국시조, 왕족시조	씨족 시조	씨족 시조
행위	신	반신반인	인간
전승범위	국가	씨족	민간
증거물	포괄	구체적	없음
전승태도	신성	진실	흥미

⑪ 이런 성씨유래담이 생성된 것은 바로 특정한 가문의식 때문이다. 즉, 허구적인 성씨담을 통해 성씨 시조들은 하늘에서 보낸 것, 하늘의 사자인 새의 아들, 난생의 양상 등을 통해 고대

인들이 하늘이나 태양을 숭배하고 경외하는 마음을 확인할 수 있다. 뿐만 아니라 용, 자라, 거북, 잉어, 지렁이 등의 신성한 동물을 등장시켜 남근의 상징물이며 물과 관련된 의미도 부여하였다. 이를 통해 성씨 시조의 신성성을 강조하고 조상숭배와 가문의식을 표출하게 되었다. 하지만 성씨 유래담은 자신의 가문을 높이기 위해 민담을 통해 타 가문을 폄하하기도 하였다. 민담에서 성씨시조모들은 전통적인 유교문화를 무시하며 남자와 관계를 맺고 시조를 낳았다. 성씨를 부여할 때 부계 성씨를 따르지 못하고 경멸하는 마음으로 갖고 수의(隨意)적인 성씨를 지어주었다. 이 이야기들로 하여금 웃음을 찾으려는 전승자의 의식을 살펴볼 수 있었다.

⑫ 그리고 우리나라의 성씨제도에서 본관은 중요하다. 같은 성씨 밑에서 출생, 세거, 부임지, 은둔, 유배지, 식읍, 책봉지 등의 요인에 따라 새로운 가문이 생겨났다.

04 문중[22]

① 부계 혈연집단을 종족(宗族)이라 하고, 종족 중 일정 범위의 혈연집단 조직을 종중(宗中)이라 한다. 이때 종중을 문중이라고도 하지만, 종중에서 다시 갈라진 좁은 범위의 부계 혈연집단을 문중(門中)이라고도 한다. 이때의 문중은 대개 파시조를 중심으로 하는 혈연집단이며, 이 경우 그것을 파종중이라고도 부른다. 종중을 구성하는 문중(파종중)은 그 갈래에 따라 중종중·소종중으로 나뉘기도 하는데, 소종중을 거느린 집단이 중종중이 된다. 따라서 '파종중'이라는 것은 때로는 소종중을, 때로는 중종중을, 그리고 때로는 두 가지를 합칭하는 말로 쓰이고 있으며, 그것은 전체를 통칭하는 대종중의 산하 개념으로 받아들여진다.[23]

② 종중을 구성하는 가장 좁은 범위의 혈연집단은 가문(家門)이다. 기본적으로 가문은 동고조팔촌(同高祖八寸)이라 하여 '고조를 함께 하는 8촌간의 혈족집단'을 말하는데, 이들이 곧 유복친(有服親)이다. 유복친이란 가문 중의 한 사람이 죽었을 경우, 그 나머지 사람들이 모두 상복(喪服)을 입는 혈연관계를 말한다. 이렇게 가문은 대체로 유복친 집단을 가리키는 말이지만, 통상적으로는 그보다 넓은 범위의 혈족집단인 문중(門中)을 나타내는 말로 쓰이기도 한다.

③ 이러한 가문, 문중, 종중은 '문중(門中)'으로 통칭되기도 하며, 기본적으로 그것은 동성동본(同姓同本)이라는 성씨 구조 위에서 이루어진 집단이다. 성관(성씨와 본관)이 곧 문중 구

---

22) 한기범, 「한국사상(韓國思想) 사학(史學) : 문중문화의 박물관 전시와 스토리텔링」, 「한국사상과 문화」 권 72, 한국사상문화학회, 2014, 153쪽.

23) 이 외에 동종간의 친목을 다지고 대외적인 문중사업을 수행하기 위하여 전체 문중을 대표하는 대종회를 두기도 한다. 이 경우 광산김씨와 같이 대종중과 대종회가 따로 구성된 문중도 있고, 은진 송씨와 같이 대종회와 대종중이 대종회의 이름으로 하나로 운영되는 문중도 있다.

성의 기본이 된다는 것이다. 따라서 문중문화에 대한 연구는 마땅히 성관(姓貫)에 대한 이해를 전제하거나 동반해야 할 것이다.

④ 문중문화(門中文化)란 이러한 문중(가문, 문중, 종중)에서 파생된 모든 문화 양태를 이르는 말이다. 기본적으로 문중은 숭조돈목(崇祖敦睦 : 제사로써 조상을 숭상하고 후손들이 화목하게 지냄)을 이념으로 삼는다. 그러므로 문중문화에는 그 바탕에 '조상을 기리는 효문화'가 깊게 자리하고 있다. 따라서 문중문화는 뿌리의식과 효의식이 공존하는 도덕문화이고, 혈족 간의 예의식과 예절이 집합된 복합적 의례문화이며, 또한 문중의 다양한 생활상을 담은 생활문화라고 할 수 있다. 물론 여기에는 문중의 다양한 문화요소를 대표하는 종가문화(宗家文化)가 포함된다.

05 족보(族譜)[24]

족보는 동조(同祖)의식을 가진 남계혈족이 조상숭배, 가계(家系)의 존속, 동족의 단결 및 소목질서(昭穆秩序)의 확립 등을 위하여 종족 집단의 본질을 구체화한 것이다. 즉, 족보는 동족이 그들의 시조로부터 족보편찬 당시의 자손까지의 계보(系譜)를 중심으로 한 기록으로 동족결합의 물적 표현이다. 동조의식을 가진 남계혈족을 뜻하는 동족이란 말은 족보상에서는 씨족(氏族), 본종(本宗), 종족(宗族), 종(宗) 등으로 표현되고 있다.

족보에는 가족·친족제도의 변화를 포함한 시대적 상황이 반영되어 있으므로, 부계 혈연집단의 족보 편찬 시기, 수보(修譜) 편찬 간격, 편찬 방법과 수록 사항 등을 조사함으로써 동족 조직의 형성시기, 동족 조직의 성격, 결합 강도 등을 파악할 수 있다.

1) 수록 자손의 범위

1476년 안동 권씨 세보(世譜)인 「성화보」가 출간된 이래 15세기부터 16세기에 걸쳐 각 종중의 족보가 간행되었다고 볼 수 있다. 이때 종중의 족보에서는 본종이나 외손의 구별이 없이 수록하였고, 친손(親孫)도 서(婿), 외손(外孫)과 마찬가지로 성(姓)을 기재하였으며, 자녀의 기재 순위는 남녀 구분 없이 출생 순위였다. 또한 그 범위는 외손, 외손의 외손, 외손의 외손의 외손자까지 수록하여 범위의 제한을 두지 않았다. 그러나 17세기 중엽 이후에는 부계친족인 본종(本宗)은 시조(始祖)의 경우에만 성(姓)을 기록하였으며, 자녀의 기재 순위를 출생 순위에서 선남후녀(先男後女)의 방식을 혼용하다가 18세기 중엽 이후부터 대다수의 종중에서 선남후녀(先男後女)의 기재방식을 채택하였다. 또한 외손 기재 범위를 3대까지로 축소하였다.

---

24) 김일회, 「종중의 법률관계에 관한 연구」, 호서대학교 박사학위논문, 2016, 18~20쪽.

2) 항렬의 출현과 확대 및 파의 형성

17세기 말에 발간된 문화 유씨 족보에서 파명(派名)이 출현한 것을 제외하고는 대체로 18세기에 파명(派名)이 출현한 것으로 보인다. 부계 혈연집단의 강화는 필연적으로 외족(外族)이나 처족(妻族)과의 친족관계의 약화를 가져왔으며, 반대로 여성의 친족관계가 약화되지 않은 시기에는 남계 집단의 혈족 강화가 이루어지지 않았을 것이다. 이렇게 볼 때 17세기 이전에는 동족조직의 형성강화는 이루어지지 않았다고 보아야 할 것이다. 또한, 17세기에 들어와서 가족적 규모의 항렬이 동족적 규모의 항렬로 확대되었고, 동일 항렬을 사용하는 8촌 간의 조직체를 최소 문중으로 본다면, 문중은 17세기 이후에 형성되었으며, 18세기에 접어들면서 동성동본이라는 최대 집단으로 확대된 것으로 보인다.

학예사를 위한 민속학입문

부록 준학예사 민속학 기출문제 풀이

준학예사 민속학 기출문제 풀이

01 민속박물관의 특별 전시기획과 제작 완성 평가에 따른 흐름도를 작성하시오.

전시는 피상적인 구상을 구체화하여 실질적으로 풀어내어 창조적 작업으로 전시물, 전시기획자, 관람객, 전시공간이 서로 유기적으로 작용하여 만들어내는 복잡한 결과물이다.

계획 → 기획 → 진행 → 완료 → 평가

① **계획** : 전시목적의 필요성과 주제의 선정, 자료수집, 전시팀 조직 등의 업무를 진행한다.
② **기획** : 구체적인 전시 틀을 마련하여 전시기획서를 작성한다. 전시기획서에는 전시의 제목과 성격, 전시 개최의 필요성인 목적, 예상 관람객의 정보, 전시방법, 전시장소, 전시 일정, 전시물 목록, 전시 인쇄물의 제작방향, 공동사업자, 후원, 협찬, 전시 예산 등을 기재한다.
③ **진행** : 설정한 목표를 구체적으로 실행하는 진행단계에서는 전시공간으로 전시물을 옮겨 진열한 후 개막식을 거쳐 전시와 관련한 다양한 부대행사를 진행한다.
④ **완료** : 전시일정에 맞춰 전시가 완료되면 전시장을 철거하고 전시물을 포장하여 수장고에 보관하거나, 대여물일 경우 반환한다. 행정적인 처리로 계획단계에서 책정한 사업비에 맞춰 회계정리와 세금 납부 등을 진행하고 결과보고서를 작성한다.
⑤ **평가** : 전시평가는 전시의 목적이 계획대로 잘 진행되고 있는가를 점검하고 판단하는 일련의 과정이다. 평가의 목적은 계획된 전시내용이 관람객에게 효과적으로 잘 전달되었는가 판정하는 한편 다음의 전시계획에 직접적인 지침을 제공하여 향후 전시에서 보다 효과적인 발전방향을 제시하기 위한 것이다.

02 정월대보름 민속놀이를 들고, 그 놀이의 특성과 상징성을 논하시오.

(1) 정월대보름
1월 15일에는 민중들의 액막이 풍습으로 민속놀이를 행했다. 이러한 민속놀이는 풍년을 기원하며 동시에 보다 밝은 세상을 기약한다는 차원에서 이루어졌다.

(2) 놀이의 특성과 상징성
① 망우리 돌리기 : 깡통에 불을 담아 돌리는 놀이로 밝은 달의 모습을 하고 있다.

② 쥐불놀이 : 논두렁 잡초와 병충을 없애고, 재가 거름도 되고 논두렁이 여물어지며 농사가 잘 되게 하기 위하여 둑에 불을 놓는 것이다. 이때 "쥐불이야" 외치며 쥐불놀이를 하는데, 다른 동네 청년들을 만나면 횃불싸움으로 이어진다.

③ 줄다리기 : 줄다리기는 마을의 풍년을 기원하고 승부의 결과로 한 해의 길흉을 점치는 행사이며, 줄을 당기는 날은 연령과 사회적 직위 등에 상관없이 여러 사람이 두 편으로 갈라 줄을 마주 잡아당겨 공동체의 신명을 즐기는 놀이이다. 줄다리기는 원래 동남아시아의 농경과 어로를 생업으로 하는 생활권에서 주로 행해졌던 놀이로 우리나라에서는 주로 중부 이남지방에서 행해져 왔다. 줄다리기를 인색(引索)이라 했으며 정월에 볏짚과 칡으로 줄을 만들고 줄에는 많은 작은 줄을 매어 용을 상징했다. 마을을 둘로 나눠서 줄다리기를 하여 승부를 결정하는데, 이기는 마을은 풍년이 온다고 믿었다. 일반적으로 동쪽의 주민은 숫줄을 만들고, 서쪽의 주민은 암줄을 꼬아 만든다. 암줄과 숫줄은 남녀의 생산적 힘이 신성하다고 알리는 절차로 두 밧줄을 봉으로 결합하여 성교, 다산, 풍요의 연상을 이입하는 모의 성행위의 의미를 가지고 있다.

④ 윷놀이 : 척사(擲柶), 사희(柶戲)라 부르며, 남녀노소 구별 없이 모든 사람이 어울려 노는 정초의 가장 보편적인 놀이이다. 29개의 윷판을 놓고, 말 4개를 돌아오게 하는 것이다. 도가 나오면 한 칸, 개가 나오면 두 칸, 걸이 나오면 세 칸, 윷이 나오면 네 칸, 모가 나오면 다섯 칸을 이동한다. 윷과 모가 나오면 윷가락을 한 번 더 던질 수 있다. 윷은 장작, 가락, 밤, 은행, 살구, 콩, 팥, 주사위 등 재료가 다양하며, 윷놀이를 통해 그 해 운수를 점쳐 보기도 하며, 윷놀이와 윷점에 대해서는 「경도잡지」에 소상하게 기록되어 있다.

⑤ 널뛰기 : 길다란 널판 가운데 짚단이나 가마니를 고이고 양쪽에 한 사람씩 올라가서 번갈아 구르며 공중으로 올라갔다 내려오는 놀이이다.
널뛰기의 유래를 보면 첫 번째, 부녀자들의 외출이 자유롭지 못했던 때에 담장 밖의 세상 풍경과 거리의 남자를 몰래 보기 위해서 널을 뛰었다는 것이다. 두 번째, 옥에 갇힌 남편을 보기 위해 부인들이 도모하여 널을 뛰면서 담장너머로 옥 속에 있는 남편들의 얼굴을 번갈아 가며 엿보았다는 데서 유래하였다. 세 번째, 처녀 시절에 널을 뛰지 않으면 시집을 가서 아이를 낳지 못한다. 네 번째, 널뛰기를 하면 1년 내내 가시에 찔리지 않는다.

⑥ 연날리기 : 액막이 민속과 관련이 있어 액연을 만들어 날려 보냈다. 연은 한자로 솔개 연(鳶)자를 쓴다. 솔개는 매과에 속하는 용맹한 새로서, 이 새는 공중에서 날개를 활짝 편채로 빙빙 유영을 하다가 사냥을 하는 것이 특징이다. 연의 옛 이름은 풍쟁(風箏), 쟁(錚), 궤 등이 있었으나 「삼국사기」에 풍연(風鳶), 「고려사」와 조선시대 기록물에 지연(紙鳶)이라고 나와 있다.

연에 관한 최초의 기록은 「삼국사기」 41권 「열전」 김유신조에서 찾을 수 있다. 김유신 장군이 비담의 난 당시 반란군을 평정하기 위하여 처음 연을 만들어 전략적으로 사용했다는 것이다. 이는 우리나라 연이 삼국시대 때 공중에 띄우는 연을 사용했다고 볼 수 있는 대목이다.

이후 「동국세시기」에 따르면 고려시대 최영 장군이 탐라의 목호 반란을 평정할 때 연을 이용한 기록이 있었으며, 조선시대 남이 장군도 강화도에서 연을 즐겨 날렸다는 기록과 이순신 장군이 섬과 육지의 연락수단으로 연을 이용했다는 기록이 있다.

특히, 조선시대 영조는 연날리기를 좋아하여 연을 구경하고 장려하여 1725년~76년 무렵에는 연날리기가 민중에 널리 보급되었다. 광복이후에는 정부정책에 따라 1954년 문화공보부 차원에서 연날리기 대회를 개최하였고, 1956년 한국일사 주최 전국연날리기 대회를 열어 연의 보급을 장려했다. 즉, 우리나라 연은 원래 군사적 목적으로 사용하였으나 점차 연날리기를 놀이로 삼게 되었고, 민속과 결합되어 조선시대에 들어와 연을 날리는 시기가 섣달부터 정월대보름으로 고정되었다.

03 설(설날)의 역사와 이칭(異稱), 그리고 설날의 행사에 대해 아는 바를 쓰시오.

(1) 설날의 이칭

설날은 원일(元日), 원단(元旦), 원조(元朝), 원정(元正), 상원(上元), 신일(愼日), 달도(怛忉) 등 부르는 이름이 매우 다양하다. 원(元)과 상(上)은 으뜸, 조(朝)와 단(旦)은 아침인 처음 날, 정(正)은 정월을 뜻하기에 모두 정월 1일이라는 뜻을 내포하고 있다. 더불어 삼간다는 뜻의 신(愼)과 근신하고 조심한다는 뜻의 달도(怛忉) 등을 사용하여 평소 일손을 놓고 근신하고 금기하며 신성한 자세로 한 해를 시작하라는 뜻을 담고 있다.

(2) 설날의 역사

① 「삼국지」「위지 동이전」: 부여 사람들은 역법을 사용했다.(설날이라는 명절을 삼기 위해서는 역법(曆法)이 필요한데, 당시 부여에서 역법을 사용하여 설날을 명절로 삼았을 것으로 보인다.) 각종 제천의식인 부여의 영고, 고구려의 동맹, 동예의 무천, 삼한의 수릿날, 계절제 등이 존재한 것으로 보아 당시 설날이라는 풍습이 있었던 것으로 보인다.

② 「수서」와 「당서」: 신라에서는 매년 정월 초하루 아침에 서로 경하하며, 왕이 연회를 베풀고 여러 손님과 관원들이 모여 일월신(日月神)을 배례한다.

③ 「수서」와 「북사」: 고구려에서는 해마다 정초에 패수(浿水)에서 물과 돌을 서로 끼얹고 던지고 소리 지르며 놀았다.

④ 「고려사」: 왕은 정월에 천지신과 조상신에게 제사를 지냈다. 정월 초하루 원정을 전후하여 관리들에게 7일간의 휴가를 주었고, 관리들은 왕에게 신년을 축하하는 예를 올렸으며 왕은 관리들을 위해 잔치를 베풀었다.

⑤ 「동문선」, 「동국이상국집」, 「양촌집」, 「가정선생문집」, 「도은선생문집」 : 고려시대 문집에는 정월 초하루에 집집마다 다니면서 나누는 새해 인사, 연하장 보내기, 악귀를 쫓기 위해 부적을 문에 붙이기, 장수를 기원하는 뜻에서 세화 보내기 등의 여러 가지 행사를 진행했다고 기록되어 있다.

⑥ 「경도잡지」, 「열양세시기」, 「동국세시기」, 「추재집」, 「면암집」, 「지봉유설」, 「농가십이월속시」, 「농가월령」, 「해동죽지」 : 조선시대 문집에는 설날을 4대 명절로 기록하였다. 이처럼 설날은 삼국시대부터 시작된 풍속으로 고려시대 다양화되었고, 조선시대로 이어져 오늘날에 정착되었다.

(3) 설날의 행사

① 차례 : 조상숭배사상의 표현으로 새벽이나 아침 일찍 차례를 지냈다. 지역적으로 경기는 떡국과 만둣국을, 강원은 떡국·만둣국·밥을, 충청·경남·전남은 떡국을, 전북·경북은 밥을 상에 올렸다. 설날 아침 차례를 지내며 먼저 간 조상과 자손이 함께 하는 아주 신성한 시간을 가졌던 것이다.

② 세배 : 생존한 어른에게 세배를 올렸다. 보통 차례가 끝나면 나이 많은 어른에게 순서대로 절을 하고 새해 첫 인사를 드린다. 집안에서 세배가 끝나면 이웃 어른들을 찾아서 세배를 드린다. 세배를 받는 편에서는 어른에게 술과 음식을, 아이에게 과자나 새뱃돈을 주고 받는다.

③ 설빔 : 새해 설빔을 입는다. 설날부터 새해가 시작되기 때문에 묵은 것을 다 떨구어 버리고 새 출발을 한다는 의미를 담고 있으며, 새로운 계절의 마디인 봄을 준비하는 옷이기도 하다. 설날 아침 차례를 지내기 위해 설빔으로 옷을 갈아 입는다.

④ 세찬(歲饌) : 조상에게 차례를 지내고 이웃과 어울려 먹기 위하여 설날에는 일상적인 음식이 아닌 비일상적인 음식 나아가 특별한 음식이며 신성한 음식으로 세찬을 차렸다. 세찬으로는 떡국, 식혜, 수정과, 약식, 편육, 빈대떡, 만두, 세주(歲酒) 등을 만들며, 이웃과는 생닭, 생전복, 대구, 어란, 육포, 건어물, 귤, 곶감 등을 주고 받기도 하였다.

중국과 우리나라 북부에서는 각각 만두와 만둣국을 중부와 남부에서는 떡국을 먹는다. 또한 술은 세주(歲酒)로 데우지 않고 찬술을 그대로 마신다. 「경도잡지」 「원일조(元日條)」에 따르면 "세주불온 우영춘지의(歲酒不溫寓迎春之意)"라는 기록이 있어 봄을 맞는 뜻을 포함하고 있다. 옛날에 세주로 마신 술은 초백주(椒柏酒)와 도소주(屠蘇酒)가 있었으며, 이들은 중국에서 유래한 세주이다.

04 우리나라 무속의 특징과 굿의 종류에 대해 서술하시오.

(1) 무속의 개념

고대의 인류는 질병이나 자연현상으로 인해 끊임없이 생명에 대한 위협을 받았지만 정확한 원인이나 자연현상을 알 만한 인지능력이 부족하여 인간보다 강한 절대적인 힘에 의지하고자 하는 마음을 갖게 되었으며, 결국 원시종교라 불리는 종교현상이 나타났다.

따라서 초자연적인 능력을 가지고 초월적인 세계와 교류할 수 있는 지도자를 원했고, 이런 바람 속에 신을 섬기며 굿을 전문으로 하는 사제자인 무당을 주축으로 민간에서 전승되는 무속신앙이 종교로 자리잡았다.

한편, 무당을 뜻하는 한자인 무(巫)는 '人+工+人=巫'로 이루어져 있다. 이는 하늘과 땅을 연결해주는 공(工)자의 양측면에서 두 사람이 춤추는 형상이다. 즉, 무당은 하늘과 땅을 이어주는 존재로 무당이란 인간의 의지를 하늘에, 하늘의 의지를 인간에 전해주는 매개자의 위상을 지니고 있었다. 무(巫)에 대한 풀이는 「설문해자」와 「주자어류」에 잘 나타나 있다. 전자의 경우 무는 '여자로서 형태 없는 것을 섬기고 춤을 추어 신(神)을 내리게 하는 자'라 풀이했으며, 후자의 경우 무는 신명을 다하여 춤추는 사람으로 춤을 통해 신을 접하기 때문에 하늘과 땅을 이어주는 공(工)자의 양측에 두 사람이 춤을 추는 형상을 취한 무(巫)자를 쓰게 되었다고 풀이했다.

다른 한편으론 하늘과 땅을 잇는 기둥 양 옆에 사람들이 춤추는 꼴을 무(巫)라 한다. 여기에서 기둥은 신목(神木)이 되는 것이고, 그 춤추는 이가 바로 무당이다. 그러므로 무는 무당이 굿하는 장면이기도 하고 그 전체 종교 현상을 설명해 주는 용어라 할 수 있다.

(2) 무속의 역사

① **고대** : 청동기시대 유물 중 다뉴세문경(多鈕細文鏡, 구리거울), 팔주령(八珠鈴, 방사상의 여덟 개의 가지 끝에 각각 방울이 달린 형태), 세형동검(細形銅劍) 등 오늘날 무구와 비슷한 도구들이 있었기에 당시 무속신앙과 무당이 존재했을 것으로 추측된다.

② **삼국시대** : 「삼국사기」에는 "김대문이 말하길 신라 2대 왕인 남해차차웅 혹은 자충(慈充)은 무당이다.", "신라 남해왕 3년에 혁거세 거서간이 사당을 세워 친누이인 아로(阿老)로 하여금 사계절마다 그곳에서 제사를 지내게 했다.", "고구려 보장왕 4년 5월 이세적이 밤낮을 쉬지 않고 요동성을 공격하길 12일째에 당나라 왕이 정병을 이끌고 합세하여 성을 수백 겹으로 둘러싸니 북과 고함소리는 천지를 뒤흔들었다. 성에는 주몽의 사당이 있었고, 사당에는 쇠사슬 갑옷과 섬모가 있었다." 등의 기록이 남아있다.

이는 삼국시대에 샤머니즘의 흔적이 남아 있었던 것으로 보이며, 무당이 존재하고 있음을 알 수 있다. 더불어 고고학자인 김원룡은 신라의 금관이 인간계와 신계를 연결하는 장식으로 시베리아 샤먼들의 관을 본떠 만들었다고 주장하였다. 뿐만 아니라 통일신라시대 헌강왕 때 처용이 지어 불렀다는 처용가도 일종의 무가라 할 수 있다.

③ **고려시대** : 고려시대에는 금무(禁巫)와 별기은제(別祈恩祭)에 대한 논란이 지속적으로 등장하는 것으로 보아 무속신앙이 빈번하게 행해졌다는 것을 알 수 있다. 또한「고려사」에는 "의종 때 양반 중 재산이 넉넉한 자를 가려 선관(仙官, 무당)이라 하고 팔관회를 주관하게 하였다.", "충숙왕 4년 첨의좌정승(僉議左政丞) 판삼사사(判三司事) 강융의 누이가 무당이 되어 송악사(松

岳祠)에서 기식했다.", "의종 22년 3월 왕이 평양에 행차하여 선풍(仙風)을 진작하라.", "충혜왕 후 4년 무당과 장인(匠人)을 업으로 사람들에게 공포(貢布)를 징수했다.", "인종 11년 5월 여무(女巫) 300명을 도성청에 모았다.", "인종 12년 6월 무당 250명을 도성청에 모아 기우했다." 등의 기록이 남아 있고, 이를 통해 무당의 존재에 대해 확인할 수 있었다. 한편, 이규보의 「동국이상국집」 「노무편(老巫篇)」 병서(幷序)에는 "동쪽 이웃에 늙은 무당이 살았는데 음란한 노래와 괴상한 말들이 들려 괴로워하던 차에 나라에서 명을 내려 모든 무당들로 하여금 멀리 옮겨가 서울에 인접하지 못하게 하자 이를 기뻐하여 시를 지었다.", "목구멍 속의 새소리 같은 가는 말로 늦을락 빠를락 두서없이 지껄이다가 천 마디 만 마디 중 요행 하나만 맞으면 어리석은 남녀가 더욱 공경히 받드니… 몸을 추켜 펄쩍 뛰면 머리가 들보에 닿는다."라는 기록이 있었다. 이는 오늘날 굿 12거리 중 제석과 비슷한 행위가 당시에도 있었음을 알 수 있는 대목이다.

④ **조선시대** : 조선시대에는 초기부터 무속신앙을 철저하게 막았다. 「경국대전」에 따르면 "부녀로서 절에 올라가는 자, 사족의 부녀로서 산간이나 물가에서 놀이 잔치를 하거나 야제(野祭), 산천, 성황의 사묘제를 직접 지낸 자 등은 모두 장(杖) 100대에 처한다."라는 기록이 있다. 하지만 무속신앙은 민간생활 속에서 면면히 이어져 온 사상이다. 조선시대 후기 실학자 이익의 「성호사설」에 따르면 "임금이 거처하는 곳부터 주읍에 이르기까지 모두 주무(主巫)가 있어 마음대로 출입하니 민풍은 여전하다."라는 기록과 순조 때에는 남녀무(男女巫)와 조무(助巫)의 총수가 5,000명이라는 기록이 있다. 이처럼 조선시대 유교 제례에서 배제된 여성들을 중심으로 고달픈 생활 속에서 현실적이며 절실한 염원의 반영으로 무당을 찾았던 것으로 보인다.

(3) 굿의 종류

굿이란 무당이 신을 모셔 놓고 제를 지내는 일종의 의식이다. 굿을 진행하는 외형적인 형태에는 지방에 따라 차이가 있으나 굿의 종류와 굿의 구조에서는 전국적으로 공통성이 있다.

굿의 구성을 보면, 일반적으로 12제차로 구성되어 있으며, 현재 행해지고 있는 굿의 형태는 고려시대 중기에 정형화된 것으로 12라는 숫자는 제차의 정확한 수를 의미하는 것보다도 12개월로써 1년이 형성되는 것과 같이 완전 혹은 총체성을 나타내는 개념이다. 이러한 굿의 궁극적인 목적은 건강하게 오래 살고, 불행한 일을 멀리하고 복을 받아 풍요롭게 살고, 후손이 잘 되며 죽어서 저승에 가서도 행복하게 영생할 것을 바라는 마음이다.

굿의 종류는 형태에 따라 무당이 서서 하는 일반적인 선굿과 앉아서 주로 독경을 하는 앉은굿이 있다. 그리고 목적에 따라 무당을 위한 굿, 마을 공동을 위한 굿, 산 자를 위한 굿, 죽은 자를 위한 굿이 있다. 무당을 위한 굿에는 내림 굿과 진적 굿이 있고, 마을 공동을 위한 굿에는 별신굿, 부군당굿, 도당굿 등이 있다. 산 자를 위한 굿에는 치병굿, 재수굿 등이 있고 죽은 자를 위한 굿에는 서울의 진오기굿, 동해안의 오구굿, 호남의 씻김굿 등이 있다.

05 한국 전통사회의 가족 및 친족제도를 논하시오.

(1) 전통적인 가족의 개념

우리나라 가족의 특징을 보면 사회구성단위인 집을 중시하며 개인은 집에서 독립하지 못하는 상하서열의 가족 내 인간관계를 형성하고 있고, 조상 숭배사상을 바탕으로 부계 중심을 이루고 있다. 그렇다보니 가족을 가족 우선성, 부계가문의 영속화, 부모공경의식, 형제자매 및 친척 간 사회 경제적 유대의식이라는 영역의 특징으로 설명할 수 있다. 결국 '부계혈통 강조', '장유유서(長幼有序) 또는 효(孝)의미 강조', '조상숭배 및 부계가문의 영속성 강조' 등의 이데올로기적 개인 생활원리가 적용되었다.

① **가족의 범위** : 부계가족의 원리가 가족 구성의 기본이 되며, 부계 혈연 집단을 가족의 범위로 한정하고 이외의 관계를 배타시하는 태도는 남녀차별의 개념과도 연결된다. 왜냐하면 가족의 중심이 부계, 즉 남성에 의한 것으로 인식됨으로써 여성의 의미가 약화되기 때문이다. 이는 제사 상속, 재산상속 등으로 강조되는 적장자 중심의 가장권에 여성이 완전히 배제되어 종속적인 역할을 담당하는 현실적 모습으로 나타난다.

② **가족내 역할 구조** : 전통적인 가족은 인간관계의 측면에서 오륜(五倫)의 원리가 적용된다. 따라서 부모 공경 의식, 형제자매 및 친척간 유대의식과 집단의 화목을 위해 개인이 희생도 불사할 수 있는 가족 우선성도 이에 포함되는 개념이다.

③ **가족의 목표** : 부계 혈연 집단, 즉 자신의 근원 집단에 보본(報本), 반시(反始)하는 마음과 존조(尊祖), 경종(敬宗)하는 마음이 포함된다. 이는 부모에 대해서 효(孝)하는 마음으로 이어지며, 현실적인 차원에서 가문의 계승과 발전, 자식의 의미에 반영된다. 구체적으로 제사나 입양 등의 개념을 포함하고 있다.

(2) 친족제도

「사례편람」에 따르면 부계, 모계, 처계친을 포함하여 모두 친속의 무리로 보고 이를 친척이라 한다. 친척은 부계친(父黨), 모계친(母黨), 처계친(妻黨)을 망라한다. 이처럼 혼인과 혈연을 기초로 하여 상호 간에 관계를 가지는 사람을 친척이라 하며 법률용어로 친족이라 한다. 친족은 민법 제777조에 따라 1) 8촌 이내의 혈족, 2) 4촌 이내의 인척, 3) 배우자로 보고 있다.

이와 같이 친족은 형제와 4촌을 거쳐 무한히 확장될 수 있다. 일반적으로 고조(高祖, 할아버지의 할아버지를 이르는 말)를 같이하는 당내친(堂內親, 고조부(高祖父)를 같이하는 후손들이 이룩한 친족집단)으로 한정한다. 따라서 친족은 당내친을 가리키는 말로서 제사나 집안의 대소사로 인해 왕래가 잦은 관계이다.

친족의 관계를 나타낼 때에는 촌(村)이라 한다. 성씨가 같은 친족은 ○촌이라하고 외척은 외○촌, 처족은 처○촌으로 호칭하는 것이 일반적이다. 촌수는 부와 자를 1촌, 형제가 2촌으로 세로 1촌, 가로 2촌으로 나뉜다. 예를 들어 숙부와 나의 관계는 부와 내가 1촌, 부의 형제 2촌해서 3촌에 해당된다. 친족관계에서도 부계 중심이다. 부계에서는 8촌까지 일반적인 친족의 범위에 포함시키지만 고종에서는 6촌까지, 외종은 6촌까지, 이종은 4촌까지를 포함한다. 부계는 직계상하로 4대까지 포함하는 반면에 모계와 처계는 상하 2대까지만 포함한다. 현대에서는 축소되어 직계친의 범위로 한정되어 부모와 형제 간이 주를 이루어 집안의 대소사를 치르고, 부모가 살아 있는 한에서는

4촌까지를 포함한다.

친족으로부터 장손은 일의 방향을 잡거나 택일을 하며, 조상들의 산소를 보살피는 일자를 잡거나 제사를 주관하는 것이 모두 장손의 몫이다. 가문 대대로 내려오는 여러 가지 문서와 재산을 관리하는 것도 장손이 해야 하는 주된 일이다.

특히, 장손은 당내 조직으로 제사를 행한다. 최소한 연 10회의 제사를 주관하고 많은 경우에는 15차례까지 제사를 주관한다. 제사를 성대히 지내는 것을 가문의 명예로 여긴다.

06 단군신화(檀君神話)에 나타난 숫자들과 각 숫자들이 나타내는 상징성을 아는 대로 서술하시오.

(1) 신화의 의미

신화는 인간이 살아나가기 위해 필요한 여러 가지 문제에 대해 해답을 얻으려는 태도이며 사고의 표현이다. 따라서 신화는 인생을 이해하는 데 있어서 꼭 필요로 하는 기본적인 요소이다. 이런 신화는 우주, 자연환경 속 인간의 위치, 남녀관계, 삶과 죽음의 의미 등 근원적이고 원초적인 상황에 대한 설명과 기원을 담고 있다.

신화는 과학적 관심을 만족시켜 주는 설명이 아니라 심각한 종교적 욕구, 도덕적 요청, 사회에 대한 복종과 자기주장, 그밖에 일상적인 요구까지도 만족시켜 주기 위해 이야기되는 태고적 진실의 서술적인 부활이다. 즉, 신화의 지적 본질은 신화의 내용만으로도 파악될 수 있지만, 원주민들의 신화가 가지는 기능적이고 문화적이며 실용적인 원칙은 신화 자체의 내용에서뿐만 아니라, 그것이 실제 이야기되고 구체화되며 일상생활과 맥락적 관계를 가질 때 비로소 명백하게 드러난다. 그래서 신화의 내용과 본질에 대한 동일한 관심이 필요한 것이다.

신화는 한 사람이 아닌 오랜 세월을 거쳐오면서 사람들의 입에서 전해 내려온 이야기로 무의식 속에서 저절로 우러나온 이야기들이 신화의 내용을 이루고 있다. 신화는 세계, 인간, 문화의 근원에 대한 설명이며 통찰로 인류가 계승하고 발전시켜 온 언어의 원형이다.

(2) 단군신화

우리나라 최초의 건국 신화이다. 원시시대부터 민간에서 구비로 전해 내려왔으나, 가장 오래된 기록은 13세기 말 일연의 「삼국유사」제1권 고조선 조에 실려 있다. 「위서」에는 단군 임금이 아사달에 도읍하고 조선이라는 국호를 썼으니 중국 요와 같은 시대(기원전 2333년)라고 되어 있다. 환인의 서자 환웅이 인간 세상을 구하고자 할 때, 환인이 그 뜻을 알고 삼위 태백(三危太白 ; 삼위산의 태백봉우리, 삼위는 고유어, 태백은 백두산과 성산 또는 신산)을 보아 홍익인간(弘益人間)할 만하다 생각하여 그들에게 천부인(天府印 ; 풍백(風伯), 우사(雨師), 운사(雲師), 청동검, 거울, 방울) 3개를 주어 다스리게 하였다.

환웅은 3천 명의 무리를 거느리고 태백산 마루 신단수(神檀樹) 아래에 신시(神市)를 열고 여러 신들과 세상을 다스렸다. 이때 곰과 호랑이가 사람이 되고자 하여 환웅은 쑥과 마늘만으로 100일간 햇빛을 보지 않으면 사람이 될 수 있다고 하였다. 곰은 삼칠일(三七日)을 견뎌내 웅녀(熊女)가 되었고, 환웅과 결혼하여 아들을 낳아 단군이 되었다. 단군이 평양에 도읍하여 국호를 조선(朝鮮)이라 하였고, 뒤에 아사달에 천도하여 1,500년간 나라를 다스렸다고 한다.

이러한 내용의 단군 신화는 이승휴의 「제왕운기」에도 나타난다. 단군 신화의 사상은 고대 민간신앙에서 나오는 것으로 선왕당(仙王堂), 천왕당(天王堂), 산신당(山神堂) 등 천신 및 산신숭배의 사상과 합치되어 있다. 단군신화는 환인(桓因), 환웅(桓雄), 단군(檀君)을 3신(三神)이라 하는 삼신사상이 싹트기도 하였다.

3은 수리학상 가장 으뜸이 되는 수이다. 「도덕경」에서 "도(道)는 1을 낳고, 1은 2를 낳고, 2는 3을 낳고, 3은 만물을 낳는다."고 기록되어 있다. 「회남자」에서도 "3은 만물이 생(生)한다."고 보고 있다. 3은 홀수이고 중간자이기 때문에 가장 으뜸이 된다. 오늘날 현대적인 시각으로 볼 때 1과 2가 대립되는 개념의 수라면, 3은 1과 2의 대립과 갈등을 무마시키는 상징적인 숫자가 된다. 3이라는 숫자는 고대로부터 숭상받아 왔다. 가장 안정된 숫자라는 것이다. 인간의 사유와 의식을 구분하는 가장 기본적인 숫자가 3이다. 시간도 과거와 현재와 미래의 3으로 구분하고 있습니다.

민속학에서 보면 아기를 낳으면 아기의 태를 3일째 또는 삼 일 이내에 처리해야 하며, 금줄을 삼칠일 동안 설치해놓는다. 또한, 저승사자도 세 명씩 온다.

한민족에게 있어서 특히 단군신화에 있어서 3은 우리 민족이 지향하는 갈등과 투쟁을 넘어선 조화의 논리이다. 1과 2의 대립을 지양해서 3이라는 숫자가 이루어지는데, 그렇다고 해서 1과 2가 3으로 그냥 발전하는 것은 아니다. 1과 2의 상호작용을 거쳐 1이 가지는 기본적인 성격과 2가 가지는 기본적인 성격이 어떤 일정한 관계가 맺으면서 3으로 이어지는 것이다. 이 맺음의 관계 속에 이루어진 결론이 3이다. 조화로움으로 나타나는데, 이 과정이 현실적 타협과는 다르다. 3의 논리는 1과 2가 자기의 역할을 찾고 위치를 정립하면서 상호작용을 일으킬 때 나타나는 것이다. 단군신화에서 3의 논리를 드러낸다고 해서 과정없는 결과만을 이야기하는 것은 아니다.

즉, 단군신화에서 등장한 인물들을 통해 하늘(天)과 땅(地), 부(父)와 모(母), 남(男)과 여(女), 광명과 암흑의 철저한 이원적 대립을 상징하는 환웅과 웅녀의 양 존재가 결합한 결정체로 단군왕검이 등장한다. 이는 우주의 모든 대립을 해소하는 합일되는 3이라는 논리가 나온 것이다.

3의 논리는 단군신화가 표현하고자 한 본질적인 논리구조이고, 또한 우리 문화가 단군신화라는 형태를 통해서 보여주고 스스로를 지탱해 온 민족논리인 것이다. 3의 논리는 갈등을 무화시키고 대립을 지향하며 합일을 추구하는 이론체계이다.

한편, 곰이 삼칠일인 21일을 견뎌내면서 웅녀가 되는 장면이 나온다. 21은 7일이 3번 거쳐 나온 것이다. 7은 북두칠성을 의미하며, 하늘이 인간의 운명을 좌우하는 곳이라 여겼다. 1년 동안 볼 수 있는 북두칠성이 하늘을 상징하며 점차 칠성신으로 변화하였다. 하늘을 이루는 근본적인 숫자인 7은 우주의 의미를 해명할 수 있는 신성한 숫자이다. 즉, 오행인 화(火), 수(水), 목(木), 금(金), 토(土)와 일월(日月)이 합쳐진 일곱 천체를 의미한다. 또한 7은 3과 4의 결합이다. 3은 길수이고 신성한 수이며, 1과 2의 결합이다. 여기에 4는 인간사의 세계 사방(四方)을 의미하는 세속적인 수이다. 이처럼 3과 4 바로 신과 인간, 성스러움과 속세, 하늘과 땅, 영혼과 육체가 통합된 것이 바로 7이다. 숫자 7은 생명의 변화, 성장 시간의 리듬이다.

07 친족에 관하여 논하시오.

(1) 당내친

당내친은 고조부(高祖父)를 같이하는 후손들로 중간의미에서 집안이라 한다. 8촌의 범위에서 한정하는 것은 4대조인 고조부모의 제사까지 기제사(忌祭祀)로 지내고, 4대조가 지난 5대조의 제사는 시향제(時享祭)로 지내는 제도 때문이다. 기제사를 기준으로 친족집단이 이루어진 것이다.

조선시대 양반 사회에서 당내친은 상당히 가까운 친척이었다. 과거 조혼으로 고조부가 장수한다면, 예컨대 고조부가 80세, 증조부가 60세, 할아버지가 40세, 아버지가 20세로 고조부를 살아서 볼 수 있는 것이다. 그리고 토지를 중요한 생산수단으로 하는 농경사회에서는 아들이 살림을 날 때 부모로부터 토지를 상속받는다. 부모의 토지를 상속받은 형제들은 분가 후에도 일정한 지역 내의 토지를 상속받기 때문에 한 곳에 거주하게 된다. 따라서, 4촌, 6촌, 8촌들이 한 마을에서 거주하여 이른바 동성마을을 형성하며, 당내친이 한 지연집단을 형성하는 경우가 많다.

또한, 당내친은 무엇보다 기제사를 행하기 위하여 이룩된 집단이라는 특색을 가지고 있다. 제사를 주관하는 종손을 기준으로 하였을 때, 종손은 자기의 부모·조부모·증조부모·고조부모의 제사를 지내고, 이때마다 직계 후손들이 모여 제사에 참가하는 것이다. 4대봉사를 원칙으로 하던 조선시대의 제례관행에 따라, 당내친은 같은 고조에게 제사지내는 제사집단의 성격을 지니게 되었다. 당내친이 제사집단으로서 기능하기 위해서는 제사에 필요한 경비를 충당하기 위하여 일정한 재산을 갖추고 있어야 한다. 당내에는 몇 개의 하위집단이 포함되어 있다. 이러한 하위집단 중에서 가장 작은 집단은, 형제들이 그들의 아버지를 제사하기 위하여 큰 형을 중심으로 형성한 집단으로, 이종(禰宗)이라고 한다.

할아버지의 제사를 위하여 4촌형제들이 할아버지의 장손(長孫)을 중심으로 이룩한 집단을 조종(祖宗), 증조의 제사를 위하여 6촌형제들이 증조의 장손을 중심으로 이룩한 집단을 증조종(曾祖宗)이라고 한다.

또한, 고조의 제사를 위하여 이룩한 집단을 고조종(高祖宗)이라고도 하니, 이것이 바로 당내인 것이다. 이종(형제-아버지), 조종(4촌형제-할아버지), 증조종(6촌형제-증조), 고조종을 모두 소종(小宗)이라 하니 소종에는 네 개가 있고, 네 개의 소종과 동성동본을 단위로 하는 대종(大宗)을 합하여 오종(五宗)이라 한다. 앞서 말한 종법제도란 바로 오종법을 말한다.

네 개의 소종에서 고조종이 당내이기에 당내에는 세 종류의 하위집단이 있는 것이 된다. 당내 내에 몇 개의 하위집단이 있느냐 하는 것은 조상의 수에 달려 있다. 조상의 수는 종손을 중심하여 계산하면 다음과 같다.

즉, 증조종의 수는 증조와 종증조(從曾祖)의 수만큼 있으며 조종은 종손의 할아버지, 종조부, 재종조부(再從祖父)의 수만큼 있고, 이종의 수는 종손의 부, 숙부, 종숙부, 재종숙부의 수만큼 있다. 그러나 모든 소종에 빠짐없이 종손이 있는 것이 아니며, 특히 고조의 종손의 경우 그러하다.

당내의 종손은 고조종의 종손인 동시에 자기의 직계 증조종의 종손이고, 직계 조종의 종손이며 자기 이종의 종손이다. 말하자면, 당내의 종손은 4종의 소종의 종손인 것이다. 이와 같은 당내의 하위집단들은 별도의 제사를 각각 지낸다. 그러나 서로 제사에 참가할 권리와 의무를 따지기 전에 당내친이 행하는 제사에는 서로 참석하는 것이 당연한 것으로 되어 있다.

(2) 족보

족보는 동조(同祖)의식을 가진 남계혈족이 조상숭배, 가계(家系)의 존속, 동족의 단결 및 소목질서(昭穆秩序)의 확립 등을 위하여 종족 집단의 본질을 구체화한 것이다. 즉, 족보는 동족이 그들의 시조로부터 족보편찬 당시의 자손까지의 계보(系譜)를 중심으로 한 기록으로 동족결합의 물적 표현이다. 동조의식을 가진 남계혈족을 뜻하는 동족이란 말은 족보상에서는 씨족(氏族), 본종(本宗), 종족(宗族), 종(宗) 등으로 표현되고 있다.

족보에는 가족·친족제도의 변화를 포함한 시대적 상황이 반영되어 있으므로, 부계 혈연집단의 족보 편찬 시기, 수보(修譜) 편찬 간격, 편찬 방법과 수록 사항 등을 조사함으로써 동족 조직의 형성시기, 동족 조직의 성격, 결합 강도 등을 파악할 수 있다.

① **수록 자손의 범위**: 1476년 안동 권씨 세보(世譜)인 「성화보」가 출간된 이래 15세기부터 16세기에 걸쳐 각 종중의 족보가 간행되었다고 볼 수 있다. 이때 종중의 족보에서는 본종이나 외손의 구별이 없이 수록하였고, 친손(親孫)도 서(壻), 외손(外孫)과 마찬가지로 성(姓)을 기재하였으며, 자녀의 기재 순위는 남녀 구분 없이 출생 순위였다. 또한, 그 범위는 외손, 외손의 외손, 외손의 외손의 외손자까지 수록하여 범위의 제한을 두지 않았다. 그러나 17세기 중엽 이후에는 부계친족인 본종(本宗)은 시조(始祖)의 경우에만 성(姓)을 기록하였으며, 자녀의 기재 순위를 출생 순위에서 선남후녀(先男後女)의 방식을 혼용하다가 18세기 중엽 이후부터 대다수의 종중에서 선남후녀(先男後女)의 기재방식을 채택하였다. 또한 외손 기재 범위를 3대까지로 축소하였다.

② **항렬의 출현과 확대 및 파의 형성**: 17세기말에 발간된 문화 유씨 족보에서 파명(派名)이 출현한 것을 제외하고는 대체로 18세기에 파명(派名)이 출현한 것으로 보인다. 부계 혈연집단의 강화는 필연적으로 외족(外族)이나 처족(妻族)과의 친족관계의 약화를 가져왔으며, 반대로 여성의 친족관계가 약화되지 않은 시기에는 남계 집단의 혈족 강화가 이루어지지 않았을 것이다. 이렇게 볼 때 17세기 이전에는 동족조직의 형성강화는 이루어지지 않았다고 보아야 할 것이다. 또한, 17세기에 들어와서 가족적 규모의 항렬이 동족적 규모의 항렬로 확대되었고, 동일 항렬을 사용하는 8촌간의 조직체를 최소 문중으로 본다면, 문중은 17세기 이후에 형성되었으며, 18세기에 접어들면서 동성동본이라는 최대 집단으로 확대된 것으로 보인다.

(3) 문중

부계 혈연집단을 종족(宗族)이라 하고, 종족 중 일정 범위의 혈연집단 조직을 종중(宗中)이라 한다. 이때 종중을 문중이라고도 하지만, 종중에서 다시 갈라진 좁은 범위의 부계 혈연집단을 문중(門中)이라고도 한다. 종중을 구성하는 가장 좁은 범위의 혈연집단은 가문(家門)이다. 기본적으로 가문은 동고조팔촌(同高祖八寸)이라 하여 '고조를 함께 하는 8촌간의 혈족집단'(당내친)을 말하는데, 이들이 곧 유복친(有服親)이다.

유복친이란 가문 중의 한 사람이 죽었을 경우, 그 나머지 사람들이 모두 상복(喪服)을 입는 혈연관계를 말한다. 이렇게 가문은 대체로 유복친 집단을 가리키는 말이지만, 통상적으로는 그보다 넓은 범위의 혈족집단인 문중(門中)을 나타내는 말로 쓰이기도 한다. 그런데 이러한 가문과 문중과 종중은 '문중(門中)'으로 통칭되기도 하며, 기본적으로 그것은 동성동본(同姓同本)이라는 성씨 구조 위에서 이루어진 집단이다. 성관(성씨와 본관)이 곧 문중 구성의 기본이 된다는 것이다. 따라서 문중문화에 대한 연구는 마땅히 성관(姓貫)에 대한 이해를 전제하거나 동반해야 할 것이다.

한편, 문중문화(門中文化)란 이러한 문중(가문, 문중, 종중)에서 파생된 모든 문화 양태를 이르는 말이다. 기본적으로 문중은 숭조돈목(崇祖敦睦 : 제사로써 조상을 숭상하고 후손들이 화목하게 지냄)을 이념으로 삼는다. 그러므로 문중문화에는 그 바탕에 '조상을 기리는 효문화'가 깊게 자리하고 있다. 따라서 문중문화는 뿌리의식과 효의식이 공존하는 도덕문화이고, 혈족 간의 예의식과 예절이 집합된 복합적 의례문화이며, 또한 문중의 다양한 생활상을 담은 생활문화라고 할 수 있다. 물론 여기에는 문중의 다양한 문화요소를 대표하는 종가문화(宗家文化)가 포함된다.

08 출산의례에 관하여 전반적으로 설명하시오.

(1) 분만

분만할 때에는 산실의 윗목에 삼신상을 차려놓고, 산모는 아랫목에 누워서 분만을 기다린다. 전통적인 자세는 무릎을 꿇고 엎드려서 출산한다. 아기를 분만한 뒤에 자른 태는 짚이나 종이에 싸서 놓았다가 처리하는데, 처리하는 방법에는 태를 작은 단지에 넣고 뚜껑을 덮은 뒤에 땅에 묻는 법, 물에 띄우는 법, 불에 태우는 법 등이 있다.

우리나라에서는 태 처리가 다음 아이를 잉태하는 데 결정적인 영향을 준다고 믿었다. 태의 처리에 따라 아이의 생명과 길흉화복을 결정한다고 생각하여 태는 매우 신중히 처리했다.

(2) 출산 이후

대문에 금줄을 쳐서 외인을 금하고, 산모에게 삼신상에 올렸던 쌀과 미역으로 국밥을 해준다. 이때 금줄은 짚으로 새끼를 꼬아 아들과 딸을 따라 다르게 걸었다. 짚은 토지를 의미하며, 청정의 식물이고 생명을 존속시키는 다산의 식물로 보았다. 또한 보통 새끼는 오른쪽으로 꼬지만 왼쪽으로 꼬아 비일상적이며 거룩하고 신성한 의미를 상징하였다.
① 아들 : 생솔가지(벽사를 위한 것), 숯(정화의 의미), 고추(불의 색, 귀신이 싫어하는 무서운 색)
② 딸 : 생솔가지(벽사를 위한 것), 숯(정화의 의미), 백지(신성)

(3) 산후

산전과 마찬가지로 산후에도 산모와 신생아를 위한 금기사항이 있다. 산모가 건강 회복을 빠르게 하고 충분하고 질 좋은 모유를 얻기 위해서 매운 음식, 짠 음식, 단단하고 찬 음식 등을 섭취하지 않았고, 초상집도 방문하지 않았다.
① 삼일 : 우리나라에서 3이라는 숫자가 가장 작은 완전수로 여겨 산후 3일째가 되어서야 비로소 여러 가지 아이를 위한 행위를 진행하였다. 아이가 출생하면 즉시 따뜻한 물로 온 몸을 닦아주었고, 쌀깃에 싸서 눕히고 부정한 물건이 피부에 닿지 않게 유의하였다. 산모는 쑥물로 몸을 씻고 아기도 목욕을 시키는데 첫날은 위로부터 아래로, 그 다음날은 아래로부터 위로 씻기면 발육이 고르다고 믿었다. 3일째 되는 날 새벽에 삼신에게 밥을 지어드리고 산모의 무병과 아이의 장수를 비손했다.

② **삼칠일** : 아기 태어난 후 한 이레(7일)에는 쌀깃(갓난아이의 배냇저고리 아래에 옷 대신 둘러싸는 헝겊 조각)을 벗기고 깃 없는 옷을 입히며 동여맸던 팔 하나를 풀어놓는다. 이때 미역국을 끓이고 밥을 하여 삼신상에 올려놓고 명 길고 복 있게 해달라고 치성을 드리고 산모는 미역국에 쌀밥을 먹었다. 두 이레(14일)에는 깃 있는 옷에 두렁이(어린아이의 배와 아랫도리를 둘러주기 위하여 치마같이 만든 옷)를 입히고, 나머지 팔 하나를 마저 풀어놓는다. 한 이레처럼 새벽에 삼신에게 밥과 무역국을 올려 삼신상을 차린 후 이를 산모가 먹었다. 지역에 따라 두 이레에 삼신상을 차리지 않는 곳도 있다. 세 이레(21일)에는 위아래 옷을 제대로 입히고, 산실을 개방하여 금줄을 거두고 모든 금기를 해제한다. 이웃과 친척들은 출산을 축하하기 위하여 선물을 갖고 방문하면 아기 낳은 집에서는 미역국과 밥을 대접한다.

③ **백일** : 삼칠일까지 모든 의식이 아이를 보호하고 산모의 건강회복을 위한 의례라면 백일은 아이만을 위한 첫 경축의례이다. 백일은 아이의 경축일로 삼신상을 차리고 아이를 위한 백일상을 차렸다. 떡은 백설기(장수, 신성), 수수팥떡(기복(祈福))을 준비한다. 백일떡을 받은 사람은 답례로 쌀, 실, 돈을 보내어 아이의 수복을 기원했다. 한편, 백은 성숙된 수, 완전 수의 의미를 지니고 있어 온전한 사람이 되었다는 의미를 지니고 있다.

④ **돌** : 돌은 아이가 출생하여 1년이 되는 날로 각종 음식을 장만하여 돌상을 차리고 이웃사람과 친척을 초대한다. 이 날도 역시 삼신상을 차려놓고 삼신에게 아이의 장래를 위해서 빈다. 주로 떡과 과일로 돌상을 차린다. 떡은 백설기, 오색송편, 수수팥떡을 해서 이웃에게 돌리고, 이웃은 그릇 안에 돈과 실타래 등을 넣어 보냈다. 이는 아이가 오래 살고 부자가 되라는 의미이다. 돌상에는 쌀, 돈, 활, 종이, 먹 등을 차려 놓고 돌잡이를 한다. 여아일 때에는 바늘, 가위를 더 올려놓는다. 이때 돌잡이 물품을 통해 앞날을 점치기도 했다. 돈과 쌀은 부자를, 실과 국수는 장수를, 책, 먹, 붓, 두루마리는 학문에 힘써 과거에 등과하여 벼슬을 할 것을 활, 화살, 총, 장도는 무관을 바늘, 가위, 자, 인두는 바느질을 상징한다.

09 두레와 품앗이 차이에 대하여 서술하시오.

(1) 두레의 의미

두레는 촌락단위로 농민들이 주체가 되어 농사일을 공동으로 하는 조직으로 구성방식에 따라 마을 전체가 엄격한 규율로 조직되어 운영되는 대규모 두레인 대두레(동두레)와 일부 농가만 품앗이 개념으로 조직된 소두레가 있다. 일감에 따라 김매기두레, 풀베기두레 등의 농사두레와 여성집회의 성격인 길쌈두레가 있고, 이외에 농악의 유무에 따라 농악이 있는 두레와 농악이 없는 두레가 있으며, 세대별로 청년두레, 장년두레, 노인두레가 있다.

두레는 촌락 단위별로 의무적으로 가입하며 이때 들돌들기라는 일정한 가입례를 치른다. 들돌들기는 당산나무나 동각 밑에 있는 60~70kg 정도의 둥그런 돌(들돌)을 들거나, 들어서 어깨 위로 넘기는 행위로 노동력을 체크하는 중요한 수단이었다. 들돌들기 외에도 진세턱이라 하여 술과 안주를 대접하는 풍습도 있었다. 두레의 인원은 1호당 1명씩 16~17세 이상부터 55~56세 이하의 남성(男性)을 차출하여 구성원에 따라 30~40명, 50~60명, 80명 등의 규모로 조직하였다.

조직의 구성은 풍물조직과 노동조직으로 나눠 모내기, 물대기, 논매기, 벼베기, 타작 등의 전 과정에 참여하였다. 노동조직은 좌상, 부좌상, 총각대방, 집사, 회계, 공원, 꽁배로 구성하였다. 좌상은 마을 내 지도자로 농사 일의 감독 및 지도 고문을 하는 인물이고, 부좌상은 좌상을 도와 일을 지휘하는 인물로 80명 정도의 대두레에만 존재하는 인물이다.

총각대방은 두레의 실무를 맡는 장년층으로 통솔력이 있어 군기를 잡을 수 있는 권위를 지닌 인물이고, 집사와 회계는 각각 농지와 공임을 계산하는 인물이다. 공원은 두레의 잔일을 처리하는 인물이고 꽁배는 청년으로 두레의 보조적인 일을 맡는 인물이다. 이와 같은 구성은 일관성 있는 노동과정을 위하여 스스로 위계질서를 마련한 것으로 공동노동의 단결성을 유지할 수 있었다.

두레는 수평적인 농민조직으로 민주적인 농민회의인 두레짜기(두레 짜는 모임, 두레 총회, 두레를 모으는 회의)를 열어 풍물조직과 노동조직을 결성하고 작업의 순서를 결정하였다. 농번기에 이루어지는 두레작업이 끝나고 7월 칠석쯤에는 셈보는 모임(두레셈, 두레 먹는날, 결산모임)을 통해 한해를 결산하고 칠석놀이를 진행하였다. 이때 셈은 좌상이 기입한 근거를 바탕으로 계산하며 수입은 농민들에게 분배하지 않고 촌락의 공동비용으로 사용하였다.

(2) 품앗이

품앗이는 4~5명이 일시적으로 자율적인 정을 바탕으로 조직한 것이다. 일반적으로는 노동의 교환형식으로 이해되고 있으나, 그 원초적인 의미는 '품(勞力)'과 '앗이(受)'에 대한 '품갚음(報)', 즉 증답(贈答)의 관계였던 것이다. 그러므로 단순한 노동의 교환형태라고 보기에는 품앗이는 상대방의 노동능력 평가에서 두레처럼 타산적인 것이 못 된다.

사람과 농우(農牛)의 노동력 교환, 남성과 여성, 장년(壯年)과 소년의 노동력이 동등하게, 말하자면 인간의 노동력은 원칙적으로 모두가 대등하다는 가정하에 노동을 상호 제공하는 수가 많으며, 이러한 가정이 품앗이를 성립시키는 근본적 가치관이라 할 수 있다.

또한, 두레가 대규모 농업을 위한 강제적인 공동체 조직이라며 품앗이는 개인적 혹은 소집단적 조직의 의미가 강하다. 품앗이가 짜여지는 개인 혹은 소집단 상호 간에는 그 선행조건으로서 상호부조의 의식과 의리라고 할 만한 정신적인 자세와 때로는 처지가 서로 비슷한 경우라야 짜여질 수 있다는 관념들이 바탕을 이루고 있다. 결국 도움을 도움으로 갚아야 한다는 일종의 증답의례적 사고방식이 제도화된 것이 바로 품앗이다. 품앗이는 시기와 계절을 가리지 않고 이루어지며, 작업의 종류도 농가에서 필요로 하는 모든 작업에 미치고 있다.

10 세시풍속 중 4대 명절인 설, 한식, 단오, 추석에 대하여 서술하시오.

(1) 설날(1월 1일)
① 첫 번째, 조상에게 차례를 지낸다. 조상숭배사상의 표현으로 새벽이나 아침 일찍 차례를 지냈다. 지역적으로 경기는 떡국과 만둣국을, 강원은 떡국·만둣국·밥을, 충청·경남·전남은 떡국을, 전북·경북은 밥을 상에 올렸다. 설날 아침 차례를 지내며 먼저 간 조상과 자손이 함께하는 아주 신성한 시간을 가졌던 것이다.
② 두 번째, 생존한 어른에게 세배를 올렸다. 보통 차례가 끝나면 나이 많은 어른에게 순서대로 절을 하고 새해 첫 인사를 드린다. 집 안에서 세배가 끝나면 이웃 어른들을 찾아서 세배를 드린다. 세배를 받는 편에서는 어른에게 술과 음식을, 아이에게 과자나 세뱃돈을 주고받는다.
③ 세 번째, 새해 설빔을 입는다. 설날부터 새해가 시작되기 때문에 묵은 것을 다 떨궈 버리고 새 출발을 한다는 의미를 담고 있으며, 새로운 계절의 마디인 봄을 준비하는 옷이기도 하다. 설날 아침 차례를 지내기 위해 설빔으로 옷을 갈아입는다.
④ 네 번째, 신성한 음식인 세찬을 즐긴다. 조상에게 차례를 지내고 이웃과 어울려 먹기 위해 설날에는 일상적인 음식이 아닌 비일상적인 음식, 나아가 특별한 음식이며 신성한 음식으로 세찬을 차렸다. 세찬으로는 떡국, 식혜, 수정과, 약식, 편육, 빈대떡, 만두, 세주(歲酒) 등을 만들며 이웃과는 생닭, 생전복, 대구, 어란, 육포, 건어물, 귤, 곶감 등을 주고받기도 했다.

(2) 한식(4월 5일)
① 역사 : 「동국세시기」「삼월조」에 따르면 "산소에 올라가서 제사를 올리는 풍속은 설날, 한식, 단오, 추석이 있다. 술, 과일, 식혜, 떡, 국수, 탕, 적 등의 음식으로 제사를 드리는데 이것을 명절 하례 혹은 절사(節祀)라 한다. 선대부터 내려오는 풍속을 쫓는 가풍에 따라 다소 차이는 있지만 한식과 추석이 성행한다. 까닭에 사방 교외에는 사대부 여인들까지 줄을 지어 끊이지 않았다. 상고하면 당나라 정정칙(鄭正則)의 사향의(祠享儀)의 글에 이르기를 옛날에는 산소에서 지내는 제사에 관한 기록은 없다. 그런데 공자가 묘를 바라보며 때에 따라 제사 지내는 것을 채택했으므로 이른바 묘제는 이때 나온 것이다."라고 하였다.
② 풍습 : 한식은 청명 바로 다음날이거나 같은 날로 4월 5일 ~ 6일쯤이다. 고려시대에는 금화(禁火), 성묘, 투란 등의 풍습이 있었고, 조선시대에는 금화(禁火)와 개화(改火) 등의 풍습이 있었다. 더불어 종묘제향을 행하고, 성묘를 하는 한편, 밭에 파종을 하였다. 현대에는 손 없는 날 또는 귀신이 꼼짝없는 날로 여겨 산소에 잔디를 새로 입히거나 비석과 상석을 세웠다.

③ 유래 : 첫 번째, 고대 개화(改火)의례설이다. 오래된 불은 생명력이 없을 뿐만 아니라 인간에게 나쁜 영향을 미친다. 그래서 고대부터 종교적 의미로 매년 봄에 묵은 불(舊火)을 끄고 새로운 불(新火)을 만들어 사용하는 개화의례가 있었다. 두 번째, 개자추(介子推) 전설이다. 중국 진나라 때 문공(文公)을 살린 충신 개자추에게 벼슬을 주려 하자 개자추는 벼슬을 마다하고 면산(綿山)에 숨었다. 급기야 아무리 청하여도 나오지 않는 개자추를 나오게 할 목적으로 면산에 불을 질렀으나 끝내 나오지 않아 불에 타 죽었다. 그 뒤 그를 애도하기 위하여 불을 금하고 찬 음식을 먹는 풍습이 생겼다고 한다.

(3) 단오(5월 5일)

① **개념** : 단오는 수릿날(戍衣日), 천중절(天中節), 중오절(重午節), 중오절(重五節), 단양(端陽) 등으로도 불린다. 수리는 고(高), 상(上), 신(神) 등을 의미하는 고유어로 신의 날, 최고의 날을 의미한다. 또한 단(端)은 시작이나 끝을 뜻하고, 다섯 오(五)와 일곱째 지지 오(午)와 같은 발음이기 때문에 초오(初五)라는 뜻을 가지고 있다. 「삼국지」에 따르면 "오월에 씨뿌리기를 마치면 귀신에게 제사를 지낸다. 무리가 모여서 가무와 음주로 밤낮을 쉬지 않았다."라는 기록이 있다. 「삼국유사」에 의하면 "매년 5월 3일과 7일, 5월 5일, 8월 5일과 15일에 가락국의 수로왕을 위해 성대한 제례를 행하였다."라는 기록이 있다. 이처럼 5월 5일 단오는 삼국시대부터 존재한 풍습이라는 것을 알 수 있다. 예로부터 농경 문화권에 있어서 중요한 것은 병충해 및 질병 방지를 기원하는 신앙의례이다. 5월 파종이 끝나면 오곡 풍요를 기원하여 제신(諸神)에게 제사를 지낸 것이 단오로 정착되었다.

② **행사** : 첫 번째, 단오빔이다. 유만공의 「세시풍요」에는 "단오 옷은 젊은 낭자에게 꼭 맞으니, 가는 모시베로 만든 홑치마에 잇빛이 선명하다."라는 기록이 있다. 단오빔은 여름옷을 상징한다. 두 번째, 단오 고사이다. 단오에는 편안과 오곡의 풍년 그리고 자손의 번창을 비는 고사를 지낸다. 세 번째, 머리 감기와 비녀이다. 단오에는 창포를 넣어 삶은 물로 머리를 감고, 액을 물리치기 위해 궁궁이(미나리과 풀)를 머리에 꽂았다. 또 창포 비녀에 수복(壽福)이라는 글자를 새겨 패용하면 벽사의 기능을 가진다고 여겼다.

네 번째, 익모초와 쑥을 뜯어 말려 뜸을 뜨거나 먹으면 액을 물리칠 수 있다고 여겼다. 다섯 번째, 대추나무 시집보내기이다. 대추나무 가지 사이에 돌을 끼워 놓고 열매가 열리기를 바라는 행위를 한 것이다. 여섯 번째, 그네 뛰기이다. 그네는 군디, 군데, 군의로 부르며 느티나무, 버드나무, 대추나무에 줄을 매어 외그네뛰기, 쌍그네뛰기, 맞그네뛰기 등으로 논다. 일곱 번째, 씨름이다. 고구려 고분벽화에 등장한 씨름은 왼씨름, 오른씨름, 띠씨름 등으로 논다.

(4) 추석(8월 15일)

① **이칭 및 역사** : 추석은 한가위, 가배, 중추절, 중추라고 불렀다. 한가위의 '한'은 하다(正大)의 관형사로 '크다'의 의미이고, 가위는 '가운데'라는 뜻의 가배(嘉俳)를 의미한다. 즉, 한가위는 정가운데 날을 의미한다. 중추절(仲秋節)은 가을의 한가운뎃날이라는 의미이다. 신라시대 '가배'에서 유래된 추석은 고려와 조선시대를 겪으면서 큰 명절로 자리잡았다.

② **풍습** : 오곡이 익는 계절인 만큼 모든 것이 풍성하고 즐거운 놀이로 밤낮을 지내기에 이때처럼 항상 잘 먹고 살았으면 하는 바람이 간절하였다. 첫 번째, 추석빔은 다가올 겨울 옷을 장만하여 입는다는 의미가 있다. 두 번째, 성묘이다. 추석 전에는 조상의 산소를 찾아 미리 벌초를 하여

여름 동안 묘소에 무성하게 자란 잡초를 베어준다. 추석날 아침에는 햇곡으로 빚은 송편과 각종 음식을 장만하여 차례를 지내고 성묘를 한다. 세 번째, 강강술래이다. 강강술래는 여성들이 원을 그리며 노는 놀이이다. 농경사회에서 보름달은 풍요를 상징하며 이는 생산의 주체인 여성 자체를 의미한다. 즉, 여성들이 보름달 아래에서 노는 강강술래는 풍요의 극치이다. 선소리(선창)를 하면 다른 사람들이 뒷소리(합창)로 받는데 내용은 시집살이, 베틀가 등의 전래 민요와 즉흥적 가사를 붙이는데 후렴으로 강강술래를 합창한다. 네 번째, 소놀이와 거북놀이이다. 소는 농사일을 하는 존재로서 생구(生口)라 할 정도로 가족의 일원으로 여겼고 거북은 십장생의 영물로서 수신(水神)과 농경신이었다. 이 둘을 주제로 한 놀이는 결국 풍년을 기원하는 농경의례라 할 수 있다.

③ 음식 : 첫 번째, 송편이다. 송편은 쌀가루를 익반죽하여 햇녹두, 청태콩, 깨, 밤, 대추, 고구마, 곶감, 계피가루 같은 것을 소로 넣어 둥글게 빚는다. 두 번째, 토란국·화양적·누름적이다. 토란국은 다시마와 쇠고기를 섞어서 끓인다. 화양적은 햇버섯, 도라지, 쇠고기에 갖은 양념을 하여 볶아 꼬챙이에 끼운 음식이다. 누름적은 화양적과 같은 방법으로 하되 밀가루나 달걀을 묻혀 지진 음식이다. 세 번째, 닭찜이다. 닭이 살이 올라 가장 맛있는 계절이므로 추석의 절식으로 닭찜을 한다. 네 번째, 율단자이다. 찹쌀가루를 쪄서 계란같이 둥근 떡을 만들고 삶은 밤을 꿀에 개어 붙이는 율단자도 추석 음식이다. 다섯 번째, 묵은 나물이다. 다가올 겨울의 저장용 반찬거리를 마련할 시기이기 때문에 박고지, 호박고지, 호박순, 고구마순 등을 산채(山菜)로 준비한다.

11 민요에 대하여 서술하시오.

1. 민요의 기능별 분류를 사례를 통해 설명하시오.
2. 민요의 가창방식을 사례를 통해 설명하시오.
3. 민요의 전승 양상을 설명하시오.

1. 민요의 기능별 분류

민요는 오래전부터 구전으로 전해져 내려오는 민중의 노래로 전통적이고 소박한 노래이다. 전문적인 소리꾼에 의해 불리는 통속(通俗) 민요와 각 지방에 따라 불리던 소박하고 향토적인 토속(土俗) 민요로 구분할 수 있다. 보통 민요는 일정한 사회생활이 인간 두뇌에 반영된 산물로 민중의 사회생활, 사상 감정이 직접적으로 반영되어 있다. 그러므로 민요는 민중의 삶과 정서, 사상을 반영한 기층음악의 토대를 이루고 있다.

민요는 악곡이나 사설이 지역이나 노래 부르는 사람의 취향, 노래 부를 때의 즉흥성에 따라 달라진다. 민요는 노동과 관련된 것이 많은데 민요를 부르는 방식은 선후창 방식과 교환창 방식, 독창 등이 있다.

일반적으로 민요는 지역적으로 경기민요, 남도민요, 동부민요, 서도민요, 제주민요로 분류한다. 경기민요는 서울, 경기, 충청도 일부를 포함하며 맑고 깨끗하고 경쾌한 것이 특징이다. 남도민요는 전라 남·북도, 충청도 일부를 포함하며 경기민요에 비해 매우 극적이고 굵은 목을 눌러내는 특유의 발성법을 보이며, 떠는 목의 농음(弄音)과 꺾어내는 전타음(前打音)의 처리가 매우 기교를 요한다. 동부민요는 강원도, 함경도, 경상도를 포함하며, 같은 동부민요라도 경상도는 빠른 장단에 흥겹고 경쾌한 것이 특징인데 강원도와 함경도는 탄식조와 애원조가 많다. 서도민요는 황해도, 평안남·북도의 민요를 포함하며 미묘한 꾸밈음을 그대로 옮기기 어려운 점이 있고 기악 반주를 가진 것이 별로 없다. 제주민요는 일 노래가 많고 지역적 특징이 두드러지는 사설 내용을 가진 민요가 대다수이다.

(1) 전문성에 따른 분류

① **토속 민요** : 토속민요(土俗民謠)는 특정 지방에서 불리는 매우 소박한 민요로, 사설이나 가락이 극히 소박하고 향토적이다. 특히 지역적인 차이가 심하여 고개 하나 내 하나 건너도 가락이 달라지는 것이 특징이다. 대개 노동요(勞動謠), 부녀요(婦女謠), 동요(童謠) 등에 많은데 예를 들면 경상도 모내기, 전라도 김매기, 제주도 해녀노래, 경상도 메나리, 각 지방 상여소리 등을 들 수 있다.

② **창 민요** : 창민요(唱民謠)는 통속(通俗)민요, 유행민요, 예술민요라고도 불리며, 그 기원은 토속민요에 있으나 전문 소리꾼들에 의하여 음악적으로 세련되고 다채롭게 발전하여 대중에게 널리 알려진 민요를 말한다. 창민요의 사설은 옛 시구(詩句)나 중국 고사(故事)를 인용하거나 상투적인 내용이 많고, 가락은 장절(章節)마다 달리 변주되는 것이 많다. 예를 들면 전라도 육자배기·평안도 수심가·경기도 창부타령·남도의 성주풀이 등이다.

(2) 지방에 따른 분류

민요는 각 지방마다 독특한 특징을 가지고 있다. 이에 경기도, 서도, 전라도, 동부, 제주로 구분하여 다음과 같이 정리하였다.

① 경기도 민요

구분	분석
음악적 특징	• 서양의 장조와 비슷한 평조로 되어 있다. • 소리가 맑고 부드러우며 경쾌하다. • 순차 진행이 대부분이다. • 선율의 굴곡이 유연하면서도 장식음이 많다.
짜임새	• 후렴이 있는 문답형식 • 일정한 선율형태에 다른 가사를 붙여 부르는 유절형식
종류	• 아리랑 • 긴아리랑 • 창부타령 • 한강수타령 • 도라지타령 • 베틀가 • 양산도 • 늴리리야 • 군밤타령 • 방아타령 • 태평가

② 서도민요

구분	분석
음악적 특징	• 황해도, 평안도, 함경도와 같은 이북지방의 민요를 서도민요라 한다. • 기음(基音)이 되는 맨 아래 음으로부터 완전 5도위의 음을 아래로 떨어준다. • 미묘한 꾸밈음이 많아 부르기가 쉽지 않다.
짜임새	• 수심가~ '가,나,다'가 한 절을 이루어서 '가' 부분은 초장에, '나' 부분은 중장에, '다' 부분은 종장에 해당하는 부분형식이다. • 일정한 후렴구가 있는 '몽금포 타령, 금다래꿍'은 유절형식, 문답형식이다.
종류	• 산염불 • 긴 난봉가 • 수심가 • 자진아리 • 자진 염불 • 몽금포타령 • 긴아리

③ 전라도 민요

구분	분석
음악적 특징	• '꺾는 음, 떠는 음'을 가진 독특한 미음계(육자배기 선법) 구조에 있다. • 탁하고 거친 남도특유의 발성을 한다.
짜임새	메기고 받는 문답형식
종류	• 진도아리랑 • 농부가 • 새타령 • 육자배기 • 강강술래 • 개고리 타령

④ 동부민요

구분	분석
음악적 특징	• 경상도 민요 : 흥겹고 경쾌하다. • 강원도, 함경도 민요 : 탄식이나 애원하는 듯한 가락이 많다.
짜임새	문답형식
종류	• 밀양 아리랑 • 울산 아가씨 • 강원도 아리랑 • 궁초댕기 • 쾌지나 칭칭 나네 • 정선아리랑 • 신고산 타령

⑤ 제주민요

구분	분석
음악적 특징	• 서도민요에 나타나는 '레음계'가 많이 보이는데, 이 '레음계'는 이남의 다른 도시에서 찾아보기 힘든 유형이다. • 육지보다 노동요가 많다.
짜임새	• 거의 문답형식 • '이어도사나'는 메기고 받는 형태가 아니라 모두가 두 편으로 나누어 번갈아 가며 노래하는 특징적인 형태의 문답형식이다.
종류	• 이어도사나 • 오돌또기 • '너영나영'

2. 민요의 가창방식

(1) 선후창

선창자가 한 사람이고 후창자가 한 사람 또는 여러 사람으로 후렴이 있는 가사를 선창자가 부르고 이어 후렴을 후창자가 부르는 방식이다.

(2) 교창

창자가 두 패로 나눠 번갈아 노래하되 모두 의미 있는 사설을 부른다. 하나의 사설을 선창과 후창을 분담하여 부르는 분담식 교창과 서로 다른 별개의 사설을 번갈아 부르는 사설교환식 교창이 있다.

(3) 복창

후창자가 선창자의 노래를 그대로 부르는 가창이다. 복창의 선창자는 한 사람이지만 후창자는 한 사람 또는 여럿이다. 복창은 후창자가 따라 하는 뒷소리만 없다면 사실상 독창과 다름없다.

(4) 독창 또는 제창

독창은 혼자 부르는 것이고 제창은 구연에 참여한 사람 모두가 똑같은 가사를 함께 노래하는 방식이다. 제창으로 부르는 노래는 후렴이 있는 것도 있고, 없는 것도 있다.

선후창은 후렴을 제외한 사설을 선창자가 부르고, 이어서 후렴을 후창자가 부르는 방식이다. 의미가 없는 음성이든 의미가 있는 음성이든 똑같은 구절이 일정한 간격을 두고 되풀이되면 후렴이다.

① 첫 번째, 강강술래는 메기고 받는 형식으로 가창한다. 메기는소리의 내용은 유동적이어서 서사적인 내용을 담기도 하고 서정적인 가사를 담기도 한다. 반면 받는소리는 "강강술래"를 반복한다.

② 두 번째, 부수놀이의 경우 메기는소리와 받는소리가 모두 동일한 것을 반복한다. 선창자는 한 사람이고 후창자는 여러 사람인 경우가 보통이나, 때로는 후창자도 한 사람일 수 있다. 강강술래소리, 땅다지기소리, 상여메기소리, 달구질노래와 같은 노래에서는 후창자가 필수적으로 여러 사람이나, 맷돌노래를 부를 때는 후창자가 한 사람이다.

또한, 선후창으로 노래할 때에는 사설을 선택할 수 있는 권리가 선창자에게만 주어져 있고, 후창자는 후렴으로 받기만 하면 된다. 그렇기에 선창자는 율격만 어기지 않는다면 원칙적으로 무슨 사설이든 불러도 된다. 전래적인 사설을 이것저것 생각나는 대로 부르기도 하지만, 선창자가 즉흥적으로 창작할 수도 있다.

선후창의 민요는 사설이 일정하지 않고 장르적 성격도 다양할 수 있다. 선창자는 창의 음악적인 능력도 탁월하지만 기억력과 창작력을 갖춘 사람이라야 될 수 있다. 선창자는 창자들의 지휘자이고 존경받는 존재이다. 노동요를 부를 때면 선창자는 일은 하지 않고 노래의 선창만 하는 것이 보통이지만, 일하는 사람보다 품삯을 더 받는다.

선후창으로 부르는 민요는 민요의 가장 오랜 형태로 간주되고 있다. 맨 처음에는 의미 없는 후렴만 여럿이 같이 부르다가 의미 있는 말이 삽입되기 시작했고, 차츰 의미 있는 말의 비중이 커졌다. 이후 교환창이나 독창·제창의 민요도 생겨났으나, 일하거나 춤추는 사람들이 후렴 이상의 것을 노래하기에 벅찬 노동요나 무용유희요에서는 선후창이 계속 유지되었다. 교환창도 선창자와 후창자로 나누어 가창하는 방식이지만, 선창자나 후창자가 다 의미 있는 말을 변화 있게 노래하고 후렴이 없다는 점에서 선후창과 다르다.

교환창에서는 흔히 선창의 가사와 후창의 사설이 문답이나 대구로 되어 있다. 교환창에서는 선창자가 사설 선택을 마음대로 할 수 없다. 후창자가 받지 못하면 부를 수 없기 때문이다. 선창자가 여러 사람일 때에는 선택의 자유가 더욱 제한된다.

그렇기에 교환창에서는 즉흥적인 창작이 어려우며 일정한 내용과 순서의 전래적인 사설을 부르게 된다. 장르적인 성격도 일정하다. 그리고 교환창에서는 일반적으로 선후창에 비해서 선창자의 중요성이 적다. 선후창과 교환창은 그 밖의 다른 노동요에서도 보이는 민요 가창방식의 기본적인 형태이다. 여자들이 맷돌질을 하면서 부르는 민요는 두 사람이 주고받는 교환창으로 이루어진다.

독창은 혼자서 부르고 제창은 여러 사람이 같이 부르는 방식인데, 선후창으로 나누지 않는다는 점에서는 동일하다. 독창 민요는 어느 것이나 제창으로 부를 수 있다. 아리랑, 신고산타령처럼 독창 민요이지만 후렴이 있는 것들도 있다.

후렴도 혼자서 부르면 독창이지만, 후렴이 있기 때문에 선후창으로 부를 수도 있다. 쾌지나칭 칭나네나 오돌또기는 주로 선후창으로 부르지만 후렴까지 독창으로 부를 수도 있어서, 후렴이 있는 노래에서는 선후창과 독창의 구분이 불분명하다. 그러나 후렴이 없는 독창 민요는 선후창이나 교환창으로 바꾸어 부를 수 없다.

3. 민요의 전승양상

민요도 다른 문학예술과 마찬가지로 "일정한 사회생활이 인간 두뇌에 반영된 산물"이다. 때문에 민요에는 민중들의 사회생활과 사상 감정이 가장 직접적이고 진실하게 반영되고 있다. 즉 그들의 의지와 염원, 고통과 환락이 반영되어 있으며, 생활세태와 풍속, 습관 및 역사적 전통이 기술되어 있으며, 서로 다른 생활과 성격 및 정신면모가 그대로 드러난다. 그러므로 민요를 민중의 목소리 또는 시대의 거울이라고도 말하게 되었다.

민요는 민중의 삶을 부르는 것이기 때문에 민중의 삶과 정서와 사상을 반영하는 것이고 기층음악의 토대를 이루는 것이다. 민중은 노래를 부르며 일했고, 놀았고, 기쁨과 슬픔을 표현했다. 그렇기 때문에 우리 민족의 삶은 노래와 분리시켜서는 생각할 수 없는 것이다.

문헌기록을 통해서도 멀고 먼 원시사회부터 이미 민요가 성행하였음을 알 수 있다. 이 시기 민요는 당시의 농경생활 및 종교의식활동과 밀접히 연계되면서 시, 노래, 춤 등 3위 1체(三位一體)의 혼합적인 악무(樂舞)예술형태 속에서 존재하였으며 신가(神歌)적 성격을 띠고 있었음을 알려준다.

민요는 언제든, 어디에서든 부를 수 있는 노래이기 때문에 확정된 방식이 있는 것이 아니라 불리는 현장의 사정에 따라 가창방식이 바뀔 수 있다.

12 줄다리기에 대하여 서술하시오.

(1) 줄다리기 개념

줄다리기는 마을의 풍년을 기원하고 승부의 결과로 한 해의 길흉을 점치는 행사이며, 줄을 당기는 날은 연령, 사회적인 직위 등에 상관 없이 여러 사람을 두 편으로 갈라, 줄을 마주 잡아당겨 공동체의 신명을 즐기는 놀이다. 줄 만드는 것으로부터 당기는 놀이까지 전 과정이 복잡하고 많은 인력과 시간이 필요하므로 주민들은 줄다리기를 통해 단결력과 향토애를 키울 수 있다.

줄다리기는 원래, 동남아시아의 농경, 어로를 생업으로 하는 생활권에서 주로 행해졌던 놀이며, 한국에서는 주로 중부 이남 지방에서 행해져 왔다. 경상도의 진주, 창녕, 안동, 경주 등에 분포되어 있으나 경상북도의 의성, 경상남도 영산, 전라남도 장흥, 충청남도 당진군 기지시의 줄다리기가 유명하다. 시기적으로 정월에 실시하는 곳이 대부분으로, 이것은 농경의례 전체의 전반이 정월에 기풍의례의 성격을 하고 있기 때문이다. 시기적으로 줄다리기를 하는 지역을 볼 때, 줄다리기는 농경의례와 관련이 있는 것으로 여겨진다.

그러나 전통 줄다리기는 마을 공동체의 미덕을 삼는 민족적인 성향이 강한 놀이며, 동남아 일대인 주로 농경(農耕)이나 어로(漁撈)를 생업(生業)으로 하는 해안이나 평야지대에서 유래되었다는 견해가 있다.

문헌상 최고의 기록으로 6세기 무렵 중국 양나라시대의「형초세시기」에 의하면, 양자강 중류지역의 설날 행사로서의 기록이 남아 있으며, 기지시 줄다리기는 지금으로부터 450여년 전(조선시대 중기)에 처음 시작되었다고 기록되어 있다. 조선시대는 유교가 국가이념으로 자리 잡았으며, 성리학자들에 의해 사농공상의 관념과 농자천하지대본(農者天下之大本) 의식을 강조하여 농업을 매우 중시하였다. 조선시대 농업 중에서도 벼는 특히 소중하게 여겨져 왔다. 당시 논농사는 환경적, 지리적 조건으로 중부 이남지역이 중심이 되어 왔고, 북부지역에서는 주로 밭농사를 경작할 수밖에 없었다. 이런 배경으로 줄다리기의 시작 시기와 농사의 발전 시기는 관계가 깊다고 할 수 있다.

(2) 우리나라의 줄다리기 놀이방법

줄다리기를 인색(紱索)이라고 했으며 정월에 짚 또는 칡으로 줄을 만들고 거기에 많은 작은 줄을 맨다. 마을을 둘로 나눠서 줄다리기를 하여 승부를 결정하는데 이기는 마을이 풍년이 온다고 한다. 그러한 유형의 줄다리기를 하는 곳에서는, 동네 주민들이 지역별로 둘로 나뉘는데, 일반적으로 동쪽의 주민들은 숫줄을 만들고 서쪽의 주민들은 암줄을 꼬아 만들게 된다.

각 편에는 근처의 여러 동네의 주민들이 합세하게 되며, 중심지가 되는 읍을 기준으로 동네의 위치에 따라 한 편에 합세하게 되는 것이 결정된다. 각 편에 줄다리기를 지휘하는 한 명의 대장과 그 외의 사람으로 나뉘게 된다. 또한 서로 많은 깃발과 여러 종류의 작은 기를 사용한다. 가장 큰 기는 사방 수 미터나 되고 또한 깃대는 10m에 달하기도 하는 농기 또는 서낭대로서 줄다리기에 참여하는 각 부락의 상징 또는 그 놀이에 참여하는 농기의 상징이 된다. 각 편에는 농악대가 존재하는데 줄을 꼬아 만드는 과정부터 줄다리기가 끝날 때까지 그들의 악기가 요란하게 울려 퍼지므로 축제의 분위기를 만들어 내는 데 중요한 역할을 맡고 있다.

영산형 줄다리기는 보통 정초 대보름 경에 이루어지지만 사실상 그 놀이는 설날 후에 곧바로 시작되어 2~3주간 계속된다. 정초 며칠간 어린아이들이 작은 줄을 꼬아 줄다리기를 벌이며 노는 것으로부터 시작되어 그 다음으로 청년들이 그 후에 성인들이 그들에 가세한다. 줄다리기가 거행되기로 정해진 날의 며칠 전에 두 개의 커다란 줄을 제작하기 시작한다. 그 줄의 크기가 상당하여 만드는 데 며칠씩 걸린다. 모든 동네 남자들이 그 작업에 참여하는데, 각 편은 상대방의 줄보다 더 큰 줄을 만들기 위해 비밀리에 줄을 제작한다. 여자들은 줄을 만드는 데 직접 참여하지 못하고 그들이 줄을 넘나드는 것 또한 엄격하게 금지되어 있다. 여자들이 줄을 넘나들면 줄다리기를 할 때 줄이 끊어질지도 모른다고 생각하기 때문이다.

시간이 흐를수록 각 편의 흥분은 고조되어 놀이를 하는 날에는 절정에 다다른다. 그 날이 되면 두 개의 줄은 시합장소(보리밭, 강가 또는 동네의 큰길)로 옮겨지게 된다. 많은 부락에서는 줄다리기를 하기 전에 편싸움이 벌어진다. 영산에서는 두 줄을 연결시키기 전에 세 가지 싸움이 진행된다. 첫번째는 '진잡이'라 불리는데, 그것은 말에 탄 각 편의 대장이 상대편 줄을 넘으려 하면 사람들이 서로 그것을 막으려고 하는 것이다. 두번째는 '서낭 싸움'이라는 것으로 서낭대를 맞부딪치게 해서 그 기가 부러지는 편이 지게 되는 것이다. 끝으로 '이싸움'이라는 것이 있는데 각 편의 사람들은 줄을 어깨에 짊어지고 두 목줄을 서로 맞부딪친다. 목줄이 땅에 떨어지는 편이 지게 된다.

이러한 편싸움이 끝나면 두 개의 줄을 연결한다. 숫줄의 목줄을 암줄에 넣어 비녀목이라는 통나무를 꿰어넣고 연결시키는 것인데 이 작업은 몇 시간씩 걸린다. 마침내 모든 연결이 끝나면 줄다리기 놀이 자체가 시작된다. 보통 그 놀이는 몇 시간씩 계속되지만 어떤 때는 밤새 계속되거나 며칠간 계속되기도 한다. 줄을 만들 때나 줄을 당기는 동안에는 각 편이 이기고자 하는 의지에 가득 차게 된다. 줄다리기는 두 팀이 정해진 규칙만을 잘 지키기만 하면 되는 일반적인 시합과는 완전히 다르다.

심판도 감독관도 없다. 모든 참여자들이 제각기 놀이의 심판이 되고 제멋대로 움직인다. 떠들썩한 소음과 요란스러움, 혼잡 속에서 모든 것이 이루어지고 모든 사람들이 또 그것을 즐긴다. 놀이가 끝나면 참가자들은 두 줄을 끊어버리고 줄을 몇 토막씩 끊어 간다. 사람들은 특히 이긴 편 줄의 토막을 가지고 가는 사람에게 풍년과 번영이 온다고 믿는다.

이 놀이에는 양반들은 참여하지 않고 단지 농사를 직접 짓는 서민들인 농부들이 이 축제에 참여하였다. 영산에서는 고용살이인 머슴들이 중요한 역할을 맡고 있다. 그들에 의하여 선출된 집단의 우두머리인 '황시'의 감시하에 줄다리기의 전 과정이 진행되는데, 이 책임을 맡고 있는 사람들이 바로 머슴들이다.

영산형 줄다리기가 행해지는 다른 부락에서는 머슴의 역할에 대한 뚜렷한 증거가 없다. 그러나 거기서도 영산과 마찬가지였으리라 추측된다. 영산형 줄다리기가 어느 부락에서든지 같은 순서와 같은 방식으로 행하여졌을 뿐만 아니라 농악이 없는 줄다리기는 생각할 수조차 없을 만큼 농악대의 역할이 중요하다는 것과 머슴 그룹의 상징이 되는 서낭대는 농기가 꼭 사용되어 왔다는 것으로 미루어볼 때 머슴들이 영산형 줄다리기에 있어서 어디서든지 중요한 역할을 맡고 있었다는 것을 생각할 수 있다. 또한, 양반들이 줄다리기에 참여하지 않는다는 것으로 미루어볼 때 영산형 줄다리기도 바로 머슴들이 주도하는 민속놀이의 범주에 속한다고 생각하게 된다. 영산형 줄다리기는 한 사회계급의 축제, 즉 한 부락과 그 부근의 가난한 농부들의 축제라할 수 있겠다.

줄다리기에 사용될 줄을 만드는 방법도 충청도 당진군 기지시의 경우는 농가를 하나 정해서 그곳에 전부 모여 270여만 원 정도의 볏짚을 구입해서 줄을 만들고 있으며, 기지시보다 상대적으로 작은 마을에서는 당일 하루만에 줄을 만들기도 하지만 대부분의 고을에서는 보통 정월 대보름을 전후로 행해지며 기간은 3일 정도 걸린다.

기지시의 줄다리기의 경우 약 한 달 전부터 볏짚을 꼬기 시작하는데 수상과 수하로 나눈 마을에서 각기 짚단을 가져와서 줄다리기 보존회 회원이 주체가 되어서 줄을 만들기 시작한다. 먼저 작은 짚단을 한 주먹씩 잡고 비벼 꼬아서 길이가 200m 정도 되는 작은 줄을 만든다. 작은 줄 70가닥을 장터 한복판의 노상에 들어놓고 다시 1미터 간격으로 엮고 종(縱)으로 말아 양끝에 매달고 단단하게 비벼서 꼰다. 이와 같이 70가닥짜리 줄 3개를 만들고 이 줄을 서로 꼬아서 원형의 대형 몸줄을 만드는데 다른 지역에서 볼 수 없는 '줄틀'이라고 하는 도구(기계)를 사용하여 거대한 줄 세 가닥을 한 가닥의 몸줄로 만든다. 몸줄을 만드는 데 사용된 짚단은 총 4만 단 가량이 소요되며 줄 꼬는 데는 연인원 500명(25名×20日)이 필요하다. 이 줄은 용이 섬김의 대상으로 인식하는데 줄이 완성되면 길게 늘어놓고 줄 고사를 올린다.

줄다리기를 할 때는 여러 마을에서 용기를 앞세우고 모여온 농악대가 자기편에 합류하여 신나게 농악을 울려 기세를 돋운다. 이것은 줄(암, 수) → 용의 결합 → 비(기원) → 승부로 벼농사 풍년을 점치는 모방주술, 종교적 성격을 띤다.

13 단오에 대하여 서술하시오.

1. 수릿날, 단오, 천중일을 각각 정의하시오.
2. 단오 때 행해지는 풍습을 설명하시오.

1. 수릿날, 단오, 천중일

① 수릿날 : 수리는 고(高), 상(上), 신(神) 등을 의미하는 고유어로 신의 날, 최고의 날을 의미한다.
② 단오 : 단(端)은 시작이나 끝의 뜻이고 다섯 오(五)와 일곱째지지 오(午)와 같은 발음이기 때문에 초오(初五)라는 뜻을 갖고 있다. 5월의 첫째 말(午)의 날을 말하며, 음력으로 5월은 오월(午月)에 해당하며 기수(奇數 : 홀수)의 달과 날이 같은 수로 겹치는 것을 중요시한 데서 5월 5일을 명절날로 하였다.
③ 천중일(天中日) : 양수(陽數)가 중첩되어 양기가 가장 왕성한 날이다. 이때는 모내기를 막 끝내고 곧 바빠지는 농사철에 대비해 잠시 휴식을 취하는 시기다.

2. 단오 때 행해지는 풍습

① 단오빔 : 유만공의 「세시풍요」에는 "단오 옷은 젊은 낭자에게 꼭 맞으니, 가는 모시베로 만든 홑치마에 잇빛이 선명하다. 꽃다운 나무 아래서 그네를 다 파하고 창포 뿌리 비녀가 떨어지니 작은 머리털이 비녀에 두루 있다. 단오옷을 술의라고 한다."라는 기록이 있다. 이때 술의는 신의(神衣)로 곧 태양신을 상징하기 때문에 단오빔은 여름옷을 의미한다.
② 단오고사 : 단오에는 편안과 오곡의 풍년 그리고 자손의 번창을 비는 고사를 지낸다.
③ 머리감기와 비녀 : 단오에는 창포를 넣어 삶은 물로 머리를 감고, 액을 물리치기 위해 궁궁이(미나리과 풀)를 머리에 꽂았다. 또한 창포비녀에 수복(壽福)이라는 글자를 새겨 패용하면 벽사의 기능을 가진다고 여겼다.

④ 익모초와 쑥 : 익모초와 쑥을 뜯어 말려 뜸을 뜨거나 먹으면 액을 물리칠 수 있다고 여겼다.
⑤ 대추나무 시집보내기 : 대추나무 가지 사이에 돌을 끼워놓고 열매가 열리기를 바라는 행위이다.
⑥ 그네뛰기 : 그네는 군디, 군데, 군의로 부르며, 느티나무, 버드나무, 대추나무에 줄을 매어 외그네뛰기, 쌍그네뛰기, 맞그네뛰기 등으로 논다.
⑦ 씨름 : 고구려 고분벽화에 등장한 씨름은 왼씨름, 오른씨름, 띠씨름 등이 있다.

14 조선시대 민화에 대하여 서술하시오.

(1) 민화의 개념

한 민족이나 개인이 전통적으로 이어온 생활 습속에 따라 제작한 대중적인 실용화이자 일반적으로 민속에 얽힌 관습적인 그림이나 오랜 역사를 통하여 사회의 요구에 따라 같은 주제를 되풀이하여 그린 생활화이다. 비전문적인 화가나 일반대중들의 치졸한 작품 등을 일컫는 말로 쓰이지만, 넓은 의미에서는 직업화가인 도화서(圖畵署)의 화원(畵圓)이나 화가로서의 재질과 소양을 갖춘 화공(畵工)이 그린 그림도 포함시켜 말하고 있다.

민화라는 용어를 처음 사용한 사람은 일본인 야나기(柳宗悅)로, 그는 "민중 속에서 태어나고 민중을 위하여 그려지고 민중에 의해서 구입되는 그림"을 민화라고 정의하였다. 그 뒤 우리나라에서도 민화에 대한 연구와 논의가 활발해지면서 학자들이 민화의 의미를 규명하고자 하였다. 조자용은 "서민 · 평민 · 상민 · 민중 등 사회계층이나 신분의 구별 없이 도화서 화원은 물론 모든 한국 민족들이 그린 그림"이라 해석했으며, 김호연은 "민족의 미의식과 정감(情感)이 표현된 겨레의 그림인 민족화", 이우환은 "평민 · 서민의 습관화된 대중적인 그림"으로 정의하였다.

이러한 여러 연구를 종합하면 민화는 엄밀한 의미의 순수, 소박한 회화와 함께 도화서 화풍의 생활화 · 실용화를 모두 가리키며, 백성들이 오랜 세월을 살아오는 동안 이 세상에서 복 받고 오래살기를 바라는 벽사진경(辟邪進慶)의 염원, 신앙과 생활주변을 아름답게 꾸미고자 하는 마음을 솔직하고 자연스럽게 나타낸 전통사회의 산물이라고 정의할 수 있다.

(2) 민화의 종류

조선 후기 서민층에서 유행하였으며, 이규경의 「오주연문장전산고」에는 이를 속화(俗畵)라 하고, 여염집의 병풍, 족자, 벽에 붙인다고 하였다. 대부분 서민들의 일상생활양식과 관습 등의 항상성(恒常性)에 바탕을 두고 발전하였기 때문에 창의성보다는 되풀이하여 그려져 형식화한 유형에 따라 인습적으로 계승되었다. 민화는 장식장소와 용도에 따라 종류를 달리하는데 이를 화목(畵目)별로 분류하면 화조영모도(花鳥翎毛圖), 어해도(魚蟹圖), 작호도(鵲虎圖), 십장생도(十長生圖), 산수도(山水圖), 풍속도(風俗圖), 고사도(故事圖), 문자도(文字圖), 책가도(册架圖), 무속도(巫俗圖) 등이 있다.

① 화조영모도 : 민화 가운데 종목이 가장 많으며 꽃과 함께 의좋게 노니는 한 쌍의 새를 소재로 한 화조도가 많다. 화조도는 매화, 동백, 진달래, 개나리, 오동, 솔, 버드나무, 메꽃, 해당화 등과 봉황, 원앙, 공작, 학, 제비, 참새, 까치 등을 물이나 바위와 함께 그렸으며 주로 병풍으로 재구성되

어 신혼부부의 신방 또는 안방 장식용으로 쓰였다. 이 밖에도 작약, 월계, 모란, 옥잠화, 수선, 들국화, 난초에 나비나 메뚜기, 꿀벌 등을 그린 초충도(草蟲圖)와 사슴, 토끼, 말, 소, 호랑이 등을 산수 속에 표현한 영모도가 있다. 이 소재들은 단독으로 그려지는 경우도 많으며 부귀를 상징하는 모란꽃도 단독으로 그려 혼례식의 대례병(大禮屛)으로 많이 사용하였다.

② 어해도 : 물속에 사는 붕어, 메기, 잉어, 복어, 송사리, 거북, 게, 새우, 조개를 소재로 한 그림으로, 꽃과 해초를 곁들여 그린 경우가 많다. 주로 젊은 부부의 방 장식으로 쓰였으며, 잉어를 아침 해와 함께 그리는 경우 출세를 기원한다든지 경축일의 축하용으로 사용되었다.

③ 작호도 : 소나무 가지에 앉아 있는 까치와 그 밑에서 이를 바라보며 웃는 듯이 앉아 있는 호랑이를 소재로 한 그림이다. 수호신적인 역할을 했던 사신도(四神圖)의 한 변형으로 보이며, 까치의 경우 주작(朱雀)의 변용으로 풀이된다. 작호도는 잡귀의 침범이나 액을 막는 일종의 벽사용(辟邪用)으로 그려졌다고 볼 수 있다.

④ 십장생도 : 장수(長壽)의 상징인 거북, 소나무, 달, 해, 사슴, 학, 돌, 물, 구름, 불로초를 한 화면에 배치하여 장식적으로 처리한 그림이다. 세화(歲畵)로 그려지기도 하고, 회갑잔치를 장식하는 수연병(壽筵屛)으로 쓰이기도 하였다.

⑤ 산수도 : 금강산이나 관동팔경(關東八景)과 같은 산천을 소재로 그린 실경산수(實景山水)와 중국식 산수로 나눌 수 있다. 병풍으로 꾸며져 객실이나 사랑방용으로 많이 쓰였다.

⑥ 풍속도 : 농사짓고 베짜는 모습을 그린 경직도(耕織圖)와 태어나서 출세하고 죽을 때까지의 일생을 그린 평생도(平生圖), 사냥하는 장면을 그린 수렵도(狩獵圖), 일상생활의 장면이라든가 사철의 풍속을 그린 세시풍속도(歲時風俗圖) 등이 있다.

⑦ 고사도 : 고사와 민화(民話), 소설 등의 내용을 간추려 표현한 그림으로, 교화용(敎化用)으로 많이 제작되었다. 공민왕과 노국공주의 이야기를 담은 열락도(悅樂圖)를 비롯하여 삼고초려도(三顧草廬圖)·상산사호도(商山四皓圖), 그리고 삼국지(三國志)·구운몽(九雲夢)·토끼와 거북 이야기 그림 등이 있다.

⑧ 문자도 : 글자의 의미와 관계가 있는 고사 등의 내용을 자획(字劃) 속에 그려넣어 서체(書體)를 구성하는 그림으로, 수(壽) 또는 복(福) 자를 도식화한 수복도와 효(孝), 제(悌), 충(忠), 신(信), 예(禮), 의(儀), 염(廉), 치(恥)를 도식화한 효제도(孝悌圖)는 교화용으로 제작되어 주로 어린이 방을 장식하였으며, 이러한 문자도는 혁필화(革筆畵)라고 하는 서체 위주의 비백도(飛白圖)로 변용되기도 했다.

⑨ 책가도 : 책거리라고도 하는데, 책을 중심으로 한 문방사우도(文房四友圖)나 문방구도에서 온 것이다. 책뿐만 아니라 책과 관계없는 술잔, 바둑판, 담뱃대, 부채, 항아리는 물론이고 여자치마, 꽃신, 족두리까지 그려 어떻게 조화가 이루어지는가를 표현한 그림이다.

⑩ 무속도 : 산신(山神)이나 용신(龍神)을 비롯한 무교(巫敎)의 여러 신과 도교(道敎)의 신들, 그리고 불교의 불보살(佛菩薩)들을 무속화한 그림으로 신당이나 무당집에 걸렸다. 점쟁이들의 점복도(占卜圖), 부적(符籍)도 무속도의 일종이다. 이러한 화목들 이외에 백자천손(百子千孫)을 기원하는 백자용도(百子龍圖)라든지, 호피도(虎皮圖), 문양도(紋樣圖), 괴석도(怪石圖), 인두로 그리는 낙화(烙畵) 등도 민화의 범주에 든다. 다양한 유형으로 이루어진 민화는 생활형식의 오랜 역사와 밀착되어 형성되어, 내용이나 발상 등에는 우리나라의 정서가 짙게 내재해 있다. 민화는 익살스럽고도 소박한 형태와 대담하고도 파격적인 구성, 아름다운 색채 등으로 특징지어지는 양식은 오히려 한국 미의 특색을 강렬하게 드러내고 있다.

15 가신신앙에 대하여 서술하시오.

1. 가신신앙의 다신신앙적 성격을 서술하시오.
2. 가신신앙의 여성의 역할에 대하여 서술하시오.
3. 가신신앙의 신체에 대하여 서술하시오.

1. 가신신앙의 다신신앙적 성격

가신신앙은 가택의 요소마다 신이 있어서 집안을 보살펴 주는 것이라 믿고 이 신에게 정기적인 제의를 올리는 것이다. 이칭으로 가택신앙, 집신신앙, 집안신앙, 가정신앙 등이 있다. 가신은 성주신, 조상신, 조왕신, 삼신, 터주신, 업신, 철륭신, 측간신, 우마신 등이 있고, 봉안(奉安) 형태, 장소, 신체는 기능이 뒤섞여 있어 저마다 직능이 다 다르다.

2. 가신신앙의 여성의 역할

가신신앙이 곧 여성이다. 「삼국사기」와 「삼국유사」에 따르면 신라 제1대 박혁거세부터 제19대 눌지왕까지 왕비 또는 왕매(王妹)가 국가제를 주관했고, 사제들은 신모(神母)로서 국무적(國巫的) 존재로 보았다. 이처럼 여성은 생산의 주체로 농경국가에서는 신모 또는 지모신의 역할자였다.

성주를 섬기는 여성은 가정의 기둥이며, 가정의 경제와 안위를 짊어지고 있는 대주가 행여 화를 당하지 않을까 불안해 하는 현실에 대한 위기의식을 초월적인 존재인 성주에게 의지하여 해결하려는 종교적 심성을 드러낸다. 남성들이 유교식 가례의 주체로서 종교생활을 영위하였다면 여성은 가신신앙이라는 신앙형태를 통해 종교생활을 하고 있었다. 부계 중심의 가족제도를 특징으로 하는 전통사회에서 부계혈통의 가문이 번창하여 계승되는 것은 가문의 자랑이다. 그렇기 때문에 부권적 사회제도 아래에서 여성으로서의 위치를 수호해 주는 구실을 여성이 찾은 것이다.

가신신앙은 전통사회라는 난관을 극복하는 매개체 구실을 한 것이다. 여성은 가신신앙의 주체자로서 역할을 수행하여 승화된 신앙심과 전통사회에서 여성으로서의 지위를 확보해 가기도 했다. 여성신앙으로서의 가신신앙은 근대사회에 와서도 이어지는데 다만 오늘날 가신신앙의 단절과 퇴색, 축소에 따라 여성신앙으로서의 성격 또한 희석된 모습을 볼 수 있다.

3. 가신신앙의 신체

① **성주신** : 기둥의 상부에 백지를 접어서 실타래로 묶거나, 백지를 막걸리에 축여서 반구형이 되게 붙이거나, 보리와 쌀을 넣은 성주독을 마루 구석에 모신다. 성주신에 대한 제의는 집을 새로 짓거나 이사했을 때 이 신을 새로 봉안하는 의식으로 진행된다. 또한 매년 봄과 가을에 하는 안택고사가 성주신을 대상으로 이루어졌다.

② **조상신** : 안방의 윗목 벽 밑에 있는데 일정한 신체는 없다. 다만 지역에 따라서 안방에 쌀을 담은 작은 단지를 신체로 모시는 경우도 있다.

③ **조왕신** : 삼신과 함께 육아를 담당하며 부뚜막 위에 있다. 조왕의 신체는 사기종지로서 종지에 정화수를 떠 매일 아침 주부가 물을 갈아주며 부뚜막 위에 모신다.

④ **삼신** : 아이가 태어나면 7세까지 보호하고 관장하는 신으로 안방의 아랫목에 자리하고 있다. 이 신의 신체는 지방에 따라 다른데 삼신자루 혹은 제석자루라 하여 백지로 자루를 지어 이 안에 백미 3되 3홉을 넣어 안방 아랫목 구석에 높직이 매달아 놓기도 하고, 삼신단지 혹은 삼신 바

가지라 하여 백미를 바가지나 동이에 담아 물건을 얹어 놓는 선반인 시렁에 얹어 놓기도 한다.
⑤ 터주신 : 지신(地神)이라고도 하는데 집터를 맡아보며 집안의 액운을 걷어 주고 재복을 주는 신으로 여겼다. 터주는 집의 뒤뜰 장독대 옆에 터주가리를 만들어 모신다. 터주가리는 서너 되들이의 옹기나 질그릇 단지에 벼를 담고 뚜껑을 덮은 다음 그 위에 짚으로 엮어서 원추형 모양을 만들어 덮은 것이다. 이 터주가리는 매년 햇벼가 날때마다 갈아 넣는데 이때 갈아낸 묵은 벼는 남을 주지 않고 가족들이 먹어야 한다.
⑥ 업신 : 광, 곳간과 같은 은밀한 곳에 머물러 있는 신으로 제복을 준다고 여겼다. 업신은 구렁이, 족제비, 두꺼비 등의 동물로 보았다.
⑦ 우마신 : 마구간에서 우마(牛馬)의 번식을 돌보아 주는 신이다. 보통 구멍 뚫린 돌을 매달거나 백지를 달아 놓고 신체로 삼는다.

16 전통혼례에 대하여 서술하시오.

1. 친영제도에 대하여 서술하시오.
2. 친영의 역사에 대하여 서술하시오.
3. 전안례와 교배례에 대하여 서술하시오.

1. 친영제도

남자가 여자를 자신의 집으로 데리고 와서 혼례를 올리고 남자 집에서 생활하는 혼인풍습(시집제)으로, 조선 초부터 유교적인 친영제가 정책적으로 권장되었다. 성리학적 윤리가 정착된 17세기 이후에는 남귀여가혼이 소멸되고 친영제가 정착하였다. 이에 따라 부계 중심의 가족제도가 강화되었으며, 적장자 상속이 일반화되었다.

2. 친영의 역사

고대 혼인은 주로 생존형태의 사회구조와 연관이 있었다. 옥저에서 행해지던 매매혼(賣買婚) 형태의 예부혼(預婦婚)은 여자가 10살이 되면 남자의 집으로 데려갔다가 혼인 연령이 되면 여자 집에 돌려보낸 후 남자가 돈을 주고 다시 데리고 오는 것이다. 옥저가 고구려에 처녀를 공물로 바쳤다는 기록으로 보아 여자 집에서 처녀를 공출당하지 않으려고 남자 집에 어린여자를 미리 보내고, 남자 집에서는 노동력을 미리 차출하는 민며느리 형태가 함의되어 예부혼(預婦婚)이 형성되었을 것으로 보인다.
부여의 형사취수혼(兄死取嫂婚)은 공동생활에서 오는 소유 개념과 초기농경사회의 여성노동력, 자녀에 대한 모성의 발로 등에서 기인하였다. 동예는 동성불혼(同姓不婚)을 통해 다른 집단과 혼인하여 연맹을 맺었고, 이는 완전한 예제가 확립되기 이전의 생존 수단이라 볼 수 있다.
이후 삼국시대 고구려에는 남자가 여자 집으로 장가가는 서유부가혼(壻留婦家婚) 형태가 있었다.

또한 당시 처를 구하는 데 재물이 필요했기 때문에 상대적으로 그러지 못한 남자는 배우자를 구하는 문제가 있어 약탈혼도 성행하였다.

백제는 다처사회(多妻社會)였으며 간통한 여자는 남자 집의 계집종으로 삼았으며 처의 서열과 그 소생에게 차별이 없었다. 신라도 다처사회(多妻社會)로 처첩의 차별이 없었다. 혼인할 때 손님에게 빈부에 관계없이 접대하여 두 남녀가 혼인하였음을 주변에 알리고, 혼인한 날 저녁에 먼저 시부모에게 절하고 혼인의 예를 갖추었다. 고려시대 전기에는 왕실을 제외한 일반인들은 일부일처제(一夫一妻制)를 시행하고 있었다. 혼인하면 남자는 여자 집으로 가서 살다가 아이가 장성하면 일가를 이루어 본가로 가거나 벼슬에 나가면 여자의 집을 떠났다. 이를 남귀여가혼(男歸女家婚) 혹은 서유부가혼(壻留婦家婚)이라 하고, 여자의 부모가 사위를 거느린다 하여 솔서제(率壻制)라 하였다. 한편 고려시대 후기에는 충렬왕 때부터 원에서 사신으로 와서 귀화한 자들의 취첩이 성행하였고, 박유의 처첩제 도입으로 일부일처제가 무너졌던 것으로 보인다.

조선시대에는 「국조오례의」에 「주자가례」가 반영되면서 친영제(親迎制 ; 여자가 혼인한 후 남자의 집에 가서 사는 시집살이이다.)가 도입되었다. 그러나 친영제가 정착하지 못한 배경에는 남자가 여자 집에 장가가는 처가살이가 관행으로 굳어진 점도 있지만 중기까지의 상속제도와 봉사제도에 기인하였다고 보여진다. 중기에는 친영제의 변형인 반친영제가 시행되기 시작하여 조선시대 말기에는 반친영제(처가에서 혼인하고 3일만에 시댁으로 돌아가는 것이다.) 혼인형태가 일반화되었다.

3. 전안례와 교배례

(1) 전안례(奠雁禮)

신랑이 신부의 집에 가서 신부의 주혼자에게 기러기를 드리는 예식이다. 목안(기러기)을 들고 온 사람이 신랑에게 목안을 주면 신랑은 공손히 이를 받아든다. 이후 신랑은 교배상 옆에 따로 마련한 전안상 앞에 무릎을 꿇고 북쪽을 향하여 앉아 상 위에 청홍 보자기로 싼 목안을 올려 놓고 재배하고 나면 신부의 어머니가 이를 치마폭에 싸 가지고 신부 앞에 가볍게 던진다. 이때, 목안이 바로 서면 첫 아이로 아들을 낳고, 누우면 딸을 낳는다고 한다. 이것을 소례(小禮)라고도 하는데, 이것으로 부부의 맹세가 끝나는 것이다. 기러기는 새끼를 많이 낳고, 차례를 잘 지키며, 한 번 짝을 정하면 그 짝을 잃더라도 다시 짝을 구하지 않고 혼자 살다가 죽는 속성을 지닌 새이기 때문에 기러기처럼 살 것을 다짐하는 의미이다.

(2) 교배례(交拜禮)

교배례는 신랑, 신부가 맞절을 하는 절차이다. 교배상 앞으로 나온 신랑, 신부는 집례의 말에 따라 교배상을 동서로 마주 서서 각각 준비된 대야의 물에 손을 씻은 다음, 신부가 재배하면 신랑이 답으로 한 번 절하는 것을 두 번 되풀이한다. 신부가 두 번 절하면, 신랑이 한 번 절하는 것은 음양으로 보아 여성은 음이므로 음의 수인 짝수로 절하고, 남성은 양이므로 양의 수인 홀수로 절하는 것이다. 교배상에는 지방에 따라 다르나 대개 촛대, 소나무·대나무·사철나무를 꽂은 화병, 밤, 대추, 쌀, 보자기에 싼 암탉·수탉 등을 올려놓는다. 교배상 위에 올려놓았던 닭은 대례가 끝나고 나면 날려보낸다.

17 집안에서 섬기는 가정신(家庭神)의 종류를 3개 이상 들고 그 신에 대하여 논하시오.

① 성주신 : 집안에서 제일 높은 최고신으로 가정의 길흉화복을 관장하는 신이다. 이 신은 집의 중심이 되는 마루의 대들보 밑이나 상기둥의 윗부분과 같은 집안의 중심부에 위치하고 있다. 성주신의 신체(神體)는 기둥의 상부에 백지를 접어서 실타래로 묶거나, 백지를 막걸리로 축여서 반구형이 되게 갖다 붙거나, 보리와 쌀을 넣은 성주독을 마루 구석에 모신다. 성주신에 대한 제의는 집을 새로 짓거나 이사했을 때 이 신을 새로 봉안하는 의식이 있고, 매년 봄과 가을에 하는 안택고사가 성주신을 대상으로 이루어졌다.

② 조상신 : 조상신은 후손을 보살펴 주는 신이다. 이 신은 안방의 윗목 벽 밑에 있는데 일정한 신체는 없다. 차례 때 조상상을 차려 제(祭)하고 햇곡식이 나며 성주신과 함께 기원한다. 굿을 할 때 조상상을 따로 차려 제하며, 별식이 나면 조상신에게 바친다. 이러한 조상신은 할매의 개념이 강하며, 농경 풍요를 기원하는 경우가 많다. 조상신의 특징은 원초적 여신 관념, 김알지 신화의 황금궤, 4대 봉사의 확장 등으로 나타난다.

③ 조왕신 : 조왕신은 삼신과 함께 육아를 담당하며 부뚜막 위에 있다. 조왕의 신체는 사기종지로서 종지에 정화수를 떠 매일 아침 주부가 물을 갈아주며 부뚜막 위에 모신다. 부뚜막은 조왕신의 자리여서 아무리 피곤해도 부뚜막에 걸터앉지 않는다. 또한 별식이 나면 한 그릇 올린다. 조왕신은 섣달그믐 무렵 하늘의 옥황상제를 찾아가서 지난 1년간 일을 고하는 임무를 맡고 있는 신이라서 부엌에서는 말조심을 해야 한다.

④ 삼신 : 삼신은 아이가 태어나면 7세까지 보호하고 관장하는 신으로 안방의 아랫목에 자리하고 있다. 이 신의 신체는 지방에 따라 다른데 삼신자루 혹은 제석자루라 하여 백지로 자루를 지어 이 안에 백미 3되 3홉을 넣어 안방 아랫목 구석에 높직이 달아 매달아 놓기도 하고, 삼신단지 혹은 삼신 바가지라 하여 백미를 바가지나 동이에 담아 물건을 얹어 놓는 선반인 시렁에 얹어 놓기도 한다. 삼신에게는 기자(祈子)와 육아 제의를 올리고, 차례에도 제를 올리며 별식이 나도 올린다.

⑤ 터주신 : 터주신은 지신(地神)이라고도 하는데 집터를 맡아보며 집안의 액운을 걷어 주고 재복을 주는 신으로 여겼다. 터주는 집의 뒤뜰 장독대 옆에 터주가리를 만들어 모신다. 터주가리는 서너 되들이의 옹기나 질그릇 단지에 벼를 담고 뚜껑을 덮은 다음 그 위에 짚으로 엮어서 원추형 모양을 만들어 덮은 것이다. 이 터주가리는 매년 햇벼가 날때마다 갈아 넣는데 이때 갈아낸 묵은 벼는 남을 주지 않고 가족들이 먹어야 한다. 남을 주면 복이 나가기 때문에 엄격히 금한다. 햇벼를 갈아 넣을 때 간단히 메를 지어 올리는 경우도 있다. 터주에게 올리는 제의를 특별히 지신제를 올리는 경우와 차례 때 떡을 한 접시 바치는 경우가 있다.

18 한국 탈춤의 유형을 지역별로 나누고, 그 특징을 서술하시오.

탈춤은 인간과 자연, 인간과 신의 문제를 주술적으로 해결하려는 굿에서 인간과 인간, 인간과 사회의 문제를 예술적으로 표현하려는 극이 발전해 왔다. 굿에서 극으로 주술성에서 예술성으로 전환되어 온 과정은 어느 곳, 어느 민족의 연극에나 두루 통하고 있다.

한국의 탈춤에는 서낭제의 하회별신굿, 강릉단오제의 관노(官奴)가면극, 동해안 별신굿의 탈놀음굿, 산대도감 계통의 탈춤, 경기지방의 양주별산대 놀이, 강령탈춤, 송파산대, 해서비장의 봉산탈춤, 은율탈춤, 영남지방의 가산오광대, 고성오광대, 동례야류, 수영야유, 통영오광대 등이 전승되고 있다.

탈춤은 몇 가지 특징적인 성격을 가지고 있다.
① 초기국가시대 때부터 축제의 한 부분으로 편입되어 모든 사람들이 같이 즐기는 놀이였다.
② 일반적으로 탈춤은 18세기 중엽을 기준으로 농촌의 가면극과 도시의 가면극이 있었다. 18세기 중엽 이후의 도시가면극은 상인들이 자신들의 경제력을 바탕으로 탈춤을 공연하였기에 지배계급에 대해 보다 강한 반감을 표현할 수 있었고 가면의 재료와 기법도 다양하게 발전시킬 수 있었다.
③ 마을사람들 모두가 참여하는 공동체적 제의인 동제가 공연된 탈춤은 마을의 평안과 풍요, 그리고 각자의 소원성취를 비는 행사였다. 따라서 탈춤은 우리 민족의 삶에 대한 애환과 환희가 그대로 묻어 있다. 그 시대의 해학과 풍자를 통해 우리 삶에 대한 카타르시스를 해소하고 희로애락을 그대로 몸으로써 표현하였다.

구분	작품	특징
가면극	산대놀이	서울 및 서울 근처에서 연행된 가면극으로, '양주 별산대놀이'가 유명함
	봉산 탈춤	황해도 일대에서 연행된 가면극으로, 해학성이 강하고 봉건적 모순에 대한 비판의식이 잘 반영됨
	오광대	경남지방에 두루 분포되어 있던 가면극으로, 다섯 광대 또는 다섯 과장과 관련하여 '오광대'라는 이름이 붙음
	야류	부산 근처에 분포된 가면극으로, '들놀음'이라고도 불림
인형극	꼭두각시놀음	• 현전하는 유일한 인형극으로, 유랑 예인 집단 남사당패에 의해 연희됨 • 일명 '박첨지놀음'이라고도 하며, 처첩 간의 갈등, 양반에 대한 조롱과 모욕 등의 내용을 담고 있음

19 무당은 역사적으로 어떤 종교적 직능(기능)을 담당하여 왔는지 서술하시오.

무(巫)는 한민족의 전통 신앙이자 기층 및 민중신앙이다. 중국으로부터 유·불·도교가 수용되면서 고려시대에는 이들 종교와 공존하였다. 조선시대부터 오늘날에 이르기까지 무는 다시 부정적인 것으로 핍박받아 왔지만 다른 종교를 받아들이고 이해하는 기반 역할을 했으며, 다른 종교의 가치와 의의를 인정했다.

① 고대 : 청동기시대 유물 중 다뉴세문경(多鈕細文鏡, 구리거울), 팔주령(八珠鈴, 방사상의 여덟 개의 가지 끝에 각각 방울이 달린 형태), 세형동검(細形銅劍) 등은 오늘날 무구와 비슷한 도구들이며 당시 무속신앙과 무당이 존재했을 것으로 추측된다.

② 삼국시대 : 「삼국사기」에는 "김대문이 말하길 신라 2대 왕인 남해차차웅 혹은 자충(慈充)은 무당이다.", "6년(남해 3)에 혁거세 거서간이 사당을 세워 친누이인 아로(阿老)로 하여금 사계절마다 그곳에서 제사를 지내게 했다.", "보장왕 4년 5월 이세적이 밤낮을 쉬지 않고 요동성을 공격하길 12일째에 당나라 왕이 정병을 이끌고 합세하여 성을 수백 겹으로 둘러싸니 북과 고함소리는 천지를 흔들었다. 성에는 주몽의 사당이 있고, 사당에는 쇠사슬 갑옷과 섬모가 있었다." 등의 기록이 나온다. 이는 삼국시대가 아직 샤머니즘의 흔적이 남아 있었던 것으로 보이며, 무당이 존재하였음을 알 수 있다. 더불어 고고학자인 김원룡은 신라의 금관이 인간계와 신계를 연결하는 장식으로 시베리아 샤먼들의 관을 본떠 만들었다고 주장하였다. 뿐만 아니라 통일신라시대 헌강왕 때 처용이 지어 불렀다는 처용가도 일종의 무가라 할 수 있다.

③ 고려시대 : 고려시대에는 금무(禁巫)와 별기은제(別祈恩祭)에 대한 논란이 지속적으로 등장한 것으로 보아 무속신앙이 빈번하게 행해졌다는 것을 알 수 있다. 또한 「고려사」의 기록에 따르면 "의종때 양반 중 재산이 넉넉한 자를 가려 선관(仙官, 무당)이라 하고 팔관회를 주관하게 하였다.", "충숙왕 4년 첨의좌정승(僉議左政丞) 판삼사사(判三司事) 강융의 누이가 무당이 되어 송악사(松岳祠)에서 기식했다.", "의종 22년 3월 왕이 평양에 행차하여 선풍(仙風)을 진작하라.", "충혜왕 후 4년 무당과 장인(匠人)을 업으로 사람들에게 공포(貢布)를 징수했다.", "인종 11년 5월 여무(女巫) 300명을 도성청에 모았다.", "인종 12년 6월 무당 250명을 도성청에 모아 기우했다." 등을 통해 무당의 존재에 대해 확인할 수 있다.

한편, 이규보의 「동국이상국집」「노무편(老巫篇)」 병서(幷序)에는 "동쪽 이웃에 늙은 무당이 살았는데 음란한 노래와 괴상한 말들이 들려 괴로워하던 차에 나라에서 명을 내려 모든 무당들로 하여금 멀리 옮겨가 서울에 인접하지 못하게 하자 이를 기뻐하여 시를 지었다.", "목구멍 속의 새소리 같은 가는 말로 늦을락 빠를락 두서없이 지껄이다가 천 마디 만 마디 중 요행 하나만 맞으면 어리석은 남녀가 더욱 공경히 받드니… 몸을 추켜 펄쩍 뛰면 머리가 들보에 닿는다."라는 기록이 있다. 이는 오늘날 굿 12거리 중 제석과 비슷한 행위가 당시에도 있었음을 알 수 있는 대목이다.

④ 조선시대 : 조선시대에는 초기부터 무속신앙을 철저하게 막았다. 「경국대전」에 따르면 "부녀로서 절에 올라가는 자, 사족의 부녀로서 산간이나 물가에서 놀이, 잔치를 하거나 야제(野祭), 산천, 성황의 사묘제를 직접 지낸 자 등은 모두 장(杖) 100대에 처한다."라는 기록이 있다. 하지만 무속신앙은 민간 생활 속에서 면면히 이어져 오고 있었다.

조선시대 후기 실학자 이익의 「성호사설」에 따르면 "임금이 거처하는 곳부터 주읍에 이르기까지 모두 주무(主巫)가 있어 마음대로 출입하니 민풍은 여전하다."라는 기록과 순조 때에는 남녀무(男女巫)와 조무(助巫)의 총수가 5,000명이라는 기록이 있다. 이처럼 조선시대 유교 제례에서 배제된 여성들을 중심으로 고달픈 생활 속에서 현실적이며 절실한 염원의 반영으로 무당이 이어진 것으로 보인다.

20 한국 건국신화의 유형과 그 문화적 차이를 서술하시오.

신화는 인간이 살아나가기 위해 필요한 여러 가지 문제에 대해 해답을 얻으려는 태도이며 사고의 표현이다. 따라서 신화는 인생을 이해하는 데 있어서 꼭 필요로 하는 기본적인 요소이다. 이런 신화는 우주, 자연환경 속 인간의 위치, 남녀관계, 삶과 죽음의 의미 등 근원적이고 원초적인 상황에 대한 설명과 기원을 담고 있다.

신화는 과학적 관심을 만족시켜 주는 설명이 아니라 심각한 종교적 욕구, 도덕적 요청, 사회에 대한 복종과 자기주장, 그 밖에 일상적인 요구까지도 만족시켜 주기 위해 이야기되는 태고적 진실의 서술적인 부활이다. 즉, 신화의 지적 본질은 신화의 내용만으로도 파악될 수 있지만, 원주민들의 신화가 가지는 기능적이고 문화적이며 실용적인 원칙은 신화 자체의 내용에서뿐만 아니라, 그것이 실제 이야기되고 구체화되며 일상생활과 맥락적 관계를 가질 때 비로소 명백하게 드러난다. 그래서 신화의 내용과 본질에 대한 동일한 관심이 필요한 것이다.

신화는 한 사람이 아닌 오랜 세월을 거쳐오면서 사람들의 입에서 입으로 전해 내려온 이야기로, 무의식 속에서 저절로 우러나온 이야기들이 신화의 내용을 이루고 있다. 신화는 세계, 인간, 문화의 근원에 대한 설명이며 통찰로 인류가 계승하고 발전시켜 온 언어의 원형이다.

(1) 신화의 정의

인간을 둘러싸고 있는 이야기 중 신화는 신이 나오거나 허황된 이야기, 설화의 한 갈래이지만 그 정의를 정확하게 내리기는 쉽지 않다. 학자마다 다르게 정의를 내리고 있는데 신화에 대한 정의를 살펴보면 다음과 같다.

① 신화는 제의의 언어적 양상이며 제의가 전해주고 있는 바의 의미이다.
② 신화는 상상력이 기본적인 지적 이미지를 연결하고 명령하는 바의 언어이다.
③ 신화는 계시의 양식과 궁극적인 실제의 표현이며 사건의 진술이 아니라 가치의 진술이다.
④ 신화는 문학에 대한 유추적인 구조이며 문학과 같이 의식과 무의식에서 이 양자에 만족할 만한 방법에 있어서 조정적인 미적 창조다.
⑤ 신화는 그 원천이나 본질에 있어서 비합리적이고 직관적인 이야기이거나 서사물이다.

(2) 신화와 무의식

신화는 무의식에 존재하는 원형으로서 인간의 근원에 관한 질문과 대답을 내포하고 있기 때문에 수많은 다양성에서도 언제나 동일한 주제가 발견된다. 인간의 마음은 그 자체의 역사를 가지고 있으며 정신은 발전하는 초보단계에서부터 많은 발자취를 남기고 있다. 더욱이 정신의 무의식적인 내용은 정신의 형성에 영향을 끼친다. 그러므로 신화와 무의식적인 내용에서 표현되는 상징 간에는 밀접한 관계가 있다. 이리하여 신화의 생성을 자연의 물리적 조건에 대응하는 정신적 반응의 소산으로 본다. 또한 신화와 무의식 사이에는 동시성과 연속성의 원리가 적용된다. 왜냐하면 신화는 무의식 속에 살아 있고, 무의식은 신화를 생성하기 때문이다. 결국 신화가 무의식의 산물이라면 신화의 분석은 무의식의 인식으로 이어지며 의식과 무의식의 통합 과정에 필요한 사항들에 대한 발견과 그에 대한 접근방법의 인식이 수월해지는 것이다.

신화는 무의식에 나타나 있는 인간의 근원적 심성의 인식과 문제점에 대한 해결의 열쇠가 된다. 이상의 내용처럼 신화를 통해 우리는 우리 민족의 무의식 속에 내재해 있는 근원적 심성을 알 수 있다.

(3) 신화의 특성

신화는 동물과 인간의 분류가 일어나지 않았던 시대에 일어났던 이야기이며 수많은 상황들을 축약한 역사이며 상징적이고 단순한 이상적인 우화이다. 이런 신화 속에는 문학, 문화, 교육적 특성을 지니고 있다.

① **문학적 특성** : 신화는 그 자체로서 높은 문학성을 지닌 서사갈래이다. 동서양을 막론하고 문학과 예술은 신화, 전설과의 밀접한 관계를 가지며 소설은 신화를 변용·차용하는 것을 볼 수 있는데 작가는 신화적인 이야기 속에서 문학적인 순환구조를 밝혀내고 역사적인 계기를 통해 체험할 수 있는 사건들의 구조를 관찰하고 해부한다.

예를 들어 우리나라의 건국 신화 역시 신화 자체의 문학성을 가지고 있기도 하지만 후기 문학의 원형이 되기도 한다. 고전소설인 「심청전」과 「춘향전」의 성년식 모티프는 단군신화의 웅녀 통과의례와 관련이 깊으며 단군신화나 주몽신화의 삼대(三代) 기담은 「유씨 삼대록」, 「조씨 삼대록」 등을 비롯하여 근대소설인 염상섭의 「삼대」와 이문구의 「관촌수필」, 문순태의 「달궁」으로 이어지고 있다. 이것은 문학의 신화적 기원에 대한 해석으로서 신화와 문학의 불가분의 관계를 말해준다. 따라서 문학은 신화로부터 벗어날 수가 없음을 알려준다.

신화를 문학으로 이야기하는 것은 신화가 허구적 서사이기 때문이다. 그리고 신화가 이야기하는 것은 한 시대의 인간들이 집단적으로 생각하고 구성한 신과 인간의 관계, 인간의 위치, 인간 존재의 의미이다. 신화에는 반드시 신이 등장한다. 허구적이고 단순한 신화에 현대인이 매료되는 것은 신화가 비합리성을 추구하고 인간의 심층 깊은 곳의 욕구와 원형 탐구에 대한 욕구를 충족시켜주기 때문이다.

② **문화적 특성** : 신화는 한 사회의 가치관과 신념 체계를 구축하고 있는 이야기로서 사회 집단의 지배 이념이 되기도 하고 생활양식과 사상, 감정을 지니는 민족성을 내포하기도 한다. 특히 신화는 가부장제 사회의 이데올로기를 그대로 반영하고 이를 영속화시킨다는 의미에서 문화적으로 의미심장한 특성을 지닌다고 할 수 있다. 한 사회를 지배하는 이념은 사회·문화 속에서 성의 역할, 선행과 악행이 가져 올 보상, 규범과 규범의 위반이 주는 의미, 사회의 위계체계 구조를 명확하게 인지시킨다.

이러한 이데올로기적 관습에 대하여 여자는 약하고 남자들은 강하며 여자는 순종해야 하고 남자들은 일반적으로 지시하는 존재라는 사회·문화적 역할을 아무 저항 없이 받아들인다. 신화의 속성은 신성성의 부여이며 그 신성성이 가상적이며 허구적이라는 데 있다. 신화의 신성성은 주술처럼 마력을 가지고 일반인들의 사고를 흡입하고 통제함으로써 지배를 보다 용이하게 하는 것이다. 따라서 신화의 주된 기능은 사회·문화의 통제력이라고 할 수 있다.

③ **교육적 특성** : 신화는 신성시되거나 신비로운 이야기로서 진실이 아니라고 할지라도 진실이라고 믿는 이야기이다. 그래서 사람들은 신화를 믿으며 신화를 통하여 살아가는 방법을 터득한다. 우리가 믿어야 할 것은 무엇이며 어떻게 행동하며 살아야 하는지를 말해준다. 단군신화에 등장하는 홍익인간의 이념은 오늘날 우리의 교육 이념으로 생생하게 살아있으며 교육 전반의 지향점으로 강조되고 있다는 점은 이 사실을 더욱 분명하게 해 준다. 이 신화는 또한 강력한 이

데올로기로 작용하여 문학향수자의 정신과 생활양식을 통제하고 있다. 또 신화는 도덕적 교훈을 통하여 올바른 가치관을 정립해 주는데 그 가치관은 가부장적 윤리관을 기초로 하고 있다. 신화 속에는 일정 부분 도덕적 교훈의 가치를 지닌다. 따라서 신화를 접하는 학생들은 이러한 도덕적 교훈을 수용함으로써 자신의 생활 규범으로 작용시킨다. 가치관은 태도와 행동을 표출시킨다는 점에서 어떠한 가치관을 정립시키느냐 하는 문제는 매우 중요한 일이다.

(4) 신화의 분류

① **신성성** : 첫 번째, 건국신화이다. 국가적 범위에서 신성성이 인정되는 신화로 단군신화, 주몽신화, 박혁거세신화, 수로왕신화 등 국가 창건의 군주에 관한 신화가 이에 속한다. 두 번째, 시조신화이다. 성씨의 범위에서 신성성이 인정되는 신화로 김알지, 석탈해신화 등이 있다. 세 번째, 동신신화이다. 자연 마을의 범위에서 신성성이 인정되는 신화로 마을신당에 관한 신화가 이에 속한다. 마을 신당에 관한 신화로 당신화(堂神話)라 한다. 네 번째, 무속신화이다. 무속신앙을 가진 사람들 사이에 신성성이 인정되는 신화로 무속신의 본풀이인 서사무가가 이에 속한다.

② **전승방법** : 첫 번째, 구전신화이다. 구비 전승되어 오는 신화로 무당들이 굿을 할 때 부르는 무가 중 개성을 가진 주인공이 출생, 성장하여 여러 가지 어려움을 극복하고 큰일을 성취한 다음, 무신으로 좌정하기까지의 과정을 서술하는 서사무가이다. 두 번째, 문헌신화이다. 「삼국사기」, 「삼국유사」, 「제왕운기」, 「고려사」, 「세종실록」, 「동국여지승람」 등에 수록된 단군신화, 금와왕, 동명왕과 유리태자, 김수로왕, 탈해왕 등에 관한 신화이다.

21 구비문학 중 판소리에 대하여 서술하시오.

(1) 판소리의 구성요소인 창, 아니리, 발림

판소리는 한 사람의 창자(唱者)가 고수(鼓手)의 북 반주에 맞춰 극적으로 구성된 긴 이야기를 소리와 아니리, 너름새 등을 통해 청중에게 전달하는 공연 예술이다. 판을 구성하는 주체자가 창자와 고수, 청중이며 판소리의 구성 요소는 창과 아니리, 너름새, 추임새라 할 수 있다. 창은 일정한 장단에 맞추어 부르는 음정이 있는 가락을 의미한다. 아니리는 소리와 소리 사이에 설명 또는 대화식으로 어떤 장면이나 사설을 말로 이야기하는 것으로 장단의 반주 없이 자유리듬으로 이루어져 있다.

발림은 소리하면서 몸짓으로 여러 가지 표현을 실감나게 표현하는 것이다. 추임새는 고수가 소리의 구절 끝에 '좋다', '좋지', '으이', '얼씨구' 등을 말함으로써 노래의 흥을 돋구는 것이다.

판소리는 특색 있는 발성법을 가지고 있는데 이 소리에는 개인차는 있지만 보통 하성(下聲)에서 죽지 않고 상성(上聲)에서 째지지 않아야 하며, 호흡은 길고 소리는 뱃속에서 나와야 한다. 가사 전달이 분명해야 함은 물론이지만, 희로애락(喜怒哀樂)의 표현이 능숙해야 하고 다양한 성음을 구사할 줄 알아야 한다.

(2) 판소리의 열두 마당 중 수궁가, 적벽가

판소리는 본래는 열두 마당으로 「춘향가」, 「심청가」, 「흥부가」, 「수궁가」, 「적벽가」, 「변강쇠가」, 「배비장타령」, 「장끼타령」, 「옹고집타령」, 「강릉매화가」, 「무숙이 타령」, 「가짜신선타령」 등이 있는데 이 중 「심청가」, 「흥부가」, 「수궁가」, 「춘향가」, 「적벽가」 등 다섯 마당만 전해지고 있다.

① 수궁가 : 용왕이 병이 들자 약에 쓸 토끼의 간을 구하기 위하여 자라는 세상에 나와 토끼를 꾀어 용궁으로 데리고 간다. 그러나 토끼는 꾀를 내어 용왕을 속이고 살아 돌아온다는 이야기를 판소리로 짠 것이다. 「토끼타령」·「별주부타령(鼈主簿打令)」·「토별가(兎鼈歌)」라고 부르기도 한다.

「수궁가」의 사설이 우화적인 이야기이고 등장인물끼리 말씨름하는 대목으로 되어 있어서 소리 또한 아기자기한 대목들이 많다. 그러나 왕과 신하들을 등장인물로 하였기 때문에 진지한 소리들이 나와 '소적벽가(小赤壁歌)'라 하여 명창들은 허술히 여기지 않았다. 「수궁가」는 조선 중기에 이미 불렸을 것이지만 송만재의 「관우희(觀優戱)」, 이유원의 「관극팔령(觀劇八令)」과 같은 조선시대 후기 문헌에 처음 보인다.

순조 때의 명창 신만엽이 「수궁가」를 잘 하였고, 특히 '토끼기변'과 '소지노화(笑指蘆花)'가 그의 더늠(명창이 독특하게 만들거나 다듬은 판소리의 한 대목)으로 전해지고 있다. 철종 때의 송우룡, 김거복, 김수영, 고종 때에는 김찬업, 신학준, 유성준이 「수궁가」를 잘 불렀다. 「수궁가」는 바디(더늠)마다 짜임새가 얼마쯤 다르게 되어 있으나 초앞, 용왕득병, 도사진맥(道士診脈), 토끼화상(畵像), 세상풍경, 상좌다툼, 토끼와 자라, 수궁 풍경, 토끼기변, 세상에 나오는데, 토끼 욕설, 뒤풀이로 짜여진 바디가 많다.

수궁가에서 이름난 소리 대목은 용왕탄식(진양 - 계면조), 약성가(藥性歌, 자진모리 - 우조), 토끼화상(중중모리 - 계면조 또는 평조), 고고천변(皐皐天邊, 중중모리 - 평조 또는 계면조), 토끼와 자라(중중모리 - 계면조), 토끼신세(자진모리 - 계면조), 토끼기변(중모리 - 계면조), 가자가자(진양 - 우조), 백매주를 바삐 지나(중중모리 - 평조), 토끼욕설(중모리 - 추천목)을 들 수 있다. 「수궁가」는 재치 있고 아기자기한 소리와 아니리, 발림으로 짜서 기지와 해학적인 맛을 들여 판을 벌여야 한다.

② 적벽가 : 적벽가는 중국 소설인 「삼국지연의」가 저본인 작품으로, 그 발생 경로가 분명하다는 점에서 크게 주목을 받아왔다. 「삼국지연의」는 「삼국지(三國志)」라는 역사서에 기초하되, 작자들의 상상력을 가미한 소설이다. 기본적인 역사적 사실의 틀을 크게 벗어나지 않는 한 소설적 허구 및 인물의 전형화가 허용된 작품이다. 「삼국지」는 서진의 진수가 서기 280년에 쓴 삼국의 역사서로, 분량이나 특정한 단어·연호의 사용을 볼 때 위(魏)를 정통으로 삼고 있었음을 알 수 있다.

남조 송나라 때 배송지가 「삼국지」에 해설을 붙여 「삼국지 배송지 주」를 완성했고, 당나라 이후 원대에 걸쳐 이야기 대본 형식인 화본(話本)으로 정리했다. 명나라 때 나관중이 이것을 바탕으로 소설 「삼국연의」를 지었고, 청나라 초기 모종강에 의해 120회본의 「삼국지연의」가 새롭게 탄생했다. 「삼국지」가 「삼국연의」 및 「삼국지연의」로 거듭나면서 여기에 완전한 허구가 가미되거나 역사적 사실이 확대 해석되었으며, 민간 전설이 도입되었다. 이 과정에서 관우가 중심적인 인물이 되고, 촉한이 정통으로 내세워지며, 지역문화가 큰 비중을 차지하게 되는 등의 변화가 나타났다.

「삼국지연의」는 선조대에 조선에 유입되었으며, 임진왜란 이후 17세기 무렵에 이르러서는 한글로 번역되어 독자층의 폭도 확대되었다. 「삼국지연의」에는 조조를 간웅(奸雄)이라는 부정적인 인물로, 유비, 제갈공명, 관우, 장비, 조자룡 등을 어질고 용맹스러운 긍정적인 인물로 인식하는 작자의 시각이 드러난다. 판소리 「적벽가」에서는 이들 양편 인물들 간의 대립이 가장 뚜렷하게 드러나는 적벽대전이 중심 내용으로 선택된 것이다. 정현석도 「교방가요」에 "화용도 이것은 지혜로운 장수를 칭송하고, 간웅을 징계한 것이다.(華容道 此勸智將 而懲奸雄也)"라는 기록을 남겼다.

「적벽가」는 판소리의 연행원리가 어느 정도 확립된 이후에 성립된 작품일 가능성이 크다. 판소리라는 장르 자체가 정형화되지 않은 상황에서, 외국소설이 판소리화되어 불렸다고 보기는 어렵기 때문이다. 따라서 「춘향가」와 같은 판소리가 형성된 17~18세기의 어느 시점에 「적벽가」의 초기적인 형태가 발생했다고 보는 것이 적절하다.

성립 당시의 「적벽가」는 「삼국지연의」의 내용에 기반한 '조조 패주 대목'이 중심이 되는 소리였을 것으로 보인다. 이는 「적벽가」와 관련해 비교적 이른 시기의 기록인 송만재의 「관우희(觀優戲)」(1843)를 통해서 확인할 수 있다. 송만재는 「적벽가」에 대한 감상을 바탕으로 "궂은비에 화용도로 도망친 조조(秋雨華容走阿瞞), 관운장은 칼을 쥐고 말에서 보는데(髥公一馬把刀看), 군졸 앞서 비는 꼴 정녕 여우 같으니(軍前搖尾眞狐媚), 우습구나. 간웅의 모골이 오싹(可笑奸雄骨欲寒)"이라는 관극시를 남겼다. 조조가 적벽대전에서 대패한 후 화용도로 도망가는 장면을 묘사한 시인데, 송만재가 이 부분을 택한 것은 당시의 「적벽가」 가운데 이 부분을 가장 중요하게 인식했기 때문이다. 이유원은 「관극팔령(觀劇八令)」에 「삼절일(三絕一)」이라는 제목으로 「적벽가」의 관극시를 남겼는데, 그가 선택한 장면 역시 화용도 대목이었다. "타고난 성정이 모진 얄미운 조조(天生天厄老阿瞞), 화용도에 밤비 내리니 갑옷이 차갑네(夜雨華容衣甲寒). 원수를 갚고 은혜를 갚는 것이 한가지이니(報怨酬恩同一例), 장군의 높은 절의에 후인들이 탄식하네(將軍高義後人歎)"라는 내용을 통해 이를 확인할 수 있다.

양반 및 중인층이 주요한 판소리 향유층으로 등장하는 19세기에 이르러 「적벽가」는 가장 인기 있는 레퍼토리로 널리 불리게 되었다. 특히 양반층의 애호를 많이 받았으며, 가객이나 중인층의 연희 공간에서도 「적벽가」는 인기가 높았다. 천하를 다투는 남성 영웅들의 이야기였다는 점에서 그들의 관심사와 부합했으며, 남성적이고 장중한 소리 대목이 비교적 많다는 점도 그들의 미의식과 통하는 부분이 있었다.

「적벽가」의 인기가 높았던 만큼, 19세기 전반에 이름을 날렸던 송흥록, 모흥갑, 방만춘, 주덕기 등 다수의 명창들도 「적벽가」에 능했다. 그런데 「조선창극사」에 「적벽가」를 장기로 삼았다고 소개된 명창들의 면면을 살펴보면 동편제 내지는 중고제에 속한 이들이 대부분이다. 동편제는 씩씩한 창법과 웅장한 우조를 위주로 하되 별다른 기교 없이 대마디대장단으로 소리를 하는 것이 특징이다. 이러한 음악적 특성이 「적벽가」의 가창에 어울렸기 때문에, 동편제에 속하는 명창들이 「적벽가」를 특히 즐겨 불렀던 것으로 보인다. 또 비가비광대로 알려진 명창들이 특히 「적벽가」로 이름이 높았는데, 이들은 출신상 한문투의 표현이 많은 사설을 구사하고, 장중한 음악적 미감을 표현해내는 데 있어 비교적 유리한 조건을 이미 갖추고 있었다.

19세기 이후 「적벽가」에는 긍정적 영웅들의 형상이 강화되고 조조가 골계적인 인물로 격하되는 변모가 나타났으며, '새타령', '군사설움 대목' 등 음악적으로 수준 높은 소리 대목들이 더늠으로 첨가되었다. 20세기로 접어들면서 「적벽가」의 전승은 다소 위축되기 시작했다. 조선사회에서는「적벽가」가 양반 식자층으로부터 많은 인기를 얻을 수 있었지만, 신분제가 점차 해체되면서 주요 판소리 향유층의 구성이나 취향에도 변화가 생겨난 것이다. 이에「적벽가」보다「춘향가」, 「심청가」등이 더 인기 있는 소리가 되었다.

여성 판소리 창자들 다수가 이 시기에 등장한 것도「적벽가」의 전승에 영향을 미쳤다.「적벽가」는 여성 인물이 등장하지 않으며, 어지간한 공력 없이는 제대로 소화하기 힘든 이른바 '센 소리'에 속한다. 서정성이 강한 '군사설움 대목'의 경우는 여성 창자들이 종종 부르기도 했으나, 여성 창자가「적벽가」전체를 완창하는 데는 다소 무리가 따랐다. 한편 20세기에 들어 웅장하고 호탕하면서도 고졸한 동편제의 창법보다 애련하고 처절한 계면조를 위주로 한 서편제의 창법이 더 인기를 얻게 된 상황도「적벽가」전승의 위축과 관련이 있다.「적벽가」는 꿋꿋한 우조 위주의 소리였기 때문이다. 그러나 판소리의 전승환경이 이처럼 변화하는 상황 속에서도「적벽가」는 창극으로 공연되고, 무대에서 토막소리로 불리기도 하며 현대 판소리로 계승되었다.

22 다음 의례에 관한 사항에 대하여 서술하시오.

(1) 통과의례, 관혼상제, 일생의례의 개념

① **통과의례** : 사람의 일생에는 탄생, 명명, 성인, 결혼, 죽음 등의 몇 가지 절목이 있는데, 이런 절목은 개인이 생활하는 사회 내에서의 신분 변화와 새로운 역할의 획득을 의미한다. 그 때문에 어떤 사회에서도 인생의 절목의 통과 시에 그 평안을 보장하고 새로운 신분으로의 이행을 공시할 목적으로, 그에 따른 의례를 행하고 있다. 좁은 의미로는 개인의 성장과정과 함께 행하여지는 인생의례를 통과의례라고 하는 경우가 많으며 넓은 의미로는 어느 장소에서 다른 장소로의 통과(강을 건너는 경우나 마을을 통과할 때 등)나 국왕이나 족장의 재관이나 취임(신분의 변화) 시에 행하여지는 의례도 통과의례 중에 포함된다. 통과의례는 이행의례 또는 추이의례라고 하기도 하다. 통과의례라는 말은 독일 출신의 네덜란드계 민속학자로 주로 프랑스에서 활약한 A. 판 헤넵(Arnold van Gennep)이 최초로 이용하고, 1909년에「통과의례(Rites de passage)」라는 제목의 책을 출판하였다.

통과의례는 그 과정을 몇 가지 단계로 나눌 수 있는데 정성스러운 통과의례에서 잘 볼 수 있는 것은 분리의례(rites de separation), 과도의례(rites demarge), 통합의례(rites de degregation)의 3구분이다.

분리의례는 종래의 지위나 상태로부터의 이별을 상징하는 형태로 행하여진다. 가령 죽음을 상징하는 행위를 수반하거나 여행을 떠나거나, 마을에서 떨어진 집에 틀어박혀 있는 것이 그것이다. 제2단계의 과도의례는 당사자가 이미 지금까지의 상태가 아니며, 아직 새로운 상태에도 들어가지 않은 중간적이며 무한정한 상태에 있다는 것을 나타내며, 다가올 생활에 대처하기 위한 학습이나 수업에 노력하는 경우가 많다. 오스트레일리아의 가라제리족의 성년식에서의 과도의례에서는, 의례 동안은 몸짓으로 모든 것을 표현한다. 무언 중에 과도적으로 무한정의 상태가 제시된다. 또한 이 의례에서는 남자의 여장, 여자의 남장이라는 중성화, 또는 태아화를 상징하는 시원적 회귀운동 등 과도적 불안정을 상징적으로 나타내는 행동이 보인다.

마지막의 통합의례는 분리의례와 과도의례를 끝낸 개인이 새로운 지위나 역할을 부여받아서 사회로 복귀하는 의례이다. 가라제리족의 경우에는 할례가 행하여지며, 마무리단계로서 숲속에서 부족의 신화에 의거한 교육이 행하여진다. 기니아만에 사는 투위족에서는 갓난아이가 태어나면 탄생의례 끝에 가족 중의 죽은 자가 과거에 지녔던 여러 가지 물건을 보인다. 갓난아이가 선택한 물건으로 누구의 전생인지를 알고, 이 의례에 의해서 갓난아이는 가족에 통합된다. 이처럼 통과의례는 하나의 전형적인 계열로서는 분리, 과도, 통합이라는 과정을 거치는데, 특히 정성스러운 의례에서는 과도의례 중에 다시 분리, 과도, 통합의 세 가지 의례가 보이는 경우도 있다.

② **관혼상제** : 관혼상제는 관례, 혼례, 상례, 제례의 총칭이다. 관례는 머리에 갓을 써서 어른이 되는 의식이다. 옛날에는 남자 나이 20살이 되면 관례를 행하고, 여자 나이 15살이 되면 머리에 비녀를 꽂았다. 혼례는 혼인하는 예법, 상례(장례)는 상중(喪中)에 행하는 예법, 제례는 제사지내는 예법이다.

- 관례 : 여자의 경우는 계례(筓禮)라고 한다. 남자가 성인이 되었을 때는 상투를 올리고, 여자는 비녀를 꽂는 성인의 의식을 말한다. 시대가 달라져 지금은 이런 절차는 하지 않지만 남녀 20세가 되면 성인식이라 하여 대개는 단체로 성인의식을 올리기도 한다.
- 혼례 : 혼인은 인륜대사라 하여 그 의식과 절차가 엄숙하게 이루어진다.
- 장례(상례) : 사람이 죽으면 장례를 치르게 되는데 장례일은 삼일장, 오일장, 칠일장 등 장례 기간에 따라 명칭을 붙인다. 대개는 삼일장을 치른다. 삼일이란 기간은 부활, 저승에 갔다가 되돌아오는 기간에서 유래되었다고 한다.
- 제례 : 장례가 끝나면서 제례가 따른다. 장례 후 제례에는 3일만에 산소에 서 절을 하고 잘 살피는 삼우제 등이 있다. 시대의 변함에 따라 조금씩 달라져 왔다. 그러나 근본정신은 조상의 은혜에 감사하고 경모하는 것이 기본이다.

③ **일생의례** : 일생의례는 인간의 역사와 함께 시작되었다고 볼 수 있다. 단군신화에 이미 사람의 탄생을 위한 기자의례가 있었음이 나타난다. 이처럼 인간이 태어나기 전부터 의례가 행해지며, 출생 후 성장하여 혼례를 치르고 일정 기간 살다가 세상을 떠나면 산 사람들이 상례를 치른다. 상례가 끝나면 그 사람은 죽은 조상이 되어 제사를 받는다. 이러한 혼례와 상례, 제례는 모두 한 사람의 일생에서 볼 수 있는 의례이다.

일생의례는 한 개인이 평생 거치는 의례를 말하는데 여기에는 관혼상제(冠婚喪祭)뿐 아니라 출산의례, 수연례도 포함된다. 곧 한 인간이 살면서 분기점이라고 할 수 있는 시기에 겪는 의례를 포함하는 것이다. 일생의례를 '평생의례' 혹은 '통과의례'라고도 하지만, 우리나라에서는 오랫동안 관혼상제라고 하였다. 관혼상제는 관례 · 혼례 · 상례 · 제례의 사례(四禮)를 말한다. 일반적으로 가례家禮 또는 사례라 불리는 내용을 관혼상제라 하는데, 한 개인이 살아가면서 중요하다고 생각되는 어떤 시기마다 치르는 의례에 관한 내용을 담고 있다. 그 일 가운데 어른이 될 때, 혼인할 때, 죽었을 때, 그리고 죽은 다음, 즉 죽은 조상을 대할 때의 의례 내용을 설명한 것이다. 이는 한 개인이 성장해 가면서 이러한 것들이 중요하다고 생각하는 사고방식에서 나온 것이라 하겠다. 곧 그 밖의 개인이 겪는 일 가운데서 출생과 돌, 회갑 같은 것보다 이 네 가지에 더욱 중요한 의미를 부여한다는 것이다.

(2) 출생의례 중 산후의례의 세이레 절차

아기가 태어난 후 한 이레(7일)에는 쌀깃(갓난아이의 배냇저고리 아래에 옷 대신 둘러싸는 헝겊 조각)을 벗기고 깃 없는 옷을 입히며 동여맸던 팔 하나를 풀어놓는다. 이때 미역국을 끓이고 밥을 하여 삼신상에 올려놓고 명 길고 복 있게 해달라고 치성을 드리고 산모는 미역국에 쌀밥을 먹었다. 두 이레(14일)에는 깃 있는 옷에 두렁이(어린아이의 배와 아랫도리를 둘러주기 위하여 치마같이 만든 옷)를 입히고, 나머지 팔 하나를 마저 풀어놓는다. 한 이레처럼 새벽에 삼신에게 밥과 미역국을 올려 삼신상을 차린 후 이를 산모가 먹었다. 지역에 따라 두 이레에 삼신상을 차리지 않는 곳도 있다.

세 이레(21일)에는 위아래 옷을 제대로 입히고, 산실을 개방하여 금줄을 거두고 모든 금기를 해제한다. 이웃과 친척들이 출산을 축하하기 위하여 선물을 갖고 방문하면 아기 낳은 집에서는 미역국과 밥을 대접한다.

(3) 혼례 중 납채의 내용과 의미

양가에서 혼인하기로 합의가 된 뒤에는 정혼(定婚, 약혼(約婚))을 하는데, 남자 측의 어른(아버지)이 여자 측의 어른에게 혼인하기를 청하는 청혼서(請婚書)와 신랑될 사람의 생년월일시를 적은 사주(四柱)단자를 여자 측에 보낸다. 이때 청색과 홍색의 옷감을 보내는데, 납채한다는 취지의 서신인 납채서(納采書)를 함께 보내기도 한다. 납채는 정혼의 절차이므로, 양가의 가족이 모인 자리에서 주고받기도 한다. 네 기둥이란 뜻의 사주(四柱)는 ① 연주(年柱), ② 월주(月柱), ③ 일주(日柱), ④ 시주(時柱)를 말한다. 이를 식물과 사람에 비유하면, ①은 뿌리, 조상, ②는 싹, 부모, ③은 꽃, 나, ④는 열매, 자녀에 해당한다.

사주를 육십갑자로 적으면 각각 두 자씩 8자가 되므로, 사주팔자(四柱八字)라고 한다. 남자와 여자의 사주를 가지고 궁합을 보기도 했다. 궁합은 남녀의 사주를 오행으로 풀어 상극(相剋), 상생(相生), 상비(相比)를 따져 말하는 것이다. 그러므로 궁합은 두 사람의 사주팔자를 모두 알아야만 제대로 볼 수 있다고 한다.

23 민속연희놀이에 관하여 다음 물음에 답하시오.

(1) 탈춤(가면극)의 기원과 유형

민중예술인 가면극은 서민들을 관중으로 삼았기 때문에 서민들의 언어와 삶의 모습을 그대로 나타냈다. 오락성을 바탕으로 상류계층에 대해 비판하는 심리적 요소를 지니고 있다. 결국 탈을 쓰고 나면 남녀노소 신분상의 차이가 없어지므로 놀이마당은 그만큼 신명이 있어 가면극을 보는 것만으로도 현실 생활의 고민에서 해방되어 위안과 즐거움을 느꼈다.

가면은 우리 삶을 부자유럽게 하고 풍요로운 삶을 앗아가는 재앙이다. 일상적인 삶 속에서 문제되는 모순, 질병, 변고, 허물 등이 곧 가면이다. 이러한 삶의 여러 허물들을 드러내서 비판적으로 인식함으로써 삶의 모순을 극복하고자 한 것이 가면을 쓰고 노는 가면극의 형태이다. 가면극을 행하는 지역에서는 황해도 탈춤, 경기도 산대놀이, 경상도 서부 오광대, 동남부 야유라고 불렀다.

이런 가면극의 기원은 농경의식설, 기악설, 산대희설 등이 있다.

첫째, 농경의식설이다. 농사가 잘 되기를 빌며 농민이 거행하던 농경의식에서 나타났다는 견해이다. 농경의식의 모습은 현존 서낭굿 등의 부락굿에서 잘 나타나는데, 농악대, 가면을 쓴 사람들, 관중이 마을의 이곳저곳을 돌아다니며 모의적인 싸움과 성행위 등을 한다. 신의 가면이 인간의 가면으로 바뀌고 자연과의 갈등을 주술적으로 해결하고자 하는 굿에서 사회적 갈등을 예술적으로 표현하고자 하는 연극으로의 전황이 일어나면서 가면극이 발생했다.

둘째, 기악설이다. 백제인 미마지가 중국 남조 오나라에서 배워 일본에 전했다는 기악이 가면극의 기원이라고 보는 견해이다. 13세기 일본 문헌인 『교훈초』에서 전하는 기악은 묵극(默劇)이지만 그 내용이 오늘날의 '양주별산대놀이', '봉산탈춤'과 흡사하다. 기악은 본래 사원극이고 불교 선전극이었는데, 그간의 변화로 인해 불교에 대한 풍자극으로 바뀌게 되었다.

셋째, 산대희설이다. 산대희에서 산대극이 생겨났고, 산대극의 전파로써 각 지방의 가면극이 이루어졌다는 견해이다. 산대희란 산처럼 높은 무대를 만들어 오색 비단과 인물, 새, 짐승 등의 가작물로 장식하고 그 위에서 가무(歌舞)와 규식지희(規式之戲), 소학지희(笑謔之戲) 등을 하는 놀이였다. 신라부터 시작되어 고려를 거쳐 조선에 이르기까지 국가적인 공연으로 계속되어 왔지만 인조 때 잠시 중단되고 영조 이후에는 사라졌다. 국가행사로는 없어졌지만 민간에선 이어져 가면극을 시행하였다.

(2) 남사당놀이의 여섯 개 마당[25]

남사당은 조선시대 후기에 장터와 마을을 떠돌아다니며 곡예, 춤, 노래를 공연했던 집단으로 전문 공연예술가들로 결성된 우리나라 최초의 대중연예집단이다. 발생 시기는 1661~1720년으로 조선 숙종 때이며, 남사당패가 시작된 곳이자 전국 남사당패의 중심이 되었던 곳은 안성시 서운면 청룡리의 불당골이라고 전해지고 있다.

특히, 조선시대 후기 흥선대원군이 경복궁을 중건하고 있었는데, '바우덕이'의 안성 남사당패가 신명나는 공연으로 노역자들을 기쁘게 하여 경복궁 중건 사업이 성공적으로 마무리되자 흥선대원군은 노비보다도 천한 남사당패에게 당상관 정3품의 벼슬에 해당하는 옥관자를 수여하였다고 전해온다.

이렇게 하여 조선시대 후기 일정한 지위를 인정받은 남사당패였지만 일제강점기 민족문화 말살 정책으로 해체와 결성을 반복하면서 그 명맥마저 끊길 뻔한 시련을 겪게 된다.

남사당놀이는 총 여섯 마당으로 구성되어 있다. 각각의 놀이는 풍물놀이에 사용되는 악기를 배경음악으로 사용하며 각각의 놀이판마다 재담, 해학, 익살, 사회 비판의 요소를 갖추고 있으므로 대중화된 놀이라고 할 수 있다.

여섯 마당을 순서대로 나열하면 ① 풍물(풍물놀이), ② 버나(접시돌리기), ③ 살판(땅재주), ④ 어름(줄타기), ⑤ 덧뵈기, ⑥ 덜미(꼭두각시 놀음) 등이다.

① **풍물(풍물놀이)** : 풍물놀이는 20~30명이 꽹과리, 장구, 북, 징, 소고, 태평소의 악기를 가지고 진풀이·무동(새미놀이)·벅구놀이·채상놀이·선소리 등 다양하고 다채로운 공연을 하는

---

[25] https://www.anseong.go.kr/tour/contents.do?mId=0304010000

것으로 연결되어 있다.

② 버나놀이(접시돌리기) : 버나놀이는 가정에서 곡물을 거르는 데 쓰는 채를 돌리기 쉽도록 가죽으로 둥글고 넓적하게 개조한 것으로 이러한 버나를 돌리는 것을 말한다. 재담을 주고받으면서 담뱃대나 길다란 나무를 가지고 버나를 돌리고 하늘 높이 던지며 받아내는 공연이다.

③ 살판(땅재주) : 살판은 '잘하면 살판이요. 못하면 죽음 판이라'라는 말에서 '살판'이라는 제목이 붙여졌다. 살판은 어릿광대와 꾼이 재담을 주고받으며 서로 땅재주를 부리는 놀이이다.

④ 어름(줄타기) : 어름은 '줄타기 놀이'의 남사당 용어로써 '얼음 위를 조심스럽게 걷듯이 어렵다.'는 뜻으로 '어름'이라고 제목이 붙여졌다. 그래서 줄타기를 하는 사람을 '어름산이'라고 부른다. 어름은 어름산이가 3m 높이의 줄 위에서 재주를 부리면서 매호씨(재담을 주고받는 상대)와 성인 취향에 맞는 재담을 주고받는데, 해학과 흥이 넘친다.

⑤ 덧뵈기 : 덧뵈기는 '탈을 쓰고 덧본다'라는 뜻에서 사용된 '탈춤놀이'의 남사당 말이다. 남사당의 덧뵈기는 우리나라의 남부·중부·북부지방의 다양한 탈놀이를 종합하여 만들었다. 특정한 지역성을 띠지는 않지만 완전한 민중놀이로 정착하였으며, 재담·춤사위·연희 등 해학적인 풍자와 세련된 만담이 다른 지역의 탈놀이와 차별성을 갖는다.

⑥ 덜미(꼭두각시 놀음) : 덜미는 우리나라에 하나밖에 없는 민속 인형극 꼭두각시놀음을 남사당 용어로 '목덜미'를 쥐고 노는 인형놀이 또는 '뒷덜미'를 잡혀서 노는 인형놀이라는 뜻에서 유래되었다. 박첨지놀음, 꼭두박첨지놀음 등의 용어로도 불린다. 덜미는 총 40여 개의 인형과 100여 개의 소도구에 의하여 연출되며 각각 독립되어 연관된 2마당 7거리로 구성되어 있다.

24 세시풍속(머슴날, 호미씻이)에 관하여 설명하시오.

(1) 머슴날

음력 2월은 농사력으로 볼 때 만물이 생동하는 봄철로, 농사를 본격적으로 준비하는 시기이다. 이 시기 농가에서는 겨우내 헛간에 보관해 두었던 농기구를 꺼내어 손질을 하며 1년 동안 사용할 쟁기줄을 준비한다.

음력 2월 1일 머슴날은 주인이 술과 음식을 풍성하게 준비하여 머슴들에게 한턱 내면 머슴들은 풍물을 울리면서 노래와 춤을 추며 하루를 즐긴다. 또한 머슴들에게 돈을 주어 장터에 가서 맘껏 쓰도록 하기도 하는데, 이때 서는 장(場)을 머슴장이라고 한다. 한편, 이날 정월대보름에 세웠던 볏가릿대를 내려 일년 농사의 풍흉을 점치기도 하였다. 볏가릿대에 달아놓았던 오곡의 양이 처음보다 늘었거나 싹이 나면 풍년이 들고, 그렇지 않으면 흉년이 든다고 생각하였다. 그리고 그 속에 넣었던 곡식으로 송편 같은 떡을 만들어 머슴들로 하여금 나이 수대로 먹게 하였다. 그러면 머슴들이 일년 내내 건강하고 좋은 일만 생긴다고 믿었다. 이를 나이떡, 머슴떡, 노비떡이라고 하는데, 이를 머슴들뿐만 아니라 집안의 어린아이들에게도 주었다.

(2) 호미씻이

호미씻이가 등장한 배경은 복합적이다. 17~18세기에는 이앙법과 도맥(稻麥) 2작 체계가 일반화되고, 수리시설의 확충으로 논 면적이 늘어났다. 이앙법으로 제초 작업에는 노동력은 절감되었으나, 새로운 농작업으로 부각된 모내기는 집약적인 노동력을 요구하였다. 그리고 이앙법의 효과는 연간 도맥 2작 체계를 형성하여 토지 생산성을 높였다. 맥작(麥作)의 수확과 탈곡에 잇달은 도작(稻作)의 모내기는 맥작과 도작의 교체기에 노동력의 집중도를 현저히 높였다. 특히, 농업용수 공급에 어려움이 있던 상태에서 진행된 모내기와 논매기는 두레와 같은 집약적인 공동협업노동으로 처리하는 것이 효과적이었다. 모내기를 위하여 두레가 결성되니, 모내기 때의 여세를 몰아서 논매기까지도 마을 단위 공동 노동으로 하게 되었던 것이다. 그리하여 일 년 중 논매기 작업을 마친 후에, 마을 단위 공동협업노동을 매듭짓는다는 차원에서 농민들이 함께 모여 하루를 쉬는 형태의 호미씻이가 형성된 것이다.

따라서 조선 후기에 호미씻이가 형성된 농업기술사적 요인은, 17세기 이래 노동력의 집중도를 증가시킨 이앙법과 도맥 2작 체계라고 하는 답작 농업의 기술과 형태의 변화였다. 아울러 공동 작업, 공동 식사, 공동 놀이를 그 기능으로 하는 두레의 성립과 활성화도 호미씻이 형성의 촌락사회적, 노동형태적 요인에 따른 것이었다. 물론 호미씻이는 그 이전의 불교적 명절이던 백중 혹은 도교적 명절이던 칠석이 농경문화적으로 재편성된 것이다.

백중, 백종, 백종절, 중원일, 망혼일, 호미걸이, 호미씻이, 술멕이, 풋굿, 질먹기, 진서턱, 파접, 파결이, 써레씻이, 호미씨시, 호미씻기연, 농현, 풋굿이, 세사연, 꼰비기먹인다, 괭이발이, 써리씻금, 호맹이씻기, 세서연 등으로 불렀다.

① 백중빔 : 머슴들에게 새옷을 장만해 주고 휴가를 즐기도록 한다.
② 호미씻는 날 : 7월 백중을 전후하여 농촌에서는 논밭의 김매기가 끝나고 비교적 한가한 시기이다. 잠시 농사일을 쉬며, 술과 떡 등의 음식을 장만하여 마을이나 계곡에서는 풍물을 치고 춤추며 하루를 즐겁게 놀고 호미를 씻어 치워둔다. 백중은 일종의 농사 피로연으로 더위와 피곤을 풀고 서로를 위로하는 공동체 삶의 현장에서 마을축제라는 의미를 지니고 있다.

25 일생의례로 특별전을 기획하고자 한다. 전시개요 및 전시내용(함, 목안, 금줄) 등에 관하여 설명하시오.

(1) 한국인의 일생에 관한 전시 개요

우리 인간은 사회적·이성적인 존재이며 의식주에서부터 동물과 다르게 책임 있고, 의미 있는 의례적인 행동을 한다. 특히, 인간이 태어나서 죽음에 이르기까지 반드시 거쳐야 하는 관문이면서, 개인이 집단에서 그 위치와 역할이 변할 때마다 의미를 되새기기 위해 행해지는 의례를 일생의례라 한다.

일생의례는 사람이 태어나서 죽음에 이르는 인생의 마디마디가 되는 곳에서 행해지는 의례이므로 당사자는 의례의 주체가 되지 않는다. 또한 의례의 결과로 그 사람이 새로운 지위를 획득하거나 확인받지 않는, 그 사람이 태어나기 전의 기자의례를 비롯한 그 사람이 죽은 후의 제례는 통과의례적 속성을 갖는 일생의례에는 포함되지 않는다.

이번 전시에는 사람이 태어나서 죽음에 이르는 일생을 통한 성장, 변화과정에서 치르는 다양한 의례인 일생의례를 되짚어 보고자 한다.

한국의 일생의례는 도시화, 산업화라는 생활양식의 변화에 기인하며 변화를 해왔다. 하지만 외형변화는 한국 일생의례의 고유성을 지속하는 하나의 원리이기에 역사성을 기반으로 출생의례, 성년식, 혼례, 상례, 제례를 시간축으로 전시한다.

한편, 의례는 상징 행위이며, 우리는 이러한 상징 언어를 통해서 선조들과 커뮤니케이션하고자 한다. 인간의 삶에서 매우 중요한 순간을 공유하는 전시이다.

(2) 삼신상과 금줄

① **삼신상** : 삼신은 포태신(胞胎神)으로, 유아나 산모의 제액(除厄)과 제화(除禍)를 도모하면서 복(福)과 장수를 기원한다.

『삼국유사』에 보면 환인(桓因)·환웅(桓雄)·단군(檀君)을 삼신이라 하였으므로 '삼신자손'이라는 말은 우리 민족이 그 삼신의 자손이라는 뜻이다.

삼신의 명칭은 삼신(삼시랑)·삼신단지·삼신할머니·삼신바가지·삼신판·삼신할아버지 등으로 부른다. 삼신을 모시는 장소는 안방·마루·부엌 등이지만 주로 안방 윗목 구석에 모셔둔다.

삼신상에는 미역·쌀·정화수를 떠놓는데, 한지를 깔고 쌀·미역·가위·실·돈을 놓는 지방도 있다. 며느리의 삼신상은 방 안쪽에 차리고, 출가한 딸이 친정에서 해산할 때는 방문가에 차리며, 출산 직후 삼신상에 놓았던 미역과 쌀로 첫 국밥을 지어 산모에게 먹인다.

출산 후 3일째, 7일째, 14일째, 21일째도 삼신상을 차려 그 상의 밥과 국을 산모가 먹는다. 이는 아기가 탈 없이 잘 크도록 비는 행위이다.

② **금줄** : 금줄은 볏짚 두 가닥을 성인남자의 새끼손가락 정도의 굵기로 왼 새끼줄을 꼬아서 여기에 다른 물건을 첨가시켜 만드는 줄로 아이를 낳으면 대문에 친다.

남자아이의 경우에는 숯과 빨간 고추를, 여자아이의 경우에는 작은 생솔가지와 숯을 꽂는다. 출산의 금줄은 대체로 세이레 동안 치고 거두는데, 가문에 따라서 또는 지방에 따라서 일곱이레 동안 치기도 한다. 이 금줄은 거두어서 깨끗한 장소에서 태우기도 하지만 대개는 대문옆 담이나 울타리에 놓아두어 자연히 썩어 없어지게도 한다.

이와 같이 금줄의 기본적 의도는 금(禁)하는 기능을 발휘하고 있다. 다시 말하면, 인간생활에 해를 끼치는 것을 접근시키지 않고 침범할 수 없게 하는 것이다.

우리나라의 금줄은 평안남·북도, 황해도, 강원도에 근접한 지방을 제외한 함경남·북도에서는 보이지 않는 것으로 보아 이것은 도작문화(稻作文化 : 벼농사 문화)의 한 소산이라 할 수 있다.

(3) 함과 목안

① 함 : 혼례에는 신랑집에서 신부용 혼수와 예장 및 물목을 넣은 혼수함을 신부집으로 보내는 과정이 있다. 혼수함을 지역에 따라 '봉채', '납채', '봉징', '납징', '예단', '예장', '예물', '큰짐', '함짐', '함', '혼함' 등 여러 이름으로 불렀다.

함 속에는 혼서지와 예물을 넣는다. 예물은 지역이나 집안의 형편에 따라 차이가 있다. 함경도는 큰글(혼인서약서)과 청홍 치마저고리, 평안도는 치마저고리·옷감·이불감·광목·비단·바느질실, 황해도는 혼서지·명주·모시·광목·이불감, 경기도는 혼서지·채단(치맛감 두 벌), 강원도는 파란 저고리와 빨간 치마·노란 저고리와 옥색 치마·호두·고추·나무고리·청홍실·목면실·목화, 충북은 청홍 치마저고리·혼서지, 경북은 혼서지(예장지)·신부 윗옷감·중벌·중상벌·상답(패물, 옷감, 이부자리감)·물목·청홍실 두 타래·고치푸솜·수수깡 세 개·홀기, 경남에서는 멱설(저고리, 치마 각 세 벌), 이불감·솜·패물·조급돈을 넣는다. 아들 낳기를 바라는 뜻에서 남자를 상징하는 물건이나 패물을 넣는 지역도 있다. 제주의 홍세함에는 예장과 미녕(무명), 광목 등을 1~3필(지역에 따라 반드시 홀수)을 넣어 보낸다. 이 천은 나중에 아기가 태어났을 때 기저귓감으로 사용하기도 한다.

함에는 종이(백장지)를 깔고 맨 밑에 혼서지를 넣는다. 그 다음 혼수를 차례로 넣는데, 옷감을 함께 맞춰 접어서 홍색을 먼저 담고 그 위에 청색을 담는다. 종이를 덮고 싸리대나 수숫대로 혼숫감이 뒤섞이지 않게 하여 뚜껑을 닫는다. 붉은 보로 네 귀를 맞추어서 싸매고 남은 끝을 모아 매어 종이를 감고 근봉(謹封)이라고 쓴다. 제주는 홍세함을 집안마다 마련해 놓고 사용하므로, 이를 받은 신부 집에서 나중에 신랑 집으로 되돌려 보낸다. 함을 마련하지 못한 집에서는 남의 함을 빌려 사용하기도 한다.

② 목안 : 혼례에 쓰이는 가장 중요한 상징물인 목안(木雁)은 나무로 만든 기러기이다. 신랑 일행이 혼례를 올리러 신부집으로 향할 때, 목안을 들고 가는 사람이 있으니 이를 안부(雁夫) 또는 기럭아비라 한다. 신랑이 신부집 안마당에 준비한 초례청(醮禮廳)에 사모관대로 정장을 하고 들어서면 신부집에서는 전안청(奠雁廳)이라 하여 낮은 상 위에 붉은 보를 깔고 뒤에 병풍을 쳐 둔다. 신랑이 이곳에 와서 무릎을 꿇고 앉으면 기럭아비가 기러기를 신랑에게 전한다.

신랑은 이것을 받아 상 위에 놓고 절을 두 번 한다. 이상과 같은 절차를 전안례(奠雁禮)라 한다. 이것은 남자가 부인을 맞아 기러기와 같이 백년해로를 하고 살기를 맹세하는 것이다. 기러기는 암놈과 수놈이 한번 교접하면 평생 동안 다른 것과 교접하지 않고 한쪽이 죽으면 다른 쪽이 따라 죽는다고 믿었다. 따라서 전안례는 혼례 중 가장 중요한 부분이고 남자가 하늘에 부부되기를 맹세하는 의례인 것이다.

26 세시풍속(유두, 동지, 섣달그믐)에 관하여 설명하시오.

(1) 세시풍속의 의미

세시풍속은 한 해의 절기, 계절에 따른 때를 지칭하는 세시(歲時)와 옛날부터 그 사회에 전해오는 생활 전반에 걸친 습관을 지칭하는 풍속(風俗)의 합성어이다. 세시의 이칭으로 세시(歲時), 세사(歲事), 월령(月令), 시령(時令) 등으로 표현하는데, 이는 해, 달, 계절 등을 내포하고 있다. 이처럼 세시풍속은 1년 12달 동안 일정한 시기에 같은 주기로 반복하여 관습적으로 되풀이되는 특수한 생활양식으로 주기전승의례라 할 수 있다.

농경사회인 우리나라는 예로부터 달의 운행주기를 기준으로 농사의 개시, 파종, 제초, 수확, 저장 등의 생활주기를 마련했다. 그렇기 때문에 달의 주기성에 따른 농업의 생산성은 우리나라 세시풍속에 결정적인 영향을 미쳤고, 명절과 절기마다 상이한 풍습을 만들어 냈다. 즉, 봄이 되면 그해 풍년을 기원하고 가을에는 감사하는 인간의 아름다운 심성이 나타났다. 또한 농업 기술력을 유지할 수 있도록 주술적인 의례를 행했다. 즉, 세시풍속을 통해 긴장의 삶에서 이완을 하며 생활의 마디마다 재충전의 기회를 제공하면서 지역과 역사에 뿌리 깊게 남아 면면히 이어졌다.

여기에 세시풍속에는 민간신앙, 민속놀이, 구비전승, 의식행사, 의식주생활 등 광범위한 민속적 요소가 내포되어 있기 때문에 모든 민속의 핵심이라 할 수 있다.

세시풍속은 오랜 세월 대대로 전수되어 왔으므로 우리 민족 스스로 공감성과 문화성을 지니고 있다. 하지만 인간 기술이 고도로 발달됨에 따라 자연력에 대한 의존도가 약화되고 교육 보급과 달력 사용 등으로 재래문화유산인 세시풍속의 전승도 점차 희미해지고 있다.

하지만 세시풍속은 우리 선조들의 역사적 경험의 지혜이며, 그 지혜를 통해 오랜 세월 동일한 공감대를 형성하며 전승시켜 온 전통문화로 번거롭거나 불필요하다는 이유로 소홀히 하지 말아야 한다.

① **점복사상** : 미래의 일에 대한 궁금증을 해결하기 위하여 점복을 본다. 특히, 세시풍속의 점복은 연사(年事)의 풍흉을 점치는 농점(農占), 사람의 길흉화복인 신수점(身數占), 질병점(疾病占) 등이 있다.

② **조상숭배사상** : 조상숭배를 위해 차례, 성묘, 벌초 등을 행한다. 이런 것은 연격, 고양, 사람의 도리를 인정하는 행위이며, 추원보본(追遠報本)사상이라 할 수 있다.

③ **농경과 협동** : 농자천하지대본(農者天下之大本)을 내세운 조선은 농경생활 위주의 삶을 살았다. 계절에 맞춰 경작하고 곡식을 적기에 심어야 수확할 수 있으며, 시기를 잘 맞춰야 미리 준비할 수 있었다. 인간 생존을 위해 협동이 필요했고, 전통적인 협동체계는 세시풍속 전반에 잘 나타나 있다.

④ **예능** : 우리나라의 초기 국가시대에서는 영고, 동맹, 무천, 수릿날, 계절제 등의 제천의식을 행하며 풍작에 대한 기원과 감사의 제의를 하늘에 올렸다. 연중행사인 제천의식은 세시풍속으로 발전하였고 여기에는 노래, 춤, 놀이 등이 진행되었다. 특히, 널뛰기, 윷놀이, 연날리기, 줄다리기, 고싸움, 그네, 씨름, 강강술래, 소놀이 등의 민속놀이가 대표적인 예능이다.

⑤ **윤리의식** : 현대사회는 핵가족화와 개인주의로 인하여 윤리의식이 많이 약화되었다. 이러한 문제점을 해결하기 위해서는 집안 단위의 차례와 세배를 비롯하여 문중 단위의 시제, 마을 단위의 동제를 통해 조상숭배 등의 사고방식을 습득하게 하여 윤리의식을 고취시켜야 한다.

⑥ **공동체 의식** : 전통적인 마을 단위의 세시풍속은 고유의 집단성을 지니고 있다. 이는 마을 일원

으로서의 소속감을 강화시키는 요인으로 작용하여 공동체 의식을 길러주었다. 마을제사인 동제를 통해 공동 행사로 추렴하고 소망을 기원함으로써 의식 속에서 일체가 되었다.

⑦ **정서함양** : 민간에서 전통적으로 전승되어 온 예술인 민속극, 민속음악, 민속미술, 민속춤, 민속놀이 등은 일정한 역사적 배경과 과정 속에서 형성되어 발전해왔다. 즉, 정월대보름과 추석 등의 명절에는 마을의 풍요와 안위를 기원하기 위하여 풍물패들이 지신밟기를 하며 춤과 노래를 곁들여 행사를 진행하였다.

⑧ **생산적 의의** : 세시풍속은 긴장과 이완이라는 순환적인 리듬을 통해 재충전의 기회를 갖는 속성을 지니고 있다. 농경을 주생업으로 하던 전통사회에서 세시풍속은 농한기인 정월에 집중되며, 2월, 5월, 6월에도 크고 작은 세시풍속이 이어진다. 규모와 내용의 차이는 있지만 정월부터 섣달까지 다달이 행해진다. 다달이 세시풍속이 행해지면서 다음 단계의 생활을 위한 리듬 구실을 하며, 바쁜 농사철 세시풍속이 오면 일손을 놓고 그동안의 긴장을 이완시킨다. 세시풍속은 단순한 즐거움에서 벗어나 긴장과 이완의 주기적 리듬을 이용하여 다음 일을 하기 위해 재청하는 작업이다. 이는 학교 수업에서 수업시간과 휴식시간을 갖는 원리에 비유하며 교육은 끊임없는 생산을 도출하고 세시풍속에서 긴장과 이완의 리듬을 가짐으로써 재생력을 강화하여 생산을 촉진시키는 것과 흡사하다.

⑨ **좋은 만남** : 개인주의가 팽배하여 놀이도 혼자 즐기는 오늘날 만남은 대단히 중요하며, 설날이나 추석을 맞아 가족과 친척이 차례를 올리고 성묘를 하는 등 세시풍속은 만남의 자리를 마련해주는 가정교육의 장이다. 따라서 만남은 교육적 의미를 지닌다.

⑩ **전승과 보존** : 세시풍속은 인간 삶의 방식이기 때문에 시대에 따라 변화하며 새로 생성 및 변형되기도 하고 소멸되기도 한다. 따라서 과거에 단순하게 머무르는 문화현상이 아니라 현재로 진행되며 이를 통해 미래를 예측하는 근간이 되기도 한다. 결국 문화의 생성과 소멸을 통해 문화의 전승과 보존이 원활하게 진행될 수 있으며, 미래의 우리 모습에 대한 예측도 가능하다.

(2) 유두의 의미와 풍속

고려시대 명종 때의 학자 김극기(金克己)의 문집에서는 "경주 풍속에 6월 보름이면 동쪽으로 흐르는 물에 머리를 감아 불길한 것을 씻어 버린다. 그리고 계음(禊飮)을 유두연(流頭宴)이라 한다."라는 기록이 있다. 『고려사(高麗史)』에서는 "명종 15년 6월 계축일(癸丑日)에 왕이 봉은사에 행차하였다. 병인일에 시어사(侍御史) 두 사람이 환관 최동수(崔東秀)와 함께 광진사에 모여서 유두음을 하였다. 당시 우리나라 풍속에는 6월 15일에 동쪽으로 흐르는 물에 머리를 감음으로써 좋지 못한 일을 제거한다고 했으며, 이로 인해 모여서 술을 마셨는데, 이것을 유두음이라고 하였다."라는 기록이 있다. 조선시대 정동유(鄭東愈)는 『주영편(晝永編)』에서 우리나라 명절 중에 오직 유두만이 고유의 풍속이라고 하였다.

이처럼 유두는 물과 관련된 명절이다. 물은 부정(不淨)을 씻는 것, 그래서 유두음을 계음이라며 종교적 의미를 부여하였다. 유두날에는 탁족놀이도 즐기는데, 이 역시 단순히 발을 씻는 것이 아니라 몸과 마음을 정화한다는 의미가 있다.

유두에는 동류수에 머리를 감고 궂은 일을 털어버리는 불제(祓除)를 지내고, 음식을 차려먹으며 놀이를 했던 날로 전해 온다. 이날 약수를 찾아가서 머리를 감으면 부스럼을 앓지 않는다고 한다. 또한 산이나 계곡을 찾아 폭포처럼 쏟아지는 물밑에서 물맞이를 한다.

유두날에는 유두천신을 한다. 천신이란 계절에 따라 새로 나는 각종 음식물을 먼저 신에게 올리는 제사를 말한다. 이때 참외, 수박과 같은 과일이 나기 시작하므로 햇과일과 함께 밭작물인 밀로 만든 국수, 밀전병을 조상에게 제물로 올려 유두제사를 지냈다.

또한 논과 밭에서 용신제(龍神祭), 밭제 등을 지냈다. 이는 풍농을 위한 농신제로서 유두에 지낸다고 하여 유두제라고도 한다. 고사 때에는 제물로 팥시루떡을 찌지만, 밭제를 지낼 때에는 밭작물의 수확을 기념하며 각별히 팥죽을 쑤는 집안도 있다.

여름 명절인 유두의 음식은 밀전병, 밀국수와 같이 밀가루로 만든 음식이 보편적이다. 『동국세시기(東國歲時記)』에는 유두의 명절식으로 수단(水團), 건단(乾團), 연병(連餠), 상화병(霜花餠), 수교위(水角兒)가 있다고 하였다.

(3) 동지의 풍속

동지는 대설과 소한 사이에 있으며 음력 11월 중, 양력 12월 22일경으로 1년 중 밤이 가장 길고 낮이 가장 짧은 날이다.

고대인들은 이날을 태양이 죽음으로부터 부활하는 날로 생각하고 축제를 벌여 태양신에 대한 제사를 올렸다. 중국 주나라에서 동지를 설로 삼은 것도 이날을 생명력과 광명의 부활이라고 생각하였기 때문이며, 역경의 복괘(復卦)를 11월, 즉 자월(子月)이라 해서 동짓달부터 시작한 것도 동지와 부활이 같은 의미를 지닌 것으로 판단하였기 때문이다.

동짓날에 천지신과 조상의 영을 제사하고 신하의 조하(朝賀)를 받고 군신의 연예(宴禮)를 받기도 하였다. 『동국세시기』에 의하면, 동짓날을 '아세(亞歲)'라 했고, 민간에서는 흔히 '작은 설'이라 하였다. 태양의 부활을 뜻하는 큰 의미를 지니고 있어서 설 다음 가는 작은 설의 대접을 받은 것이다. 동짓날에는 동지팥죽 또는 동지두죽(冬至豆粥)·동지시식(冬至時食)이라는 오랜 관습이 있는데, 팥을 고아 죽을 만들고 여기에 찹쌀로 단자(團子)를 만들어 넣어 끓인다. 단자는 새알만한 크기로 하기 때문에 '새알심'이라 부른다. 팥죽을 다 만들면 먼저 사당(祠堂)에 올리고 각 방과 장독·헛간 등 집안의 여러 곳에 담아 놓았다가 식은 다음에 식구들이 모여서 먹는다. 동짓날에 팥죽을 쑤어 사람이 드나드는 대문이나 문 근처의 벽에 뿌리는 것 역시 악귀를 쫓는 축귀 주술행위의 일종이다.

한편, 동짓날 궁궐 안의 내의원(內醫院)에서는 소의 다리를 고아, 여기에 백강(白薑)·정향(丁香)·계심(桂心)·청밀(淸蜜) 등을 넣어서 약을 만들어 올렸다. 이 약은 악귀를 물리치고 추위에 몸을 보하는 데 효과가 있다고 한다.

또한 동짓날에는 관상감(觀象監)에서 새해의 달력을 만들어 궁에 바치면 나라에서는 '동문지보(同文之寶)'라는 어새(御璽 : 옥새)를 찍어 백관에게 나누어 주었다. 각사(各司)의 관리들은 서로 달력을 선물하였으며, 이조(吏曹)에서는 지방 수령들에게 표지가 파란 달력을 선사하였다. 동짓날이 부흥을 뜻하고 이날부터 태양이 점점 오래 머물게 되어 날이 길어지므로 한 해의 시작으로 보고 새 달력을 만들어 가졌던 것이다. 이밖에 민간에서는 동짓날 부적으로 악귀를 쫓고, 뱀 '蛇(사)' 자를 써서 벽이나 기둥에 거꾸로 붙여 뱀이 들어오지 못하게 하는 풍습이 있다.

(4) 섣달그믐에 행한 나례 풍속

나례를 나의(儺儀), 구나(驅儺), 대나(大儺), 나희(儺戲)라고도 불렀다. 중국에서 전래된 것인데, 『주례』하관사마하조(夏官司馬下條)와 『후한서』 예의지(禮儀志)에서는 나례 때 방상씨(方相氏)가 곰의 가죽을 걸치고 황금색 눈이 4개인 가면을 쓰고 검정 웃옷과 붉은 치마를 입고 창과 방패를 잡고 잡귀가 숨은 곳을 찾아 이를 몰아내는 의식을 가진다고 하였다. 우리나라에서도 고려시대 1040년 정종 6년에 궁중에서 시작한 것으로 보이는데, 『고려사』 군례조(軍禮條)의 계동대나의(季冬大儺儀)의 의식을 보면 『후한서』 예의지의 나례의식과 대동소이하다. 이 궁중 나례의식은 조선시대에도 계속 행하였는데, 섣달그믐은 물론이고 종묘에 제사를 지낼 때나 외국 사신을 맞이할 때, 또는 왕의 행차 때나 신임 감사를 위한 축하연 때도 행하였다.

처음에는 구나(驅儺)에 목적을 두고 행해졌으나 뒤에는 광대들의 창(唱), 예능, 기생들의 춤도 덧붙여져 연희화하였으며, 이에 따라 우인(優人), 창우(倡優), 광대, 재인(才人), 무격(巫覡) 등 천민계층이 이 의례를 담당하게 됨으로써 희학(戲謔)을 위주로 하는 나희(儺戲) 또는 잡희(雜戲)로 발전하였다. 결국 궁궐에서는 나례도감(儺禮都監), 나례청(儺禮廳)을 두고 업무를 관장하였으나, 폐단이 많아지자 인조 때 폐지하고, 간혹 관상감(觀象監)에서 나례와 관련된 일을 맡도록 했다. 조선시대 말기에는 궁궐에서 제석(除夕)에 대포를 놓고 화전을 쏘며 징과 북을 울렸다. 민간에서는 섣달그믐에 집안을 깨끗하게 청소하고 자정 쯤에 마당이나 대문 앞에 불을 피우고 폭죽(爆竹)을 터뜨리거나 목화씨를 태워 소리 나게 하여 잡귀를 쫓고 액을 막는 행사를 통하여 갱신(更新)의 새해를 맞이하였다.

27 민속놀이에 관해 설명하시오.

(1) 지신밟기 연행 양상(제의적 성격)[26]

지신밟기의 유래에 대한 기록은 뚜렷하게 남아 있는 것이 없다. 그러나 일반적으로 학자들은 원시종교의 제천의식을 그 기원으로 삼고 있다. 지신밟기는 주로 농민들의 연중행사로서 면면히 이어져 온 원초적 신앙성을 가진 행사로 자리 잡아 왔으나 시대의 변천에 따라 근래에는 신앙심보다는 농민들이 마을의 기금을 장만하기 위한 수단으로서 걸립(乞粒)하는 기능으로 변모했다.

공동체의 지신밟기는 신년을 맞이하여 통과의례로서 공동체 내의 낡은 것과 묵은 것을 털어버리고 새로운 빛과 보람을 차지하려는 공동 행위이다. 신년제로서 며칠간 장시간 펼쳐지는 지신밟기는 굿열림, 당산굿, 샘굿, 길놀이, 집돌이, 대보름굿의 순차적 연행구조를 지닌다.

지신밟기 연행 양상은 다음과 같다.

① 마을 공동에 대한 모심과 길놀이 : 마을 공동제의로서 당산굿이 지신밟기의 시작이다. 마을 공동체의 성소인 곳은 그 구성원들의 함의에 의해서 자연적으로 형성된 것이므로 나무, 바위, 주산 등 다양한 곳이 당산굿터로 지정될 수 있다. 마을 공동의 의례행위인 당산굿에 일반적으로 풍물패들이 결합되므로 성소에서 신격을 모심으로써 지신밟기가 시작된다고 볼 수 있다. 악

---

[26] 김재홍, 「지신밟기에 담긴 '벽사진경'의 미적 의미」, 『민족미학』 14, 민족미학회, 2015; 최웅환, 이진희, 「지신밟기계 민속놀이의 제의성에 관한 고찰」, 『한국여가레크리에이션학회지』 18, 한국여가레크리에이션학회, 2000.

(樂)과 무(舞)와 제물로 한판 당산굿이 끝나면 길굿을 치며 느긋하게, 급하게 엎치락뒤치락 길을 간다. 마을 공동체의 성소에서 구성원들이 거주하고 있는 길은 상당히 먼 거리일 수도 있으나 흔히 다니던 길이든 잘 다니지 않는 길이든 소홀히 하지 않는다. 길은 공동체의 또 다른 공유물이다. 사람이 머물지 않는다고 해도 사람의 흔적이 나타나는 곳이므로 길굿은 지신밟기의 중요한 부분으로 나타난다. 마을 공동 우물이 나타나면 샘굿을 울려준다. 샘터에서 느린 가락에서 빠른 가락으로 굿 소리를 내어준 후 물을 관장하는 용왕신을 불어내어 "펑펑 솟아라. 맑은 물만 솟아라.", "어따 그 새미 물좋다, 퍼뜩퍼뜩 마시자," 등으로 소리를 내어준다. 샘굿 이후엔 본격적인 집돌이가 시작된다.

집돌이 이전의 지신밟기는 이와 같이 마을 공동의 터를 밟고 신격(神格)을 모시는 행위이다. 공유의 공간에 대한 지신밟기는 공동체 전체의 신격과 공유하는 공간에 대한 모심의 의례이자 놀이인 것이다.

② **집안에 대한 벽사와 다스림 및 축원** : 집돌이에서 나타나는 일반적인 지신밟기의 구조는 문굿 → 터 밟기 → 각각의 가택신 모심(작은 굿) → 인사굿의 순서이다. 이 구조는 벽사, 모심, 축원, 보냄으로 파악할 수 있다.

처음하는 문굿은 집주인의 허락을 받기 위함이다. 전체 풍물패가 요란한 소리로 주인에게 문을 열어달라는 뜻을 전한다. "주인 주인, 문 여소. 문 안 열려면 갈라요.", "들어갈까 말아뿔까." 등의 말소리와 풍성한 가락의 어울림은 집주인에게는 대문 앞에서 펼쳐지는 풍물패의 기량과 준비 정도를 엿보는 행위이다. 이는 연행자에게는 예술적 기량을 뽐내는 자랑의 과정이다. 문굿으로 밀고 들어온 연행자들은 마당이나 일상의 공간에서 원진 혹은 방울진 따위를 써가며 간단한 맞춤놀음을 하여 터를 밟아주고 집안에서 꼭 필요한 가택신과 사람과의 만남을 주선하여 집안의 안택을 시작한다. 가택신을 모심에 따라 샘굿, 조왕굿, 성주굿 등의 개별적인 작은 굿이 일어나며, 각각의 작은 굿은 벽사, 모심, 축원, 보냄이라는 동일한 작은 연행구조를 가진다. 가택신 모심은 끊이지 않고 펼쳐지며, 집안의 웃어른이라고 믿는 성주신을 모실 때는 지신밟기가 절정에 치달아 장시간 연행된다. 모든 가택신의 모심이 끝나면 집주인과 지신밟기패가 음식과 술, 덕담을 서로 나누기도 하여 가택신과 함께 했던 시간은 사람을 위한 시간으로 바뀌어 간다. 사람과의 시간이 마무리되면 혹시 모를 액막음을 위해 한바탕 시끌벅적하게 울려주며 "갑니다. 갑니다. 잘 놀다 갑니다."라는 말을 섞어가며 인사굿으로 집주인에게 이별을 고하고 다음 여정에 오른다. 집안에서 벌려지는 지신밟기의 구조는 시간적 순차성을 가지고 있다. 이러한 구조는 열고, 달고, 맺고, 푸는 절차를 품고 있다.

③ **대동놀이를 통한 신명 나눔과 통합** : 판굿은 넓은 범주의 지신밟기가 끝나가는 모든 절차의 마지막 단계에 이루어지는 전문화된 연예굿이다. 지신밟기 기간 중 작은 규모의 판굿은 집돌이를 하는 와중에 공터나 집안에서 진행하는 경우도 있으나 보통은 집돌이가 끝나는 대보름날 두레패 혹은 걸립패가 진행하며, 지방에 따라서 줄땡기기, 민속놀이, 탈놀음 등이 병행되기도 한다. 판굿은 정월대보름날 묵은 것을 보내고 삶에 생기를 불어넣는 집단적인 연행물의 총아로서 그 의미가 부여된다. 더불어 무사와 안녕을 비는 행위가 개인에게 다시 공동체로 확대되는 것을 증명한다. 이러한 대동놀이로서의 판굿이 끝나감으로써 사람들은 일상으로 돌아갈 준비를 한다. 일상은 노동과 삶의 터전으로 돌아간다는 것을 의미하지만 지신밟기를 통해 새로운 충족과 희망의 일상이 된다.

(2) 윷놀이 구성과 놀이방법[27]

윷놀이는 삼국시대나 그 이전 시기부터 시작되었을 것으로 추정되며 윷판과 놀이방식의 의미와 내용의 독자성에 비추어 우리나라의 대표적인 전통놀이이다. 음력 1월 1일부터 15일까지 윷이라는 놀이도구를 사용하여 남녀노소 누구나 어울려 즐기면서 노는 놀이이다. 윷놀이를 사희(柶戲) 또는 척사희(擲柶戲)라고도 한다.

윷의 종류는 가락윷·밤윷·콩윷 등으로 구분된다. 가락윷은 장작윷과 싸리윷이 있다. 장작윷은 길이 20cm 정도에 직경 3~5센티미터 정도의 소나무 두 개를 쪼개어 만들고 싸리윷은 길이 10cm에 직경 2cm가량의 싸리나무를 쪼개어 만든다. 가락윷은 대체로 중부지방에서 많이 가지고 논다. 밤윷은 굵기가 새끼손가락 정도, 길이는 3cm 정도 되는 윷을 종지에 담아 손으로 움켜쥐고 흔들어 바닥에 붓는 식으로 논다. 주로 경상도 등의 남부지방에서 많이 논다. 콩윷이나 팥윷은 콩이나 팥알의 절반을 쪼개어 만든 윷으로 주로 북부지방에서 많이 논다.

윷놀이를 할 때 편 구성은 아주 다양하게 할 수 있다. 크게는 마을 단위와 문중 단위로 편을 가르지만 개별 윷놀이는 아주 다양하게 편을 가를 수 있다. 편을 가를 때 윷을 던져서 편을 가르기도 하고 또 마을의 골목이나 도랑을 경계로 가르기도 한다.

윷말은 '참'에서 시작하여 시계 반대 방향으로 돌아간다. 놀이꾼이 윷을 던져서 나온 윷패에 따라 윷말을 쓰는데, 윷말이 전진하다가 자기편이나 상대편의 윷말을 지나쳐 갈 수 있다. 이때 만약 자기편의 윷말이 있는 지점에 도착하면 두 윷말을 묶어서 한꺼번에 나아간다. 만약 윷말이 상대편 윷말이 있는 곳에 도달하면 그 윷말을 잡으며 윷을 한 번 더 던진다. 그러나 참에 있는 윷말을 잡았을 때는 한 번 더 던질 기회를 주지 않는다. 이와 같이 윷판에 윷말을 쓰는 데에는 다양한 규칙이 있어서 승부에 영향을 미친다.

윷패는 4개의 윷을 던져서 엎어지고 젖혀진 상황에 따라 도·개·걸·윷·모로 결정된다. 윷 3개가 엎어지고 1개가 젖혀진 것은 도라 하여 한 밭을 가고, 2개가 엎어지고 2개가 젖혀진 것은 개라 하여 두 밭을 가며, 1개가 엎어지고 3개가 젖혀진 것은 걸이라 하여 세 밭을 간다. 그리고 4개가 모두 젖혀진 것은 윷이라 하여 네 밭을 가고, 4개가 모두 엎어진 것은 모라 하여 다섯 밭을 간다. 윷과 모를 했을 때는 '사리'라 하여 한 번 더 던진다. 윷패에 따라 밭 수를 이렇게 계산하는 근거는 동물의 걸음걸이에서 찾는다. 도는 돼지, 개는 개, 걸은 양, 윷은 소, 모는 말을 상징하고 있다. 즉, 가축의 크기와 빠르기에 따라 윷패의 밭 수와 윷말의 움직임이 결정된다.

윷놀이는 지연공동체와 혈연공동체를 통합시킨다. 윷놀이는 재미도 있지만 농경사회에서 풍년농사를 기원하는 소망이 담겨 있다. 윷판은 농토이고, 윷말은 놀이꾼이 윷을 던져 나온 윷패에 따라 움직이는 계절의 변화를 상징해 풍년을 가져오는 것으로 여겼다.

(3) 강강술래의 설화적 유래와 연행[28]

① 유래와 어원 : 강강술래의 정확한 문헌상 기록은 없다. 다만 구전(口傳)되어 온 것이라고 보고 있다. 현재 추정되는 유형은 다음과 같다.

첫째, 고대 농경사회의 추수감사제를 비롯한 수확의례의 농민원무에서 유래되었다는 제의설

---

27) 장영희, 「전통놀이를 활용한 다문화가정 청소년의 한국문화교육 방안 연구」, 『문화와 융합』 38, 한국문화융합학회, 2016.
28) 안정훈, 「강강술래에 나타나는 음양오행사상에 관한 연구」, 『한국체육과학회지』 23, 한국체육과학회, 2014.

과 유희설의 혼사합설이다. 이는 부여의 영고, 고구려의 동맹, 예의 무천 등에서 행해졌던 제의에서 비롯되었거나 만월 제의에서 시작한 놀이라 추측하는 것이다. 즉, 우리나라에서 예로부터 농경적 제례의식과 관련하여 가무가 뒤따랐다는 점과 강강술래가 주로 달 밝은 한가위에 세시풍속의 하나로 추어진 것을 보면 그 기원이 농경적이며 민간신앙적 요소가 내재되어 있다고 볼 수 있다.

둘째, 전남 남해안 일대에 전해오는 설에 바탕을 두고 추론한 것으로 임진왜란 때 충무공 이순신 장군의 의병술에서 연유되었다는 군사적 목적설과 유희설의 접목설이다. 즉, 공의 승전을 기리기 위하여 덥지도 춥지도 않은 8월 한가위 날 밤을 택하여 연중행사로 노래를 부르고 뛰고 놀면서 한 놀이라는 것이다.

결국 농경사회의 파종과 수확 때의 축제에서 노래를 부르고 춤추던 놀이형태가 분화되어 오다가 임진왜란 때 이순신 장군이 강강술래를 하나의 전술로 활용하였고 이후 여성들의 놀이로 굳어졌다고 할 수 있다.

강강술래의 어원에 관한 설은 다음과 같다.

종류	내용
한자기원설	강강수월래(强羌水越來)는 '강한 오랑캐가 물을 건너온다.'는 뜻으로 백성들로 하여금 왜적을 경계하라는 뜻의 적개심을 표현한 구호였다는 설
국어기원설	강은 '원(員)'이고 술래는 '둥글게 돌자'는 뜻을 의미하는 전라도 방언이라는 설
국한문혼합기원설	'강강'은 원을 뜻하는 '감감'의 후음이고, 술래는 순라(巡邏)에서 나왔다 하여 주위를 경계하라는 말로 국어와 한문의 뜻을 혼합했다는 설
여음기원설	강강술래든 강강수월래로든 어떤 소리여도 특별한 의미가 있는 것이 아니라 무의미한 음의 반복이나 후렴을 관용하고 있다는 설

② 강강술래의 내용 : 강강술래는 악기의 연주 없이 즉흥적으로 선소리꾼의 소리에 맞추어 추는 소리춤이다. 이런 강강술래는 8월 15일 추석에 행해지는 여성의 놀이이며, 원무형태이다. 추석 만월이 떠오르기 시작할 때 부녀자들은 쪽을 지고 처녀들은 홍 갑사댕기를 머리에 길게 두른 채 넓은 마당이나 잔디밭에 모여 춤을 춘다.

강강술래 노래의 내용은 주로 만월을 모의하며 풍어, 풍작, 다산을 구가하거나 여성 삶의 희노애락을 담고 있다. 또한 선소리꾼이 노래를 선창하면서 즉흥적으로 사설을 읊기 때문에 어떤 사설을 택하느냐에 따라 분위기를 다양하게 변화시킬 수 있고 사설의 구조는 개방적이며 자유로울뿐만 아니라 서정적인 예술성도 지니고 있다. 일반적인 내용은 여성적인 경향의 한(恨)을 표현하며 애조를 띤 가사가 주를 이룬다.

③ 강강술래의 구성 : 강강술래는 선소리꾼의 선창으로 모든 진행이 이루어진다. 선창에 맞추어 무원들은 강강술래라는 후렴을 부르면서 춤을 진행하게 된다. 진행 도중 선소리꾼의 가사와 메기는 속도의 변화에 따라 아주 느리게 걷기도 하고 빨리 뛰기도 하여 힘에 겨루며 여러 가지 놀이를 번갈아 행하면서 춤을 추기 때문에 강강술래의 진행 절차는 항상 일정하다고 볼 수 없다. 원무 형태가 주류를 이루고 부수적으로 놀이가 따르게 되어 지역별로 차이가 있다.

④ 강강술래의 춤사위 : 강강술래 춤사위의 생성과 발전과정은, 첫째, 동물이나 노동행위를 모방하는 모의적인 동작과 귀신을 축원하는 주술적 상징 동작이 주로 생성되었다. 둘째, 전투적이고 오락적인 기능에 맞는 춤사위가 생성되며 한층 의식적인 형식을 갖추어 정형화되고 발전한 것으로 볼 수 있다.

이런 강강술래는 주로 하체 중심의 비교적 단조로운 춤사위로 손을 잡고 뛰는 것이 기본동작이나 춤의 주제와 내용에 따라 동작의 변화가 다채롭게 나타난다.

구도	놀이종류	특징
원형	긴, 중, 자진 강강술래 남생아 놀아라	가장 기본적인 대형. 강강술래 진행 시 다른 대형으로 일시적으로 변화되었다가 다시 원형으로 되돌아감
나선형	덕석몰기 덕석풀기	줄줄이 중심을 향해 나선형으로 감아 돌아갔다 되돌아서 풀어 나오는 형태. 대개 원이 하나일 경우 시계 도는 반대 방향으로 감아들어감
열형	지와밟기 문열기 가마등등	원형에서 방향을 가지고 직선으로 변형되어 나타는 대형. '지와밟기'는 제자리에서, 나머지는 행진한다는 차이
달어가기형	고사리꺾기 청어엮기 청어풀기	달어가기형은 동선이 유사하다고 보여지는 대형을 임의로 지칭하는 것(한금란, 1984)
꼬리 따기형	쥔 쥐새끼 놀이	대형상 정확한 명칭을 정하기 애매하여 쥔쥐새끼놀이에서 꼬리따기를 할 때 반원형의 나선을 그리게 되는 형태의 명칭을 그대로 사용한 것

(4) 삼국시대 연날리기 기록 및 민간신앙적 연날리기[29]

최초의 연날리기와 관련된 문헌 기록은 『삼국사기』 41권 「열전」 김유신조이다. 647년 진덕여왕 원년 비담(毗曇)과 염종(廉宗)이 여왕은 정사를 잘 해 나갈 수가 없다고 하면서 군사를 일으켜 왕을 축출하려 하였다. 이에 진덕여왕이 궁궐을 수비하였으나 비담의 군사는 명활성(明活城)에 주둔하여 월성(月城) 공격을 10여 일 하던 중 병진날 밤 삼경(23시~01시)에 큰 별똥이 월성에 떨어졌다. 이에 비담은 "내가 듣건데 별이 떨어지는 곳에서는 반드시 피가 흐른다고 하니, 이는 틀림없이 여왕이 패망할 징조라."고 하였다.

진덕여왕이 그 사실을 알고 두려워 어찌할 바를 몰랐다. 그러자 김유신이 왕께 아뢰기를 "길흉은 오직 사람이 하기에 달렸습니다 … (중략) … 왕께서는 걱정하지 마십시오."라고 하였다. 그리고는 우인 (허수아비·인형)을 만들어 불을 붙이고, 이를 연에 실어 띄우니 마치 별이 하늘로 올라가는 것과 같았다. 그 다음날 김유신이 사람들에게 '어제 저녁에 떨어졌던 별이 간밤에 도로 하늘로 올라갔다'고 소문을 퍼뜨리도록 하여 적군을 혼란에 빠지게 하였다.

삼국시대에 신라의 김유신 장군이 반란군을 평정하기 위해 연을 만들어 전략적으로 이용했다는 내용이다. 기록으로 미루어 우리나라 연은 이미 삼국시대 공중에 띄우는 연을 사용했다고 볼 수 있다.

그런데 연날리기가 군사적으로 활용되었다는 사례는 1849년 홍석모가 펴낸 『동국세시기』에 최영 장군의 일화가 전해지고 있다. 1374년 고려시대 최영 장군이 탐라 목호의 반란을 평정할 때 군대

---

29) 한국민속연보존회, http://koreakite.or.kr/korean/korean01.php 검색일 2019년 12월 2일

를 싣고 탐라에 이르렀는데, 섬의 사방이 절벽이라 상륙할 수가 없었다. 장군은 묘안을 내어 연밑에 갈대씨를 담은 주머니를 달아 그 연을 높이 띄워 섬 주변 가시밭에 그 씨주머니를 떨어뜨렸다. 그해 가을에 섬 주위는 마른 갈대로 뒤덮였으므로 불을 질러, 혼란을 틈타 성을 점령했다. 속설에서는 최영 장군이 탐라국 평정 시 군사를 연에 매달아 병선(兵船)에서 연을 띄워 절벽 위에 상륙시켰으며, 불덩이를 매단 연을 적의 성 안으로 날려 보내 불타게 하여 공략하였다는 기록이 있다. 또한 조선시대 1455년 세종 때 남이 장군이 강화도에서 연을 즐겨 날렸다는 기록과 임진왜란 당시 이순신 장군이 섬과 육지를 연락하는 통신수단이나 작전 지시의 방편으로 연을 이용했다는 이야기가 전해지고 있다. 이후 영조는 연날리기를 좋아해 1725~1976년에 연날리기가 널리 민중에 보급되었다고 전한다.

광복 이후 1954년 민족정신을 계승하자는 뜻에서 정부가 정책적으로 연날리기를 장려하여 문화공보부 주최로 연날리기대회를 개최했고, 1956년 한국일보사 주최 제1회 전국연날리기대회가 서울에서 개최되었다. 이때부터 연에 대한 국민들의 관심이 고조되어 연을 수집, 제작하는 사람들이 점차 늘어나게 되었다.

이처럼 군사적 목적으로 연날리기가 사용되었다가 점차 연날리기를 놀이로 삼게 되었고, 그것이 민속과 결합되어 조선시대에 들어와 연을 날리는 시기가 섣달부터 정월대보름 사이로 고정되었다. 이는 한국의 농경생활과 밀접한 관련이 있는 것으로 보인다. 농경기에 연날리기를 하면 농사에 지장을 줄 것으로 보고, 농한기인 음력 12월부터 연을 날리기 시작하였다고 전해진다.

즉, 연날리기는 정월대보름 며칠 전에 큰 성황을 이루지만 대보름이 지나면 날리지 않는 것이 본래의 풍속이다. 대보름이 되면 '액(厄) 연(鳶) 띄운다'하여 연에 "액(厄)"자 하나를 쓰기도 하고 "송액(送厄)"이니, "송액영복(送厄迎福)"이라고 써서 얼레에 감겨 있던 실을 모두 풀어 멀리 날려 보낸다. 이것을 '액연 띄운다' 혹은 '액연 날린다'라고 하였다.

28 민속신앙에 대하여 설명하시오.

(1) 강신무와 세습무의 차이점[30]

구분	강신무	세습무
성무과정	강신체험 있음. 비세습	강신체험 없음. 세습
신에 대한 의식	신에 대한 의식 있음	신에 대한 의식 없거나 미미
개인 신당	개인 신당 있음	개인 신당 없음

---

30) 이용범, 「강신무세습무 개념에 대한 비판적 고찰」, 『한국무속학』 7, 한국무속학회, 2003; 김숙희, 「강신무(降神巫)와 세습무(世襲巫)의 제의적 특징 비교」, 중앙대학교 석사학위논문, 2003.

	공수 있음	공수 없음
굿	신으로서의 역할	사제로서의 역할
	무복(巫服) 발달	무복(巫服) 미발달
	타악기, 빠른 도무(跳舞)	다양한 악기, 완만한 춤 예술성과 연희성
단골제도	단골제도 없음	단골제도 있음
분포지역	한강이북지역	한강이남지역

① 성무과정
- **강신무** : 영력을 지닌 강신무는 성무 시초에 신병을 체험한다. 신병체험은 꿈, 외적 충격에 의해 생기는 경우도 있지만 대개는 까닭 없이 우연히 시름시름 앓기 시작했다. 식욕부진, 소화불량, 편두통을 비롯한 편증, 혈변, 하혈 등 온갖 증세가 장기간 계속되고 안정이 되지 않는다. 꿈이 많아지고 꿈속에서 신과 접촉하며 꿈과 생시의 구분이 흐려지고 환각과 환청을 체험한다. 신병은 의약치료가 불가능하다고 믿으며 몸에 실린 신을 받아 내림굿을 해서 무당이 되어야 낫는다고 믿는다.

 강신무는 신의 소명에 의한 무병을 앓고 신의 명령을 전달하고 공수를 내리는 것이 두드러진다. 내림굿을 통해 무로서 온전한 자격을 갖추는 것이 강신무이다.

 본격적으로 무업을 익히고 배우는 학습과정이 시작되면 우선 무악장단을 익히기 위해 악기를 다루고 춤과 노래를 익히며 제상 차리는 법, 무속적 상징을 갖고 있는 무구를 다루는 법 등을 학습한다.

- **세습무** : 세습무는 영력이 없는 기예능을 지닌 무당이다. 봉건사회가 붕괴되면서 세습무는 급격하게 단절되었다. 과거 무당은 무당끼리 혼인하여 가계를 계승하였으나 봉건사회 붕괴 후 신분제도가 해체되고 세습무의 경우 무당을 하지 않고 다른 생업을 택할 수 있게 되었다. 그러나 현재 무형문화재로 지정된 세습무들은 전문 사제자로 활동하면서 아울러 민속예술의 전승자로서의 구실을 하고 있다. 그러나 사제권은 부계를 따라 계승되고, 직접 굿을 하는 것은 남자가 아닌 여자여서, 여자가 사제권을 소유한 남자와 혼인하는 것이 단골이 되는 계기가 된다. 이렇게 혼인이 되면 남자의 어머니인 시어머니 단골이 며느리를 굿판에 데리고 다니면서 굿하는 기능을 가르쳐 완전한 무당을 만든다.

 이들 세습무는 사제권의 소유자와 무계혼으로 결합한 뒤 학습을 통하여 성무한다는 공통점이 있다. 즉, 세습무의 성무동기는 사제권의 혈연적 세습이다.

② 제의
- **강신무** : 강신무의 주된 기능은 강신으로부터 얻은 영력으로 점을 쳐서 미래사를 예언하고 제의 때는 사제인 동시에 그 몸에 신이 실려서 신격화한다. 공수를 내려 신의 뜻을 무당의 육성으로 전한다. 제의 때에는 무당의 몸에 신이 내려 신격화하기 때문에 신과 무가 일원화현상이 나타난다. 제의에 사용되는 무구로서는 타악기가 위주가 되며 가무의 가락과 속도가 빠르고 흥분된다. 강신무는 신의 영력을 받고 신과 직접 소통하기 위해 신 위주의 굿을 행한다.
- **세습무** : 세습무의 굿은 무당과 신이 대좌하는 관계에서 이룩된 이원화된 제의이다. 이러한 세습무의 굿에는 공수도 없고 신의 의사를 알기 위한 점도 없다. 인위적인 사제권의 세습에

의해 무당이 되었기 때문에, 신의 영험력이 없이 의례적으로 제의를 집행할 따름인 것이다. 만약 세습무의 굿에서 영험력의 요소가 발견된다면 그것은 세습무로의 분화와 변천과정에서 남게 된 잔재, 후기적으로 변화된 것이거나 정통 세습무가 아닌 경우이다. 세습무의 굿이 이원적 양상으로 진행되기 때문에 굿에서 무복을 필요로 하지 않는다. 무복은 신으로 전환되는 데 필요한 의장인데, 세습무는 신으로 전환되지 않기 때문에 무복에 비중을 두지 않는다.

③ 무복, 무구
- 강신무 : 강신무가 입은 무복은 신복이기 때문에 신의 종류에 따라 무복이 다양하게 나타난다. 벽사색인 황금색, 적색의 색깔로 만들어진 무복을 입고 잡귀를 몰아내고 있으며, 화려한 색상은 강신의 영력을 얻으려고 직접 신과 접신을 하여 자기 스스로 신이 될 수 있도록 종교적인 주술성을 띠고 있는 무복이 주를 이룬다. 신을 청한 다음 굿의 내용에 나온 신과 접신하는 뜻에서 신옷을 입는다. 강신무는 굿거리마다 그 거리에 해당되는 신으로 현현하므로 무복은 각 재차마다 개별 신들을 상징하는 여러 가지 옷이 있어 보통 12~20종에 이른다.

  무당의 무의에서 가장 중요한 역할을 하는 무구가 무고(舞鼓)이다. 무고의 상징체계는 복잡하고 그 주술적 기능도 다양하다. 무당을 세계의 중심으로 데리고 가기도 하고, 하늘로 날아가기도 하며 영신들을 불러 잡아두게 하기도 하고 무당으로 하여금 정신통일을 가능하게 하며 무당의 의도에 따라 영적인 세계와 접촉을 가능하게 하기도 한다. 무고가 맡은 결정적인 기능은 음악적 주술이다.

  모자는 위엄을 상징하는 장군모자, 대감모자를 사용하며, 무구로는 줄방울, 부채, 바라, 장군칼, 삼지창, 신옷, 서낭기, 오방신장기, 꽃, 작두, 천 등이 사용된다. 제의에 사용되는 무구로는 타악기가 위주가 된다. 굿을 할 때 드는 방울, 신칼, 부채 등의 무구는 신과 관련된 무구이며, 무복은 곧 신의 옷이라는 상징적인 의미를 가진다.

- 세습무 : 세습무는 신으로 전환되지 않기 때문에 무복에 비중을 두지 않는다. 세습무의 무복은 극도로 축소되어 대부분 2, 3종 정도의 무복으로써 제의를 진행시키며, 무악기로는 타악기 이외 취타악기, 현악기까지 다양하게 동원한다. 무구의 종류들을 보면 대방울(충청, 전라도는 없음), 지전, 길베, 명태, 허수아비, 신칼, 그릇, 배, 꽃 등, 정주(종) 빗자루, 장구, 바라, 신광주리, 신대 등이 있다.

(2) 가신신앙 기능, 좌정자리, 신체모습(성주, 조왕, 터주, 삼신)[31]

① 성주 : 성주는 집의 수호신이며, '성조(成造)'라고도 한다. 가정이 형성되고 집이 마련되면 모셔지는 것이기 때문에 집마다 흔하게 볼 수 있다.

  전라남도에서는 성주독을 대청마루 안쪽 한구석에 놓고 봄가을로 겉보리와 벼를 번갈아 가며 넣는 형태가 많다. 경기도·충청도·경상도지역에는 한지를 신체(神體)로 하는 경우가 많으나, 곳에 따라서는 독이나 단지를 사용하고 강원도에서는 한지와 단지를 사용한다. 성주는 마루에 모시는 것이 원칙이지만, 마루가 없으면 안방에 모신다. 한지를 신체로 삼는 경우에는 대들보, 안방 문 위 대공(들보 위에 세워 마룻보를 받치는 짧은 기둥)에 가로·세로 각 30cm, 40cm 정도의 크기로 접어서 붙인다. 여성을 중심으로 집안의 평안과 풍농을 기원했다.

  성주는 봄·가을의 안택(安宅 : 무당이 집안에 탈이 없도록 터주를 위로하는 일)이나 고사에서

---

31) 한국학중앙연구원, 「가신신앙」, 『한국민족문화대백과』

도 다른 가신들과 함께 모셔지지만, 상량식이나 낙성식, 이사의 경우 등 새로운 집이 마련되거나 새 가정이 형성되었을 때에는 단독으로 모셔지는 독자성을 보이기도 한다.

성주는 집 중앙에 위치하고 어느 집에서나 대개 모시는 신이기 때문에 가신 가운데에서도 중시되는 존재이다.

② **조왕** : 조왕은 불의 신으로 부엌에 존재하고, 따라서 여성인 주부의 신앙으로 인식하고 있다. 부뚜막 위에 작은 종지를 고정시키고 매일 새벽에 정화수를 떠놓고 그 앞에서 손을 비비며 치성을 드린다. 가족의 생일이나 명절에는 음식을 바치며, 주로 자손의 안녕함을 기원하므로 소박한 모성애의 상징으로 본다.

최근까지 도회지에서도 이사할 때 우선 연탄이나 난로 등 불을 먼저 들여놓는다거나 이사 문안에 성냥을 사가는 것도 모두 불의 신인 조왕과 관련된 유습으로 볼 수 있다.

③ **터주** : 터주는 택지신(宅地神)이다. 그 신체는 대개 항아리에 쌀이나 벼 또는 콩·팥을 같이 넣어서 짚주저리(볏짚으로 우산처럼 만들어서 터주, 업의항들을 가리워 덮는 물건)를 씌우고 뒤뜰 장독대 근처에 놓아둔다.

그런데 터주관념은 충청북도 이북지방에서 많이 볼 수 있고, 현재 영남·호남 지방에서는 터주라는 말을 거의 사용하지 않는다. 그 대신에 호남지방에는 희미하나마 '철륭'이라는 관념이 있는데, 이 역시 뒤꼍에 한지나 곡식을 넣은 단지를 묻고 위에 주저리를 씌우며, 명절 때면 주부들이 집안의 평안을 기원한다.

④ **삼신** : 일제강점기 이능화는 삼신이란 삼신(三神)이 아니라 태신(胎神), 즉 산신(産神)이라고 밝힌 바 있다. 즉, '삼 가른다'는 말에서와 같이 '삼'은 곧 '태(胎)'를 뜻한다는 것이다. 삼신의 발생동기는 여러 가지 측면에서 살펴볼 수 있다.

조선시대 남아존중관념이 강했고, 남아가 잉태되기를 바라는 기자신앙(祈子信仰)에서부터 안산(安産)과 양육의 바람도 컸다. 이런 바람을 바탕으로 고대부터 전승되어왔을 삼신관념이나 그 신앙의 발로로, 보통 안방 윗목의 선반 또는 시렁 위에 삼신단지를 모셔놓았다.

안에는 쌀을 넣고 한지로 덮은 다음 왼새끼(외로 꼰 새끼)로 묶어놓는데, 단지 대신 바가지를 사용하기도 한다. 삼신을 위하는 날은 산후 7일, 3·7일 등이며, 가족의 생일이나 명절 등에 음식을 바치는 경우도 있다.

자손의 번창과 가세의 융성을 아울러 기원하던 삼신신앙의 풍속은 이제 거의 사라져가고 있다. 그러나 이와 밀접히 관련되어 있던 남아존중관념은 아직도 우리 사회에서 큰 영향력을 행사하는 가치관의 하나로 남아 있어서 사회문제가 되고 있다.

29. 적층문학의 개념과 유형을 설명하시오.

(1) 적층문학의 개념

적층문학(積層文學)은 입에서 입으로 전하여 오는 문학이다. 설화, 민요, 무가, 판소리, 민속극 등이 여기에 속한다. 이런 적층문학은 전승되면서 수많은 전승자가 개작에 참여하여 시대, 사람, 공간적으로 문화가 누적되면서 나타난 문학이다. 그렇기 때문에 적층문학은 구비문학이라는 말로서 전승되는 문학의 특징과 일맥상통(一脈相通)한 부분이 많고, 실제로 구비문학의 이칭(異稱)으로 적층문학이라는 용어를 사용하기도 한다.

적층문학은 민간에서 말로 전승되는 문학으로, 개인이 창작한 문자화된 기록문학과 대립되는 개념이다. 이런 적층문학은 단순하고 보편적인 구성을 바탕으로 유동성과 가변성을 지니고 있다. 또한 원형 그대로의 보존은 불가하고, 늘 변화하며 전승이 가능하다.

(2) 적층문학의 특징

첫째, 민중의 문학이다.
둘째, 시대, 사람, 공간에 따라 첨삭과 개작되는 변이성을 지니고 있다.
셋째, 다회적 창조성이 있다.
넷째, 화자와 청자의 관계로 연희성이 강해 전달 수단의 촉매가 된다.
다섯째, 시대의 변화를 수용하여 전승하며 역사성을 내포하고 있다.

(3) 적층문학의 대표적인 유형

첫째, 판소리이다. 판소리는 한 사람의 창자(唱者)가 고수(鼓手)의 북 반주에 맞춰 극적으로 구성된 긴 이야기를 소리와 아니리, 너름새 등을 통해 청중에게 전달하는 공연 예술이다. 판을 구성하는 주체자는 창자와 고수, 청중이며 판소리의 구성 요소는 창과 아니리, 너름새, 추임새라 할 수 있다. 판을 구성하는 주체자와 판소리의 구성요소는 서로 유기적으로 연결되어 있다. 창자(唱者)는 이야기를 음악으로 전환하여 청중에게 전달하는 사람으로 창과 아니리, 너름새를 담당하고 고수(鼓手)는 북으로 반주를 담당하면서 창자의 소리 중에 추임새를 넣는다. 청중 또한 추임새를 넣으면서 단순한 감상자를 넘어 판에 함께 참여하고 호흡하는 중요한 역할을 담당하고 있다.

판소리의 주요 특징은 다음과 같다. 수많은 소리꾼의 더듬(판소리의 유파에 따라 계승되어 오는 특징적인 대목이나 음악적 스타일)이 집적된 공동작품으로서 적층문학의 성격을 가지고 있다. 일반 서민의 노래로 시작해서 양반까지 향유층을 확대한 국민예술이다. 전 노래를 모두 부르는 완창(完唱)보다는 대목별로 부르는 경우가 많다. 어떤 사건의 정서적 공감대를 형성하기 위하여 일정한 장면을 극적으로 제시하는 '장면의 극대화' 경향이 있다.

판소리는 대체로 17세기경 숙종 말에 형성되어 18세기 말에 완성된 것으로 본다. 문헌에 따르면 최고의 판소리는 1754년(영조 30년)에 지어진 유진한의 〈만화본(晩華本) 춘향가〉인데, 충청도 목천 사람인 유진한이 호남지역을 유람하면서 보고 들은 〈춘향가〉를 한시로 기록한 것이다. 19~20세기는 판소리 전성기이다. 서민은 물론 양반과 왕실에까지 향유층을 확대했던 시기이며, 송만재의 『관우희』(1843년)에는 판소리 12마당이 모두 기록되어 있었다. 이후 고종 때 신재효는 판소리 사설을 다듬어 여섯 마당으로 개작·정리하였다. 〈춘향가〉, 〈심청가〉, 〈박타령〉, 〈토끼타령〉,

〈가루지기타령〉, 〈적벽가〉가 있다.

둘째, 민요이다. 민요는 일정한 작사자나 작곡가 없이 오랜 세월에 걸쳐 한국적인 풍토 속에서 자연적으로 발생한 노래이다. 민요는 전승 정도와 전파 범위, 세련도에 따라 다르게 나타나기 때문에 적층문학이라 볼 수 있다. 또한 민요는 문학, 음악, 무용이 합쳐진 종합예술이다. 민요는 민중의 일상적인 삶인 노동과 의식, 놀이를 통해 나타나며, 스스로의 필요에 따라 불렀다. 그렇기 때문에 민담, 판소리처럼 듣는 이의 반응에 구애받지 않았고, 독자성과 진솔성을 유지할 수 있었다. 민요는 지역, 민족, 고유성이 강하다. 민요는 민족의 주체가 되는 민중의 것으로 각 지역의 자연환경과 생업 등에 따라 가락과 장단, 가사 등이 달라 지역적인 특색을 지니고 있다. 민요는 민중의 문학 중에서 타 장르보다 민족적 고유성을 보다 잘 간직하고 있다.

30 〈춘향가〉 중 조선시대 현실에 비추어 리얼리티가 결여된 부분을 설명하시오.

〈춘향가〉는 17세기 말에서 18세기 초 무렵에 소리판에 등장한 이래 여러 명창의 손을 거쳐 성장하였고, 19세기 중기 이후에 비약적인 발전을 이룩하면서 오늘날까지 전승된 대표적인 예술이다.

〈춘향가〉는 여러 가지 설화를 바탕으로 형성된 적층문학(積層文學)이다. 대체로 〈열녀설화〉를 모태로 해서 작품의 전반부가 이루어져 있고, 전반부의 문제를 해결하는 한 방식으로 〈암행어사설화〉를 수용하여 후반부를 이루고 있다.

〈춘향가〉에서 파생된 『춘향전(春香傳)』의 이본은 대략 100여 종 이상이 전하고 있다. 경판본 춘향전은 간략하게 정리되어 있고, 문장체 소설의 성격이 강하며, 『열녀춘향수절가(烈女春香守節歌)』(완판 84장본)는 19세기 말에 불리던 〈춘향가〉를 거의 그대로 판각한 것이다. 『남원고사(南原古詞)』계 춘향전은 서울에 있던 세책가(貰冊家)에서 유통되던 것으로 춘향전 가운데 가장 방대한데, 그 분량이 무려 10만 자에 이른다. 『옥중화(獄中花)』(1912)는 이해조가 박기홍의 춘향가를 산정(刪定)한 것으로 그 후에 족출(簇出)한 활자본 춘향전에 지대한 영향을 끼쳤다.

〈춘향가〉의 내용은 다음과 같다. 남원 부사의 아들 이몽룡과 퇴기 월매의 딸 춘향이 광한루에서 만나 사랑을 나누다가, 남원 부사가 내직으로 승차하여 서울로 돌아가자 두 사람은 다시 만날 것을 기약하고 이별한다. 새로 부임한 신관 사또가 춘향에게 회유와 협박으로 수청을 강요하지만, 춘향은 일부종사(一夫從事)를 내세워 거역하다가 모진 매를 맞고 옥에 갇혀 죽을 지경에 이른다. 서울로 올라간 이몽룡은 과거에 장원급제하여 호남어사가 되어 남원으로 내려와 남원 부사를 봉고파직(封庫罷職)시키고 춘향을 구출하여 함께 서울로 올라가 행복하게 산다.

〈춘향가〉는 절대권력을 누리고 있던 조선시대 양반의 아들인 이몽룡과 기생의 딸인 춘향과의 신분의 벽을 넘어 스스로 사랑의 대상을 찾아가는 자유와 평등의 정신, 그러기에 춘향의 사랑, 곧 그의 정절은 봉건 도덕에 얽매인 유교적 정절의 순종이 아니라, 자신의 신념과 가치관에 따라 능동적으로 사랑을 찾아가는 자유연애사상을 나타낸 근대적 여인상이라 할 수 있다.

결국 〈춘향가〉에 나타난 조선시대 리얼리티가 결여된 부분은 다음과 같다.

첫째, 자유연애이다. 부모가 정해준 혼인에서 벗어나 몽룡과 춘향은 일종의 자유연애를 통해 혼인까지 이루어진다. 〈춘향가〉에는 단오에 경치를 구경하고자 광한루 오작교에 나온 몽룡이 춘향을 보고 첫눈에 반하여 그날 바로 백년가약을 맺고 열렬히 사랑하는 장면이 나온다. 이는 조선시대 시대적 상황 속에서는 할 수 없는 일이다.

둘째, 신분 초월이다. 신분적 차이에도 불구하고 몽룡과 춘향이 결합한 것은 유교사회인 조선시대의 신분제에서는 있을 수 없는 일이다.

셋째, 신분 상승이다. 기생의 딸인 춘향이 몽룡과 혼인하여 정렬부인(貞烈夫人)이 된 것은 있을 수 없는 일이다. 즉, 정렬부인은 정조와 지조를 굳게 지킨 부인에게 내리던 칭호이기 때문에 당시 시대상에서는 거의 불가한 일이라 할 수 있다.

31 판소리의 발생과 특징을 설명하시오.

판소리는 판과 소리가 합쳐진 복합어이다. 판은 장소를 의미하며 많은 사람이 모인다는 뜻인 마당과도 통한다. 이런 장소에서 소리로 사설을 엮어 청중을 즐겁게 해주는 것이 판소리이다. 이때 소리란 창보다 아니리를 주로 하고 사이사이에 토막 얘기를 엮어서 부르는 긴 노래이다.

판소리의 기원에 대해서는 여러 학설이 있다.

첫째, 무가기원설이다. 무가기원설은 판소리가 시나위권의 무가(巫歌)와 유사한 점을 근거로, 판소리가 무가에서 발달하였다는 설이다. 둘 다 쉰 목소리로 노래하며 판소리의 너름새가 시나위권 무의식의 춤사위와 유사하고, 두 장르 간의 장단이나 선율이 유사하다.

둘째, 판놀음기원설이다. 판놀음기원설은 판소리가 판놀음의 육자배기토리 무악권 창우(倡優) 집단의 광대소리에서 발생했다는 설이다. 판놀음은 조선시대 후기 전문 놀이꾼들이 기예를 보여 주고 경제적 대가를 지불받았던 놀이이며 이때 소리를 전문으로 하는 창우에 의해 판소리가 발생되었다고 보았다.

셋째, 통합설이다. 판소리가 남도지역의 무가와 관련이 깊지만 그 특성은 판소리의 일부이며 판소리는 육자배기토리뿐만 아니라 메나리조(山有花調), 경드름, 시조와 같은 다양한 음악적 요소가 포함되어 있고, 무속적인 것 이외에도 유교사상인 충·효·열, 신선사상과 불교적 관념도 보인다. 그러므로 판소리의 기원은 어느 하나로 정하기보다는 사회·문화적 과정 속에서 만들어진 산물이라고 해야 한다.

판소리는 창자가 일인다역으로 행하는 우리나라 특유의 소리판 공연예술이다. 이 소리판은 창자, 고수, 청중이 있어야 한다. 이것이 판소리의 3요소이다. 소리를 하는 창자는 소리 하나로 끝나는 것이 아니다. 판소리 구성에서 가장 중요한 고수가 있어야 제대로 판이 이루어진다. 고수가 치는 북장단이 어떻게 되느냐에 따라 소리꾼의 모습도 달라진다. 판소리에 있어 고수는 판소리 진행의 연출자이다. 그는 소리의 맥을 짚어가면서 창자의 기운을 북돋기도 하고 소리의 높낮이를 조절해 준다. 그래서 이른바 일고수이명창(一鼓手二名唱)이라는 말이 나왔다. 그러나 아무리 창자와 고수가 판을 벌여도 이를 들어주는 사람이 없으면 소용이 없다. 청중의 참여가 없는 소리판은 성립할 수 없기 때문이다. 귀명창이라는 말이 그래서 나왔다.

32 조선시대 후기 도시가면극의 발달과 지역별 종류에 대하여 설명하시오.

조선시대 후기 도시가면극은 연희자들이 등장인물이나 동물을 형상화한 가면을 쓰고 나와 극적인 장면을 연출하는 전통 연극이다. 가면극(假面劇)은 탈춤·탈놀이·탈놀음 등으로 부르기도 한다. 도시가면극은 18세기 중엽 이후 상인들이 자신들의 경제력을 바탕으로 탈춤을 공연하였기에 지배계급에 대해 보다 강한 반감을 표현할 수 있었고 가면의 재료와 기법도 다양하게 발전시킬 수 있었다.

도시가면극의 발달은 마을굿놀이 계통의 가면극에서 유래한다. 즉, 마을의 안녕을 기원하는 마을굿놀이인 〈하회별신굿탈놀이〉, 〈강릉관노가면극〉 등이 조선시대 후기 도시로 진출하게 되면서 농촌놀이에서 분리된 도시가면극으로 발전하게 되었다.

지역에 따라 서울과 경기도에서는 산대놀이, 황해도에서는 탈춤, 경상남도의 낙동강 동쪽 지역에서는 야류(野遊), 낙동강 서쪽에서는 오광대(五廣大)라고 불렀다.

첫째, 산대놀이는 서울 및 근교에서 연행된 가면극으로, '양주 별산대놀이'가 유명하다. 산대놀이는 고려시대부터 설치된 산대라는 임시 무대에서 유래한다. 이것이 조선시대 영조 이후 산대의 폐지에 의해 당시 전문예인들이 흩어지면서 서울의 본산대로 정착하게 되었고, 본산대 소멸 이후 양주·송파·퇴계원 등의 서울 인근으로 전파되어 산대놀이가 정착되었다. 원래 조선시대까지 산대의 무대에서는 가무악과 민속극, 다양한 잡희가 공연되었으나 현존하는 산대놀이는 가면극 중심으로 재편되어 전승되고 있다.

둘째, 봉산 탈춤은 황해도 일대에서 연행된 가면극으로, 해학성이 강하고 봉건적 모순에 대한 비판 의식이 잘 반영되어 있다. 조선시대 전기까지 가면희(假面戲)를 포함한 산대희(山臺戲)나 나례희(儺禮戲)는 궁중과 지방관아에 전승되었다. 1634년(인조 12년) 이러한 공적인 의식이 폐지된 이후 거기에 참여했던 연희자들이 사직동이나 아현동을 중심으로 발전시킨 것이 본산대탈춤이다. 본산대란 산대도감(山臺都監)에 소속되었던 연희자에서 유래한 명칭이다. 본산대탈춤이 지역으로 퍼져, 지역적 특성이 더해져서 발전한 것이 봉산탈춤이라 할 수 있다. 봉산탈춤은 여러 지역에 전승되는 탈놀이에 비하여 탈의 원형과 기능, 제작기술, 춤사위의 독창성과 연기적인 표현, 다양한 의상과 미적 우수성, 노래와 규모를 갖춘 반주악 등 여러 측면에서 민속적 수준을 넘어 풍부한 예술성을 지니고 있다. 한국의 전통극이라 하면 봉산탈춤을 떠올릴 정도로 국내외 사람 모두에게 인지도가 높다.

셋째, 오광대는 경남 지방에 두루 분포되어 있던 가면극으로, 다섯 광대 또는 다섯 과장과 관련하여 '오광대'라는 이름이 붙여졌다. 오광대(五廣大)는 경남에 전승되는 가면극을 통칭하는 용어로 그 발상지는 경남 합천 덕곡면 밤마리(栗旨里)로 전해진다. 오광대는 이후 경남의 신반·의령·진주·산청·창원·통영·고성·진동·김해지역과 부산지역으로 전파되었다. 오광대의 대사 구성이나 형식적인 면은 서울·경기와 황해도지역의 가면극과도 유사한 측면이 있다. 오광대의 주제나 내용은 삶에 대한 통찰, 권위적 신분제에 대한 풍자와 비판, 처첩 갈등, 불교 비판, 욕망 해소, 오락 제공 등이다.

넷째, 야류는 부산 근처에 분포된 가면극으로, '들놀음'이라고도 불린다. 야류는 낙동강 동편인 옛 경상좌도지역에 전승하고 오광대는 낙동강 서편인 옛 경상우도 지역에 전승하고 있어 그 분포 지역이 다르고, 들놀음(野遊)이라는 독자적인 명칭을 지니고 있을 뿐만 아니라 탈놀음만 행하는 오광대와는 다르게 고을 사람들이 대거 참여하여 마을고사, 길놀이, 한마당 춤놀이, 탈놀음 등 많은 놀이 과정을 행하고 있어 오광대와는 장르가 다르다. 야류의 탈놀음은 허위와 억압에 대한 민중의 저항 의식을 풍자적으로 표현한다. 파계승 과장이 없고 양반 풍자가 신랄하다. 놀이꾼은 극적 대립과 갈등을 재치 있는 재담과 해학적 몸짓 및 흥겨운 가무로 풀어냄으로써 구경꾼의 흥취와 웃음을 유발한다. 야류는 멋지고 활달한 덧배기춤으로 탈춤을 추기 때문에 더 신명나는 연희가 된다. 야류는 주로 농경사회에서 풍농과 태평을 기원하는 제의적 기능을 하면서, 특히 조선시대 후기에는 사회 모순을 풍자하는 사회적 기능을 하였고, 일제강점기에는 애향심과 애국심을 고취하는 민족문화운동으로 역사적 기능을 하였다.

33 양주별산대놀이와 봉산탈춤의 노장과장에 등장하는 노장과 취발이의 속성과 대결의 의미에 대하여 설명하시오.

가면극의 노장과장은 먹중들과 노장이 티격태격하는 노장춤, 노장과 신장수가 실랑이를 벌이는 신장수춤, 노장과 취발이가 대결하는 취발이춤 등 노장이 파계하는 내용의 여러 가지 삽화로 이루어져 있다. 노장과장에서 산에서 내려온 노장은 소무라는 미모의 여성에게 반하여 본분을 망각하고 그녀와 함께 춤을 추며 즐기지만, 한량인 취발이에게 소무를 빼앗기고 쫓겨난다.

(1) 양주별산대놀이에서의 노장과 취발이의 속성 및 대결의미

양주별산대놀이의 경우 제8과장 파계승놀이, 제9과장 신장수놀이, 제10과장 취발이놀이가 노장과장에 속한다. 오랜 세월 동안 도를 닦았다는 늙은 중인 노장이 파계하는 내용이다. 노장이 등장하면 노장에 대해 먹중들이 그 정체를 확인한다며 희롱한 후 퇴장한다. 혼자 남은 노장은 새롭게 등장한 소무 두 사람을 보고 현혹되어 다가가 유혹하지만 번번이 거절당한다. 노장은 송낙과 장삼을 벗어 던지고 노름을 해서 돈을 딴다. 그러자 소무들은 노장의 옷을 들고 오라는 손짓을 하며 그를 받아들인다. 노장은 옷을 입고, 소무들에게 장삼띠를 매어주고 염주를 걸어주면서 같이 어울려 춤을 춘다.

신장수는 원숭이를 보자기로 씌우고 등장해 신을 판다. 신장수는 노장과 신발 거래를 하지만, 신값을 받을 가능성이 없자, 신을 건네주지 않는다. 신장수는 젊은 여자와 놀아나는 노장을 힐난하고, 원숭이에게 소무를 유혹하게 한다. 원숭이는 소무에게 접근해 음란한 몸짓을 하다가 그냥 돌아온다. 신장수는 원숭이를 때리며 야단치고, 원숭이는 놀라 퇴장한다. 이어 신장수도 춤을 추고 퇴장한다.

취발이가 등장해 소무를 빼앗으려고 하자, 노장은 옷을 벗어던지고 결사적으로 취발이에게 달려든다. 그러나 결국 노장은 젊고 힘이 있는 취발이에게 패배한다. 노장은 취발이에게 소무 한 명을 빼앗기고, 남은 소무 한 명만을 데리고 도망간다. 취발이는 소무를 차지한 후 살림을 차린다. 소무는 아이를 갖게 되고 사내아이를 출산한다. 취발이는 태어난 아이에게 마당이라 이름 지어주고, 안고 어르고 글공부까지 시킨다.

(2) 봉산탈춤에서의 노장과 취발이의 속성 및 대결의미

봉산탈춤의 경우 제4과장 노장춤은 3경으로 나누어진다.

제1경 노장춤에서는 먹중들이 노장의 육환장을 어깨에 메고 노장을 끌고 타령곡에 맞춰 개복청에서 탈판으로 들어온다. 노장은 어느 정도 끌려오다가 지팡이를 슬며시 놓고 멈추어 선다. 먹중들은 그것도 모르고 그대로 지팡이를 메고 가다가 노장이 없는 것을 알고 차례로 노장을 찾아 나선다. 그러면서 노장이 있는 곳을 다녀와서는 날이 흐렸다느니, 옹기짐을 벗어 놓았다느니, 숯짐을 벗어 놓았다느니, 대망이 나왔다느니 하다가, 여덟째먹중이 자세히 본즉 노장님이시더라고 하며 함께 백구타령과 오도독이타령을 불러준다. 이어 먹중들이 다시 노장을 모시지만, 노장은 탈판 가운데쯤에서 쓰러진다. 먹중들이 노장을 찾다가 노장이 죽었다고 하여 염불을 외면서 재를 올리자 노장이 다시 살아난다. 그러면 먹중들이 퇴장하고 소무가 남여를 타고 들어온다. 남여에서 내린 소무가 도드리곡에 맞추어 춤을 추기 시작하면, 생불(生佛)이라는 칭송을 받던 노장이 소무의 요염한 교태와 능란한 유혹에 빠져, 자기의 염주까지 걸어주는 파계 과정을 춤과 무언극만으로 표현한다.

제2경 신장수춤에서는 노장과 소무가 한창 어울려 춤을 추고 있을 때 신장수가 등장한다. 노장이 신장수를 불러 소무의 신을 사는데, 신짐 속에서 원숭이가 튀어나와 신장수와 수작을 하다가 신 값을 받아 오라는 말에 노장에게 가서 소무 뒤에 붙어 외설스러운 짓을 한다. 원숭이가 신 값 대신 "신 값을 받으려면 장작전 뒷골목으로 오너라"라는 내용의 편지를 갖다 보이자 장작찜을 당하겠다고 여긴 신장수는 도망간다.

제3경 취발이춤에서는 두 손에 푸른 버드나무 가지를 들고 한쪽 무릎에 큰 방울을 달고 술에 취한 듯 비틀거리며 등장한 취발이가 노장에게 면상을 얻어맞고 정신을 차려 보니 중이 소무를 데리고 노는 것을 발견하고 이를 꾸짖는다. 취발이가 춤으로 내기를 하여 이기면 소무를 뺏기로 작정을 하고 노장과 춤을 겨루지만, 춤대결에서 이기지 못하자 노장을 때려서 내쫓는다. 취발이는 소무에게 돈으로 환심을 사서 사랑춤을 추고, 그 결과 소무는 취발이의 아이를 낳는다. 취발이는 아이에게 마당이라는 이름을 지어주고 천자문과 언문을 가르쳐 준다.

34 문화재에 대하여 정의 내리고, 그 유형 4가지를 설명하시오.

(1) 문화재의 정의

「문화재보호법」에 따르면 "문화재는 인위적이거나 자연적으로 형성된 국가적·민족적 또는 세계적 유산으로서 역사적·예술적·학술적 또는 경관적 가치가 큰 것"이라고 정의하고 있다.

(2) 문화재의 유형

문화재의 유형은 크게 다음과 같이 4가지로 분류하고 있다.

첫째, 유형문화재이다. 건조물, 전적(典籍, 글과 그림을 기록하여 묶은 책), 서적(書跡), 고문서, 회화, 조각, 공예품 등 유형의 문화적 소산으로서 역사적·예술적 또는 학술적 가치가 큰 것과 이에 준하는 고고자료(考古資料)를 말한다.

둘째, 무형문화재이다. 여러 세대에 걸쳐 전승되어 온 무형의 문화적 유산을 말한다.
구체적인 종류로는 ① 전통적 공연·예술, ② 공예, 미술 등에 관한 전통기술, ③ 한의약, 농경·어로 등에 관한 전통지식, ④ 구전 전통 및 표현, ⑤ 의식주 등 전통적 생활관습, ⑥ 민간신앙 등 사회적 의식(儀式), ⑦ 전통적 놀이·축제 및 기예·무예 등이 있다.

셋째, 기념물이다. ① 절터, 옛무덤, 조개무덤, 성터, 궁터, 가마터, 유물포함층 등의 사적지(史蹟地)와 특별히 기념이 될 만한 시설물로서 역사적·학술적 가치가 큰 것, ② 경치 좋은 곳으로서 예술적 가치가 크고 경관이 뛰어난 것, ③ 동물(그 서식지, 번식지, 도래지를 포함한다), 식물(그 자생지를 포함한다), 지형, 지질, 광물, 동굴, 생물학적 생성물 또는 특별한 자연현상으로서 역사적·경관적 또는 학술적 가치가 큰 것 등이 있다.

넷째, 민속문화재이다. 의식주, 생업, 신앙, 연중행사 등에 관한 풍속이나 관습에 사용되는 의복, 기구, 가옥 등으로서 국민생활의 변화를 이해하는 데 반드시 필요한 것이다.

35 유네스코 인류무형문화유산이며 우리나라 무형문화재인 매사냥에 관하여 설명하시오.

인류무형문화유산은 2003년 유네스코 무형문화유산 보호 협약에 의거하여 문화적 다양성과 창의성이 유지될 수 있도록 대표목록 또는 긴급목록에 각국의 무형유산을 등재하는 제도이다. 2005년까지 인류 구전 및 무형유산걸작이라는 명칭으로 유네스코 프로그램사업이었으나 지금은 세계유산과 마찬가지로 정부 간 협약으로 발전되었다.

한국의 인류무형유산은 다음과 같다. 종묘제례 및 종묘 제례악(2001/2008), 판소리(2003/2008), 강릉단오제(2005/2008), 강강술래(2009), 남사당놀이(2009), 영산재(2009), 제주칠머리당 영등굿(2009), 처용무(2009), 가곡(2010), 대목장(2010), 매사냥(2010), 줄타기 (2011), 택견(2011), 한산모시짜기(2011), 아리랑(2012), 김장문화(2013), 농악(2014), 줄다리기 (2015), 제주해녀문화(2016), 씨름(2018), 연등회(2020) 등이 있다.

이 중 2010년 지정된 매사냥은 야생 상태에서 사냥을 위해 매를 사육하고 조련하는 전통적인 활동이다. 아시아에서 발원하여 무역과 문화교류를 통해 다른 지역으로 확산되었으며, 과거에 매사냥은 식량 확보 수단으로 사용되었으나, 현재는 자연과의 융화를 추구하는 야외활동으로 자리매김하였고 60개 이상 국가에서 전승되고 있다.

우리나라에서는 이미 삼국시대부터 고려·조선시대를 거쳐 일제강점기까지 매사냥이 이어져왔다.『삼국사기(三國史記)』권 25「백제본기(百濟本紀)」23 아신왕조(阿莘王條)에 의하면, "백제 아신왕(392년)은 지기(志氣)가 호매(豪邁)하여 매사냥과 말타기를 좋아했다"고 나온다. 또한『삼국사기』권 27「백제본기(百濟本紀)」5 법왕(法王) 즉위년(599) 12월조에 의하면, "백제 법왕은 영을 내려 살생을 금하게 하고 민가에서 매와 새매를 거두어 놓아주었다"고 나온다. 이로 보아 삼국시대에 이미 매사냥이 매우 성행하였음을 짐작할 수 있다. 고려시대에는 몽고에서 매를 바칠 것을 요구하므로 세공(歲貢)으로 매를 보냈고, 이를 관장하기 위해 응방(鷹坊)을 설치했다. 조선시대에는 명매(名鷹) 해동청(海東靑)의 공헌으로 명나라와의 곤란한 교섭이 해결된 바도 있었다. 조선시대 태조는 자주 매사냥을 구경했고, 태종은 친히 활과 화살을 차고 말을 달리며 매사냥을 자주했다. 문인 김창업(金昌業)은 매사냥을 시로 남길 정도로 좋아했다. 일제강점기까지도 매우 성행했던 매사냥은 이제 찾아보기 힘들다.

매를 한로(寒露)와 동지(冬至) 사이에 잡아서 길들인 후 겨울 동안 사냥에 나간다. 겨울이 되면 야산에 매 그물을 쳐서 잡는데, 처음 잡은 매는 야성이 강하여 매섭게 날뛰기 때문에 숙달된 봉받이가 길들이기를 한다. 매를 길들이기 위해서 방안에 가두어 키우는데, 이를 '매방'이라고 한다. 매를 길들이는 매 주인은 매방에서 매와 함께 지내며 매와 친근해지도록 한다. 매사냥은 개인이 아니라 팀을 이루어서 하며, 꿩을 몰아주는 몰이꾼(털이꾼), 매를 다루는 봉받이, 매가 날아가는 방향을 봐주는 배꾼으로 구성되어 있다.

이처럼 매사냥은 왕, 양반층, 서민층에 이르기까지 성인 남자들 사이에서 광범위하게 행해진 놀이로서, 산야를 뛰어다니면서 호연지기(浩然之氣)를 기를 수 있는 매우 흥겨운 겨울철 운동이다. 한 해의 농사를 끝낸 후 농한기에 생활의 긴장을 풀고 여유를 가지면서 행했던 매사냥은 취미 활동으로도 더할 나위 없이 좋은 놀이였다.

매사냥은 2000년 대전, 2007년 전북 시도무형문화재로 지정되어 보존·전승되고 있으며, 2010년 '유네스코 인류무형유산 대표목록으로 11개국이 참여하여 공동등재' 되었다.

36 동제의 시기, 금기, 절차에 대하여 설명하시오.

동제는 마을의 공동 수호신을 신당에 모셔놓고 제액초복(除厄招福)과 풍년을 기원하는 공동 신앙이다. 이칭으로 동신제, 동고사, 마을신앙, 동신신앙이라 부르며 유교식 의례로 지내거나 무당이 참여하여 당굿 형태로 지낸다. 보통 동제는 정월대보름에 공동의례로 지낸다. 섬기는 마을신은 지역에 따라 산신, 용신, 서낭신 등으로 다양하다.

동제의 유교적인 절차는 다음과 같다.

첫째, 동제를 지낼 때는 제를 지내기 두 이레(14일) 또는 세 이레(21일) 전에 마을에서 대동회를 개최한다.

둘째, 생기복덕(生氣福德)을 가려 정결한 원로를 제관으로 뽑는다. 제관은 대체로 헌관, 집사, 축관 3인 정도이다.

셋째, 헌관(獻官)이 도가(都家)가 되어 제수(祭需) 일체를 장만하고 목욕재계하며 금줄을 치고 황토를 펴서 사람들의 출입을 금지시키는 한편, 마을 주민들은 마을의 대동샘을 퍼내고 금줄을 쳐서 마을 안을 정화시킨다.

넷째, 새로 고인 대동샘물을 길어다가 제주(祭酒)인 조라를 담아 신당(神堂) 안에 놓았다가 제일(祭日)이 되면 당주가 장만한 제수와 더불어 진설하고 제관이 초복, 아헌, 종헌, 독축으로 제의를 마치고 음복(飮福)하는 것으로 제를 마친다.

대개 위와 같은 유교식 제의는 소규모 약식 마을제이고 보다 규모가 큰 마을제는 여기에 당굿을 곁들여 제를 지낸 다음 줄다리기를 한다. 당굿을 할 때는 주민들 모두 참여할 수 있으나, 제관들의 제사 때에는 마을 주민 누구나 참여할 수 없고 금기가 심한 동제의 경우에는 제수까지도 여자가 장만하지 못하는 경우도 있다.

한편, 당굿으로 동제를 지낼 경우에는 다음과 같이 지낸다. 제관을 선정하고 금기를 지키며 추렴과 무당 청하기 등의 준비를 한다. 이후 무당굿을 통해 신과 인간의 만남이 이루어진다. 즉, 신을 불러오는 청신(請神), 신을 즐겁게 해주는 오신(娛神), 신을 보내는 송신(送神) 등을 행한다.

37. 동제의 기능 중 '사회적 기능'과 '예술적 기능'에 관하여 각각 설명하시오.

(1) 동제의 사회적 기능

정월 14일 밤에 거행되는 동제(洞祭)는 그 마을의 전통적인 생활방식에 의해 마을신에게 새해에도 풍년이 들고 병 없이 건강하게 잘 살 수 있게 해달라고 빌었다. 이때의 동제는 수십 년 혹은 수백 년 동안 조상들이 지내던 동제를 그대로 답습하면서 마을사람들이 마을의 공동운명체라는 자기 소속감을 확인시켜 주고 그래서 과거 조상들이 생활해 온 본(本)을 그대로 유지한 것이다. 이와 같은 본(本)이 그 마을의 사회적 구심점이 되어서 그 마을의 사회적 정통성으로 이어지게 되었다. 또한, 마을사람들이 합동으로 제비(祭費)를 추렴하여 그 마을의 마을신에게 제를 올리는데 제월(祭月) 전부터 여러 가지 준비를 하고 마을사람 전체가 합동으로 부정을 가리며 금기를 지켰다. 동제의 금기는 보통 21일간 행하는데 해안이나 도서지역의 동제에서는 100일 또는 1년간 금기를 행하기도 한다. 금기를 잘못 지키면 부정이 들어와 마을 전체가 피해를 입게 된다고 믿어 동제기간은 마을사람들이 합심해서 금기를 지켰다. 그래서 동제의 금기, 제비, 인력동원 등은 사람들의 심적 연대를 단합시켜 소속감을 보다 공고히 하는 계기가 된다.

(2) 동제의 예술적 기능

동제에서는 농악과 가면놀이 등의 중요한 집단예술이 일정한 마을사람들의 욕구표현 수단으로 사용된다. 즉, 꽹과리, 징, 북, 장구, 소고 등의 악기를 주종으로 사용한 음악이 있고, 그 음악의 가락에 맞추어 춤을 추며 동제에서도 제의가 끝나면 마을사람들이 한 데 얽혀 흥겹게 춤을 추어 춤판을 마련한다. 뿐만 아니라 동제를 굿의 형태로 지낼 때에는 무당의 굿에 노래, 춤, 연극 등이 나타난다. 굿을 할 때 무당은 축원 내용을 노래로 부르며 춤추고 신의 동작과 기원 내용을 극적으로 표현한다. 굿은 음악, 연극, 무용, 미술 등을 각기 독립시켜 볼 수는 없겠지만 미분화된 종합예술로 존재하여 각 예술 장르의 모체로 볼 수 있다.

38 '영웅의 일대기 구조'를 통해 '주몽' 이야기를 설명하시오.

(1) 영웅의 일대기 구조

영웅은 보통사람보다 탁월한 능력을 가진 인물로서 자기가 속한 공동체를 위하여 공헌을 하고 공동체로부터 존경을 받는 인물이다. 이런 영웅의 이야기는 공통된 전기적(傳記的) 서사유형을 이루고 있다.

영웅 일대기의 주요 구조는 다음과 같다.
① 주인공은 고귀한 혈통으로 비정상적으로 출생한다.
② 주인공은 양친에게 불길한 존재라는 전조를 보이고 버려진다.
③ 버려진 주인공은 야수나 양육자를 만나 구출되어 성장한다.
④ 주인공은 야수와의 싸움에서 승리하거나 자연재해를 방비하는 등 인류사회에 위대한 공적을 이룩하고 고향으로 개선한다.
⑤ 주인공은 박해자를 물리치고 투쟁에서 승리하여 권좌를 차지한다.
⑥ 주인공은 일정 기간 통치를 하다가 권좌에서 물러나 이례적인 죽음을 맞는다.

영웅의 일대기라는 전기적 서사유형은 영웅신화, 영웅서사시, 고전영웅소설, 신소설 등에 두루 용해되어 한국 서사문학사 전개에 중요한 역할을 하고 있다.

(2) 주몽32)

① 탄생이전담과 탄생(고귀한 혈통) : 부여왕 해부루는 늙도록 아들이 없어서 제사를 지낸 후 돌 밑에서 금와를 얻게 되고 그를 태자로 삼는다. 그때 나라의 재상 아란불은 꿈에서 천제가 그의 후손들이 이 땅에서 살게 될 것이라고 하자 해부루에게 동해로 가기를 권하였다. 해부루는 동해로 도읍을 옮기고 나라의 이름을 동부여라고 하였다. 해부루가 죽자 금와가 즉위했다.

부여 옛 땅에 한 사람이 있었는데, 그는 스스로 해모수라고 칭하며 그곳에 나라를 세웠다. 천제의 아들 해모수가 하백의 딸 유화를 압록강에서 만나 사통하였다.33) 부모가 중매 없이 정을 통했다고 유화를 쫓아내자 유화는 우발수에 이르렀다.34) 금와는 태백산 우발수에서 유화를 얻었다. 유화는 천제 아들 해모수와 사통하여 부모로부터 쫓겨난 사연을 고백하였다. 금와왕은 그

---

32) 주몽의 영웅 일대기구조는 다음과 같다.
① 고귀한 혈통을 지닌 인물이다.
② 잉태나 출생이 비정상적이었다.
③ 범인(凡人)과 다른 탁월한 능력을 타고났다.
④ 어려서 기아가 되어 죽을 고비에 이르렀다.
⑤ 구출 및 양육자를 만나 죽을 고비를 벗어났다.
⑥ 자라서 다시 위기에 부딪쳤다.
⑦ 위기를 투쟁적으로 극복하고 승리자가 되었다.

33) 주몽의 아버지는 천제의 아들 해모수이고 어머니는 하백의 딸인 유화이다. 하백은 물의 우두머리이다. 이처럼 하늘에 소속된 해모수와 땅(물)에 소속된 유화가 낳은 주몽은 하늘, 땅, 물의 성격을 다 가진 고귀한 혈통이다.

34) 주몽은 크게 두 번 버려진다. 아버지 해모수는 유화와 야합하여 아이를 잉태시킨 채 사라지고, 허락없이 남자와 사통했다는 이유로 유화는 하백에게 버림을 받았다. 이후 알로 태어난 주몽은 길에 버려진다.

녀를 방에 가두었다. 갇혀 있던 방으로 햇빛이 비쳐왔고 이로 인하여 임신을 하였다. 이후 알을 낳았고 알 속에서 남자아이가 태어났다.[35]

② 성장 : 아이가 기골이 빼어났고 스스로 활과 화살을 쏘아 백발백중이었기에 주몽이라 하였다.

③ 위기와 극복 : 금와왕의 일곱아들은 주몽의 재주를 따라가지 못하자 죽이려 하였다. 맏아들 대소가 왕에게 "주몽은 사람의 소생이 아니니 일찍 없애지 않으면 후환이 된다."라고 말했다. 그러나 금와왕은 따르지 않았고 왕자들은 여전히 주몽을 죽이려 했다.

주몽의 어머니가 아들이 죽을 위기에 빠졌음을 깨닫고 다른 나라로 갈 것을 권하였다. 주몽은 추종자인 오리, 마리, 협부 등 3명을 데리고 동부여를 떠났다. 큰 강에 도착했는데 건널 다리가 없자 "천제자 하백외손"이라고 외치자 물고기가 다리를 만들어 주었다.

④ 성취 및 후일담 : 주몽은 졸본부에 이르렀고, 모둔곡(毛屯谷)에서 재사, 무골, 묵거를 만났다. 주몽은 졸본천에 도읍을 정하고 고구려를 건국했다. 이후 비류국의 송양왕에게 항복을 받아냈고 구름과 안개가 사방에서 일어나 성곽과 궁실이 생겼다. 동부여에서 주몽의 아들이 어머니와 함께 주몽을 찾아왔고 주몽은 그를 태자로 삼았다.

이처럼 고구려 시조인 주몽은 특이한 탄생부터 마지막 건국하는 과정에서도 몇 번의 시련을 잘 극복하였다. 시련을 극복할 수 있었던 것은 바로 특별한 신분인 천제의 아들이었기 때문이다. 죽음에서 빠져나오고 재생한 주몽은 영웅의 특성을 지니고 있다. 결국 고구려 건국 시조인 주몽이 신성한 신분에서 인간 신분으로 변화하였다.

39 신재효가 〈광대가〉에서 언급한 광대의 조건 4가지를 설명하시오.

(1) 신재효

신재효(申在孝, 1812-1884)는 19세기에 고창 지역에서 활동했던 중인 출신의 판소리 이론가이자 비평가, 판소리 여섯 바탕 사설의 집성자, 판소리 창자들의 교육 및 예술 활동을 지원한 후원자이다.

중인출신의 지방 향리이지만 신재효는 대흉작으로 굶주리고 있던 궁민(窮民)들을 구제하고, 경복궁 건립을 위한 기금을 낸 공로를 인정받아 절충장군(折衝將軍), 부호군(副護軍), 통정대부(通政大夫) 등의 품계를 받아 명목상 신분상승을 이루었다.

한편, 조선시대 후기 각 지방의 중인들은 개인적으로 판소리를 향유하는 데서 나아가, 판소리를 상류층 양반과 연결시키는 중개인의 역할, 판소리 창자들을 모아 교육시키는 역할까지 수행하면서 판소리의 후원자 역할을 담당했다.

---

35) 햇빛이 유화를 임신시키고 알을 낳았다는 장면에서 햇빛은 알을 키우기 위한 필요조건이다. 새가 알을 품어 새끼가 나오도록 돕는 것처럼 햇빛이 그런 역할을 했다. 또한 햇빛은 하늘에서 내려오는 것이기 때문에 알로 태어난 주몽이 하늘로부터 절대적인 보호를 얻는다는 것으로 볼 수 있다. 특히, 알로 태어난 주몽이 버림받았을 때 소, 말, 새 등의 동물들이 알을 먹지 않고 보호했다. 이는 주몽이 고귀한 신분이기에 가능한 일이었다.

바로 이런 시대적 상황 속에 신재효는 판소리 예술의 발전에 크게 기여한 독보적인 인물이다. 최초의 본격적인 판소리 저술인 『조선창극사』에도 그의 생애와 업적을 다룬 〈신오위장소전(申五衛將小傳)〉이 부록으로 삽입되어 있다. 신재효의 업적은 다음과 같다.

첫째, 판소리의 후원자 및 지도자로 김세종・박만순・전해종・김창록・이날치・김수영・정창업 등을 이론적으로 지도했다. 최초의 본격적인 여성 명창인 진채선・허금파 등도 후원하였다.

둘째, 판소리 이론가 및 평론가로 〈광대가(廣大歌)〉를 통해 판소리의 창자는 인물, 사설, 득음, 너름새가 필요하다고 주장했다. 이 외에도 당대 창자들의 소리에 대한 미학적 평가, 그리고 시김새, 조, 장단론, 연기론 등을 정립했다.

셋째, 판소리 단가 혹은 가사체 작품 창작자로 〈치산가(治産歌)〉, 〈십보가(十步歌)〉, 〈괫심한 서양(西洋) 되놈〉, 〈방아타령〉, 〈오섬가(烏蟾歌)〉, 〈도리화가(桃李花歌)〉 등의 작품을 남겼다.

넷째, 판소리 여섯 바탕 사설의 개작자 또는 집성자로 〈춘향가〉, 〈심청가〉, 〈박타령〉, 〈토별가〉, 〈적벽가〉, 〈변강쇠타령〉 등의 여섯 마당을 개작했다.

(2) '광대가' 속 광대 조건 4가지

신재효는 〈광대가〉에서 판소리 창자가 갖추어야 할 요건으로 '인물치레', '사설치레', '득음', '너름새' 등의 4대 법례를 제시했다.

첫째, 인물치레이다. 판소리 창자도 일종의 배우인 만큼 우선 외모가 반듯해야 한다고 주장했다.

둘째, 사설치레이다. 판소리의 내용인 사설을 잘 다듬는 것이 중요하다고 보았다.

셋째, 득음이다. 판소리에서 필요로 하는 음색과 여러 가지 발성의 기교를 습득해야 한다. 창자는 좋은 목을 타고나야 하며, 오랜 훈련을 통해 완전하게 갈고 닦은 성음을 구사해야 한다. 판소리에서는 거칠고 쉰 듯하며 탁한 목소리, 즉 '곰삭은 소리'를 구사하는 것을 높이 친다. 그러나 그 성음은 탁하면서도 맑아야 하고, 거칠면서도 부드러워야 한다.

넷째, 너름새이다. 너름새는 춤, 몸짓, 표정 등을 이용해 사설로 그려지는 장면을 보조적으로 보여주는 행위이다. 부채를 펴서 박을 타는 흉내를 내거나, 부채를 떨어뜨려 심청이 인당수에 빠지는 순간을 나타내듯이, 너름새는 사실적이기도 하지만 상징화 또는 양식화된 방법을 사용하기도 한다.

40 민속의 가창방식인 '선후창'과 '교환창'의 특징 및 차이점을 설명하시오.

(1) 선후창

선후창은 후렴을 제외한 사설을 선창자가 부르고, 후렴을 후창자가 부르는 방식이다. 이때 후렴은 의미의 유무와 상관없이 똑같은 구절이 일정한 간격을 두고 되풀이된다.

〈강강술래소리〉
텃밭 팔아 옷 사주랴 / 강강술래
아니 아니 그 말 싫소 / 강강술래
옷도 싫고 신도 싫고 / 강강술래
장지 밖에 매여둔 소 / 강강술래
황소 팔아 임 사주워 / 강강술래

예를 들어, 강강술래는 메기고 받는 형식으로 가창한다. 메기는 소리의 내용은 유동적이어서 서사적인 내용을 담기도 하고 서정적인 가사를 담기도 한다. 반면 받는 소리는 '강강술래'를 반복한다. 선창자는 한 사람이고 후창자는 여러 사람인 경우가 보통이나, 때로는 후창자도 한 사람일 수 있다. 〈강강술래소리〉, 〈땅다지기소리〉, 〈상여메기소리〉, 〈달구질소리〉와 같은 소리에서는 후창자가 필수적으로 여러 사람이나, 〈맷돌소리〉를 부를 때는 후창자가 한 사람이다.

선후창으로 노래할 때에는 사설을 선택할 수 있는 권리가 선창자에게만 주어져 있고, 후창자는 후렴으로 받기만 하면 된다. 그렇기에 선창자는 율격만 어기지 않는다면 원칙적으로 무슨 사설이든 불러도 된다. 전래적인 사설을 이것저것 생각나는 대로 부르기도 하지만, 선창자가 즉흥적으로 창작할 수도 있다. 그렇기에 선후창의 민요는 사설이 일정하지 않고 장르적 성격도 다양하다.

선창자는 창의 음악적인 능력도 탁월하지만 기억력과 창작력을 갖춘 사람으로 창자들의 지휘자이고 존경받는 존재자이다. 노동요를 부를 때면 선창자는 일은 하지 않고 노래의 선창만 하는 것이 보통이지만, 일하는 사람보다 품삯을 더 받는다.

선후창으로 부르는 민요는 민요의 가장 오랜 형태로 간주되고 있다. 맨 처음에는 의미 없는 후렴만 여럿이 같이 부르다가 의미 있는 말이 삽입되기 시작했고, 차츰 의미 있는 말의 비중이 커졌다. 이후 교환창이나 독창·제창의 민요도 생겨났으나, 일하거나 춤추는 사람들이 후렴 이상의 것을 노래하기에 벅찬 노동요나 무용유희요에서는 선후창이 계속 유지되었다.

(2) 교환창

교환창도 선창자와 후창자로 나누어 가창하는 방식이지만, 선창자나 후창자가 다 의미 있는 말을 변화시켜 소리하고 후렴이 없다는 점이 선후창과 다르다. 교환창에서는 흔히 선창의 가사와 후창의 사설이 문답이나 대구로 되어 있다.

교환창에서는 선창자가 사설 선택을 마음대로 할 수 없다. 후창자가 받지 못하면 부를 수 없기 때문이다. 선창자가 여러 사람일 때에는 선택의 자유가 더욱 제한된다. 그렇기에 교환창에서는 즉흥적인 창작이 어려우며 일정한 내용과 순서의 전래적인 사설을 부르게 된다. 장르적인 성격도 일정하다. 그리고 교환창에서는 일반적으로 선후창에 비해서 선창자의 중요성이 적다.

41 세시풍속의 특징인 시계성(時季性)과 주기성(週期性)에 대해 설명하시오.

농경사회인 우리나라는 예로부터 달의 운행주기를 기준으로 농사의 개시, 파종, 제초, 수확, 저장 등의 생활주기를 가지고 있었다. 그렇기 때문에 명절과 절기마다 농업과 관련된 다양한 풍습을 만들어 냈다. 즉, 봄이 되면 그해 풍년을 기원하고 가을에는 감사하는 행사를 통해 농업 기술력을 유지할 수 있는 주술적인 의례를 행하였다. 결국 세시풍속을 통해 긴장되었던 삶을 이완시켜 생활의 마디마다 재충전의 기회를 제공하였다.

세시풍속은 한해의 절기, 계절에 따른 때를 지칭하는 세시(歲時)와 옛날부터 전해져 내려오는 습관을 지칭하는 풍속(風俗)의 합성어이다. 세시의 이칭은 세시(歲時), 세사(歲事), 월령(月令), 시령(時令) 등으로 표현하는데, 이는 해, 달, 계절 등의 뜻을 내포하고 있다. 이처럼 세시풍속은 1년 12달 동안 일정한 시기에 같은 주기로 반복하여 관습적으로 되풀이되는 특수한 생활양식이라 할 수 있다. 결국 세시풍속은 모두 시계성(時季性)을 강조한 것이다. 여기에 세시풍속은 시계성과 함께 주기성(週期性)·순환성(循環性)의 속성을 지니고 있다. 그러나 시계성과 순환성은 기본적으로 '주기성'을 바탕으로 하고 있어 세시풍속은 주기성을 중심축으로 같은 행사가 반복되었다.

42 수릿날이 명절인 이유와 풍속인 창포와 관련된 세시풍속을 설명하시오.

(1) 단오 명절인 이유

5월 5일 단오는 1년 중 가장 양기가 왕성한 때이므로, 연중 4대 명절(설날, 한식, 단오, 추석)의 하나로서 성대히 지냈다. 단오의 이칭은 수릿날, 천중절(天中節), 중오절(重午節), 중오절(重五節), 단양(端陽) 등이 있다. 수리는 고(高), 상(上), 신(神) 등을 의미하는 고유어로 신의 날, 최고의 날을 의미한다.[36] 또한 단(端)은 시작이나 끝을 뜻하고, 다섯 오(五)와 일곱째 지지 오(午)와 같은 발음이기 때문에 초오(初五)라는 뜻을 가지고 있다.

『삼국지』에 따르면 "오월에 씨뿌리기를 마치면 귀신에게 제사를 지낸다. 무리가 모여서 가무와 음주로 밤낮을 쉬지 않았다."라는 기록이 있다. 『삼국유사』에 의하면 "매년 5월 3일과 5일, 7일, 8월 5일과 15일에 가락국의 수로왕을 위해 성대한 제례를 행하였다."라는 기록이 있다. 이처럼 5월 5일 단오는 삼국시대부터 존재한 풍습이라는 것을 알 수 있다.

예로부터 농경문화권에 있어서 중요한 것은 병충해 및 질병 방지를 기원하는 신앙의례이다. 5월 파종이 끝나면 오곡 풍요를 기원하여 제신(諸神)에게 제사를 지낸 것이 단오로 정착되었다.

---

36) 수릿날은 떡을 수레바퀴처럼 만들어 먹었다는 데서 비롯되었다는 설도 있다. 수리치로 떡을 해먹고 조상에게 차례를 지냈다.

(2) 창포와 관련된 세시풍속

창포를 삶은 물인 창포탕(菖蒲湯)을 만들어 그 물로 머리를 감으면 머리카락이 소담하고 윤기가 있으며 부드러워지고 잘 빠지지 않는다고 하여 주로 여성들이 단오에 머리를 감았다.『동국세시기』에는 "단오에 남녀 어린이들이 창포탕을 만들어 세수를 하고 홍록색의 새옷을 입는다. 또 창포의 뿌리를 깎아 비녀를 만들어 수복(壽福)의 글씨를 새기고 끝에 연지[37]를 발라 두루 머리에 꽂는다. 이렇게 함으로써 재액을 물리친다. 이것을 단오장(端午粧)이라고 한다."라고 기록되어 있다. 또한, 창포가 무성한 물가에 가서 물맞이 놀이를 하며, 창포이슬을 받아 화장수로도 사용하였다. 몸에 이롭다 하여 창포 삶은 물을 먹기도 하였다. 이처럼 단오가 되면 거리에서 창포를 파는데, 이는 창포탕과 비녀를 만드는 데 활용되었다.

43 윤달에 여러 기피하던 일을 할 수 있었던 이유를 설명하시오.

(1) 윤달 개념

윤달(閏月)은 뜻하지 않게 더 주어지는 달로서 재액이 없는 달로 여겼다. 태음력상 역일(曆日)과 계절이 서로 어긋나는 것을 막기 위해 끼워 넣은 달이다. 태음력에서의 1달은 29일과 30일을 번갈아가며 사용하는데, 이를 1년 12달로 환산하면 도합 354일이 된다. 365일을 기준으로 하는 태양력과는 11일이 차이 난다. 이렇듯 달을 기준으로 하는 태음력(太陰曆)으로는 태양력과 날짜를 맞추기도 어렵거니와 계절의 추이를 정확하게 알 수도 없다. 따라서 윤달은 이러한 날짜와 계절의 불일치를 해소하기 위해 만든 치윤법(置閏法)에서 나온 개념이다. 1년 12개월 외에 몇 년만에 한 번씩 들기 때문에 윤달을 여벌달·공달 또는 덤달이라고도 부른다. 그래서 보통달과는 달리 걸릴 것이 없는 달이고, 탈도 없는 달이라고 한다.

(2) 기피하던 일을 하는 이유

윤달에는 무슨 일을 하여도 꺼리지 않는다. 그래서 지금껏 민간에서는 혼례, 건축, 수의(壽衣) 만들기 등을 윤달에 많이 하였다. 속담에도 "윤달에는 송장을 거꾸로 세워 놓아도 아무 탈이 없다."라고 할 만큼 무탈한 날로 여겼다.

『동국세시기』에는 "풍속에 결혼하기에 좋고, 수의를 만드는 데 좋다. 모든 일을 꺼리지 않는다. 광주(廣州) 봉은사(奉恩寺)에서는 윤달을 만나면 서울 장안의 여인들이 와서 불공을 드리며, 돈을 자리 위에 놓는다. 그리하여 윤달이 다 가도록 끊이지 않는다. 이렇게 하면 극락세계를 간다고 하여 사방의 노인들이 분주히 달려오고 다투어 모인다. 서울과 외도(外道)의 여러 절에서도 대개 이러한 풍속이 있다."라고 기록되어 있다. 지금도 영남지방에서는 윤달에 불공을 드리는 일이 많다고 하며, 고창에서는 윤달에 성밟기를 하면 극락세계로 간다고 하여 많은 부녀자들이 모여들어 머리 위에 작은 돌을 이고 고창읍성 둘레를 돌았다.

---

37) 붉은색은 양기를 상징해서 악귀를 쫓는 기능이 있다고 믿어 연지를 바른 것이다.

44 정월대보름 부럼에 대해 설명하시오.

(1) 정월대보름 개념

정월대보름은 음력으로 정월 보름, 즉 한자로 도교적인 명칭인 상원(上元)이라고 한다. 한해 첫 보름이고 만월이 뜨는 날이기 때문에 대보름이라고 한다. 달은 여신(女神)과 연계되는 여성원리와 관련되어 생산과 밀접한 관계를 지니고 있다. 달이 초승달에서 차차 커져 보름에 만월이 되고 다시 작아지는 현상을 곡물과 대비시켜 씨를 뿌리고 자라서 여물고 다시 씨로 돌아가는 것과 같은 것으로 생각한 데서 비롯된 것이다.

정월대보름에도 여러 가지 풍속이 있다. 오곡밥을 지어 이웃끼리 나눠먹고 이날 세 집 이상의 밥을 먹으면 좋다고 하여 가능한 여러 집을 돌아다닌다. 국수는 장수를 의미하므로 대보름에는 국수를 먹으면 장수한다고 하여 국수를 먹기도 한다. 또한 복쌈이라고 하여 배춧잎, 취, 김에 밥을 싸서 먹기도 한다. 이밖에 절식으로 약밥이 있고, 이른 새벽에 부럼을 깐다.

(2) 부럼

부럼 정월대보름날 이른 아침에 한해의 건강을 비는 뜻에서 딱딱한 과일을 먹는 풍속이다. 『동국세시기(東國歲時記)』에는 "이른 새벽에 날밤·호두·은행·무·잣을 깨물며, '1년 12달 동안 무사태평하고 종기나 부스럼이 나지 않게 해주십시오.'하고 축수한다."라고 나와 있다. 『열양세시기(洌陽歲時記)』에는 "밤 세 개를 깨무는 것을 부스럼과 열매를 씹는 것이라 하여 '교창과(咬瘡果)'라 한다."고 기록되어 있다. 『경도잡지(京都雜誌)』에도 "밤과 무를 깨물며 축원하는 것을 '작절'이라 한다."고 나와 있다.

우리의 부럼과 같은 풍속은 중국과 일본 등에도 있으며 정확한 유래는 알 수 없다. 다만, 부럼이라는 말에는 굳은 껍질의 과일을 총칭하는 뜻과, 부스럼의 준말인 종기라는 두 뜻이 있기 때문에 부럼을 깨물면 부스럼이 없어진다는 것은 언어질병적(言語疾病的) 속신이라 할 수 있다.

45 솟대에 대해 설명하시오.

(1) 솟대의 유래

솟대는 나무, 돌 등을 이용하여 만든 새를 장대나 돌기둥 위에 앉힌 마을신앙의 대상물이다. 직립한 장대에 새 모양의 조형물이 올려져 있는 것이 솟대의 일반적인 특징이다.

솟대는 지하, 지상, 하늘 세계의 수직적인 우주층을 연결하는 통로로서의 뜻을 지니고 있다. 솟대의 장대를 구성하는 나무는 지하의 땅속까지 뿌리를 뻗어 내리고 지상과 하늘로 솟아오르는 식물의 생명력을 지니고 있다. 나무와 결합된 새 역시 하나의 신앙적 대상물로, 하늘의 새는 족장(族長), 샤먼(shaman), 천신(天神)의 사자역할을 하며, 천상과 지상의 사이에서 소통의 역할을 담당한다고 보았다.

이런 솟대는 청동기시대 농경이 시작되면서 다양한 의미를 함축하게 된 것으로 유추되고 있다.[38] 청동기 제조기술의 발달에 따라 농업 생산력을 지닌 부족과 그렇지 못한 부족 사이에 지배층과 피지배층이 발생했다. 지배층은 정치적, 종교적 이념을 우주 나무(Cosmic tree)와 하늘 새(Sky birds)에 담아 제천의식을 행함으로써 솟대의 신앙이 성행하였을 것으로 추측된다. 하늘 새를 우주 나무에 얹음으로써 우주와 왕래하는 사자로 신성시했다. 삼한시대에는 각 마을에서 천신에게 제를 올리는 소도(蘇塗)가 있었다는 기록이 『삼국지(三國志) 위지(魏志)』「동이전(東夷傳)」에 남아 있다. 고대 마한은 정치적으로 통일된 집단은 아니었지만 제사를 주관하는 천군이 존재하여 별읍인 소도에서 해마다 5월과 10월에 제사를 지냈다. 이러한 계절제(季節祭)나 마을의 공동제(共同祭)에는 큰 나무를 세워 방울과 북을 매달아 놓았는데, 이는 소리로 정령을 불러 초인간적인 세계로 닿게끔 하는 장대의 역할로 보인다.

한편 솟대는 목부비공형(木鳧飛空形) 설화 속 신라시대 말기의 택지법과도 연관이 있다. 택지법은 나무로 깎은 오리를 날려 사찰이나 집의 택지를 정하는 방법이다. 또한 고려시대 절에 세워진 철, 돌, 나무로 된 당간(幢竿)에서는 새의 형상을 올리지는 않았지만 장간(長竿)을 세우는 풍속을 찾아 볼 수 있다. 중국을 통해 들어온 당간은 삼국시대부터 조선시대 초기까지 세워졌으며 '짐대'라는 명칭이 솟대와 함께 활용된 것으로 보아 솟대는 입간의 조형물로 그 역사성이 인정되어온 것으로 여겨지고 있다. 일례로 고려시대 불교의 당간지주(幢竿支柱)와 솟대의 관련성은 소도 신앙의 솟대가 습합되면서 불교의 중심지인 경주 지역에서 발생한 것으로 해석된다.

실존하는 솟대로서 가장 오래된 것은 17세기경에 건립된 전라북도 부안군 신안면 대벌리의 석조간(石鳥竿)으로 이는 오리 짐대에 대한 문헌이 없는 상황에서 석조간으로는 가장 오래되었으며 동쪽, 남쪽, 서쪽의 방향에 세워지는 방식이 원형적인 형태로 평가되고 있다.

---

38) 솟대가 언제부터 시작되었는지는 확실하지 않지만 국립중앙박물관 소장의 농경문 청동기(農耕文靑銅器, 보물)의 앞면에는 두 마리의 새가 나뭇가지에서 서로 마주보고 앉아 있는 것이 솟대처럼 보인다. 이것으로 보아 솟대는 상당히 오래 전부터 있었던 것으로 추정해 볼 수 있다. 이처럼 솟대는 청동기시대부터 우리 민족의 고유문화로 민중적, 신앙적 기원의 대상이 되었다.

(2) 솟대의 명칭과 기능

솟대의 명칭은 시대와 지역 그리고 그 기능에 따라 여러 가지로 분류할 수 있다. 민속학자 이필영(한남대 교수)은 다음과 같이 솟대의 명칭을 분류하였다.

분류기준		명칭
겉모양		솟대(솔대), 짐대[39](진대, 진대배기, 진또배기), 돛대, 설대, 새대, 거리탑과 새,[40] 성주기둥[41], 장승대[42]
새		오리[43](오릿대, 오리표), 기러기(기러기대), 갈매기, 따오기, 왜가리, 까치, 까마귀[44](거오기,거액), 학(文科 출신자), 봉(武科 출신자) ※ 급제 기념 솟대에는 때때로 용두(龍頭)를 사용
기능	액막이	수살(수살이, 수살대[45], 수살이대, 수살목), 추악대, 진목
	급제 기념	소주대, 표주대, 화주대[46], 효죽(孝竹), 효대
	행주형 지세(行舟形地勢)[47]	짐대(진대), 돛대, 진동단, 맬대(배를 매어 두는 대)
	풍농	낟가리대
마을제사와의 관계[48]		당산(당산 할아버지, 당산 할머니, 갓당산), 진떼백이 서낭님, 성황대 별신대(비선대, 뱁선대, 별성대)
세워진 위치		거릿대, 갯대
의인화[49]		거릿대 장군님, 대장군 영감님, 당산 할머니, 당산 할아버지, 진떼백이 서낭님

(3) 솟대와 장승의 차이

장승은 우리 선조들의 원시대상으로서 솟대, 선돌, 돌탑, 남근석, 신목 등과 함께 민중의 삶 속에서 전승되어 왔다. 그 기원으로는 고대 남근 숭배 사상으로 인해서 세웠다는 설, 선돌에 의한 솟대 유래설, 사찰의 경계를 표시하는 표지설 등이 있지만 마을의 평안과 모든 재액을 막기 위해 세웠다는 설이 가장 타당하다고 하겠다.

장승의 기원은 솟대, 선돌, 신목(神木) 등과 함께 신석기, 청동기시대의 원시 신앙물로서 유목, 농경문화의 소산으로 파악된다. 일종의 수호신상으로서 마을주민의 공통적인 염원을 담는 기능을

---

39) 솟대뿐만 아니라 사찰의 당간을 모두 지칭하는 말로 사용된다.
40) 제주도에서 쓰이는 말로 돌탑과 새를 가리킨다.
41) 집안의 평안과 부귀를 관장하는 최고의 가신신상인 성주가 마을신으로 확대된 것이다.
42) 솟대와 장승이 함께 놓여 있는 것을 말한다.
43) 오리는 철새이자 물새의 성격을 지니고 있어 솟대의 대표적인 새이다.
44) 경남 해안지역 일부와 제주도에서는 까마귀가 솟대에 쓰여 하나의 지역 특색을 보여 준다.
45) 재앙이나 병마를 막아 마을을 수호하게 한다고 하여 액막이 기능에 대한 일반적인 관념을 보여 준다.
46) 급제에 의한 입신양명이 나타난 뒤에는 솟대의 개인화, 귀족화가 이루어져 과거급제의 기쁨을 알리는 솟대로 화주대(華柱臺)가 유행하였다.
47) 고려시대 때 풍수지리사상이 널리 퍼짐에 따라 솟대로서 변형이 되어 유행하였다.
48) 솟대 자체가 마을제사의 중요한 신앙대상물이고, 개인 소원을 정성 드려 비는 대상이 되는 동시에 마을 전체의 안녕과 관계되는 신앙 대상물이기 때문이다.
49) 신앙대상물을 의인화시킨 것은 인간의 모습과 성격을 가진 친근한 신의 형상을 이루어 나간 것이라 할 수 있다.

하다가 통일신라시대에서 고려시대에 이르는 동안 장승은 불교라는 제도권에 안착하지 못했으며, 대신 장승의 의미를 약화시켜 사찰의 경계표시, 호법신으로 축소되었다. 외래신앙이 토착화하는 과정에서 불교와 무관한 장승이 사찰에 등장한 것이다. 이는 장승이 민중의 삶과 정서 속에서 많은 비중을 차지하고 있음을 반증해 준다.

조선시대에 들어오면서 유교가 현세적 도덕규범의 성격이 강해짐에 따라, 생산, 죽음, 질병, 고통 등의 문제는 불교와 도교가 민간신앙과 결합하여 다루게 되었고, 이때 민속적이면서 민간적인 장승신앙이 등장하였다. 이처럼 장승은 민간신앙의 형태로 공동체 문화의 중심이 되었다.

장승은 사람의 머리모양을 새겨 마을이나 절 입구에 기둥모양의 형상을 세우는데, 돌로 만든 것을 석장승, 나무로 만든 것을 목장승이라 한다. 장승은 지역 간의 경계표시 또는 길을 일러주는 이정표의 역할도 하지만, 마을 수호신으로서의 역할이 더 크다고 할 수 있다. 보통 한 쌍의 남녀로 이루어져 있는데, 남상은 머리에 관을 조각하고 앞면에 천하대장군(天下大將軍)이라는 글자를 쓰며, 여상은 관이 없고 앞면에 지하여장군(地下女將軍)이라 쓴다.

장승의 명칭은 신라와 고려시대에 장생표주, 장생, 목방장생표(木榜長生標), 석비장생표(石碑長生標), 국장생석표(國長生石標) 등이 문헌상에 나타나고 있다. 고려 후기부터 조선 중기까지는 생(栍), 장생(長栍), 장생우(長栍偶) 등이 있으며, 조선 중기 이후에는 장승(長丞), 장생(長栍), 장승(將丞), 장선주(長善柱), 장선(長先), 장선(長仙), 당승, 장승, 장성, 장신 등이 나타난다. 그 밖의 시대 불명한 것으로 벅슈, 벅시, 법슈, 법수, 법시, 수막살이, 수살이, 거령신, 돌할의방, 대방(大方)장승 등 복잡하고 다양한 명칭이 있다.

솟대는 상술한 바와 같이 입목(立木), 대목(大木), 소대, 솔대에서 유래한 경계신의 의미와 신단수, 수목숭배와 관련된 읍락(邑落)수호신의 성격을 부여받아 신이 내려오는 계단 및 그가 사는 신성 지역으로 상정되었다. 솟대는 마을의 안녕과 수호, 풍농을 위한 경우가 대부분이지만, 급제를 기념하기 위하여 세우는 경우도 있었다. 솟대 역시 다른 신앙대상물들과 마찬가지로 주로 마을입구에 세워졌다. 이는 마을입구가 마을 안(신성과 질서의 세계)과 마을 밖(부정과 무질서의 세계)의 경계이기 때문에 강한 신성으로 마을 밖의 부정을 막고, 마을 내에 존재하는 신성을 지키기 위함이었다.

결국 민간신앙 대상물인 장승과 솟대는 주로 마을의 재앙을 막거나 잡신의 침입을 방지하는 부락문지기의 역할, 혹은 사찰의 수호를 맡거나 병관(兵管)수호신 같은 액막이의 역할을 하였다. 이외에도 바다가 무사하길 빈다던가, 인간과 가축의 무병무탈과 풍수해를 방지하는 역할, 마을의 풍요와 부귀를 소원 하는 역할, 기자(祈子)를 기원해주는 역할 등이 있다. 여기서 중요한 것은 일반적으로 솟대와 장승이 이러한 역할들 중 하나만을 갖는 것이 아니라, 여러 역할을 복합적으로 갖는다는 점이다.

46 세시풍속 음식에 대해 설명하시오.

(1) 설날

① 떡국

떡국은 '재산이 쭉쭉 늘어나라'는 축복의 의미를 담고 있다. 즉, 가래떡을 둥글게 써는 것은 둥근 모양이 마치 옛날 화폐인 엽전의 모양과 같아서 새해에는 재화가 풍족하기를 바라는 소망이 담겨 있다. 이와 같이 1년을 무탈하게 보내고 무병장수와 부귀영화, 부활신생, 순수무구한 경건의 염원을 흰 가래떡에 담아 음식으로 표현하였다. 떡국은 전국적으로 설날에 만들어 먹는 음식이지만 집집마다 떡국 맛이 다르고, 지방에 따라 모양이나 만드는 방법 등이 다소 다르다.

② 만둣국

만두는 속에 넣는 재료에 따라 종류와 맛이 각각인데, 먹는 방법도 다양하다. 그냥 쪄서 먹기도 하고 육수에 넣어 만둣국을 만들어서 먹기도 한다. 만두는 북쪽 지방에서 즐겨 먹던 음식으로 복(福)을 싸서 먹는다는 의미 때문에 설날에 많이 만들어 먹었다. 속이 꽉 찬 만두는 쪄서 먹어도 별미이지만, 쇠고기나 닭고기 등을 푹 끓인 육수에 만두를 넣고 끓이면 따끈하고 푸짐한 만둣국이 된다.

③ 세주(歲酒)

설날 아침 세찬(歲饌)과 함께 차례상에 올리는 술을 보통 '세주(歲酒)' 또는 '도소주(屠蘇酒)'라고 하는데, 보통 약주와 청주가 많이 쓰인다. 유득공의 『경도잡지(京都雜志)』에서는 "세주불온우영춘지의(歲酒不溫寓迎春之意)"라 하여 '세주는 데우지 않고 마시는데 이는 봄을 맞이한다'는 뜻과 '데우지 않은 찬 술을 마심으로써 정신을 맑게 한다'는 뜻이 담겨 있다고 한다.

(2) 정월대보름

① 약밥(藥飯), 약식(藥食)

정월대보름에 약밥을 먹는 풍속은 건강하게 한 해를 보내기 위한 기원이 담겨있다. 우리 선조들은 예로부터 몸에 좋은 약재를 이용하여 떡을 만들어 건강 유지에 도움을 주었다. 그중 약밥은 대표적인 정월대보름의 절식이다. 약밥은 찹쌀에 꿀과 간장, 대추, 밤, 잣 등을 넣고 찐 음식이다. 특히, 『삼국유사(三國遺事)』 「금갑(射琴匣)조」에 나오는 고사를 보면, 정월대보름에 찹쌀을 간장으로 물들여 밤, 대추, 꿀 등을 넣어 꼬들꼬들하게 쪄서 먹는 약밥에 대한 설화가 전해져 내려오고 있다.

② 귀밝이술

정월대보름 아침에 데우지 않은 찬 술을 마시면 귀가 밝아지고, 1년 동안 귓병이 생기지 않을 뿐만 아니라 한 해 동안 좋은 소식만 듣는다고 하여 남녀노소 모두가 귀밝이술을 마셨다. 『농가월령가(農家月令歌)』 「정월편」에는 귀밝이술에 대해 "귀 밝히는 약(藥)술이며, 부름 삭는 생률(生栗)이라" 하여 귀를 밝히는 약술이라 하였다. 또한 귀밝이술은 '귀가 잘 들리게 하는 술'이라는 뜻으로 명이주(明耳酒)·총이주(聰耳酒)라고도 하며, '귀머거리를 고쳐 주는 술'이라 하여 치롱주(治聾酒)라고도 한다. 뿐만 아니라 술을 마시면 귀밑이 빨갛게 된다고 하여 '귀가 붉어지는 술'이라고도 한다.

③ 오곡밥

오곡밥은 찹쌀, 차수수, 팥, 차조, 콩 등 다섯 가지 이상의 곡식을 섞어 지은 밥으로 다음 해에도 모든 곡식이 잘되기를 바라는 뜻이 담겨 있다. 『동국세시기(東國歲時記)』「정월편」에 "오곡밥을 지어 먹고 서로 보낸다. 영남 풍속에서도 그렇게 하는데, 하루 종일 그것을 먹는다."라고 하였다. 그리고 성(姓)이 다른 세 집 이상의 밥을 먹어야 그 해의 운이 좋아진다고 하여 여러 집의 오곡밥을 서로 나누어 먹었으며, 백(百)집에서 나누어 먹는 것이 좋다는 뜻으로 백가반(百家飯)이라고도 하였다. 또한 하루 동안에 9번 밥을 먹어야 좋다고 하여 여러 차례 나누어 먹기도 하였다.

④ 팥죽

팥죽은 정월대보름의 절식 중 하나로, 『동국세시기(東國歲時記)』「정월편」에는 "정월대보름 전에 붉은 팥을 끓여서 죽을 만들어 먹는다."라고 하였다. 『형초세시기(荊楚歲時記)』에는 "마을 풍속에 정월대보름날 집의 문에 제사를 지내는데, 먼저 버드나무 가지를 문에 꽂고 이어서 팥죽에 젓가락을 꽂아 제사지낸다."라고 하였는데, 이 풍습은 누에농사가 잘 되도록 잠신(蠶神)에게 지내는 제사였다고 한다.

⑤ 묵은 나물

정월대보름 전날 저녁이면 오곡밥을 짓고, 봄부터 가을까지 수확해 놓은 말린 시래기, 호박오가리, 취 말린 것, 고구마줄기 등의 묵은 나물을 물에 불려 삶아 갖은 양념을 하여 맛있게 무친다. 나물은 5·7·9 종류의 나물을 해먹는데, 나물의 숫자나 종류는 집집마다, 형편에 따라 다르다. 큰 시루에 가득 찐 오곡밥과 묵은 나물을 양푼에 담아 김과 산나물을 곁들여 먹는데 이것을 복쌈 또는 복리(福裏)라 한다. 쌈이란 무엇을 '싼다'는 뜻으로, 복쌈을 먹는 것은 새해의 복을 싸서 먹음으로써 새해의 복이 끝없이 계속되기를 기원하는 마음이 담겨져 있다.

(3) 한식

① 찬밥

한식에는 찬밥을 먹는 풍습이 있다. 신화의례(新火儀禮)나 개자추전설(介子推傳說)에 따라 '찬밥 먹기'가 한식의 전형적인 풍속으로 자리잡은 것이다. 민간에서는 한식에 찬밥을 먹는 것과 관련하여 전해오는 다음과 같은 속신이 있다. "한식에 찬밥을 먹으면 병에 걸리지 않는다.", "밥을 차게 먹으면 좋다.", "한식에 불을 떼지 말아야 하기 때문이다.", "더운밥을 먹으면 몸에 부스럼이 나는 등 좋지 않다.", "산에 불이 나는 것을 염려하여 찬밥을 먹는다.", "한식 때에는 일기가 다소 따뜻해지므로 찬밥을 먹어도 괜찮다."

② 메밀국수

한식의 절식으로 메밀국수를 먹는다. 한식에 만들어 먹는다하여 한식면(寒食麵)이라고도 부른다. 삶아도 잘 불지 않아 잔칫날 손님 접대에 좋으며, 길게 이어진 모양에 좋은 일이 길게 이어지기를 염원하는 뜻이 담겨있다. 메밀국수는 궁중에서도 즐겨먹었으며, 잔치를 축하하고 대접하는 음식일 뿐만 아니라 가난한 사람들의 배고픔을 달래주고 신분의 높고 낮음이 없이 즐겨먹었던 음식이다.

한편, 메밀은 가뭄에서 일반작물의 재배가 어려울 때나 척박한 땅에서도 잘 자라므로 춘궁기때

구황(救荒)작물로 먹었던 음식재료였다. 메밀은 서늘하고 높은 지대에서 자란 것이 질과 맛이 좋아 함경도와 강원도산이 유명하다. 메밀의 효능에 대해 『본초강목(本草綱目)』에서는 메밀이 위를 실하게 하고 기운을 돋우며 오장의 노폐물을 배출시킨다고 하였고, 『동의보감(東醫寶鑑)』에서는 소화를 촉진하여 1년 동안 쌓인 체기를 내려준다고 하였다.

③ 쑥탕, 쑥떡, 쑥단자

제철나물인 쑥으로 쑥탕, 쑥떡, 쑥단자 등을 해서 먹었다. 쑥은 식이섬유 함유량이 일일 권장섭취량의 30%가 함유되어 있으며, 비타민 A, B1, B2, C, E 등이 풍부하다. 봄철의 어린 쑥은 강인한 생명력으로 어느 곳에서나 자라며, 민간에서는 집안 해충방제에도 사용하였다. 쑥은 단군신화에 나오는 식물로 우리 민족에게는 신성시되었으며, 재액을 물리치는 힘을 가진 것으로 여겼다. 또한 약효가 있어 위장병, 소염작용, 지혈작용, 설사예방 등에 효과도 있고 몸을 따뜻하게 하는 약재로 알려져 있다.

(4) 단오

① 수리취떡

수리취는 산야에서 많이 자라는 엉거시과에 딸린 여러해살이풀이다. 한방에서는 산에서 나는 우엉이라 하여 '산우방(山牛蒡)'이라고도 하는데 지혈·부종·토혈·인후염·당뇨에 효과가 있다고 한다. 수리취떡은 멥쌀로 가루를 내어 시루에 쪄서 데쳐낸 수리취와 섞어 안반에 쳐서 만든 떡으로 푸르스름한 절편이다. 절편의 모양을 둥글게 하고 그 위에 떡살로 문양을 만든다. 이때 떡살은 주로 수(壽)·복(福)·희(喜) 등의 글씨를 새기거나 태극과 국화, 나뭇잎 등의 여러 가지 모양으로 만든다. 이는 부귀(富貴), 수복(壽福), 길상(吉祥) 등의 뜻을 내포하고 있다.

② 제호탕(醍醐湯)

계절상으로 단오는 본격적인 무더위가 닥치기 전 초여름으로, 모내기를 끝내고 풍년을 기원하는 기풍제이기도 했다. 이에 한약재를 꿀에 섞어 달인 약인 제호탕(醍醐湯)을 먹어 더위가 심한 여름철 건강을 유지하고자 하였다.

제호탕은 오매육(烏梅肉), 사인(砂仁), 초과(草果), 백단향(白壇香)을 가루로 내어 꿀에 재워 중탕으로 달여서 응고상태로 두었다가 냉수에 타서 마시는 우리나라 전통 청량음료이다. 조선시대 내의원(內醫院)에서 단오에 제호탕을 만들어 올렸고, 임금은 이것을 대신들이나 기로소(耆老所)에 하사하였다. 『동의보감(東醫寶鑑)』에서는 "더위를 피하게 하고, 갈증을 그치게 하며 위를 튼튼하게 하고 장의 기능을 조절하여 설사를 그치게 하는 효능이 있어, 단옷날에 제호탕을 음용하면 여름을 잘 날 수 있다."라고 하였다.

③ 창포주(菖蒲酒)

창포주는 단오에 마시는 창포(菖蒲)로 빚은 술이다. 『형초세시기(荊楚歲時記)』, 『포은집(圃隱集)』, 『목은집(牧隱集)』, 『사가정집(四佳亭集)』, 『식암집(息庵集)』 등의 문집에 창포주(菖蒲酒)가 등장하는 걸로 보아 적어도 고려 말부터 단오에 창포주를 널리 마셨음을 알 수 있다. 창포주는 질병, 곧 귀(鬼)를 퇴치하려 한 데에서 출발하였다. 양기가 극에 달했던 4월을 지나 5월에 이르면 음기가 싹터 양과 음의 기(氣)는 서로 싸우기 시작하면서 점차 음이 많아진다. 따라서 5월은 나쁜달[惡月]이다. 질병은 음(陰)인 귀(鬼)가 일으킨다고 생각했으므로 창포주를 마심으로써 질병을 퇴치하고자 했던 것은 귀(鬼)를 쫓으려 한 것과 같은 맥락에서 출발한 것이라 볼 수 있다.

(5) 추석

① 송편

송편은 멥쌀가루를 익반죽하고 풋콩, 깨, 밤 같은 소를 넣어 반달 모양으로 빚어서 시루에 솔잎을 켜켜로 놓고 찐 떡이다. 송병(松餠) 또는 송엽병(松葉餠)이라고도 부르며 모든 지방에서 만드는 떡으로, 추석 때 햇곡식으로 빚는 명절떡이다. 특히 추석 때 먹는 송편은 올벼를 수확한 쌀로 빚어 '오려송편'이라 하며, 햇곡식으로 만든 음식으로 조상께 감사하는 뜻으로 조상의 차례상과 묘소에 올린다.

송편은 흰떡 속에 솔잎에서 발산되는 소나무의 정기(精氣)를 침투시킨 떡으로, 이것을 먹게 되면 솔의 정기를 체내에 받아들임으로써 소나무처럼 건강해진다고 여겼다. 송편은 쌀가루에 무엇을 첨가하느냐 또는 소로 무엇을 넣느냐에 따라 그 종류가 다양하다. 모시잎송편, 송기송편, 도토리송편, 칡송편, 호박송편, 꽃송편, 매화송편 등이 있다. 예부터 처녀들이 송편을 예쁘게 빚으면 좋은 신랑을 만나고, 임산부가 송편을 예쁘게 빚으면 예쁜 딸을 낳는다고 하여 송편 빚기에 정성을 다하였다. 그리고 덜 익은 송편을 깨물면 딸을 낳고 잘 익은 송편을 깨물면 아들을 낳는다고 하여 임산부들이 찐 송편을 일부러 씹어보기도 하였다.

② 숙주나물

숙주는 녹두를 콩나물처럼 시루에 담고 물을 주어 싹을 틔워 기른다. 숙주나물은 숙주의 꼬리를 자르고 끓는 물에 소금을 약간 치고 데친 다음, 냉수에 헹구어 알맞게 짠 후 갖은 양념을 넣고 무쳐서 만든다. 숙주나물과 관련된 설은 다음과 같다. 조선시대 초기 집현전 학자인 성삼문과 신숙주는 문종이 승하하자 각각 다른 길을 간다. 성삼문은 사육신과 함께 단종복위운동을 일으켰으나 실패하면서 처형당하였다. 하지만 신숙주는 계유정난에 가담하면서 세조를 도와 세조 즉위 후에는 영의정까지 오른다. 이를 두고 세상 사람들이 신숙주의 절개가 녹두나물처럼 잘 변한다고 하여 숙주나물이라고 부르게 되었다는 설이 있다.

③ 토란탕

토란(土卵)은 흙속의 알이라는 뜻으로, 연잎같이 잎이 퍼졌다 하여 토련(土蓮)이라고도 한다. 토란은 추석 무렵에 맛이 가장 좋은 음식 중 하나로 송편과 함께 제사상에 올랐다. 『동국이상국집(東國李相國集)』에서는 "시골에서 토란국을 끓였다."라는 기록이 나오는 것으로 보아 이미 토란국이 보편화된 음식이었음을 알 수 있다. 『농가월령가(農家月令歌)』 「8월령」에는 "북어쾌 젓조기로 추석 명절 쉬어보세, 신도주, 올벼송편, 박나물, 토란국을 선산에 제물하고 이웃집 나눠 먹세"라는 구절이 나오는 것으로 보아 조선시대 때에는 이미 추석 절식이 되었던 것으로 보인다.

토란은 알칼리성 식품으로 기름진 음식과 함께 먹으면 소화를 잘 되게 해 줄 뿐만 아니라 변비와 식중독을 예방하는 효과가 있기 때문에 추석에 먹는다. 한편, 추석에는 토란 이외에도 송편과 과일을 많이 먹는다. 이는 송편은 하늘의 열매로 달을 상징, 과일은 땅에서 나는 것으로 땅 위를 상징, 토란은 땅 밑에서 나는 것으로 땅 밑을 상징한다. 이처럼 추석에는 하늘과 땅 위, 땅 밑의 열매를 모두 먹는다는 의미에서 송편, 과일, 토란국을 함께 먹었다.

47 마을공동체에 대해 설명하시오.

(1) 두레와 품앗이의 차이점

① 규모의 차이

두레는 마을 전체를 대상으로 한 큰 집단적 노동체로 공동으로 농사일을 하고자 만든 조직이다. 반면 품앗이는 개인적 친분으로 맺어진 마을 내 작은 교환노동체이다. 특히, 품앗이는 친지, 이웃사촌 간 노력(勞力)이 부족할 때 수시로 요청할 수 있다.

② 구성원

두레는 정연(整然)한 체계를 가지고 있어 구성원도 대부분 고정적이다. 하지만 품앗이는 필요에 따라 수시로 조직되기에 고정된 구성원을 가지고 있지 않으며, 노동의 형태마다 구성원이 달라진다.

③ 참여 의지

두레는 원칙적으로 공동체적 요구에 부응하는 조직으로, 마을 전체가 동원되어 행하는 강제적 두레와 분화된 형태의 임의적 두레로 나뉜다. 이와 달리 품앗이는 개인의 참여가 자율적 의지에 따라 일시적이며 수시로 행해진다.

④ 속성

두레가 마을의 영속성(永續性)을 바탕으로 유지된다면 품앗이는 필요에 따라 조직되고 노동력을 주고받는 행위이기 때문에 그 일정한 행위가 끝나면 해체되는 속성을 지니고 있다.

⑤ 가치

두레는 정해진 엄격한 규칙에 따라 처벌을 받을 수도 있다. 하지만 품앗이는 신뢰, 정(情), 상호부조의식, 의리, 상대 구성원에 대한 이해 등을 바탕으로 한 행위이기 때문에 특별한 계약문서는 존재하지 않는다. 다만, 노동력을 제공해 준 사람은 같은 질과 양의 노동력을 돌려받기 원하기 때문에 이를 어기면 마을에서 더 이상 상호부조를 할 수 없다.

(2) 상여계(상두계) 목적 및 계원의 부조 방식

① 계의 개념

계(契)는 "어떤 목적을 수행, 달성하기 위해 구성원들의 자발적인 참여와 약속에 의해 의도적으로 만들어진 조직"이다. 전통적으로 우리나라는 큰일을 치를 때 많은 일손이 필요하기 때문에 미리 계를 조직하여 서로 도움을 주고받을 수 있었다. 그 목적에 따라 상호부조계, 친목계, 저축계, 쌀계, 동갑계, 살림계, 반지계, 돈계, 어촌계 등이 만들어졌다.

② 계(契)의 유지 이유

첫째, 형평성이다. 계는 철저한 평등 원리를 바탕으로 누구나 예외 없이 공정한 대우를 받는다. 혈연이 아닌 타인과 조직하는 계의 생명력을 유지할 수 있는 유일한 방법은 바로 형평성이다. 둘째, 효용성이다. 계에서는 혼자 해결하기 어려운 문제를 신속하게 처리해준다. 큰일을 치를 때 계를 이용한다면 물질적 도움과 일손을 얻을 수 있어 신속하고 수월한 일처리가 가능하다.

셋째, 탄력성이다. 계를 통해 인간관계의 탄력성을 유지한다면 결속력을 다질 수 있다. 평소 친했던 사람도 계를 함께하면서 더욱 친해져 끈끈한 유대관계를 구축할 수 있다.

③ 상여계(상두계)

상여계(상두계)는 마을에서 서로 일손을 제공하고 상여를 메어 주기 위해 조직한 계이다. 마을 사람이라면 누구나 가입할 수 있었고, 계원 중 부모가 상을 당하면 미리 규약에 따라 정한 대로 쌀, 술, 마포 등의 일정한 물건 또는 현금을 마련해 주었다. 즉, 계원은 한 말 가량의 쌀과 일정액의 현금을 내고, 어느 정도 적립금이 마련되면 이자를 운용함으로써 원금을 불려, 그 수입으로 상을 당한 계원에게 부조하였다.

상여계를 운영하기 위해 계장 1명과 규모에 따라 유사(有司) 약간 명을 두는데, 계장은 별다른 사유가 없는 한 유임하였으며 유사는 윤번제(輪番制)로 맡았고, 어떤 마을에서는 최근 상을 당한 사람이 유사직을 맡기도 하였다. 계원 중 누군가 상을 당하면 유사가 모든 계원에게 이 사실을 통지하여 전 계원이 모이면 각기 한 가지씩 일을 분담하여 상주를 도왔다. 계원은 밤샘 등 몸 부조뿐만 아니라 상여를 메는 것을 의무적으로 행하였다.

48 농사에 대해 설명하시오.

(1) 호미씻이 의례

7월 중순 무렵이 되면 농사는 세벌논매기50)를 마치고 마무리 단계에 들어간다. 바쁜 농사일을 마무리하고, 이젠 한시름 놓았기 때문에 마을잔치인 호미씻이를 행하였다.

한편, 『동국세시기(東國歲時記)』에 따르면 "충청도의 풍속으로 이날 노소를 막론하고 거리로 나아가 마시고 먹는 것을 낙으로 삼고 씨름도 한다."라고 하였다. 실제로 충청도지역에서는 이날 큰 씨름판이 벌어져 구경꾼들도 구름처럼 몰려들어 축제 분위기가 고조되었다고 한다. 이처럼 호미씻이는 7월 15일에 행하는 세시풍속이었다.

호미씻이는 논매기를 마쳤다는 상징적 표현으로, 지역에 따라 풋구, 풋굿, 머슴날, 길꼬냉이, 꼼비기, 장원례(壯元禮), 초연(草宴) 등이라 불렀다.

마을마다 제각기 분수에 맞게 주식(酒食)을 내어 시냇가, 산기슭, 나무 밑에서 함께 농악을 놀면서 하루를 즐기는데, 이것은 한해 농사를 다 지었다는 일종의 피로연이었다. 또한 이날 농사를 가장 잘 지은 집 머슴에게 삿갓을 씌우고 황소에 태워 마을을 돌아다니는데, 이때 그 집 주인은 주식을 내어 융숭하게 대접하였다. 이는 평소 대접받지 못한 머슴을 위로하고, 용기를 주어 농사에 전념

---

50) 논매기는 논에 자란 피(잡풀)을 뽑는 것이다. 보통 3번 정도를 하는데 애벌, 두벌, 세벌이라 한다. 첫 번째 논매기인 애벌은 모심기가 끝난 후 15~20일 사이에 하고, 두 번째 논매기인 두벌은 애벌 이후 10~15일 이후에 한다. 세 번째 논매기인 세벌논매기는 벼가 거의 다 자란 7월 15일 무렵에 호미를 사용하지 않고 손으로 논매기를 하며, 이를 '훔친다'고 표현한다.

할 수 있도록 배려한 것이다. 뿐만 아니라 불교신자나 제사를 제대로 지내지 못한 사람들은 조상의 은덕을 기리기 위해 백중제를 지내러 사찰을 찾았다. 또한 추석 한 달 전이기에 조상의 산소에 올라 벌초를 하기도 했다.

(2) 농기구의 쓰임새

> 가래, 고무래, 괭이, 극젱이, 나래, 남태, 낫, 도리깨, 쌍따비, 무자위, 살포, 써래, 용두레, 쟁기, 풍구, 호미

농사는 오랫동안 우리 민족의 생업으로 일상생활의 기반이었다. 농사를 짓기 위해 가장 필요한 것이 바로 인력과 농기구이다. 농기구는 농업 생산성의 향상을 가져온 중요한 매개체로, 농지의 위치와 토질 등 지리적 조건을 비롯해 재배 작물의 영향을 받아 지역적 형태와 재질, 기능이 다양하게 발전해왔다. 이런 농기구는 사람의 신체적 능력의 한계를 보완하여 농경 작업을 효율적으로 할 수 있게 해주는 요소이었다.

① 동력원을 바탕으로 한 농기구
    ⓐ 인력(人力) 농기구(農器具)
        가장 기본적으로 사람의 힘을 이용하는 괭이, 호미, 낫, 가래, 쇠그랑, 거름대, 고무래, 곰방메, 벼훑이, 도리깨, 번지, 따비, 지게 등이 있다.
    ⓑ 인축 겸용(人畜兼用) 농기구(農器具)
        사람의 힘과 소의 힘으로 사용할 수 있는 극젱이와 고써레가 있다.
    ⓒ 축력(畜力) 농기구(農器具)
        소의 힘을 사용하는 것으로 쟁기, 써레, 끙게, 길마, 거지게, 옹구, 걸채, 달구지 등이 있다.

② 농기구의 기능
    ⓐ 가는 연장
        따비, 가래, 화가래, 괭이, 쇠스랑, 극젱이, 쟁기
    ⓑ 삶는 연장
        써레, 고써레, 평상써레, 번지, 밀번지, 매번지, 통번지, 살번지, 발번지, 남태, 돌태, 나래, 끌개, 고무래, 발고무래, 곰방메, 못발
    ⓒ 씨뿌리는 연장
        종다래끼, 다래끼, 씨앗망태, 잿박, 부개기, 씨앗통, 자치통, 개지
    ⓓ 거름 주는 연장
        개똥삼태기, 삼태기, 똥바가지, 귀때동이, 귀사구, 거름통, 오줌장군, 소매구시
    ⓔ 매는 연장
        호미, 평후치, 매후치, 칼재메
    ⓕ 물 대는 연장
        두레박, 맞두레, 두레, 용두레, 무자위
    ⓖ 거두는 연장
        낫, 낫걸이, 전지

ⓗ 터는 연장
    벼훑이, 개상, 짚채, 도리깨, 그네
ⓘ 말리는 연장
    발, 거적, 얼루기, 도래방석, 멍석
ⓙ 고르는 연장
    듸림부채, 붓두, 키, 체, 쳇다리, 풍구, 바람개비
ⓚ 알곡 및 가루 내는 연장
    돌확, 절구, 매통, 토매, 맷돌, 매함지, 매판, 맷돌다리, 맷방석, 외다리방아, 디딜방아, 물방아, 물레방아, 연자매
ⓛ 나르는 연장
    길마, 발채, 옹구, 거지게, 발구, 지게, 달구지, 쟁기지게, 바소거리, 거름지게, 망태기, 주루막, 다루깨, 바구니, 광주리, 똬리, 구덕
ⓜ 갈무리 연장
    뒤웅박, 종태기, 소쿠리, 멱서리, 멱둥구미, 밤우리, 통가리, 채독, 독, 두트레방석, 오쟁이, 섬, 중태, 가마니, 나락두지
ⓝ 축산 연장
    작두, 손작두, 소죽갈구리, 소죽바가지, 소죽통, 구유, 목사리, 코걸이, 코뚜레, 워닝기, 고삐, 도래, 워낭, 부리망, 빗, 덕석, 코줄, 어리, 둥우리
ⓞ 농산제조 연장
    돌물레, 기름틀, 자리틀, 체틀, 가마니틀, 신틀, 베틀, 물레, 씨아, 돌곁, 자새판
ⓟ 기타 연장
    갈퀴, 넉가래, 도롱이, 삿갓, 메, 말, 되, 비, 바가지, 살포, 함지, 태, 팡개, 물풀매, 치개

③ 농기구의 종류에 따른 쓰임새[51]
  ⓐ 가래
    가래는 흙을 파헤치거나 떠서 던지는 농기구이다. 이것은 삽처럼 자루(장부)와 몸(가래바닥)이 하나로 제작되었고, 가래 바닥 끝에 말굽쇠, 즉 'U'자 모양의 쇠날이나 통 쇠날이 끼워져 있다. 가래는 단독으로 사용할 수도 있지만 여러 명이 협력하는 것이 보다 보편적이다. 가래 바닥에 두 개의 줄을 달아 양쪽에서 사람들이 잡아당기도록 고안되었으며, 가래질을 할 때에는 장부잡이가 가래 장부를, 삼각형 변의 양 지점에서 있는 줄꾼들이 가랫줄을 잡고 작업을 한다. 가래는 생업도구를 넘어서 일상의 생활도구로 인식되어, 농사뿐만 아니라 대형 작업이나 공사에서도 사용되었다. 즉, 논둑을 정리하고 무논을 가는 일 이외에 마을이나 국가에서 추진하는 제방 쌓기와 같은 하천 보수의 일에도 사용되었다.[52]

---

51) 김동섭, 「제주도 전래농기구 연구」, 제주대학교 박사학위논문, 2002, 박호석외 1, 『한국의 농기구』, 어문각, 2001, 김광언, 『한국농기구고(韓國農器具攷)』, 한국농촌경제연구원, 1986.
52) 신영순, 「가래질의 원리와 인식에 관한 연구」, 『한국민속학』 제72집, 한국민속학회, 2020.

ⓑ 고무래

고무래는 논이나 밭의 흙을 고르고 곡식을 모으거나 펴는 데 쓰던 농기구이다. 일반적으로 가을에 곡식을 말릴 때와 곡식을 펴 넣거나 끌어 모을 때 고무래를 쓰고, 아궁이의 재를 치울 때에는 크기가 작은 고무래를 쓰는데 이를 '잿고무래'라고 하였다. 고무래를 사용하는 동작이 당기거나 미는 방식이기 때문에 지방에 따라 '당그레', '당길래', '당글개', '밀개'라고 부르기도 하였다.

ⓒ 괭이

괭이는 쟁기로 갈지 못할 정도로 작은 밭을 파 일굴 때 사용하던 농기구이다. 쟁기로 밭갈이를 하더라도 갈이를 할 수 없는 담 밑의 밭을 일굴 때는 물론 산간마을에서 갓 개간(開墾)한 밭의 흙덩이를 부술 때도 썼다. 괭이는 자루와 날로 구성되며 전체적으로 'ㄱ'자형(字形)을 이룬다. 자루에 괭이의 날을 끼우고 쇠못을 박아 고정시킨 뒤 사용하였다.

ⓓ 극젱이

극젱이는 쟁기와 비슷한 구조를 가졌지만 크기가 작고 가벼우며, 쟁기술이 곧게 내려가고 보습의 끝이 무딘 농기구이다. 일부 산간지방에서는 쟁기와 극젱이의 구분 없이 사용하지만 평야에서 극젱이는 밭에서 이랑을 짓거나, 밭고랑에 난 풀을 긁어 없애는 데 주로 사용한 농기구이다. 극젱이는 소에 메워 쓰지만, 소가 없으면 사람이 어깨에 멜빵을 메고 끌기도 했다. 처음부터 사람이 끌게 만든 극젱이를 '인걸이'라 부르며, 두 갈래로 가랑이진 채(성에)의 끝에 줄을 매고 어깨나 가슴에 걸어 끌었다.

ⓔ 나래

나래는 써레질을 하고 번지질을 하기 전에 논밭의 흙을 우선 판판하게 고르는 데 사용하던 농기구로, 높은 곳의 흙을 깎아 낮은 데로 밀어 보낸다. 그러나 바닥이 평평한 나래는 곡식을 펴 넣거나 끌어 모으는 데도 썼다. 나래에는 길이 1~1.5m 되는 널빤지를 한 장 또는 여러 장을 겹쳐 높이가 40~60cm가 되게 만든 판나래가 많지만, 위쪽은 널빤지 대신 대쪽이나 싸리 또는 짚을 발처럼 엮어서 대기도 했다. 그리고 흙을 깎아 내기 위해 널빤지 바닥에 쇠날(칼)을 댄 칼나래와 가랫날과 같은 말굽쇠 모양의 날을 여러 개로 박아 만든 삽나래도 있다. 널빤지 양쪽에 봇줄을 매고 소가 끄는데, 바닥이 높은 곳의 흙을 깎아 낮은 곳으로 밀어내면서 땅을 판판하게 고른다.

ⓕ 남태

남태는 흙덩이를 고르게 하거나 씨가 바람에 날리지 않도록 씨를 뿌린 땅을 다지는 데 쓰는 나무로 만든 농기구이다. 『농사직설(農事直說)』에는 '윤목(輪木)'으로 표기되어 있다. 지름 30cm, 길이 80cm쯤 되는 통나무 주위에 길이 13cm, 지름 5cm쯤의 토막나무발 30여 개를 촘촘하게 박아놓은 것이다. 좌우 양 끝에는 고리를 달았으며 여기에 끈을 꿰어서 소가 끌기도 하고, 사람이 어깨에 메어 끌고 다니기도 하였다.

ⓖ 낫

낫은 곡식, 나무, 풀 등을 베는 데 사용하던 농기구이다. 생김새는 ㄱ자 모양으로 되었으며, 안쪽은 갈아서 날을 삼고 슴베(자루) 속에 박히는 부분 끝을 나무 자루에 박았다. 지역에 따라 날의 길이나 너비 그리고 날과 자루와의 각도 등에 차이가 있다. 낫의 종류는 모양이나 쓰임에 따라 다르다.

첫째는 담배낫으로, 담배의 귀를 따는 데 쓰는 작은 낫이다. 둘째는 밀낫으로, 풀이나 갈대 등을 밀어서 깎는 낫이다. 형태는 보통 낫과 같으나 등이 날이 되고 자루가 긴 편이다. 셋째는 버들낫으로, 보통 것보다 날이 짧으며 예전에 고리를 만들 때 썼다. 넷째는 벌낫으로, 벌판의 무성한 갈대 따위를 휘둘러서 베는 낫이다. 모양은 보통 낫을 닮았으나 날이 크고 자루가 길어서 두 손으로 쥐어야 한다. 다섯째는 접낫으로, 작은 낫이며 날 끝이 물음표처럼 오그라들어서 옥낫이라고도 한다. 여섯째는 뽕낫으로, 자루는 보통 낫처럼 길지만 날의 길이는 짧아서 9~10cm 정도이다.

ⓗ 도리깨

도리깨는 보리, 밀, 콩, 팥 등의 곡물을 두드려 알곡을 떨어내는 데 썼던 대표적인 터는 농기구이다. 긴 막대기 한 끝에 가로 구멍을 뚫어 나무로 된 비녀못을 끼우고, 비녀못 한 끝에 도리깻열을 곧고 가느다란 나뭇가지 두세 개로 만들며, 이 부분으로 곡식을 두드려 낟알을 떤다. 도리깨에는 꼭지, 아들(휘추리), 장부(손잡이), 치마(휘추리를 잡아맨 끈) 등이 있으며, 이것은 지역에 따라 차이를 보인다.

ⓘ 쌍따비

따비는 척박한 땅을 개간(開墾)할 때나 쟁기로 갈 수 없는 거친 땅을 일굴 때 주로 사용하던 농기구이다. 또한, 장사(葬事)가 났을 때 봉분(封墳)을 만들고 잔디를 입힐 때에도 사용하였다. 이런 따비는 날의 형태에 따라 쌍따비와 주걱형으로 나뉜다. 쌍따비는 '즈록'(자루), '발디딤', '설칫', '탕게무클', '따비쇠'로 구성되며, 전체적으로 '포크'형을 이룬다. 특히 '뜬땅'으로 퍼석한 흙으로 이루어진 지역에서는 잡초의 뿌리가 쉽게 깊이 들어가는 편이어서 깊게 갈이 할 수 있는 도구로 쌍따비가 주로 이용되었다. 쌍따비의 작업 모습을 살필 수 있는 자료로는 청동기시대 농경문청동의기(農耕文靑銅儀器)를 들 수 있는데, 쌍따비의 자루를 잡고 뒤로 넘기는 듯한 모습을 새겨놓았다. 함께 발굴된 자료들로 보아 적어도 기원전 3세기경인 청동기시대 이전부터 사용한 것으로 보인다. 20세기 이후에는 내륙지방에서 거의 자취를 감추었고 제주도를 비롯한 일부 도서지방과 해안지방에만 사용한다.

두 손으로 쌍따비의 자루를 잡고 땅을 찍은 다음 발판을 양발로 두 번씩 쾅쾅 밟아주고, 뒤로 여러 번 작게 젖힌 다음 힘껏 한 번 젖히면 땅이 일어나게 된다. 혼자하면 힘들기에 양쪽에서 두 명이 작업하면서 벗을 하거나 말을 해가면서 작업하여 덜 힘들었다고 한다.

ⓙ 무자위

무자위는 낮은 곳의 물을 보다 높은 지대의 논과 밭으로 끌어올리던 농기구이다. 지방에 따라서는 '자새', '자애', '무자새'라고도 하였다. 일반적인 형태의 무자위는 약 30×40cm 되는 판자로 된 날개 19장을 지름이 180cm 정도 되는 나무 바퀴 주위에 경사지게 배치하였다. 무자위의 아랫부분을 물에 잠기게 설치하고 한 사람이 올라서서 비스듬히 세운 기둥을 잡고 날개를 밟아 내리면 사람의 무게에 의해 바퀴가 돌고, 바퀴의 날개는 물을 쳐서 밀어 올린다. 이때 올려진 물은 판자로 만든 물길(홈통)을 따라 흘러나온다. 한편, 무자위는 평야지대의 논에서 주로 사용되었고, 특히 염전에서도 근래까지 볼 수 있었다.

ⓚ 살포

살포는 논의 물꼬를 조절하는 데 사용하던 농기구이다. 지역에 따라 '살포갱이', '살피', '논물괭이', '살보', '삽가래', '손가래', '살보가래'라고 부른다. 날의 형태는 네모난 날 끝을 위로 두 번 구부리고 괴통을 단 것, 깻잎 모양으로 앞이 뾰족하고 끝이 위로 두 번 구부러져서 괴통이 달린 것, 말굽쇠형 따비처럼 직사각형의 몸채에 말굽쇠형의 날을 끼운 것, 괭이의 날처럼 위로 한 번 구부리고 괴통을 단 것 등 매우 다양하다. 이처럼 논에 물의 양을 조절하던 살포의 용도가 축소되고 그 역할을 삽이 대신했다.

ⓛ 써래

써래는 논갈이를 하고 나서 덩어리진 흙덩이를 풀 때 사용하던 농기구이다. 쟁기로 논을 갈고 나서 논에 물을 넣은 후 써레질을 하였는데, 이때 흙이 많아 높은 곳이 있으면 본격적인 '밀레질'을 하기 전에 낮은 곳으로 밀면서 논바닥이 평평해지도록 고르는 데 사용하였으며, 소가 써래를 메고 논을 돌면서 고르게 된다. 이때 이 써래질은 상당한 힘든 노동으로서 대부분 남자 장정들이 이 일을 맡아서 했다.

ⓜ 용두레

용두레는 물이 많고 무넘이가 높지 않은 곳의 물을 대량으로 퍼올리는 데 사용하던 농기구이다. 깊이 1.5m 되는 통나무를 앞쪽을 넓고 깊게 판 뒤 뒤쪽은 좁고 얕게 파낸 다음 뒤쪽에 자루를 달거나, 아예 자루까지 통나무를 통째로 다듬어 만들기도 한다. 물이 있는 곳에 삼각대를 세우고 거기에 줄을 매고 용두레를 거는데, 용두레를 세웠을 때 물이 적당히 잠기는 위치에 고정한다. 용두레를 숙여 앞부분을 물에 잠기게 한 다음 손잡이를 당겨 물을 떠서 앞으로 밀어 통에 담긴 물을 멀리 던진다.

ⓝ 쟁기

쟁기는 소나 말의 힘을 빌려 논과 밭을 갈거나 골을 탈 때 사용하던 농기구이다. 논밭갈이 외에도 초가집을 지을 때와 벽에 붙일 흙을 장만할 때도 사용했다. 이 작업을 위해 흙벽이 갈라지지 않도록 보리짚을 섞어야 하는데 흙과 보리짚이 잘 섞이도록 갈아 엎어줄 때 쟁기를 사용한다. 한편, 쟁기에는 가장 중요한 술과 성에의 각도가 45도쯤 되는 굽쟁기, 둘의 사이가 직각에 가까운 선쟁기, 술 끝이 안쪽으로 굽어서 성에와 평행을 이루는 눕쟁기 등의 세 유형이 있다. 이들 가운데 굽쟁기는 주로 논갈이에, 선쟁기는 밭매기에 썼으며, 눕쟁기로는 논의 잡초를 제거하였고 더러 소금밭에서 소금을 뒤집기도 하였다. 골을 타는 기능으로 보면 북한의 후치나 우리의 극쟁이에 해당한다.

ⓞ 풍구

풍구는 공기의 기류를 이용하여 곡물을 선별하던 농기구로, 비교적 근대적인 기계 기구의 구조를 갖추었다. 회전지름이 50~100cm 되는 일종의 송풍기(바람개비)를 설치하고 바람이 배출되는 입구에 곡물을 낙하시켜 협잡물을 선별하는 방식이다. 풍구는 송풍장치·곡물투입부·투입량 조절장치·곡물배출구·검불 배출구로 구성된다. 바람개비의 날개는 4장이 보통이고, 얇은 나무판자로 만들었다. 풍구로 한 시간에 벼 15~20가마를 선별할 수 있다. 풍구는 지방에 따라 '풍차', '풍로', '풀무', '품구'라고도 부른다. 풍구를 돌리기가 힘이 들기 때문에 근년에는 전동기를 달아 돌리기도 하였고, 바람개비를 보다 능률적으로 개량하여 크기를 작게 만든 철제 풍구도 있다.

ⓟ 호미

호미는 괭이에서 생겨난 농기구로, 논밭의 김을 맬 때 사용하였다. 부등변 삼각형인 날의 한쪽 모서리에 목을 이어대고 거기에 자루를 박은 독특한 형태이다. 우리나라의 호미는 그 기능과 모양에 따라 논호미와 밭호미로 나눈다. 논호미는 날 끝이 뾰족하고, 날의 위쪽 너비가 약 10cm, 날 길이가 20~25cm로 날이 크고 넓적하다. 그리고 날의 가운데가 불룩하여 호미 날로 흙을 찍어 잡아당기면 흙밥이 잘 뒤집어져서 논매기와 골타기에도 알맞다. 같은 논호미라도 남쪽지방의 것은 날 폭이 좁고 끝이 뾰족하지만 중부지방의 것은 날 폭이 넓다. 밭호미는 논호미와는 달리 형태가 매우 다양하다. 밭호미에는 논호미와 같이 뾰족한 쪽이 날 끝이 되는 외귀호미와 삼각형의 한 변이 날 끝인 양귀호미가 있다. 외귀호미는 중부 이남지방에서 주로 사용되었으며, 해안지방의 것일수록 날이 작고 뾰족하다. 이러한 현상은 비가 많은 지방일수록 두드러져서 '골갱이'라고 불리는 제주도 호미는 마치 갈고리처럼 날이 예리하고 작다.

중부 이북의 산간지방에서 주로 사용되었던 양귀호미는 삼각형의 날의 한 변이 바닥이 되므로 날 끝(귀)이 양쪽에 있어 '양귀호미'라고 부른다. 일반 호미보다 자루가 길고, 날도 크고 무겁다. 양귀호미의 날 끝이 평평한 이유는 비가 적게 오는 곳에서는 김의 뿌리가 깊지 않아 겉흙을 긁는 것만으로도 김매기가 가능하기 때문이다. 또한 자루가 길고 날이 무거운 것은 돌이 많고 흙이 거친 밭에서 쓰기 위함이다.

호미는 지방에 따라 '호맹이', '호메이', '호무', '홈미', '호마니', '허메', '허미', '희미' 등으로 불리고 있으며, 호미의 모양에 따라 경지기, 막지기, 곧지기, 귀호미, 날호미, 평호미, 동자호미, 부패호미, 볏쇠호미, 수수잎호미, 깻잎호미, 용강호미, 벼루개, 각쟁이, 골갱이 등이 있다.

학예사를 위한
민속학입문

발행일 | 2017. 7. 5.　초판 발행
　　　　　2020. 1. 20.　개정 1판1쇄
　　　　　2022. 1. 20.　개정 2판1쇄
　　　　　2023. 3. 20.　개정 3판1쇄
　　　　　2024. 2. 10.　개정 4판1쇄
　　　　　2025. 1. 20.　개정 5판1쇄

저　자 | 윤병화
발행인 | 정용수
발행처 | 예문사

주　소 | 경기도 파주시 직지길 460(출판도시) 도서출판 예문사
T E L | 031) 955 - 0550
F A X | 031) 955 - 0660
등록번호 | 11 - 76호

- 이 책의 어느 부분도 저작권자나 발행인의 승인 없이 무단 복제 하여 이용할 수 없습니다.
- 파본 및 낙장은 구입하신 서점에서 교환하여 드립니다.
- 예문사 홈페이지 http : //www.yeamoonsa.com

정가 : 24,000원
ISBN 978-89-274-5723-7　13600